2020年度教育部哲学社会科学研究重大课题攻关项目“数据法的内容和体系研究”
【项目批准号：20JZD020】阶段成果

数据出境法学

原理与实务

李爱君　王艺　著

LEGAL PRINCIPLES AND PRACTICE OF OUTBOUND DATA TRANSFER

法律出版社
LAW PRESS · CHINA
北京

图书在版编目(CIP)数据

数据出境法学原理与实务 / 李爱君，王艺著. -- 北京：法律出版社，2023
ISBN 978-7-5197-8210-8

Ⅰ. ①数… Ⅱ. ①李… ②王… Ⅲ. ①数据保护－科学技术管理法规－研究－中国 Ⅳ. ①D922.174

中国国家版本馆 CIP 数据核字(2023)第 155339 号

数据出境法学原理与实务
SHUJU CHUJING FAXUE YUANLI YU SHIWU

李爱君 王 艺 著

策划编辑 沈小英
责任编辑 沈小英 王 鸿
装帧设计 鲍龙卉

出版发行 法律出版社
编辑统筹 法治与经济出版分社
责任校对 王晓萍 王语童
责任印制 吕亚莉
经　　销 新华书店

开本 710 毫米×1000 毫米 1/16
印张 20　　字数 439 千
版本 2023 年 8 月第 1 版
印次 2023 年 8 月第 1 次印刷
印刷 固安华明印业有限公司

地址：北京市丰台区莲花池西里 7 号(100073)
网址：www.lawpress.com.cn
投稿邮箱：info@lawpress.com.cn
举报盗版邮箱：jbwq@lawpress.com.cn
销售电话：010-83938349
客服电话：010-83938350
咨询电话：010-63939796

书号：ISBN 978-7-5197-8210-8
定价：116.00 元
凡购买本社图书，如有印装错误，我社负责退换。电话：010-83938349

作 者 简 介

李爱君

法学博士，经济学博士后。现为中国政法大学教授、博士研究生导师，中国政法大学钱端升杰出学者特聘讲座教授，中国政法大学互联网金融法律研究院院长。2020年度教育部哲学社会科学研究重大课题攻关项目《数据法学内容与体系研究》首席专家、北京市网络法学研究会会长、中国互联网协会个人信息保护专业委员会副主任委员等。

自2012年始，以数据、数字金融、数字经济和人工智能法律研究为核心，承担国家级、省部级课题30多项，出版著作20余部，发表对国家政策制定、地方立法和数据法学学科建设有重要影响力的《人工智能法律行为论》《数据权利属性与法律特征》《论数据法学体系》等学术论文10余篇。参与起草中共中央、国务院《关于构建数据基础制度 更好发挥数据要素作用的意见》，负责起草《深圳经济特区数据条例》《北京市数字经济促进条例》，并参与山东省、广东省、四川省等地方数据立法工作。在数据法、金融法、数字金融法、数字经济法及人工智能法律方面具有深厚的学术素养和丰富的理论与实践经验。

中国政法大学互联网金融法律研究院成立于2015年12月4日，是中国政法大学以互联网金融、大数据、人工智能和数字经济等法律研究为重点的新型科研机构。中国政法大学互联网金融法律研究院的研究成果颇丰，承担数据、数字金融、数字经济及人工智能等相关的法律研究和立法工作；承担全国人大、发改委、国资委、最高检、金融监管机构和地方政府的多项课题研究，发挥了数据、数字金融、数字经济及人工智能法律研究和立法的高端智库作用。院长由李爱君教授担任。

作 者 简 介

王艺

经济法学硕士。现为北京植德律师事务所合规部负责人、合伙人律师，武汉仲裁委员会仲裁员，中国信息通信研究院“数据安全推进计划”数据安全专家、个人信息保护合规审计推进小组专家成员之一。具有工业和信息化部电子工业标准化研究院认证的“数据保护官”、深圳数据交易所认证的“数据交易合规师”、“欧盟信息隐私专家”（CIPP/E）等资格。

长期从事数字经济领域法律服务工作，包括数据合规、人工智能合规、互联网合规、金融科技合规等内容，为国际组织、政府部门、行业协会、研究机构以及多个行业领域（如能源、金融、医疗、汽车、零售、酒店、产业互联网等）的企业提供法律服务。参与多项国家级课题研究、地方立法以及与合规有关的标准制定工作，发表与数字经济领域相关的法律解读文章百余篇。

前　言

习近平总书记于2022年第2期《求是》杂志刊发了重要文章《不断做强做优做大我国数字经济》，指出“近年来，互联网、大数据、云计算、人工智能、区块链等技术加速创新，日益融入经济社会发展各领域全过程，各国竞相制定数字经济发展战略、出台鼓励政策，数字经济发展速度之快、辐射范围之广、影响程度之深前所未有，正在成为重组全球要素资源、重塑全球经济结构、改变全球竞争格局的关键力量”。数据是数字经济的核心要素，现已成为各国争夺的重要战略资源，并且其国家间竞争态势日益加剧。国家间数据战略资源的竞争主要在于数据供给及数据价值的挖掘，而数据流通是实现数据价值挖掘和数据供给充分的必要条件。数据流通主要是数据境内流通和数据出境流通，其中，数据出境是数字经济时代经济贸易的重要体现和实现国家间数据竞争的方式。

数据出境法律制度主要涉及对个人信息、个人隐私、公共利益和国家利益的保护。在国家层面，《中华人民共和国网络安全法》《中华人民共和国数据安全法》《中华人民共和国个人信息保护法》是我国保护个人信息和个人隐私、维护公共利益和国家利益安全的立法，《数据出境安全评估办法》和《个人信息出境标准合同办法》是规范数据出境活动的具有可操作性的部门规章。以上法律法规与国家市场监督管理总局、国家互联网信息办公室发布的《关于实施个人信息保护认证的公告》及全国信息安全标准化技术委员会发布的《网络安全标准实践指南——个人信息跨境处理活动安全认证规范》一并对数据出境活动进行规范，在保护个人信息权益，维护国家安全和社会公共利益，促进数据跨境安全、自由流动方面发挥了积极作用，实现了以安全保发展、以发展促安全的立法目标。

本书以《中华人民共和国数据安全法》为基础，以国家互联网信息办公室出台的《数据出境安全评估办法》《个人信息出境标准合同办法》以及国家市场监督管理总局、国家互联网信息办公室发布的《关于实施个人信息保护认证的公告》为重点，结合相关法律实务经验，对数据出境法学理论与实践问题进行了系统深入的研究。本书的撰写始于 2020 年，内容涵盖最新理论研究成果与长期实务经验。一方面，包括中国政法大学互联网金融法律研究院及李爱君教授负责或参加的大量与数据、数字经济有关的国家政策制定、地方立法工作，以及国家高端智库相关课题研究、数据法学学科建设理论研究经验与成果；另一方面，参考了植德律师事务所数据合规组及王艺律师长期数据出境相关实务经验。基于此，本书可以更好地实现理论价值和实践价值的统一。

本书分为两篇，共十一章。第一篇为原理篇，包括第一章至第六章。第一章"数据出境的界定"，重点论述了数据出境法律关系、各数据主体的权利(力)义务；第二章"数据出境安全的概述"研究了数据出境安全的定义以及在不同视角(国家安全视角、公共利益视角、个人、组织利益视角)下的评价标准；第三章"数据出境的风险"论述了数据出境风险的定义、风险防范的价值和风险构成，并从国家安全利益、个人和企业的合法权益以及公共利益的维度，分析具体数据出境风险；第四章"数据出境的风险防范路径"则重点从立法层面、监管层面、司法层面及行业自律层面分析了数据出境防范的现状及挑战，并提出完善建议；第五章"数据出境安全域外规则研究"则介绍了主要国家和地区的数据出境安全规则；第六章"数据出境安全国内规则"对我国现有数据出境规则进行梳理，从法律、行政法规、部门规章、地方性法规、部门规范性文件等层面进行分析解读。第二篇为实务篇，包括第七章至第十一章。第七章和第八章分别对《数据出境安全评估办法》的条文及实务问题进行解读与分析；第九章和第十章则对《个人信息出境标准合同办法》及标准合同的条文、条款逐条解读，并就实务中的常见问题进行分析；第十一章对境内外公开的数据出境典型案例进行研判，最后，本书结合实务经验，设计了《数据出境安全评估义务清单》《个人信息出境标准合同义务清单(适用于境内个人信息处理者)》《个人信息出境标准合同义务清单(适用于境外接收方)》作为附件，以便企业在数据出境前进行义务对照，避免法律风险。

本书的内容是对数据出境这一前沿问题从理论到实务进行的探索与研究，望能够为我国数据出境法治建设提供一定的理论支撑，并为我国数据出境实务提供参考。

目　录

原　理　篇

实 务 篇

原 理 篇

第一章　数据出境的界定

一、数据出境的概述

（一）“数据出境”中“数据”的概念

1.“数据出境”中“数据”的定义

“数据”的内涵有广义和狭义之分。广义上，“数据”是指对客观事件进行记录并可以被鉴别的符号，是对客观事物的性质、状态以及相互关系等进行记载的物理符号或这些物理符号的组合。数据形式多样——不仅指狭义上的数字，还可以是具有一定意义的文字、字母、数字符号的组合、图形、图像、视频、音频等，是客观事物的属性、数量、位置及其相互关系的抽象表示。《现代汉语词典》对数据的定义为“进行各种统计、计算、科学研究或技术设计等所依据的数值”，将“数据”的形式限定于数字。“数据”对应的英文单词“data”在《牛津词典》中有两个定义，第一个定义为“facts or information, especially when examined and used to find out things or to make decisions”，即事实或信息，尤指被用来发现事物或作出决定的事实或信息。该定义对“数据”形式的规定超出了中文定义的“数字”形式。数据不限媒介，既可以是依附于直观可视的有形媒介之上的（如纸质数据），也可以是载于无法用肉眼观察到的无形媒介上的（如计算机数据）。数据不分领域，既可以是非计算机领域的数据，也可以是计算机领域之中的数据。狭义的“数据”定义则限定于计算机领域。在计算机科学中，数据是所有能输入计算机并被计算机程序处理的符号的介质的总称，是用于输入电子计算机进行处理，具有一定意义的数字、字母、符号和模拟量等的通称。第二个定义是“information that is stored by a computer”，即存储在计算机中的数据资料，强调了数据可以被计算机处理的特点。在计算机网络中流通的数据通常表现为以二进制数字代码“0”和“1”组合而成的比特流。它们之所以能被计算机识别，是因为计算机通过电压变化形成的电信号传输指令，其中高电平用“1”表示，低电平用“0”表示。因此也可以认为：狭义上的数据是可被计算机识别处理的，以“0”和“1”为表示形式的电压变化记录。

在我国现行法律中，“数据”定义并不统一。在一部分法律中，“数据”采取的是《现代汉语词典》的释义。比如《中华人民共和国中国人民银行法》第36条“中国人民银行负责统一编制全国金融统计数据”和《中华人民共和国广告法》第11条“广告使用数据、统计资料、调查结果、文摘、引用语等引证内容的，应当真实、准确，并表明出处”，这里的“数据”实为“数字”，只是数据的众多形式之一。在其他一些法律中，“数据”则仅指狭义上的数据，比如《中华人民共和国刑法》（以下简称《刑法》）第285条的“非法获取计算机信息系统数据罪”，仅限于能够被计算机信息系统处理的数据。《中华人民共和国数据安全法》（以下简称《数据安全法》）首次在法律层面对“数据”作出明确的定义，指出“本法所称数据，是指任何以电子或者其他方式对信息的记录”。从字面上看，《数据安全法》中的“电子或者其他方式”对“数据”似乎是从广义角度进行界定的，囊括了可被计算机识别的电子数据和非电子形式的纸质数据。然而，不宜将《数据安全法》中的“数据”认定为广义上的“数据”，或者至少可以认为定义中的“其他方式”并非用于指代纸质数据。立法往往意味着会产生一定的成本，不单是立法的成本，还有后续国家强制力保障法律实施的成本。因此启动立法通常是社会普遍存在某种利益保护需要，且该利益不经立法就无法得到应有的保护。相较于电子形式的数据所具有的看不见、摸不着、数量大、传输快、影响广的特点，纸质数据通过民法物权等传统的法律途径就可以得到合适的调整。同时由马克思主义认识论可知，人的认识可通过实践不断加深和向前发展，技术发展是没有止境的，因此法律中“其他方式”的表述旨在为日后的科学技术发展留下可解释的空间。《数据安全法》对“数据”的定义从草案到正式版本的变迁亦可佐证这一点。其草案第3条规定“本法所称数据，是指任何以电子或非电子形式对信息的记录”。这一定义周延地囊括了所有形式的数据，属于广义的“数据”。正式版本将“非电子形式”修改为“其他方式”，至少可以说明此处的“数据”不包括传统的纸质数据，不是广义上的“数据”。

“数据”在法学中的定义未能统一的另一原因在于它与“信息”的关系尚待厘清。在现行立法中，“数据”和“信息”两个概念有3种关系：信息包含数据、数据包含信息以及两者等同。① 第一类以《中华人民共和国监察法》第25条为例，法条采用了“电子数据等信息”的表述，属于第一类“信息包含数据”。第二类“数据包含信息”以《中华人民

---

① 参见韩旭至：《信息权利范畴的模糊性使用及其后果——基于对信息、数据混用的分析》，载《华东政法大学学报》2020年第1期。

共和国电子签名法》第2条第2款为例,该条“数据电文”的定义是以特定信息界定数据的。《中华人民共和国电子商务法》第25条“数据信息”的表述将信息和数据等同,属于第三类。法律条文中广泛存在“数据”和“信息”两个概念的混用现象。在非计算机网络技术领域,信息和数据的区分并不明显:数据是原始的记录,从数据中可以提炼出更高级的信息,数据相当于信息的低级形态。在数字技术和由此产生的新兴法律领域中,二者则是截然不同的两个概念。① 准确定位这两个概念的关系是正确开展数据法学研究的钥匙。国际标准化组织对信息的定义是“在特定语境中具有特定意义的关于客体的知识,如事实、事件、事物、过程或思想包括理念”;对数据的定义是“信息的形式化表现,可展现其背后的意义,用于沟通、含义展示或处理”。基于以上定义,信息和数据是内容和载体的关系,信息是数据的内容,数据是信息的载体。这也是目前法学界普遍认可的理论。数据通常表现为可被计算机读取识别的“0”“1”比特(bit),是事实和活动的数字化记录。计算机之所以能够识别“0”“1”形式的数据,是因为“0”“1”分别表示计算机中的微型晶体管的“关”和“开”。计算机识别不同数据正是因为它们对应不同的晶体管开关情况,比如,根据美国信息交换标准代码,大写字母“A”对应的“0”“1”数据是“01000001”,相应地,在计算机中的某8个晶体管就表现为“关、开、关、关、关、关、关、开”。因此也可以说,数据是客观实在的,它使用“0”“1”表示通过机器识别的电压变化事实。数据“01000001”的内容或其承载的信息为“A”,它是人对数据内容的读取,具有观念性。总而言之,数据是特定的设备或装置读取的二进位的“0”“1”编码,而信息是人读取和解读的数据表示内容。

因此,“数据出境”中的“数据”应当采狭义的定义,即可被计算机或其他机器设备识别的表现为“0”“1”比特的对信息的记录。原因有以下两点:其一,同一概念应当在法律体系中保持一致。《数据出境安全评估办法》第1条明确指出《数据安全法》是其上位法,而又如上文所述,《数据安全法》的“数据”是狭义的“数据”,因此“数据出境”的“数据”应当同《数据安全法》的规定保持一致。其二,立法的问题导向。由于存在物理限制,通过人力携带纸质媒介的数据出境数量有限,易于控制,而通过计算机网络技术却可以实现短时间、高速度、大数量的电子数据传输,因此对电子数据出境的控制难度明显大于传统纸质数据。另外,依靠传统的海关等部门通常可以达到控制纸质数据出境的目的②;而《数据出境安全评估办法》明确指出数据出境安全申报的主管部门是网信部门,侧面指出“数据出境”中的“数据”应当是计算机网络技术领域的电子数据。

“数据出境”中的“数据”并非指向所有的电子数据,而是有一定的来源要求。《中华人民共和国网络安全法》(以下简称《网络安全法》)第37条、《数据安全法》第31条、

---

① 参见梅夏英:《信息和数据概念区分的法律意义》,载《比较法研究》2020年第6期。

② 参见魏远山:《论跨境数据流动的内涵与原理》,载《政法学刊》2021年第1期。

《中华人民共和国个人信息保护法》(以下简称《个人信息保护法》)第40条以及国家互联网信息办公室(以下简称国家网信办)发布的《数据出境安全评估申报指南(第一版)》明确指出,“数据出境”的数据范围限于在我国境内运营收集和产生的数据。因此,即使数据存在于我国境内,但如果不是在境内运营收集和产生的,这些数据也不构成“数据出境”中的“数据”。比如非在境内运营中收集和产生且未经任何变动或加工处理的过境中转数据,以及非在境内运营中收集和产生的个人信息与重要数据在境内存储、加工处理后出境,不涉及境内运营中收集和产生的个人信息和重要数据的情形。但如果是境外数据入境后,与境内运营收集的数据混合加工后再出境的,则存在适用的可能。

总而言之,“数据出境”的“数据”是指在我国境内运营收集和产生的,表现为比特形式可被计算机或其他设备识别的,对信息的记录。

2.“数据出境”中“数据”的特点

要成为法律规范的调整对象,“数据出境”中的“数据”应当具备以下7个特点:客观性、非物质性、可控性、独立性、价值性、稀缺性和来源限定性。

(1)数据具有客观性。数据是客观世界的实际存在,不以人的意志为转移,这是数据和信息的区别所在。正如上文所述,数据是信息的载体,但并非唯一载体;信息还可以通过文字、声音、图画、视频等其他载体呈现。信息和数据这种内容和载体的关系,就像作品和印载作品的书籍、专利技术和应用该技术的商品的关系。信息和数据在计算机网络中的传输流程大致如下:人在计算机的应用层输入信息,信息在计算机物理层中被转换为“0”“1”形式的数据,并进一步转变为电信号用以传输,最终到达目的计算机应用层再以信息的形式呈现出来;整个传输链条呈现为“人(信息)—机(数据)—人(信息)”。[①] 数据通过“0”和“1”来记录实际存在的电压变化情况,并由客观的机器进行识别。信息通过人的主观思考活动读取和分析,具有主观性和抽象性。

(2)数据具有非物质性。数据的非物质性,是指数据在物理上不构成物质的特性。[②] 数据虽是客观存在的,但是它却不具备现实的物质形态,这是数据与物权上“物”的区别之处。通常认为,民法上的物系指除人之身体外,凡能为人力所支配,具有独立性,能满足人类社会生活需要的有体物和自然力[③]。物权“物”一般须为有形物,占据一定空间、依人的五官可以感知的物质。[④] 物权排除他人干涉的排他性正是建立在有形物的物质化形态上,有形物无法同时被两个人直接占有。电、热、光等能量虽然不具备

---

① 参见申卫星主编:《数字经济与网络法治研究》,中国人民大学出版社2018年版,第131页。

② 参见齐爱民:《数据法原理》,高等教育出版社2022年版,第136页。

③ 参见王泽鉴:《民法物权》,北京大学出版社2010年版,第42页。

④ 参见李永军主编:《民法学教程》,中国政法大学出版社2021年版,第186页。

传统有形物的物质形态，但是它们会因使用而被损耗，同一单位的能量仅能同时被一个主体占有和使用，故其因具有排除他人支配的可能性而同样构成物权上的“物”。数据可无限复制，并且复制和传输不会导致其损耗，不符合物权上“物”的特征。在非物质性这点上，数据和知识产权客体相同，因此它们在我国法学界又被统称为“无体物”，相比有形财产而言，在财产分类上数据属于无形财产。

(3)数据具有可控性。数据的可控性，是指数据应当能被固定下来并为人所支配的性质。法律关系是主体针对一定的客体的权利义务关系；可控性的法律意义在于，无法为主体支配的东西难以成为法律关系的客体。因此，作为民法物权的客体的“物”，要求须可为人力所支配；知识产权法的客体——作品、技术等“无形物”，虽为精神产品，但不等同于人的主观精神活动本身，而是精神活动的物化或固定化。① 不能被人控制的东西，如乍现的灵感、未被记录的口头表述或没有固定下来的数据，无法成为法律关系的客体。进一步看，可控性源于确定性。物权上“物”的确定性是指物具有现实的物质形态，物理上可稳定存在和被特定主体排他地控制，物权的排他性是立法基于物理排他性的法律宣告和确认。数据不具有物质形态，可无限复制而不发生损耗，其确定性源于：技术能够使数据重复再现，能够相对稳定地存在；虽不能基于物质形态物理排他，但是技术和法律都能使其具有排他支配的可能。在技术上，主体可以通过网络安全技术阻止他人不正当地侵入计算机复制数据，比如主体将数据存储在需要特定账号密码才可以登录的网盘里，如此便具有排除他人支配的效果。② 在法律上，立法可以效仿知识产权法禁止他人未经授权使用权利人的智力成果来实现权利人对数据、知识产权这类无体物的排他控制。

(4)数据具有独立性。事物要成为民事法律关系的客体，就必须能够与他人的利益范围划分开。③ 数据无法脱离计算机网络而独立存在，这是由数据自身脱胎于计算机技术发展所决定的，只能说明数据不能构成民法上的“物”，不代表数据不能成为物权以外法律关系的客体。现有技术完全可以把不同主体的数据相互隔离开来，比如上文提到的将数据存储在需要特定账号密码才能打开的网盘，将数据存储在移动硬盘或者将断开互联网的不同计算机本地存储的数据互相隔离等。在这类情况下，不同主体的数据处于相对稳定的隔离状态，各主体的利益范围界限清晰明确，因此数据具有独立性。

(5)数据具有价值性。数据的价值性，是指数据能满足人的生产生活需要的特性。第一，数据已然具备经济价值。中共中央、国务院《关于构建数据基础制度更好发挥数

---

① 参见舒国滢主编：《法理学导论》，北京大学出版社 2019 年版，第 157 页。

② 参见姜程潇：《论数据双层结构的私权定位》，载《法学论坛》2022 年第 4 期。

③ 参见梅夏英：《数据的法律属性及其民法定位》，载《中国社会科学》2016 年第 9 期。

据要素作用的意见》(以下简称《数据二十条》)明确了数据新型生产要素的地位,并已经融入生产、分配、流通、消费和社会服务管理等各环节。实践中多地已建立数据交易中心,通过许可、转让等方式交易数据及其衍生品。例如,通过转让数据使用权取得同等价值的股权,这种数据与股权对价交易充分证明了数据所蕴含的经济利益。[①] 第二,如果数据对国家安全有重大影响,那么它还会体现国家主权利益。《数据二十条》提出促进数据要素跨境流通要建立在安全合规的基础之上,安全是发展的条件和保障,对影响或可能影响国家安全的数据跨境传输等活动依法依规进行国家安全审查。因此,数据出境中的数据还承载了相当程度的国家安全利益。

(6)数据具有稀缺性。数据的稀缺性,是指数据少于人们能免费或自由取用的数量特性,[②]表现为在事实上的有限性。阳光、空气虽然对人有价值,但是它们取之不尽用之不竭,任何人都能自由取用,任何人都无法排除其他人的使用,无法被法律调整,无法成为法律关系的客体。数据虽然可被无限复制,在理论上是无限的,但是在实际生产生活中主体可通过技术手段阻止他人未经允许侵入计算机复制其中的数据。数据的数量是有限的,因此数据满足稀缺性的特点;可被境外通过公开网络访问的公开数据被排除在数据出境情境的“数据”之外。

(7)数据来源具有限定性。并非所有数据都构成数据出境情境下的数据,其范围限定于在我国境内运营收集和产生的数据。根据2017年8月25日发布的《信息安全技术 数据出境安全评估指南(征求意见稿)》第3.2条的规定,“境内运营”是指网络运营者在中华人民共和国境内开展业务,提供产品或服务的活动。境内运营不以网络运营者是否在境内注册为标准,而是取决于其是否在境内开展业务,提供产品或服务。未在中华人民共和国境内注册的网络运营者,但在中华人民共和国境内开展业务,或向中华人民共和国境内提供产品或服务的,属于境内运营。判断网络运营者是否在中华人民共和国境内开展业务,或向中华人民共和国境内提供产品或服务的参考因素包括但不限于:使用中文;将人民币作为结算货币;向中华人民共和国境内配送物流;等等。与此同时,中华人民共和国境内的网络运营者仅向境外机构、组织或个人开展业务、提供商品或服务,且不涉及境内公民个人信息和重要数据的,不视为境内运营。

(二)“数据出境”中“出境”的概念

1.“数据出境”中“出境”的定义

《中华人民共和国出境入境管理法》(以下简称《出境入境管理法》)第89条第1款对“出境”进行了定义:“出境,是指由中国内地前往其他国家或者地区,由中国内地前

---

① 参见李爱君:《数据权利属性与法律特征》,载《东方法学》2018年第3期。

② 参见齐爱民:《数据法原理》,高等教育出版社2022年版,第137页。

往香港特别行政区、澳门特别行政区,由中国大陆前往台湾地区。”由此可见,“出境”不仅是指跨越地理国界的行为,更是指从一个司法管辖区域到另一个司法管辖区域的行为;而其中的司法管辖区域既包括独立主权的国家,也包括具有独立司法权的地区。我国内地(大陆)与香港特别行政区、澳门特别行政区及台湾地区分别属于不同的司法管辖区域。因此,“出境”的“境”指的是司法管辖区域的界限。也就是说,将我国境内运营收集和产生的数据,即在我国内地(大陆)收集和产生的数据,传输到我国香港特别行政区、澳门特别行政区及台湾地区,数据虽没有跨越地理上的国界线,但这种情形依旧构成“数据出境”。

由于数据的非物质性,数据和普通的货物在有无物理形态上存在根本差别,数据出境也就不像有体物出境那样易于识别。由于数据依托计算机和互联网技术,它既可以依附于有形的物质载体发生位移,也可以通过互联网传输实现移动。前者以将数据存储在移动硬盘中将移动硬盘携带出境为例,这种情形其实就是数据伴随有体物的物理出境;而后者以向境外发送电子邮件为例,这种情形就不存在有体物的物理移动,只是数据经过复制后通过网络传输最后到达境外的另一台计算机。更有甚者,数据仍存储于境内的设备,境外计算机只是通过网络访问境内系统的数据获取承载于数据上的信息,不对该数据进行复制和保存。综上所述,“数据出境”中的“出”相较于有体物出境的情形有更复杂的内涵。

一国对人或物的出境进行管理,是行使国家主权的体现。现实空间的出境可以直观地观察到人或物在地理界限上的物理移动,网络空间的出境则可以参考网络的分层结构进行判断。北约卓越合作网络防御中心发布的《关于可适用于网络行动的国际法的塔林手册 2.0》将网络空间大致划分为“物理层”“逻辑层”“社会层”3 层。其中,物理层指的是各种硬件设备,数据虽具有非物质性,但也必须依附于计算机硬盘、移动硬盘等有形的设备而存在;逻辑层主要是存储在硬件设备中的软件、数据与协议;社会层主要是参与网络活动的个人或机构。网络空间主权的行使主要是在物理层与社会层两层,即设备和主体。① 也就是说,网络空间的“边境”一般通过设备和主体构建,依托计算机网络技术的数据出境行为也就可以通过设备和主体进行界定。

国家网信办在《数据出境安全评估办法》答记者问时明确提出数据出境活动主要包括两种:一是数据处理者将在境内运营中收集和产生的数据传输、存储至境外;二是数据处理者收集和产生的数据存储在境内,境外的机构、组织或者个人可以访问或者调用。进而有观点认为,以上两种情形的实质标准是看数据是否达到被境外主体实际控制的效果。② 根据网络的分层结构,第一种情形是数据被存储于境外设备,第二种情形

---

① 参见史宇航:《主权的网络边界——以规制数据跨境传输的视角》,载《情报杂志》2018 年第 9 期。

② 参见魏远山:《论跨境数据流动的内涵与原理》,载《政法学刊》2021 年第 1 期。

是境外主体能够接触存储在境内设施中的数据。当数据被存储于境外设备时，作为设备所有者的境外主体确实控制着数据，能够依据其自己的意志对数据进行处理；当境外主体访问调用存储于境内的数据时，境外主体只能进行查阅和访问等行为，无法对数据进行存储、删除等其他数据处理操作，难以认为其对数据有实际控制效果。因此，数据出境的两种情形应当通过设备所在地为境外和境外主体进行判断。国家网信办发布的《数据出境安全评估申报指南（第一版）》将第二种情形在原有"境外访问、调用境内数据"上补充了"境外查询、调取、下载、导出数据"。"下载"和"导出"实际上就等同于将存储在境内的数据复制后再将其存储在位于境外的设备上，从严格意义上来说可以归入第一种情形。在境外机构、组织或个人能够接触存储在境内的数据的情形中，境外主体采身份标准还是所在地标准亟待厘清，否则将在情景识别中陷入混沌。这个问题的核心实际上就是"境外机构、组织或个人"的含义为何，它究竟是指主体具有外国国籍身份还是指主体所在地为境外。原《中华人民共和国国家安全法实施细则》（已失效）规定，《中华人民共和国国家安全法》（以下简称《国家安全法》）中的"境外机构、组织"包括境外机构、组织在中华人民共和国境内设立的分支（代表）机构和分支组织；"境外个人"包括居住在中华人民共和国境内不具有中华人民共和国国籍的人。由此可见，《国家安全法》对境外主体的界定采取身份标准。2017 年 8 月 25 日发布的《信息安全技术　数据出境安全评估指南（征求意见稿）》第 3.7 条中将"向本国境内，但不属于本国司法管辖或未在境内注册的主体提供个人信息和重要数据"列为数据出境的情形，也主要采取了主体身份标准。综合以上材料，境外个人是指外国国籍的自然人和不受我国内地（大陆）司法管辖的我国香港特别行政区、澳门特别行政区及台湾地区的自然人；境外组织、机构是指未在中华人民共和国境内注册的主体。在明确数据出境的标准之一是主体身份的基础上，以下数据出境的情景识别难题也就迎刃而解了：向未在我国境内注册的主体如境外公司在我国设立的分支机构提供个人信息、重要数据，构成数据出境；跨国集团内部的数据传输，接收方为未在我国境内注册的境外主体，构成数据出境；外籍董事、监事、高级管理人员在我国境内查询访问公司数据的，构成数据出境。在境内员工出差至境外，在境内公司系统内访问境内数据的情形中，欧盟《通用数据保护条例》（General Data Protection Regulation，GDPR）的相关指引认为，公司员工在境外访问境内数据的行为，仍然属于境内公司这一原有的数据控制者开展的数据处理活动，因而不属于跨境转移。如果依据主体的身份标准，该情形中的数据并未被境外主体接触，因此不属于数据出境。综上所述，"数据出境"的"出"的两种情形所对应的抽象标准分别是存储数据的设备所在地位于境外，以及境外身份的主体能够接触存储在境内的数据。

在《数据出境安全评估办法》出台以前，相关理论研究和规范性文件多采用"数据跨境"、"数据跨境流动"（transborder data flow）等表述。数据跨境包括数据入境和数据出境。事实上，数据入境多对接收国有益，因为数据作为新的生产要素，能够像土地、资本、技术和人才等传统的生产要素一样促进本国经济发展。管制数据入境的目的主要是维护国家安全。根据“中央网信办(国家互联网信息办公室)违法和不良信息举报中心”的规定,我国限制违反“九不准”和“七条底线”的有害信息入境。“来源于中华人民共和国境外、法律和行政法规禁止发布或者传输的信息”可能扰乱社会秩序,不利于国家安定和社会稳定,因此国家要阻断其入境。数据出境不仅有国家安全方面的考量,还关涉国家经济发展和公民个人信息保护,其所涉及的利益面要远宽于数据入境。因此,“数据跨境”虽然包含数据的双向流动,但它主要管制的还是数据出境。除《数据出境安全评估办法》直接对数据出境的规定进行了细化,《网络数据安全管理条例(征求意见稿)》第五章的8个条文中仅有1条规定的是数据入境,其余7条均为数据出境的相关规定。

总而言之,“数据出境”的“出境”是指数据被存储在本国司法管辖区域外的设备,或者有被不受本国司法管辖或未在本国注册的境外身份主体接触的可能性。

2.“数据出境”中“出境”的特点

特点一般是指一物区别于他物的特殊之处。“数据出境”是以数据为客体的行为之一,它区别于“数据处理”“数据处分(或转让)”“数据交易”等数据行为,有自己的独特之处。

相较于“数据处理”,“数据出境”具有阶段性。“数据处理”一词源于欧盟指令和立法中的“个人数据处理”。欧盟GDPR规定:“处理”是指针对个人数据或个人数据集合的任何一个或一系列操作,如收集、记录、组织、建构、存储、调整、修改、检索、查询、使用、披露、传播或以其他方式利用、排列或组合、限制、删除或销毁,无论此等操作是否采用自动化方式。我国立法的“个人信息处理”相当于欧盟立法中的“个人数据处理”,该术语最早出现于《中华人民共和国民法典》(以下简称《民法典》)中。在《民法典》之前,规范性法律文件通常使用“收集、使用”的表述,《中华人民共和国民法典人格权编(草案)》(二次审议稿)首次增加了“处理”一词并将其和“收集”并列,《中华人民共和国民法典人格权编(草案)》(三次审议稿)和最终颁布的《民法典》将“个人信息处理”视作对个人信息的各种操作行为的统称,“包括个人信息的收集、存储、使用、加工、传输、提供、公开等”。《数据安全法》沿袭了这一定义:“数据处理,包括数据的收集、存储、使用、加工、传输、提供、公开等”。不只法律领域,技术领域也采用“处理”一词指代计算机系统在整个个人信息生命周期里围绕个人信息的全部行为、活动。根据《互联网个人信息安全保护指南》,“个人信息生命周期”是指个人信息持有者收集、保存、应用、委托处理、共享、转让和公开披露、删除个人信息在内的全部生命历程。“信息处理系统”则是指处理个人信息的计算机信息系统,涉及个人信息生命周期的一个或多个阶段(收集、保存、应用、委托处理、共享、转让和公开、披露、删除)。综上所述,“数据处理”是通过技术手段围绕数据进行的各种操作行为的统称,具有全程性。“数据出境”和

“数据处理”的关系应当是阶段和全程、局部和整体的关系。首先,通过将“数据出境”的两种情形和“数据处理”的定义进行比对,我们可以发现,“出境”应当是“处理”的一部分。数据出境的第一种情形“数据传输、存储至境外”,是数据处理列举的其中两种行为;数据出境的第二种情形“数据可以被境外主体访问、调用”,相当于境内数据处理者将数据“提供”给境外主体“使用”,也是数据处理列举的其中两种行为。其次,无论是个人信息的收集、存储,还是使用、加工或者传输、提供、公开以及跨境提供,每一环节中民事权益都有被侵害的风险;作为《个人信息保护法》的规范对象,个人信息处理应当全方位、动态地囊括所有操作数据的行为。① 相应地,数据处理活动作为《数据安全法》的适用对象,②也应该指向对数据进行的全部操作行为、活动。不同于规范其他数据处理行为是为了数据背后的经济价值,规范数据出境很大程度上是出于维护国家安全的目的。如果认为数据出境不是数据处理的其中一个阶段,而是和数据处理并列的概念,数据出境就被排除在《数据安全法》的规范范围之外,进而导致《数据安全法》“维护国家主权、安全和发展利益”的立法目的落空。最后,甚至已有规范性文件明确将“跨境”列举为数据处理活动之一。2022 年国家市场监督管理总局、国家网信办发布的《个人信息保护认证实施规则》第 1 条规定其适用于“对个人信息处理者开展个人信息收集、存储、使用、加工、传输、提供、公开、删除以及跨境等处理活动进行认证”。此处“跨境”被归入“处理活动”的范围之内。

相较于数据处分,数据出境具有非表意性,即数据出境不以意思表示为要素而直接产生法律规定的效果,属于事实行为。也就是说,数据处分和数据出境分别属于法律行为和事实行为。法律行为,是指私法主体为追求意思表示中的私法效果在现实中所为的行为,以意思表示为核心要素。与之对应的事实行为是指不存在意思表示,直接依据法律规定发生法律效果的行为。根据《网络安全法》第 44 条的规定,任何个人和组织不得非法出售或者非法向他人提供个人信息,可以反推出主体可以在合法的前提下通过签订合同实现转让个人信息的效果。在国家标准中,参考《信息安全技术　个人信息安全规范》对个人信息转让的定义,数据转让可以是指将数据控制权由一个控制者向另一个控制者转移的过程,因此转让的本质是法律权利的变动。在民法上,处分行为,是指直接变动既存权利的法律行为。因此,无论是从国家标准表述还是从字面意思来看,数据处分行为均是指直接变动既存数据权利的法律行为。处分行为是典型的法律行为,因此数据处分属于法律行为。当主体为数据事实行为时,主观上不存在变动民事法律

① 参见程啸:《论我国个人信息保护法中的个人信息处理规则》,载《清华法学》2021 年第 3 期。

② 《数据安全法》第 2 条规定:“在中华人民共和国境内开展数据处理活动及其安全监管,适用本法。在中华人民共和国境外开展数据处理活动,损害中华人民共和国国家安全、公共利益或者公民、组织合法权益的,依法追究法律责任。”

关系的意思,由法律直接规定其行为产生法律关系变动的效果,因此包括数据的收集、存储、使用、加工、传输、提供、公开等在内的数据处理是典型的数据事实行为。① 数据出境作为数据处理的其中一个阶段,两者同属于事实行为。作为事实行为,数据出境产生法定效果而非意定效果,达到法定条件的数据处理者将触发数据出境安全评估申报的义务;未达到一定条件但内容为个人信息的数据出境需要履行个人信息保护影响评估(Privacy Impact Assessment,PIA)的义务,并进行个人信息保护认证或签订标准合同。以上义务均属于法定义务,不可通过双方意思表示予以排除、改变或废止。

相较于数据交易,数据出境的范围更为广泛。根据《信息安全技术　数据交易服务安全要求》第3.1条,数据交易是指数据供方和需方之间以数据商品作为交易对象,进行的以货币或货币等价物交换数据商品的行为,既包括以大数据或其衍生品作为数据商品的数据交易,也包括以传统数据或其衍生品作为数据商品的数据交易。数据交易是数据共享、转让的主要表现形式。其中,参考《信息安全技术　个人信息安全规范》第3.12条和第3.13条,数据转让是指数据控制权由一个控制者向另一个控制者转移的过程,数据共享是指数据控制者向其他控制者提供数据,且双方分别对数据拥有独立控制权的过程。由于数据的非物质性,数据可以被无限复制,相同的数据可以被多个不同主体同时控制。数据交易完成后,数据供方可以不丧失对数据的原有控制,此为数据共享。数据转让的本质是数据控制权的转移,数据提供方对数据的控制权从有到无,数据接收方的数据控制权从无到有,这一般通过在交易合同中增设要求数据提供方在交易完成后删除自己控制的数据的专门条款实现。由于技术上无法使需求方确保提供方删除自己控制的数据,目前实践中的数据交易多指数据共享的模式,即提供方的数据控制权不消灭,只是通过有偿的方式让需求方获得新的权益,多个主体同时对数据享有控制权。上海市数据交易中心的《流通数据处理准则》第4条中就规定了数据共享独有的"数据权利可共存原则",即"持有合法正当来源的相同或类似数据的数据持有人享有相同的权利,互不排斥地行使各自的权利"。② 数据出境有两种情形:数据被存储在本国司法管辖区域外的设备和境外主体能够接触存储在境内的数据。在前一种情形中,境外主体拥有对数据的控制权。此时如果境内仍有数据存储的副本,就符合数据共享的要件;如果境内没有数据存储的副本,就符合数据转让的要件。在后一种情形中,境外主体仅能通过网络访问存储在境内的数据,不能对数据进行复制、存储、修改、删除等数据处理活动,并未取得对数据的实际控制权,因此其难以被认定为数据共享或数据转让。从这个意义上说,数据出境的范围要比数据交易更广。此外,在实践中,数据交易和数据出境通常呈现为目的行为和手段行为、原因行为和结果行为的关系。当数据提

---

① 参见齐爱民:《数据法原理》,高等教育出版社2022年版,第158页。

② 参见何渊主编:《数据法学》,北京大学出版社2020年版,第161~162页。

供方为境内主体,数据接收方为境外主体或数据接收方接收数据的设备位于境外时,数据交易必然会伴随数据出境。数据交易是数据出境的目的和原因,数据出境是数据交易的手段和结果。需要注意的是,数据交易不是数据出境的唯一目的和原因,除了数据交易,数据出境还可以是基于其他原因和目的。比如境内数据处理者委托境外主体进行数据处理,或者跨国集团出于业务需要将境内公司的数据提供给境外公司等。从行为的目的和原因层面看,数据出境的范围同样明显广于数据交易。

二、数据出境的法律关系

数据出境是一个事实行为,数据出境背后的法律关系由法律予以规定。《网络安全法》《数据安全法》《个人信息保护法》是有关数据出境的三大法律规范。这些法律中有关数据出境的规定既有以主体为对象的规定,又有以客体为对象的规定。从主体角度出发,《网络安全法》第 37 条明确了“关键信息基础设施的运营者”(critical information infrastructure operators,CIIO)个人信息和重要数据出境的要求,《个人信息保护法》第 40 条在此基础上增加了“处理个人信息达到国家网信部门规定数量的个人信息处理者”这一主体的个人信息出境要求。从客体角度出发,《数据安全法》第 31 条是所有数据处理者的“重要数据”出境必须遵守的规定。《个人信息保护法》第 38 条提出了“个人信息出境”的 3 条路径以及第 55 条规定了“个人信息”出境必须事前进行个人信息保护影响评估。综合来看,数据出境有数据出境安全评估、签订个人信息出境标准合同和个人信息保护认证 3 条主要路径,不同路径背后有不同的法律关系。但值得注意的是,并非所有数据出境都只遵从上述 3 条路径之一,数据出境也存在其他路径,例如,自由出入无须任何审批、备案;通过国际条约出境;经过行业主管部门审批与上述相关路径结合出境;等等。

(一)数据出境的主体

主体是法律关系的参加者,即在法律关系中一定权利的享有者和一定义务的承担者。综合数据出境的 3 条路径来看,数据出境法律关系既有抽象一般化的主体,也有单独路径下具体特殊化的主体。其中,抽象一般化的主体为以下 4 种:数据主体(个人信息主体)、数据处理者(个人信息处理者)、境外接收方以及数据出境主管部门。这 4 类主体均可以构成任意一条路径的法律主体。具体特殊化的主体只可能成为某一种路径的主体,比如关键信息基础设施的运营者是数据出境安全评估的特殊主体。

1. 数据出境的一般主体

数据出境的 4 个一般主体分别为数据主体(个人信息主体)、数据处理者(个人信息处理者)、境外接收方以及数据出境主管部门。

从比较法上看,“数据主体”源于欧盟 GDPR 第 4 条的“data subject”。欧盟 GDPR 认为“数据主体”是已经识别或可识别的自然人的“个人数据”所指向的这位自然人,尤其是通过名字、身份编号、地址数据、网上标识或者自然人所特有的一项或多项身体性、生理性、遗传性、精神性、经济性、文化性或社会性身份所可以识别的个体。我国规范性文件虽并未对“数据主体”的概念作出明确规定,但也有使用这一术语的习惯。以国家卫生健康委、国家中医药局、国家疾控局印发的《医疗卫生机构网络安全管理办法》为例,“数据主体”一词散见于以下规定:“各医疗卫生机构开展人脸识别或人脸辨识时,应同时提供非人脸识别的身份识别方式,不得因数据主体不同意收集人脸识别数据而拒绝数据主体使用其基本业务功能,人脸识别数据不得用于除身份识别之外的其他目的,包括但不限于评估或预测数据主体工作表现、经济状况、健康状况、偏好、兴趣等。”人脸识别中的“人脸”是典型的个人信息。由此可见,“数据主体”中的“数据”一般指承载个人信息内容的数据,“数据主体”和“个人信息主体”是同义概念。“个人信息主体”在我国规范性法律文件中的使用率要高于“数据主体”,其概念随着“个人信息”内涵的丰富而不断演变。2012 年公布的《信息安全技术　公共及商用服务信息系统个人信息保护指南》将“个人信息主体”定义为“个人信息指向的自然人”。《民法典》中个人信息的定义采“识别说”,2020 年《互联网个人信息安全保护指南》的“个人信息主体”是指个人信息所标识的自然人。《个人信息保护法》在个人信息“识别说”的基础上增加了“关联说”,因此 2020 年《信息安全技术　个人信息安全规范》规定“个人信息主体”是指个人信息所标识或者关联的自然人。

在我国,“数据处理者”同样被广泛用于规范性文件中,但是相关条文却未对其直接下过定义。一些行业性、部门性的规范性文件尝试界定与本行业本部门有关的数据的处理者。《个人信息保护法》将与之相近的“个人信息处理者”定义为“个人信息处理活动中自主决定处理目的、处理方式的组织、个人”。《汽车数据安全管理若干规定(试行)》规定:汽车数据处理者,是指开展汽车数据处理活动的组织。工业和信息化部印发的《工业和信息化领域数据安全管理办法(试行)》明确指出:工业和信息化领域数据处理者是指数据处理活动中自主决定处理目的、处理方式的工业企业、软件和信息技术服务企业、取得电信业务经营许可证的电信业务经营者和无线电频率、台(站)使用单位等工业和信息化领域各类主体。综上所述,我国的“数据处理者”应当为在数据处理活动中能自主决定处理目的、方式的组织、个人。欧盟 GDPR 也有“数据处理者”的概念,与之并列的还有“数据控制者”的概念;然而欧盟的“数据处理者”和我国的“数据处理者”内涵并不相同。欧盟 GDPR 规定“数据控制者”是能单独或联合决定个人数据处理目的和处理方式的自然人、法人、公共机构、行政机关或其他非法人组织;“数据处理者”则是为数据控制者处理个人数据的自然人、法人、公共机构、行政机关或其他非法人组织。因此,我国的“数据处理者”更近似欧盟的“数据控制者”。而我国《信息安全技术　个人信息安全规范》提出了“个人信息控制者”的概念,并将其定义为“有能力决定个人信息处理目的、方式等的组织或个人”。“数据处理者”是数据出境的一般主体,其在 3 条数据出境路径中都是参与方,但它们的外延不尽相同。从《数据出境安全评估申报指南(第一版)》可推知,数据出境安全评估的“数据处理者”外延排除了自然人,仅为法人。《个人信息出境标准合同》以及 2022 年 12 月 16 日发布的《网络安全标准实践指南—个人信息跨境处理活动安全认证规范 V2.0》(以下简称《个人信息跨境处理活动安全认证规范 V2.0》)均明确“数据处理者”的外延及于组织或个人。这是因为数据出境安全评估的适用对象是关键信息基础设施的运营者、向境外提供重要数据的境内主体或者处理数据达到法定数量的处理者。之所以要进行数据出境安全评估,是因为它们的数据出境对国家安全和发展的风险大,而一般自然人的数据出境和它们的数据体量和风险程度难以比拟。

在数据出境中,境外接收方是与个人信息处理者相对的主体,是指位于中华人民共和国境外并自个人信息处理者处接受个人信息的组织或个人。前文提到了网络“边境”可通过设备所在地和主体身份划分。位于我国境内,但不受我国司法管辖或未在我国注册的主体同样属于境外接收方。因此,境外接收方应当是指主体具有境外身份,而非主体的地理位置位于境外。

数据出境不仅关涉境内个人信息处理者和境外接收方的利益,还会影响个人信息主体、社会公共利益和国家安全利益。因此,数据出境不能完全由个人信息处理者和境外接收方之间的契约自治调整,必须要有代表处于弱势地位的个人信息主体利益、社会公共利益和国家利益的主体介入,这就是数据出境主管部门。在我国,数据出境主管部门是网信部门。数据出境达到法定门槛的数据处理者要通过所在地省级网信部门向国家网信部门申报数据出境安全评估。未达到数据评估门槛的个人信息出境,数据处理者应当选择签订由国家网信部门制定的个人信息出境标准合同或按照国家网信部门的规定进行个人信息保护认证。签订个人信息出境标准合同的个人信息处理者应当在合同生效后 10 个工作日内向所在地省级网信部门备案。数据主管部门贯穿我国数据出境的 3 条主要路径,起着规范数据出境活动,保护个人信息权益,维护国家安全和社会公共利益,促进数据跨境安全、自由流动的作用。

2. 数据出境的特殊主体

不同于其他两条路径的可选择性,数据出境安全评估具有强制适用的特点;一旦数据出境达到规定的门槛,境内数据处理者就必须进行数据出境安全评估申报。《网络安全法》第 37 条中明确规定,关键信息基础设施的运营者确需向境外提供个人信息和重要数据的,必须依规进行安全评估。只要数据处理者符合关键信息基础设施运营者的身份条件,就必须选择数据出境安全评估申报这一路径。因此,关键信息基础设施的运营者是数据出境安全评估法律关系中的特殊主体。

要界定关键信息基础设施的运营者,就必须明确关键信息基础设施的定义。《关键信息基础设施安全保护条例》第 2 条对“关键信息基础设施”作出如下定义:关键信息基础设施，是指公共通信和信息服务、能源、交通、水利、金融、公共服务、电子政务、国防科技工业等重要行业和领域的，以及其他一旦遭到破坏、丧失功能或者数据泄露，可能严重危害国家安全、国计民生、公共利益的重要网络设施、信息系统等。该定义采用“重要行业领域列举＋严重危害后果兜底”的标准，范围较广，属于较为宏观的定义。在此基础上，该条例第9条、第10条进一步规定：有关部门在制定关键信息基础设施认定规则时，要考虑网络设施、信息系统等对于本行业、本领域关键核心业务的重要程度，这些设施系统遭到破坏、丧失功能或数据泄露可能带来的危害程度，以及对其他行业和领域的关联性影响；关键信息基础设施的运营者由各重要行业内的保护工作部门予以认定，并且认定结果会及时通知运营者。为了辅助相关部门的认定工作，《关键信息基础设施确定指南（试行）》中首先提出了确定关键信息基础设施的三个步骤：一是确定关键业务；二是确定支撑关键业务的信息系统或工业控制系统；三是根据关键业务对信息系统或工业控制系统的依赖程度，以及信息系统发生网络安全事件后可能造成的损失认定关键信息基础设施。与此同时，它还详细列举了关键业务类型，比如能源行业的电力领域的关键业务是电力生产、传输、配送三大环节，并对定义中的“重要行业领域”要件进行了细化。不仅如此，该指南还为重要程度、危害程度的判断提供了更加详细量化的标准，例如如果以上关键业务的信息系统或工业控制系统是日均访问量超过100万人次的网站，就构成关键信息基础设施。

（二）数据出境的客体

广义上，数据出境的客体可以是任何数据，即可被计算机或其他设备读取的，以电子或其他形式记录的信息。但是并非所有数据出境都会触发法律规定的权利义务。数据出境安全评估的客体是重要数据和个人信息；个人信息出境标准合同和个人信息保护认证的客体均是个人信息。因此，在狭义上，数据出境的客体是重要数据和个人信息。

“重要数据”的定义规定于《数据出境安全评估办法》第19条，指一旦遭到篡改、破坏、泄露或者非法获取、非法利用等，可能危害国家安全、经济运行、社会稳定、公共健康和安全等的数据。《信息安全技术　重要数据识别指南（征求意见稿）》补充了对重要数据的说明，将国家秘密和个人信息排除在外，同时强调基于海量个人信息形成的统计数据、衍生数据仍有可能属于重要数据。这与国际通行做法一致。其他国家虽然没有使用“重要数据”的概念，但是对非国家秘密、非个人数据的数据实施安全管理也是常规做法，例如美国的“受控非密信息”和欧盟《数据治理法案》中的“高度敏感数据”。需要注意的是，美国和欧盟对“重要数据”的界定分别采用两种不同的方式：美国采用“列举式”，欧盟采用“定义式”。美国的受控非密信息涵盖了关键基础设施、国防、出口管制、金融、移民等20个类别的数据，这些类别和子类别是识别整个行政部门需要保护或传播控制的非机密信息的唯一标准。[①] 根据欧盟《数据治理法案》第 5 条第 13 款的归纳可知，“高度敏感数据”是指转移到第三国可能会危及欧盟的公共政策目标，例如安全和公共卫生，或可能导致非个人匿名数据重新被识别的风险的，由公共部门机构持有的某些非个人数据。我国则不仅对“重要数据”下定义，而且尝试列举重要数据类别以便数据处理者和主管部门识别。2017 年《信息安全技术　数据出境安全评估指南（征求意见稿）》在附录 A 中列举了 27 个行业的重要数据类别。虽然 2022 年的《信息安全技术　重要数据识别指南（征求意见稿）》不再对重要数据类别进行分行业列举，而是转为描述重要数据的识别因素，但这不代表我国放弃了对重要数据的类别进行列举的做法。原因有以下三点：第一，《数据安全法》明确要求国家数据安全工作协调机制统筹协调有关部门制定重要数据目录，各地区、各部门应当确定本地区、本部门以及相关行业、领域的重要数据具体目录。由此可见，制作重要数据目录是上位法的要求。第二，《信息安全技术　重要数据识别指南（征求意见稿）》开篇就表明自身是可为各地区、各部门制定本地区、本部门以及相关行业、领域的重要数据具体目录提供参考。第三，虽然我国尚未正式颁布综合完备的重要数据目录，但是已有的特定行业规范性文件已明确某类数据属于重要数据；《汽车数据安全管理若干规定（试行）》列举了汽车行业数据中的 6 类重要数据，是目前唯一明确列举重要数据的领域。需要特别注意的是，汽车数据中还可能出现个人信息与重要数据相互转化的问题。因为根据《汽车数据安全管理若干规定（试行）》的规定，处理涉及个人信息主体超过 10 万人的个人信息，应当适用处理重要数据的规则。

个人信息在我国各位阶规范性文件中的定义分为“识别说”和“关联说”两种模式，前者以《民法典》为代表，后者以《个人信息保护法》为代表。“识别说”即将“能否识别自然人身份”作为判断个人信息与否的标准，能够据此识别出自然人身份的信息方为个人信息。根据程度，可识别性又分为直接识别和间接识别：直接识别是指通过单一信息即可直接确认某位自然人，如姓名、身份证号等；间接识别是指仅凭该信息无法直接指向某一自然人，但是该信息与其他信息结合后可以识别自然人身份。“关联说”是以信息和特定自然人的相关性为判断标准，在已知特定自然人的前提下，将与该自然人有一定程度相关性的信息纳入个人信息范畴。《个人信息保护法》“与已识别或者可识别的自然人有关”以及《信息安全技术　个人信息安全规范》“反映特定自然人活动情况”的表述实际上引入了“关联说”。与此同时，以上两个个人信息定义均是在“识别说”的基础上增加了“关联说”，因此有观点认为，《个人信息保护法》的个人信息定义要比《民法典》中的更宽泛。实际上，“识别说”和“关联说”是个人信息判断标准的一体两面，具有相同的实质。换言之，无论采取哪种标准，所界定的个人信息范围都是相同的。“识别

---

① 参见周亚超、左晓栋：《美国受控非密信息分类与安全控制解析》，载《网络空间安全》2020 年第 3 期。

说”是从信息本身出发，强调信息对自然人的可识别性，是从信息到自然人；“关联说”则是从信息主体出发，强调已知的特定主体与信息的相关性，是从自然人到信息。① 以一名学生的姓名和学号为例，姓名无论是依据“识别说”还是“关联说”都构成个人信息，因为其他人均可以依据姓名识别出该名学生，或者在已知该名学生的前提下知晓与其直接相对应的姓名。学号从形式上看呈现为一串数字，其能否构成个人信息，就要区别不同的个人信息处理者。依据“识别说”，对于该生就读的学校而言，其自然可以通过学号识别出所对应的自然人；对于其他人而言，则无法通过这一串数字识别出特定的自然人，此时就难以认定学号构成个人信息。依据“关联说”，学校为特定学生编制的学号与该名学生紧密关联；学校外的其他人知道学生的存在，但是并不知道学号这一串数字的含义，自然无法将这串数字与已知的自然人相关联，此时学号不是个人信息。因此无论采用哪种判断标准，最后得到的结论都是相同的，两者的差别只在于其描述个人信息的角度不同。值得关注的是，在实务中，已有互联网法院在典型案件中，对上述关联说进行了法官裁量解读，避免个人信息的认定被无限放大。例如，“查博士案”②中，法院基于场景、商业目的和经济成本，对《个人信息保护法》中“关联说”的“可识别”进行了进一步解读，有助于更好地理解个人信息的概念。另外，信息是主观、抽象的内容维度，数据是客观、具体的载体维度，作为数据出境客体的个人信息实际上是内容为个人信息的数据。欧盟 GDPR 采用的就是“个人数据”的表述。我国虽然采取了“个人信息”的用词，但是《民法典》和《个人信息保护法》定义中的“以电子或者其他方式记录”表述依然体现了信息载体之形式要求。

敏感个人信息是个人信息项下的特殊领域。《数据出境安全评估办法》之所以对数据处理者在一定时间内向境外提供敏感个人信息的数量作了严于其他个人信息的特别规定，是因为敏感个人信息对个人信息主体的权益损害风险要大于其他个人信息。敏感个人信息是一旦泄露或者非法使用，容易导致自然人的人格尊严受到侵害或者人身、财产安全受到危害的个人信息，包括生物识别、宗教信仰、特定身份、医疗健康、金融账户、行踪轨迹等信息，以及不满 14 周岁未成年人的个人信息。从该定义中可以提炼出敏感个人信息的 3 种情形：易侵害人格尊严，易危害人身、财产安全，以及不满 14 周岁未成年人的个人信息。此外，该定义还对前两种情形进行了列举，使敏感个人信息保护规范更具操作性。严格来说，保护个人信息就是以保护自然人人格尊严为最基本的出发点和落脚点。敏感个人信息相较于一般个人信息，与人格尊严的联系更紧密，因此敏感个人信息被泄露或非法使用后比其他个人信息的情形更容易侵害个人尊严。人身

---

① 参见程啸：《论〈民法典〉与〈个人信息保护法〉的关系》，载《法律科学（西北政法大学学报）》2022 年第 3 期。

② 广州互联网法院民事判决书（2021）粤 0192 民初 928 号。

安全和人格尊严同属于最基本的人权,易对人身安全造成危害,自然应当构成敏感个人信息的判断标准之一。单纯的财产安全难以被解释为合乎个人信息保护的目的,但是一些信息被泄露不仅会严重威胁财产安全,还可能会被不法分子利用使自然人处于人身安全危险之中。从维护实质正义的角度出发,法律应当向处于弱势地位的群体倾斜。未满 14 周岁的未成年人作为权益易受侵害的群体,将他们的个人信息规定为敏感个人信息,为个人信息处理者设定更高程度的义务,合乎法律正义的目标。在 3 种一般标准外,有学者主张在认定敏感个人信息时引入"场景理论",认为应当根据个人信息处理行为发生的具体场景,对围绕该行为的各个元素(如行为人、信息主体的身份处理的目的,处理的场所及其影响和后果等)进行综合评价。[①] 这是一种通过场景进行判断的做法,目前在实务中比较普遍,无论是地方公共数据授权运营立法层面,实务中律师的数据合规落地工作,还是在相关个人信息保护纠纷案例中,就"个人信息识别"问题均围绕"一场景一合规"开展具体论述,以便更好地评价个人信息或者数据的处理是否合法。一些个人信息在有些场景下是一般个人信息,但在特定场景中却具有高度敏感性。比如姓名、电话号码在日常生活场景中一般不会被认为是敏感个人信息,但是在医疗健康场景中采集到的姓名、电话若从该场景中泄露流出,便极易侵害自然人的人格尊严。此外,这种结合场景和数据融合来进一步判断敏感个人信息的做法,在《个人金融信息保护技术规范》中也有类似的规定。如将 C1、C2 类数据结合,可能构成 C3 类数据,导致风险上升,敏感级也随之上升。敏感个人信息的判断前提建立在信息被泄露或非法使用的假设之上,并且通常认为判断标准具有客观性,不以具体个人信息主体的主观感受为标准,而是以社会公众的一般观念,结合特定社会的历史文化背景和客观现实进行判断。[②]

三、数据出境主体的权利(力)义务

数据出境主体的权利(力)义务关系呈现以下两个特点:第一,不同主体的权利义务不对等。个人信息主体享有权利却不承担义务,数据处理者和境外接收方负有义务却几乎不享有权利。这是因为作为自然人的个人信息主体通常无法抗衡具有雄厚财力、组织结构优势的数据处理者和境外接收方。数据出境相关规范让处于弱势地位的个人信息主体享受更多权利,为作为强者的数据处理者和境外接收方设定更多义务,以实现实质平等,具有浓厚的经济法色彩。第二,数据出境主管部门作为行政主体,享有

---

① 参见王利明:《敏感个人信息保护的基本问题——以〈民法典〉和〈个人信息保护法〉的解释为背景》,载《当代法学》2022 年第 1 期。

② 参见韩旭至:《敏感个人信息的界定及其处理前提——以〈个人信息保护法〉第 28 条为中心》,载《求是学刊》2022 年第 5 期。

的是权力而非权利,不能将数据出境主管部门的权力视作它的权利。权力同时意味着职责,行政主体不能随意放弃行使权力,而权利可被权利人放弃;权力需要一定的约束,而权利通常意味着享有权利者有依其意志为一定行为或不为一定行为的自由。

(一)个人信息主体的权利

当出境的数据内容为个人信息时,个人信息主体首先享有《个人信息保护法》第 44 条至第 50 条所规定的权利。个人信息主体依据相关法律法规,对其个人信息的处理享有知情权、决定权,有权限制或者拒绝他人对其个人信息进行处理,有权要求查阅、复制、更正、补充、删除其个人信息,有权要求个人信息处理者对其个人信息处理规则进行解释说明。个人信息主体可以请求将个人信息转移至其指定的个人信息处理者,符合国家网信部门规定的条件的,个人信息处理者应当提供转移的途径。

未达到数据出境安全评估门槛的个人信息出境,应当签订个人信息出境标准合同或进行个人信息跨境处理活动安全认证。在这两种途径中,个人信息主体是境内个人信息处理者和境外接收方签订的具有法律约束力文件或合同的第三方受益人,有权要求个人信息处理者和境外接收方提供法律文本中涉及个人信息主体权益部分的副本,并向个人信息处理者和境外接收方主张权利。个人信息主体既可以向个人信息处理者也可以向境外接收方直接主张的请求权有以下两类:上文提及的《个人信息保护法》规定的查阅、补充、更正等法定权利;违约/侵权损害赔偿请求权。《个人信息跨境处理活动安全认证规范 V2.0》规定:个人信息权益受到损害时,个人信息主体有权向个人信息处理者、境外接收方的任何一方提出赔偿要求。《个人信息出境标准合同》文本第 5 条第 5 项中明确约定个人信息主体作为本合同第三方受益人有权根据本合同条款向个人信息处理者和境外接收方的一方或者双方主张并要求履行本合同项下与个人信息主体权利相关的条款,其中包括违约责任条款。然而,个人信息处理者和境外接收方承担违约损害赔偿责任是否采取连带责任形式尚存疑义,因为连带责任会使责任主体承担较重的负担,所以通常由法律规定或当事人约定。《个人信息出境标准合同》第 8 条第 3 项中“双方依法承担连带责任的,个人信息主体有权请求任何一方或者双方承担责任”的性质更偏向指示参照条款,其并非直接规定适用连带责任,而是强调连带责任要有法定依据。《个人信息保护法》第 20 条第 2 款和第 69 条虽然提及连带责任,但也仅规定:个人信息侵权赔偿由个人信息共同处理者承担连带责任,同时适用过错推定责任。在数据出境的场合中,境外接收方不一定是个人信息共同处理者。在极端情形下,尚未传输的信息仍处于境内个人信息处理者的控制下,此时要求境外接收方对未收到的信息负责,有失公平。①

---

① 参见金晶:《作为个人信息跨境传输监管工具的标准合同条款》,载《法学研究》2022 年第 5 期。

(二)数据处理者的权利义务

数据处理者向境外提供数据的,首先有义务进行数据出境风险自评估。自评估主要围绕以下事项展开:数据出境和境外接收方处理数据的目的、范围、方式等的合法性、正当性、必要性;出境数据的规模、范围、种类、敏感程度,数据出境可能对国家安全、公共利益、个人或者组织合法利益带来的风险;境外接收方承诺承担的责任义务,以及履行责任义务的管理和技术措施、能力等能否保障出境数据的安全;数据出境中和出境后遭到篡改、破坏、泄露、丢失、转移或者被非法获取、非法利用等的风险,个人信息权益维护的渠道是否通畅等;与境外接收方拟订立的数据出境相关合同或者其他具有法律效力的文件等是否充分约定了数据安全保护责任义务等。

如果达到法律规定的数据出境安全评估门槛,数据处理者需要履行数据出境安全评估申报义务。数据处理者在申报时要提交申报书、数据出境风险自评估报告、数据处理者与境外接收方拟订立的法律文件以及安全评估工作需要的其他材料。其中在与境外接收方订立的法律文件中,数据处理者应当明确约定数据安全保护责任义务,内容包括数据出境的目的、方式、范围、用途,数据在境外的保存地点、期限,数据再转移至第三方的约束,不可抗力以及违约的补救措施,违约责任、争议解决方式,以及风险处置措施等。此外,数据处理者还负有提交真实材料的义务;故意提交虚假材料的,不仅无法通过评估,还会被依法追究相应的法律责任。评估通过后再出现影响出境数据安全的法定情形的,数据处理者应当重新申报评估。数据处理者享有异议权:如果对评估结果有异议,数据处理者有权在收到评估结果15个工作日内向国家网信部门申请复评。

如果数据出境客体为个人信息但未达到评估门槛,个人信息处理者应选择签订个人信息出境标准合同或进行个人信息保护认证。此时的个人信息处理者负有以下义务:第一,个人信息安全保障义务。个人信息处理者应当采取《个人信息保护法》第51条的管理机制和技术措施防止个人信息泄露、篡改、丢失等安全风险;个人信息跨境认证甚至要求个人信息处理者设立专门的个人信息保护机构承担以上职责。第二,告知义务。个人信息处理者在承担《个人信息保护法》规定的告知个人信息主体境外接收方姓名或名称、联系方式、处理目的、处理方式、个人信息的种类、保存期限等事项的一般义务之外,还须承担《个人信息出境标准合同办法》《个人信息跨境处理活动安全认证规范V2.0》规定的特殊义务。例如,个人信息出境标准合同要求个人信息处理者向个人信息主体告知其与境外接收方通过本合同约定个人信息主体为第三方受益人。第三,目的限制义务。个人信息处理者按照已签署的具有法律效力文件约定的处理目的、处理方式、保护措施等跨境处理个人信息,不得超出约定处理个人信息。第四,合规审计义务。《个人信息出境标准合同》约定个人信息处理者对合同涵盖的处理活动进行合规审计,并向监管机构提交所有合规审计结果。第五,接受监管义务。个人信息处理者应接受认证机构对个人信息跨境处理活动的持续监督或监管机构的监督管理,包括答复询问、配合检查、服从采取的措施或作出的决定、提供已采取必要行动的书面证明等。具体义务清单,可以见本书附件。

在签订个人信息出境标准合同的情形中,个人信息处理者应当在标准合同生效之日起10个工作日内向所在地省级网信部门申请备案。如果出现法定的影响个人信息权益的情形,个人信息处理者应当补充或重新订立标准合同。最后,个人信息出境标准合同还约定了合同解除的情形,个人信息处理者享有约定的合同解除权。

(三)境外接收方的权利义务

1. 境外接收方同样负有个人信息安全保障义务。境外接收方应当采取加密、匿名化、去标识化、访问控制等技术和管理措施,定期进行检查,以确保个人信息安全。同时,境外接收方还应确保授权处理个人信息的人员履行保密义务,并建立最小授权的访问控制权限。个人信息出境认证甚至要求境外接收方设立一个个人信息保护机构来履行该义务。

2. 个人信息安全事件发生后,境外接收方负有补救、通知义务。一旦个人信息被或可能被篡改、破坏、泄露、丢失、非法利用、未经授权提供或者访问,境外接收方应当及时采取适当的补救措施,减轻对个人信息主体造成的不利影响;同时,境外接收方应当立即通知个人信息处理者,并根据相关法律法规的要求报告监管机构,按照相关法律法规的要求通知个人信息主体。通知、报告的内容应包含:个人信息泄露、篡改、丢失的原因;泄露的个人信息种类和可能造成的危害;已采取的补救措施;个人可以采取的减轻危害的措施;负责人或负责团队的联系方式。

3. 境外接收方应当按照约定处理个人信息。如果超出约定的处理目的、处理方式和处理的个人信息种类,基于个人同意处理个人信息,应当事先取得个人信息主体的单独同意。

4. 接受持续监督管理的义务。境外接收方应接受认证机构对个人信息跨境处理活动的持续监督或接受监管机构的监督管理,包括答复询问、配合检查、服从采取的措施或作出的决定或提供已采取必要行动的书面证明等。

5. 遵守法律法规的义务。个人信息出境认证中的境外接收方要承诺遵守中华人民共和国个人信息保护有关法律、行政法规,接受中华人民共和国司法管辖,承诺与个人信息跨境处理有关的纠纷适用中华人民共和国相关法律法规。

6. 合同解除权。在个人信息出境标准合同中,境外接收方同样具有约定的合同解除权。具体义务清单,可以见本书附件。

(四)数据出境主管部门的权力义务

在签订个人信息出境标准合同的情形里,数据出境主管部门是个人信息出境标准合同的备案机关,但个人信息出境标准合同生效不以备案为前提。在数据出境安全评估中,省级及以上网信部门主管数据出境安全评估的以下工作。(1)完备性查验。省级网信部门应当在收到申报材料之日起5个工作日内完成完备性查验。申报材料齐全的,省级网信部门将申报材料报送国家网信部门;申报材料不齐全的,则应当退回数据处理者并一次性告知需要补充的材料。作为受理部门,国家网信部门应当自收到申报材料之日起7个工作日内,确定是否受理并书面通知数据处理者。(2)实质评估。国家网信部门应当自向数据处理者发出书面受理通知书之日起45个工作日内完成数据出境安全评估,并将评估结果书面通知数据处理者;遇到复杂情况或者需要补充、更正材料的,可以适当延长并告知数据处理者预计延长的时间。评估内容重点在于数据出境活动可能对国家安全、公共利益、个人或者组织合法权益带来的风险,主要包括以下事项:数据出境的目的、范围、方式等的合法性、正当性、必要性;境外接收方所在国家或者地区的数据安全保护政策法规和网络安全环境对出境数据安全的影响,境外接收方的数据保护水平是否达到中华人民共和国法律、行政法规的规定和强制性国家标准的要求;出境数据的规模、范围、种类、敏感程度,出境中和出境后遭到篡改、破坏、泄露、丢失、转移或者被非法获取、非法利用等的风险;数据安全和个人信息权益是否能够得到充分有效保障;数据处理者与境外接收方拟订立的法律文件中是否充分约定了数据安全保护责任义务;遵守中华人民共和国法律、行政法规、部门规章情况;国家网信部门认为需要评估的其他事项。(3)数据出境主管部门对数据出境活动过程有监督管理的职权。即便已经通过数据出境安全评估,国家网信部门发现已进行的数据出境活动在实际处理过程中不再符合数据出境安全管理要求的,也应当书面通知数据处理者终止数据出境活动。个人信息出境标准合同签订后,省级以上网信部门发现个人信息出境活动存在较大风险或者发生个人信息安全事件的,可以依法对个人信息处理者进行约谈。(4)数据出境主管部门及其工作人员负有保密义务,应当对其在履行职责中知悉的国家秘密、个人隐私、个人信息、商业秘密、保密商务信息等数据依法保密,不得泄露或者非法向他人提供、非法使用。

第二章　数据出境安全的概述

一、数据出境安全的界定

数字经济时代，对数据的掌控、利用及保护能力，成为衡量国家间竞争力的核心要素；数据安全问题也成为数字经济时代国际竞争与合作的核心议题，网络安全、数据安全、“数字主权”逐步升级成为各国数据掌控与管辖的新焦点。

数据安全是数据出境安全的基础，数据出境安全首先应当满足数据安全要求，其次在出境过程中对其提出更高要求。因此，界定数据出境安全应当首先界定数据安全，而2021年实施的《数据安全法》是我国数据安全的基础性法律。在理解和掌握数据安全的基础上，再去界定数据出境安全。2022年施行的《数据出境安全评估办法》则是在《国家安全法》《网络安全法》《数据安全法》《个人信息保护法》四大数据与信息安全领域的法律的基础上出台的规范数据出境行为、维护数据出境安全的主要文件。

（一）数据安全的定义

1. 数据安全与《数据安全法》

当前，我国自2021年9月1日起实施的《数据安全法》与自2017年6月1日起施行的《网络安全法》及自2021年11月1日起施行的《个人信息保护法》一起全面构筑起我国数据与安全信息领域的法律框架。其中，《网络安全法》重点关注网络本身的安全，涉及数据在网络上流动与存储的安全。《个人信息保护法》侧重于维护公民个人的隐私、人格、财产等利益。《数据安全法》则重点关注数据本身，进一步确保了数据处于有效保护和合法利用的状态，侧重于保护个人和组织的合法权益，维护国家主权、安全和发展利益。

《数据安全法》共7章55条，围绕数据安全进行了较全面的规定，主要包括数据安全与发展（第二章）、数据安全制度（第三章）、数据安全保护义务（第四章）、政务数据安全与开放（第五章）。该法确立了以维护国家核心利益、平衡国家安全与发展的"总体国家安全观"，搭建了一个以"重要数据"为核心，以"自上而下，分级分类分业"管理为特征的数据安全管理体系，并对数据权益，与投资、贸易有关的数据及数据技术的非歧视性原则和对等反制措施等作出了明确规定。

"坚持安全与发展并重"是《数据安全法》明确秉持的立法原则，是我国在数据保护与数字经济发展两大基本价值引领下数据安全立法的进路。它明确了数据安全是国家安全的重要组成部分，需要通过国家立法提升数据安全的保护能力；其又强调了数据是新的关键生产要素，凸显"以数据为关键要素的数字经济发展"的价值取向。①

《数据安全法》第3条第3款对"数据安全"进行了定义，即数据安全是指通过采取必要措施，确保数据处于有效保护和合法利用的状态，以及具备保障持续安全状态的能力。数据安全既包括数据要素增值过程，即数据处理活动的整个过程，也即数据的收集、存储、使用、加工、传输、提供、公开等全过程的可控性与正当性，也包括数据本身的保密性、完整性和可用性。

数据的保密性，又称机密性，是指个人或团体的信息不为其他不应获得者获得。数据的完整性是信息安全的三个基本要点之一，指在传输、存储信息或数据的过程中，确保信息或数据不被未授权地篡改或在篡改后能够被迅速发现。数据的可用性是一种以使用者为中心的设计概念，可用性设计的重点在于让产品的设计能够符合使用者的习惯与需求。以互联网网站的设计为例，希望让使用者在浏览的过程中不会产生压力或感到挫折，并能让使用者在使用网站功能时，用最少的努力发挥最大的效能。

《数据安全法》第4条明确规定，维护数据安全，应当坚持总体国家安全观，建立健全数据安全治理体系，提高数据安全保障能力。数据安全关乎国家安全。自2021年"数据安全"首次被纳入国务院政府工作报告，2023年政府工作报告中提到"加强网络、数据安全和个人信息保护"，数据安全的重要性已经连续3年在政府工作报告中被提及。数据已成为新兴的生产要素，是国家基础性和战略性资源，数据安全需求也越发凸显。加强对数据安全的保护不仅关乎每个人、每个组织的利益，而且与经济社会发展和国家安全密切相关，必须全方位保护其安全。

《数据安全法》第二章规定了"数据安全与发展"的内容，第13条明确提出，国家统筹发展和安全，坚持以数据开发利用和产业发展促进数据安全，以数据安全保障数据开发利用和产业发展。由此可见，我国数据安全立法对数据的态度并非单纯保护，而是安全与发展的协调：通过发挥国家主体在重点数据制度中的带头作用，完善保障与数据安

① 参见严蓉：《数据安全保护的基本思路与重要条款解读》，载《佳木斯职业学院学报》2021年第12期。

全相关的产业发展以及数据开发利用等配套措施,实现以发展促安全,以安全保发展的理念。同时,《数据安全法》第二章也对数据安全与发展的技术和体系建设持支持和鼓励的态度,如数据基础设施建设、数据创新应用,(《数据安全法》第 14 条)支持开发利用数据提升公共服务的智能化水平,(《数据安全法》第 15 条)支持数据开发利用和数据安全技术研究,(《数据安全法》第 16 条)推进数据开发利用技术和数据安全标准体系建设,(《数据安全法》第 17 条)促进数据安全检测评估、认证等服务的发展,(《数据安全法》第 18 条)支持相关主体在数据安全风险评估、防范、处置等方面开展协作,(《数据安全法》第 18 条)健全数据交易管理制度,(《数据安全法》第 19 条)支持数据开发利用技术和数据安全相关教育和培训。(《数据安全法》第 20 条)

《数据安全法》第三章则对数据安全制度体系进行了系统建构,形成了以数据分类分级保护制度,数据安全风险评估、报告、信息共享、监测预警机制,数据安全应急处置机制,数据安全审查制度四大制度机制为基础的数据安全体系。第一,数据分类分级保护制度以数据在经济社会发展中的重要程度,以及数据一旦遭到篡改、破坏、泄露或者非法获取、非法利用后对国家安全、公共利益或个人、组织合法权益造成的危害程度,对数据进行分类分级管理。关系国家安全、国民经济命脉、重要民生、重大公共利益等数据属于国家核心数据,实行更加严格的管理制度。从源头上对不同性质的数据进行区分保护,以预防重要数据、核心数据的安全风险。第二,建立集中统一、高效权威的数据安全风险评估、报告、信息共享、监测预警机制。国家数据安全工作协调机制统筹协调有关部门制定重要数据目录,加强对重要数据的保护。第三,建立数据安全应急处置机制,在发生数据安全事件时,有关主管部门应当依法启动应急预案,采取相应的应急处置措施,防止危害扩大,消除安全隐患,并及时向社会发布与公众有关的警示信息。第四,建立数据安全审查制度,对影响或者可能影响国家安全的数据处理活动进行国家安全审查。

《数据安全法》第四章规定了数据安全的义务主体、义务内容,该章侧重于数据处理者在开展数据处理活动时应当遵循的规则和要求。数据处理活动的主体在处理数据时应当依照法律、法规的规定,建立健全全流程数据安全管理制度,组织开展数据安全教育培训,采取相应的技术措施和其他必要措施,保障数据安全。利用互联网等信息网络开展数据处理活动,应当在网络安全等级保护制度的基础上,履行数据安全保护义务。(《数据安全法》第 27 条)在开展数据处理活动时,还应当加强风险监测,发现数据安全缺陷、漏洞等风险时,应当立即采取补救措施。在发生数据安全事件时,应当立即采取处置措施,按照规定及时告知用户并向有关主管部门报告。(《数据安全法》第 29 条)任何组织、个人收集数据,应当采取合法、正当的方式,不得窃取或者以其他非法方式获取数据。法律、行政法规对收集、使用数据的目的、范围有规定的,应当在法律、行政法规规定的目的和范围内收集、使用数据。(《数据安全法》第 32 条)同时,该章也明确了数据出境的适用规则，即关键信息基础设施的运营者在中华人民共和国境内运营中收集和产生的重要数据的出境安全管理，适用《网络安全法》的规定；其他数据处理者在中华人民共和国境内运营中收集和产生的重要数据的出境安全管理办法，由国家网信部门会同国务院有关部门制定。（《数据安全法》第31条）国家主管机关根据有关法律和我国缔结或者参加的国际条约、协定，或者按照平等互惠原则，处理外国司法或者执法机构关于提供数据的请求。非经中华人民共和国主管机关批准，境内的组织、个人不得向外国司法或者执法机构提供存储于中华人民共和国境内的数据。（《数据安全法》第36条）

《数据安全法》第五章对政务数据安全与开放进行了规定，落实国家机关在收集、使用、存储、公开政务数据时应当遵循的规定和承担的义务。国家机关为履行法定职责的需要收集、使用数据，应当在其履行法定职责的范围内依照法律、行政法规规定的条件和程序进行；对在履行职责中知悉的个人隐私、个人信息、商业秘密、保密商务信息等数据应当依法予以保密，不得泄露或者非法向他人提供。（《数据安全法》第38条）国家机关应当依照法律、行政法规的规定，建立健全数据安全管理制度，落实数据安全保护责任，保障政务数据安全。（《数据安全法》第39条）国家机关委托他人建设、维护电子政务系统，存储、加工政务数据，应当经过严格的批准程序，并应当监督受托方履行相应的数据安全保护义务。受托方应当依照法律、法规的规定和合同约定履行数据安全保护义务，不得擅自留存、使用、泄露或者向他人提供政务数据。（《数据安全法》第40条）

2. 数据安全的重要性

数据作为新型生产要素，被称为“21世纪最有价值的资源与新时代引擎的石油”。大数据技术的快速发展和应用方便了快速收集与储备数据信息，通过信息记录、资料分析能够发现、揭露、预测人类的行为、趋势以及关联性等。因此，数据蕴含巨大的研究价值与商业价值，但也隐含许多风险。数据被篡改、破坏、泄露或者非法获取、非法利用可能对国家安全、公共利益或个人、组织合法权益造成危害；而关系国家安全、经济命脉、重要民生、重大公共利益的核心数据一旦发生泄露，将对国家和民众造成巨大且不可逆转的损害。因此，国家必须为涉及数据的行为划定一个安全边界，以更好地维护个人合法权益和国家主权安全。[①] 当前，维护数据安全已经上升为我国的一项紧迫任务。

数据安全与网络安全、信息安全、系统安全、内容安全和信息物理融合系统安全有着密不可分的关系。

网络安全主要指互联网及其他信息网络、计算机网络的安全运行，监控和防止针对

---

① 参见薛悟娟、刘晓：《基于国家安全的数据法治建设——以〈数据安全法〉为视角》，载《保密科学技术》2021年第8期。

网络的攻击和来自网络的攻击,确保网络基础设施的安全运行和合法使用。数据安全涉及网络数据的生产、传输和使用过程中的安全,保证网络数据的保密性、完整性、可用性、真实性和可控性是网络安全的主要任务。

信息安全主要指信息在系统和网络传输、处理、存储过程中不被泄露或破坏,确保信息的可用性、保密性、完整性和不可否认性,包括密码系统的安全等。信息安全涉及的数据安全主要包括两方面:一是指数据本身的安全,一般采用现代密码算法等技术对数据进行主动保护;二是指数据防护的安全,通常采用现代信息存储等手段为数据设置主动防护措施。

系统安全主要指软硬件信息系统如操作系统、云系统、终端系统、应用软件系统的安全运行,保证系统不受恶意代码和其他恶意攻击,确保系统正常运行和合法使用。数据安全是系统运行安全的要素。

内容安全主要指信息内容在网络传播等过程中的真实性、可靠性、合法性。内容安全涉及用户多源数据的关联、隐私数据的窃取、社交网络对抗等安全问题。

信息物理融合系统安全主要指能源、交通等关键基础设施的综合安全,涉及物理系统的工程安全、信息系统的网络信息安全及二者相互影响下的安全。信息物理融合系统具有在数据流、能量流、物质流之间进行流动的特点,数据安全与基础设施的工程安全相互影响,产生新的综合安全风险。

数据安全与网络安全密切相关,是国家主权、国家安全的重要组成部分。数据作为新型生产要素,对传统生产方式变革具有重大影响。网络数据是网络攻击的主要目标之一,例如中间人攻击可能破坏传输数据的完整性、真实性等。目前,一些网络平台在提供服务的同时,强制访问各种用户信息,存在过度索权、超范围收集、存储、共享网络数据等问题,甚至将数据主体的权益“让渡”给非授权机构,从而威胁网络数据处理的安全性,导致严重的网络安全隐患。保障网络数据安全是维护网络安全的重要基础。

数据安全也是信息安全的核心。在智能化趋势下,基于智能技术的数据伪造给信息安全带来新的挑战。以人脸信息伪造为例,通过智能技术可对人脸数据进行虚假生成,造成人类和机器感知系统判断出错,引发个人隐私受到侵犯以及商业诈骗等问题,甚至引发社会危机。

保障数据安全是维护系统安全的重要手段。近年来,智能系统面临对抗性样本、数据污染等数据安全威胁。攻击者可添加细微干扰形成的恶意输入样本导致智能系统预测结果出错,造成严重智能系统安全隐患;攻击者甚至还可以通过数据污染在正常样本数据集中加入一定比例的恶意样本进行训练,从而触发多种智能系统出错,造成安全危害。

在个人使用方面,用户的数据安全可能会引发内容安全问题。通过海量多源异构的用户数据,包括好友关系等用户间交互,不法分子可实现跨网络间的关联分析,以较低门槛产生以假乱真的文本内容，通过特定主题内容生成引导信息并向目标群体投送，从而达到制造社会矛盾等的非法目的。

此外，涉及能源、交通等关键基础设施的测量或控制数据错误可能引发连锁故障，造成严重信息物理融合系统安全威胁。例如，2010 年国际上发生的针对核电站的"震网"攻击，通过劫持和伪造恶意控制指令，破坏离心机的正常运行，同时窃取和重置离心机正常运行时的系统数据，躲避系统的运行监控，造成大量离心机损毁的严重后果。

综上所述，保障数据安全和促进数据开发利用，可有效维护网络安全、信息安全、系统安全、内容安全和信息物理融合系统安全，进而维护国家主权、安全和发展利益。①

（二）数据出境安全的定义

数据出境安全，是指数据处理者在向境外提供数据时，应当遵守《网络安全法》《数据安全法》《个人信息保护法》等法律法规的规定，并依据《数据出境安全评估办法》进行安全评估，以确保出境数据处于有效保护和合法利用的状态以及具备保障持续安全状态的能力，保障数据依法有序自由流动。

根据《数据出境安全评估申报指南（第一版）》，数据出境行为包括：数据处理者将在境内运营中收集和产生的数据传输、存储至境外；数据处理者收集和产生的数据存储在境内，境外的机构、组织或者个人可以查询、调取、下载、导出；国家网信办规定的其他数据出境行为。

《数据出境安全评估办法》则是在《网络安全法》《数据安全法》《个人信息保护法》等法律法规的基础上制定的专门规范数据出境活动的规范性文件。数据安全评估坚持事前评估和持续监督相结合、风险自评估与安全评估相结合，防范数据出境安全风险，保障数据依法有序自由流动。

二、数据出境安全的评价标准

数据既是资源又是武器。数据出境为数字经济全球化发展带来新的增长和机遇，但无序的数据流动可能损害国家安全、公共利益、个人和组织的利益。数据出境安全应当保证数据出境过程中国家安全、公共利益、个人和组织的利益不受损害。因此，本部分从国家安全视角、公共利益保护视角以及个人和组织利益保护视角出发，探讨数据出境安全中可能引发的国家安全、公共利益、个人和组织利益风险，数据出境安全中应当维护的国家安全、公共利益、个人和组织利益的具体内容，以及法律法规中的保护规则。

（一）国家安全视角下的数据出境安全

1. 数据出境对国家主权的挑战

国家安全，是指国家政权、主权、统一和领土完整、人民福祉、经济社会可持续发展

---

① 参见管晓宏：《数据安全是网络空间安全的基础》，载《中国网信》2022 年第 3 期。

和国家其他重大利益相对处于没有危险和不受内外威胁的状态，以及保障持续安全状态的能力。（《国家安全法》第 2 条）

国家秘密是关系国家安全和利益，依照法定程序确定，在一定时间内只限一定范围的人员知悉的事项。[《中华人民共和国保守国家秘密法》（以下简称《保守国家秘密法》）第 2 条]国家秘密涉及国家安全和利益的事项，泄露后可能损害国家在政治、经济、国防、外交等领域的安全和利益，包括：国家事务重大决策中的秘密事项、国防建设和武装力量活动中的秘密事项、外交和外事活动中的秘密事项以及对外承担保密义务的秘密事项、国民经济和社会发展中的秘密事项、科学技术中的秘密事项、维护国家安全活动和追查刑事犯罪中的秘密事项、经国家保密行政管理部门确定的其他秘密事项、政党的秘密事项中符合法律规定的秘密事项。（《保守国家秘密法》第 9 条）国家秘密的密级分为绝密、机密、秘密三级。绝密级国家秘密是最重要的国家秘密，泄露会使国家安全和利益遭受特别严重的损害；机密级国家秘密是重要的国家秘密，泄露会使国家安全和利益遭受严重的损害；秘密级国家秘密是一般的国家秘密，泄露会使国家安全和利益遭受损害。（《保守国家秘密法》第 10 条）

数据主权的理论基础是国家主权理论。主权是国家的基本要素之一，是国家的固有权利，它表示一个国家在国际上的根本地位，是一个国家独立自主处理自己内外事务，管理自己国家的最高权力。没有主权，就不能构成国家。

数字经济是当前和未来经济发展的新空间，数据资源的控制和使用能力对我国经济、政治、文化等领域将产生巨大影响。国际国内形势均表明，数据主权将成为继边防、海防、空防之后大国博弈的另一个空间。许多国家和地区已经启动数据资源保护、数据安全体系建立完善和数据基础设施建设，增强数据安全保障能力，进而维护国家安全。国家将公民个人数据安全防护提升至主权的战略高度，为防范和减少本国公民敏感数据受外国政府、企业侵害提供了根本保障。“棱镜门”便是数据主权的典型事例，即监控并窃取他国数据，其中包括大量涉及国家安全、国家利益及公民隐私的个人数据，如通信内容等，严重威胁他国主权。一些跨国企业也可能将经营中获取的我国公民个人数据秘密地向他国转移，为他国政府提供情报，损害我国公民的个人数据自决权利，也有损我国的数据主权。①

具言之，数据出境虽然有利于数字经济全球化发展，但无序的数据流动可能增加国家安全风险控制的难度，损害国家安全利益。

2. 不同类型数据对国家安全的挑战

（1）个人数据出境对国家安全的挑战

数据安全可以分为个人数据安全和国家数据安全。实践中，两者并非完全割裂开

---

① 参见李爱君：《数据权利属性与法律特征》，载《东方法学》2018 年第 3 期。

来的,在特定情况下存在一定关联。依照数据持有者的不同,个人数据又可以分为重要个人数据和一般个人数据。前者指的是诸如政府高级官员、外事人员或其他涉密人员的个人数据,常与国家秘密或工作秘密重叠。这部分数据带有国家属性,一旦被攻击、盗取或泄露,会直接损害国家利益并危害国家安全,因此与国家数据安全有“强关联”。绝大多数个人数据属于一般个人数据的范畴,其安全问题虽与个人权益息息相关,但以往与国家数据安全之间呈“弱关联”状态,少量的个人数据不会对国家数据安全产生影响。然而,这一情况在大数据时代发生了转变。

随着大数据时代的到来,一般个人数据安全与国家数据安全之间的关系正在发生变化。在一定条件下,“弱关联”可以变成“强关联”。由于云计算等数据分析技术的发展,收集并处理大量的个人数据成为可能。云计算由智能逻辑和各种算法组成,是一种资源化的计算工具,只要完成数据导入就能实现对海量数据的分析。通过云计算技术,一般个人数据同样有可能具备国家属性。数据的需求方可以通过对看似无用的一般个人数据进行分析,得出社会整体性数据,其中很可能存在涉及国家秘密、威胁国家安全的重要信息。从数据获取的难易程度来看,一般个人数据的收集难度较低。因此,一些有意收集国家数据的人可能会采取由个人数据分析出国家数据的路径,以达到获取国家数据的目的,这也意味着个人数据安全问题转化为国家数据安全问题的可能性被加大了。①

这种个人数据与国家数据间的“强关联”也对数据出境安全提出了更高标准,境外数据需求方对所得的一般个人数据经过分析处理可能产生“危害国家安全、国计民生、公共利益”的国家数据,带来严重的安全隐患。

个人数据出境中的国家安全风险,还体现在政治安全、文化安全等领域。由于未匿名的数据可以反向定位到个人,数据控制者可以运用“个人数字身份”技术,针对性地预测并影响个人的意识和行为。众多个体的意识和行为被操纵后,汇集起的风险将给国家意识形态、政治选举等带来巨大安全威胁。例如,在政治选举中,境外政治组织可以运用个人数据身份技术分析出境的个人数据,并对个人近期的需求和偏好进行预测,在此基础上向选民投放高精准、定制化的宣传材料,利用“信息茧房”效应引导甚至诱导个人作出特定投票。同时,在国家意识形态建设中,境外新媒体平台可以依据个人数据身份技术分析出境的个人数据身份,运用算法构建针对学生或青年等特定群体潜藏意识形态的信息推送模型,在潜移默化中改变数据出境国公民的意识形态。

当前我国个人数据出境后的具体用途难以预测,数据平台的控制结构也普遍错综复杂。倘若境外政治势力实际操控的数据平台利用个人数据及相应技术,实施侵蚀我

① 参见徐辰烨:《从个人数据到国家数据:互联网平台数据安全问题的升级》,载《新闻论坛》2021年第5期。

国公民意识形态、干涉我国内政等行为，必将影响我国政治、文化、社会等领域的国家安全。①

(2)非个人数据出境对国家安全的挑战

非个人数据出境对国家安全的影响主要体现在国土安全、军事安全、科技安全等领域。与个人数据相比，非个人数据是无法明确知悉数据来源者身份的数据。为了体现对数据一定程度上流动的鼓励和促进，法律法规对不涉及个人隐私的非个人数据管控似乎较为宽松。如《网络安全法》第42条以但书形式，允许个人信息“经过处理无法识别特定个人且不能复原的”，不经过被收集者同意即可流转。然而，海量非个人数据形成的大数据池，经数据分析技术处理后也能得到有效情报，依然会给国家带来巨大安全隐患。严格来说，非个人数据可以分为“来源于个人+匿名化处理”“不来源于个人”两种形式。前者虽然源于个人，但经过技术处理，设定权限和密级后形成了不可逆转的匿名数据；后者完全不源于个人，而是采集于如地理数据、气象数据等天然存在的数据。当前无论是行政机构还是商业主体，都能通过自身渠道和技术采集、控制这两类非个人数据，如财税金融、医疗健康、城建住房、地理空间、交通运输、工业农业等数据。这些非个人数据无序出境后，他国可能利用大数据技术对其处理分析，从而对我国社会状况进行精准画像，并有针对性地开展情报收集和研判等工作，威胁我国国家安全。②

3. 数据出境中的国家安全保护

在数据出境过程中，出境数据的载体可能涉及关键信息基础设施，出境数据可能属于国家秘密，数据出境的场景也可能涉及网络安全。数据出境的全过程都存在国家安全的风险，因此，在数据出境时，应当遵循《国家安全法》《保守国家秘密法》《网络安全法》《关键信息基础设施安全保护条例》的规定。

根据《国家安全法》，中华人民共和国公民、一切国家机关和武装力量、各政党和各人民团体、企业事业组织和其他社会组织，都有维护国家安全的责任和义务。(《国家安全法》第11条第1款)

从国家层面上看，国家建设网络与信息安全保障体系，提升网络与信息安全保护能力，加强网络和信息技术的创新研究和开发应用，实现网络和信息核心技术、关键基础设施和重要领域信息系统及数据的安全可控；加强网络管理，防范、制止和依法惩治网络攻击、网络入侵、网络窃密、散布违法有害信息等网络违法犯罪行为，维护国家网络空间主权、安全和发展利益。(《国家安全法》第25条)国务院根据宪法和法律，制定涉及国家安全的行政法规，规定有关行政措施，发布有关决定和命令；实施国家安全法律法规和政策。(《国家安全法》第37条)中央国家机关各部门按照职责分工，贯彻执行国

① 参见马其家、刘飞虎：《数据出境中的国家安全治理探讨》，载《理论探索》2022年第2期。

② 参见马其家、刘飞虎：《数据出境中的国家安全治理探讨》，载《理论探索》2022年第2期。

家安全方针政策和法律法规，管理指导本系统、本领域国家安全工作。（《国家安全法》第39条）国家建立国家安全审查和监管的制度和机制，对影响或者可能影响国家安全的外商投资、特定物项和关键技术、网络信息技术产品和服务、涉及国家安全事项的建设项目，以及其他重大事项和活动，进行国家安全审查，有效预防和化解国家安全风险。（《国家安全法》第59条）

在个人和组织的层面上，公民和组织应当履行遵守宪法、法律法规关于国家安全的有关规定，及时报告危害国家安全活动的线索，如实提供所知悉的涉及危害国家安全活动的证据，为国家安全工作提供便利条件或者其他协助，向国家安全机关、公安机关和有关军事机关提供必要的支持和协助，保守所知悉的国家秘密的维护国家安全的义务。（《国家安全法》第77条）企业事业组织根据国家安全工作的要求，应当配合有关部门采取相关安全措施。（《国家安全法》第79条）

根据《保守国家秘密法》，一切国家机关、武装力量、政党、社会团体、企业事业单位和公民都有保守国家秘密的义务。（《保守国家秘密法》第3条第2款）

从国家层面来说，国家应当依法确定国家秘密的密级和具体范围，（《保守国家秘密法》第11条）遵守定密权限，（《保守国家秘密法》第13条）确定保密期限，（《保守国家秘密法》第15条）对承载国家秘密的纸介质、光介质、电磁介质等载体以及属于国家秘密的设备、产品，做出国家秘密标志。（《保守国家秘密法》第17条）国家秘密载体的制作、收发、传递、使用、复制、保存、维修和销毁，应当符合国家保密规定。绝密级国家秘密载体应当在符合国家保密标准的设施、设备中保存，并指定专人管理；未经原定密机关、单位或者其上级机关批准，不得复制和摘抄；收发、传递和外出携带，应当指定人员负责，并采取必要的安全措施。（《保守国家秘密法》第23条）国家保密行政管理部门依照法律、行政法规的规定，制定保密规章和国家保密标准；（《保守国家秘密法》第41条）依法组织开展保密宣传教育、保密检查、保密技术防护和泄密案件查处工作，对机关、单位的保密工作进行指导和监督；（《保守国家秘密法》第42条）对机关、单位遵守保密制度的情况进行检查。（《保守国家秘密法》第44条）

从组织和个人的层面来说，任何组织和个人不得：非法获取、持有国家秘密载体；买卖、转送或者私自销毁国家秘密载体；通过普通邮政、快递等无保密措施的渠道传递国家秘密载体；邮寄、托运国家秘密载体出境；未经有关主管部门批准，携带、传递国家秘密载体出境。（《保守国家秘密法》第25条）禁止非法复制、记录、存储国家秘密；禁止在互联网及其他公共信息网络或者未采取保密措施的有线和无线通信中传递国家秘密；禁止在私人交往和通信中涉及国家秘密。（《保守国家秘密法》第26条）不得有下列行为，否则依法给予处分或依法追究刑事责任：非法获取、持有国家秘密载体；买卖、转送或者私自销毁国家秘密载体；通过普通邮政、快递等无保密措施的渠道传递国家秘密载体；邮寄、托运国家秘密载体出境，或者未经有关主管部门批准，携带、传递国家秘密载体出境;非法复制、记录、存储国家秘密;在私人交往和通信中涉及国家秘密;在互联网及其他公共信息网络或者未采取保密措施的有线和无线通信中传递国家秘密;将涉密计算机、涉密存储设备接入互联网及其他公共信息网络;在未采取防护措施的情况下,在涉密信息系统与互联网及其他公共信息网络之间进行信息交换;使用非涉密计算机、非涉密存储设备存储、处理国家秘密信息;擅自卸载、修改涉密信息系统的安全技术程序、管理程序的;将未经安全技术处理的退出使用的涉密计算机、涉密存储设备赠送、出售、丢弃或者改作其他用途。(《保守国家秘密法》第 48 条)

根据《网络安全法》的规定,国家采取措施,监测、防御、处置源于中华人民共和国境内外的网络安全风险和威胁,保护关键信息基础设施免受攻击、侵入、干扰和破坏,依法惩治网络违法犯罪活动,维护网络空间安全和秩序。(《网络安全法》第 5 条)关键信息基础设施的运营者在中华人民共和国境内运营中收集和产生的个人信息和重要数据应当在境内存储。因业务需要,确需向境外提供的,应当按照国家网信部门会同国务院有关部门制定的办法进行安全评估;法律、行政法规另有规定的,依照其规定。(《网络安全法》第 37 条)

根据《关键信息基础设施安全保护条例》,关键信息基础设施是指公共通信和信息服务、能源、交通、水利、金融、公共服务、电子政务、国防科技工业等重要行业和领域的,以及其他一旦遭到破坏、丧失功能或者数据泄露,可能严重危害国家安全、国计民生、公共利益的重要网络设施、信息系统等。(《关键信息基础设施安全保护条例》第 2 条)国家对关键信息基础设施实行重点保护,采取措施,监测、防御、处置源于中华人民共和国境内外的网络安全风险和威胁,保护关键信息基础设施免受攻击、侵入、干扰和破坏,依法惩治危害关键信息基础设施安全的违法犯罪活动。任何个人和组织不得实施非法侵入、干扰、破坏关键信息基础设施的活动,不得危害关键信息基础设施安全。(《关键信息基础设施安全保护条例》第 5 条)运营者应当依照《关键信息基础设施安全保护条例》和有关法律、行政法规的规定以及国家标准的强制性要求,在网络安全等级保护的基础上,采取技术保护措施和其他必要措施,应对网络安全事件,防范网络攻击和违法犯罪活动,保障关键信息基础设施安全稳定运行,维护数据的完整性、保密性和可用性。(《关键信息基础设施安全保护条例》第 6 条)

(二)公共利益视角下的数据出境安全

公共利益是指不特定人可以享受的利益,是社会公共秩序所维护的利益。公共利益是一个十分广泛的概念,基本的内涵应该由“公共”和“利益”两部分组成,其受益的主体是社会公众整体,其利益满足的客体是全体社会公众。

仅考量私人利益下的数据安全保护,这种思路在某种程度上忽视了基于数据公共性本质而衍生出来的公共目的的普遍性。数据具有公共性当无疑义,它符合经济学上“公共品”的核心特征,即非竞争性和非排他性。前者指一人对公共品的使用不影响他人对其使用;后者指多人可以同时使用公共品而互不排斥。信息还符合经济学上“纯公共品”的要求,即同时具备制度公共性和自然公共性的特点,在传统社会具有效用上的不可分割性,并以此区别于准公共品。在公共品体系内,信息相较于传统意义上的公共物品(如公物和国防等),在某种程度上又具有更彻底的公共性,因为它不受容量和空间的限制,可以及于任何人。但信息本身又依赖传统或当代媒介分享和传播,故媒介又决定了信息受众的范围,这一点与其他公共品又有不同。

保护个人信息或者个人数据的目的并非仅落脚于私权角度,而是可以落脚于公共利益领域,如规避信息可能的泄露和滥用而导致的社会风险。有学者提出,个人信息并不是基于个人控制的诉求,而是基于社会控制的需要。个人信息本身并不存在问题,而是因为现代电子系统大规模的收集、利用和流通造成了信息泄露和滥用,故法律应对其予以规制,从而控制这种社会风险。从社会风险的防范角度来理解个人信息保护的目的,具有较强的涵盖性和解释力,其可能与隐私或人格的保护有一定关联,但数据保护本身只能被理解为某种合法权利的有效附属保护方式。也就是说,数据保护本身只有在个人自由或权利有被侵害的可能时,才作为一个有效的公法保护方式存在。社会风险包括个人受侵害和社会利益被侵害两种情形。这种对公共风险的防范体现在世界各国的立法实践中。如欧盟 GDPR 在用户同意的基础上,采用风险大小的识别来决定个人信息控制的程度。又如美国联邦贸易委员会(Federal Trade Commission,FTC)对个人信息保护提出设计原则、选择原则和透明原则,在强化对数据收集和利用风险评估的基础上,采取全方位的控制,甚至对企业内部的例行工作和日常事项也提出了严格的要求。我国 2017 年的《信息安全技术　个人信息安全规范》在同意机制的基础上,根据风险产生的可能性,区分不同的内容和告知方式来对同意机制进行细化,体现出实际风险防范的面向。

对于企业数据的保护也可以从公共目的或公共秩序的角度来理解。我国对于网络企业之间的纠纷,目前主要是从竞争法的角度来进行裁判。企业数据的私权与数据公共品特征的直接冲突,决定了对于现实生活中企业之间的数据纠纷,更多地只能从行为的社会危害性角度来考虑。反不正当竞争法就是从竞争秩序的维护来保护企业的有限法益。但判断一个行为是否侵害了竞争秩序,则需要从原告是否有损失以及被告是否构成不合理竞争行为来衡量。既然企业数据缺乏一个明确的法定权利外衣,通过私法权利的效力来获得救济便不再可行,行为的违法性判断便依赖一种科学的数据控制和操作规则体系;这种规则体系是在考虑数据主体、数据控制者和社会利益的基础上进行利益平衡的结果,具有鲜明的公共秩序特征。①

---

① 参见梅夏英:《在分享和控制之间:数据保护的私法局限和公共秩序构建》,载《中外法学》2019 年第 4 期。

(三)个人、组织利益视角下的数据出境安全

1. 个人数据出境中的人格权保护意义

个人数据跨境流动首次是在 1980 年经济合作与发展组织(Organization for Economic Co-operation and Development, OECD)颁布的《隐私保护和跨境个人数据流动指南》中进行了规定。个人数据在不同国家(地区)间的自由流动即为个人数据跨境流动。亚太网络法律研究中心主任刘德良认为,个人数据的跨境流动包括个人数据的出境和入境活动。各国的服务器提供流动平台,网络技术提供跨境流动的媒介,个人信息为跨境流动的内容,数据为跨境流动的表现形式。

个人数据具有人格权属性。从数据实践中呈现的内容看,自然人的数据有姓名、身份证号、家庭住址、信用状况、运动轨迹、各类证照号、收入、爱好等方面。这些内容体现自然人的人格尊严和自由意志,属于人格权的内容。尤其是在实践中的人脸识别,人脸就是肖像,肖像权属于人格权。因此,数据如果具有姓名权、肖像权、名誉权、荣誉权、隐私权的内容,就具有人格权的属性。① 对个人信息的保护就是对人格权的尊重和保护,因此要求数据主体合法控制相关数据,防止个人数据泄露、个人隐私曝光等侵犯他人个人数据的行为发生。

《民法典》"人格权编"中以独立的一章对隐私权和个人信息保护进行规定,其虽然未明确将个人信息保护作为一项独立权利进行规制,亦未规定个人信息保护应当纳入隐私权的范畴,但是对于个人信息主体的信息保护属于人格权的保护范围已经显而易见。《民法典》第 1034 条第 2 款明确了个人信息的定义,同时列举出部分属于个人信息的类别,任何能够识别特定自然人的信息均应属于个人信息。并且,该条第 3 款对个人信息保护与隐私权保护相重合的部分进行了规定,属于私密信息的个人信息应当适用有关隐私权的规定;没有规定的适用有关个人信息保护的规定。对于个人信息处理的原则、含义和概念,《民法典》第 1035 条第 1 款进行了明确规定,处理个人信息应当遵循合法、正当、必要原则,不得过度处理。在遵循这些基本原则的前提条件下,处理个人信息应当:征得自然人或其监护人的同意;符合公开信息处理的规制;符合明示处理信息的目的、方式和范围;不得违反法律法规的规定及当事人之间的约定。对于个人信息处理的行为范围,该条第 2 款进行了列举式规定,包括收集、存储、使用、加工、传输、提供、公开等。因而,个人信息数据的跨境传输也应当遵循《民法典》第 1035 条规定的基本原则及相关条件。②

① 参见李爱君:《数据权利属性与法律特征》,载《东方法学》2018 年第 3 期。

② 参见吴恙:《跨境数据流通中个人信息保护法律规制研究》,中南财经政法大学 2021 年硕士学位论文,第 14~15 页。

个人数据因有人格属性即可识别性与关联性，而直接关乎个体的隐私利益。[①] 隐私权是自然人拥有的基本的权利之一，直接关乎个人私人生活的安宁与平静……一旦个人敏感信息泄露造成被公开被识别，那么数据主体的隐私权便将时刻处于被侵犯的风险之中。[②]

2. 个人信息出境的法律保护

《网络安全法》和《数据安全法》并未专门针对个人信息出境活动进行细致规制，而自2021年11月1日起我国《个人信息保护法》施行后，其在第38条列举了5种个人信息出境路径，其中安全评估与《网络安全法》第37条的规定一致。不同的是，《个人信息保护法》增加了另外两条出境路径，包括个人信息出境标准合同路径以及个人信息保护认证机制路径，丰富了我国数据出境路径实践。

《个人信息保护法》对个人信息跨境流动作出了明确规定，构建了一套清晰、系统的个人信息跨境流动规则，为保障我国个人信息依法有序流动完善了制度基础。个人信息处理者因业务等需要，确须向中华人民共和国境外提供个人信息的，应当通过国家网信部门组织的安全评估，或按照国家网信部门的规定经专业机构进行个人信息保护认证，或按照国家网信部门制定的标准合同与境外接收方订立合同，约定双方的权利和义务，或履行法律、行政法规或者国家网信部门规定的其他条件。个人信息处理者应当采取必要措施，保障境外接收方处理个人信息的活动达到《个人信息保护法》规定的个人信息保护标准。（《个人信息保护法》第38条）个人信息处理者向中华人民共和国境外提供个人信息的，应当向个人告知境外接收方的名称或者姓名、联系方式、处理目的、处理方式、个人信息的种类以及个人向境外接收方行使《个人信息保护法》规定权利的方式和程序等事项，并取得个人的单独同意。（《个人信息保护法》第39条）关键信息基础设施运营者和处理个人信息达到国家网信部门规定数量的个人信息处理者，应当将在中华人民共和国境内收集和产生的个人信息存储在境内。确需向境外提供的，应当通过国家网信部门组织的安全评估；法律、行政法规和国家网信部门规定可以不进行安全评估的，从其规定。（《个人信息保护法》第40条）中华人民共和国主管机关根据有关法律和中华人民共和国缔结或者参加的国际条约、协定，或者按照平等互惠原则，处理外国司法或者执法机构关于提供存储于境内个人信息的请求。非经中华人民共和国主管机关批准，个人信息处理者不得向外国司法或者执法机构提供存储于中华人民共和国境内的个人信息。（《个人信息保护法》第41条）境外的组织、个人从事侵害中

---

① 参见李丹：《个人数据跨境流动中的隐私权保护之国际冲突与中国方案》，外交学院2022年硕士学位论文，第9页。

② 参见李丹：《个人数据跨境流动中的隐私权保护之国际冲突与中国方案》，外交学院2022年硕士学位论文，第12页。

华人民共和国公民的个人信息权益，或者危害中华人民共和国国家安全、公共利益的个人信息处理活动的，国家网信部门可以将其列入限制或者禁止个人信息提供清单，予以公告，并采取限制或者禁止向其提供个人信息等措施。（《个人信息保护法》第 42 条）

2022 年 6 月 24 日，全国信息安全标准化技术委员会发布《网络安全标准实践指南—个人信息跨境处理活动安全认证规范》。该文件为落实《个人信息保护法》第 38 条建立个人信息保护认证制度提供了认证依据。安全认证适用于跨国公司或者同一经济、事业实体下属子公司或关联公司之间的个人信息跨境处理活动以及《个人信息保护法》第 3 条第 2 款适用的个人信息处理活动。开展个人信息跨境处理活动的处理者和境外接收方遵守统一的个人信息跨境处理规则，至少包括：跨境处理个人信息的基本情况，包括个人信息数量、范围、种类、敏感程度等；跨境处理个人信息的目的、方式和范围；个人信息境外存储的起止时间及到期后的处理方式；跨境处理个人信息需要中转的国家或者地区；保障个人信息主体权益所需资源和采取的措施；个人信息安全事件的赔偿、处置规则。

《网络安全法》也进一步规定了合法提供个人信息的情形：未经被收集者同意，不得向他人提供个人信息。但是，经过处理无法识别特定个人且不能复原的除外。（《网络安全法》第 42 条）由此可见，至少在两种情形中，对外提供个人信息符合合法性要求：一是被收集者也就是个人同意；二是将收集到的个人信息进行匿名化处理，使其无论是单独还是与其他信息相结合，都无法识别特定个人且不能复原。

《网络数据安全管理条例（征求意见稿）》也对个人信息出境中数据处理者的义务作了明确规定：数据处理者不得超出报送网信部门的个人信息保护影响评估报告中明确的目的、范围、方式和数据类型、规模等向境外提供个人信息；不得超出网信部门安全评估时明确的出境目的、范围、方式和数据类型、规模等向境外提供个人信息和重要数据；采取合同等有效措施监督数据接收方按照双方约定的目的、范围、方式使用数据，履行数据安全保护义务，保证数据安全；接受和处理数据出境所涉及的用户投诉；数据出境对个人、组织合法权益或者公共利益造成损害的，数据处理者应当依法承担责任；存留相关日志记录和数据出境审批记录 3 年以上；国家网信部门会同国务院有关部门核验向境外提供个人信息和重要数据的类型、范围时，数据处理者应当以明文、可读方式予以展示；国家网信部门认定不得出境的，数据处理者应当停止数据出境，并采取有效措施对已出境数据的安全予以补救；个人信息出境后确需再转移的，应当事先与个人约定再转移的条件，并明确数据接收方履行的安全保护义务。［《网络数据安全管理条例（征求意见稿）》第 39 条］

3. 数据出境中的企业利益保护

企业数据产品是数据控制者利用大数据技术，收集、加工处理和利用数据信息，令数据价值增值。企业数据权利的主体是享有、行使权利的人，企业数据权利保护过程中,权利主体既是数据产品获益人,也是数据的支配者。国际上最早明确数据控制者概念的是欧盟GDPR,这一条例规定了数据的主体、控制者、处理者、接收者,以及企业数据生成及其流动过程中涉及的相关主体。

企业数据权利内容关乎数据权利主体的利益。企业数据控制者和个人数据控制者在数据享有权、使用权、收益获得权等合法权利方面具有同等效用。其中,控制权是指企业数据控制者通过合法、合理手段获得数据后,可根据自己的意愿,依法行使管理权。从这种意义上讲,企业数据权利中的控制权功能相似于物权中的占有权,数据权利主体可依法对数据财产进行自由分配。①

企业在进行数据收集、分析、挖掘的过程中,付出的劳动、资本、技术等成本,可被视为对数据的“加工行为”,类似于物权添附制度中的加工,促进了数据的流通与利用,体现了明显的财产价值。② 企业数据作为数字经济的产物,能够在商品化交易过程中产生经济价值,承载着数据主体的财产权益。目前,企业数据之上的财产权益已经获得司法实践的广泛认可。企业数据能够被特定主体实际控制与使用,构成企业规划商业版图、开展市场投资并获取竞争优势的战略性手段,具有现实和潜在的经济利益。在当今的数据交易实践中,成为市场交易对象的数据日益增多,这也表明数据在实质上具备了商品的交换价值。③ 企业数据作为一种财产,是公司等企业经济增长的基本资源,又与企业本身的利益紧密相连。数据对于企业的价值在于企业自身对于数据的利用和交易:前者为企业利用数据的惯常方式,包括企业对于数据的算法统计和精准化营销等,还包括企业在此基础上通过数据分析和挖掘生产出数据产品;后者则包括企业就所控制的数据与他人进行交易。企业对于数据的利用和交易的经济价值并非遵循同一逻辑,对于企业自身利用数据而言,其价值源于数据对于企业本身所具有的商业利益价值。④

企业数据跨境既需要考虑数据跨境引发的危害,也需要考虑跨境数据流动产生的价值,即企业如果限制甚至放弃数据跨境流动会给企业造成的损失,这是数据经济时代企业跨境数据流动风险管理的全新要求。因此,从互联网企业跨国经营战略目标的角度出发,在开展跨境数据流动风险管理的过程中,不仅需要研判跨境数据流动活动的风险,也需要对限制甚至放弃跨境数据流动活动的价值损失进行研判。

相对企业自身而言,企业跨境数据流动风险属于数据安全的范畴,即涉及国家安

---

① 参见王裕彤:《大数据时代企业数据权利保护的现状与对策》,载《产业创新研究》2023年第4期。

② 参见蒋颖、陈晓雷:《大数据时代企业数据权益保护现状及路径选择》,载《宁夏大学学报(人文社会科学版)》2023年第1期。

③ 参见冯晓青:《大数据时代企业数据的财产权保护与制度构建》,载《当代法学》2022年第6期。

④ 参见梅夏英:《在分享和控制之间:数据保护的私法局限和公共秩序构建》,载《中外法学》2019年第4期。

全、公共利益、个人信息安全和隐私安全。因此，相较于其他类型的信息安全风险，互联网企业跨境数据流动风险有其特殊性。企业数据跨境流动应当保障数据的流动性，在刺激数据生产力价值与维护企业数据安全、公共安全以及国家安全等之间寻求平衡点。

第三章　数据出境的风险

一、数据出境的风险概述

(一)风险的定义

风险,是指人或组织在决策时可能遇到的不确定或不可预测的事件或情况,它可能对人或组织的目标、利益、安全、财产或声誉等方面造成损失或不利影响。风险是一个术语,用于描述一个组织或个体可能遭受的潜在的负面事件或损失。这些负面事件或损失可能直接或间接地对组织或个体的利益、目标和安全造成影响。这一术语经常被用于金融、保险和工程等领域,并被广泛用于风险管理的实践中。① 风险通常分为内部风险和外部风险两类:内部风险是指人或组织自身管理和操作不当所导致的风险;外部风险是指外部环境因素带给人或组织的风险,如自然灾害、政治风险、经济风险等。风险具有不确定性、概率性和可控性等特征,人或组织在处理风险时需要进行风险评估和风险管理。

(二)防范数据出境风险的意义

防范数据出境带来的风险,于国家、个人及企业、公共利益而言均具有重要意义。

防范数据出境风险,对国家安全有至关重要的意义。一个国家的安全不仅来自防范军事威胁和恐怖主义活动,也来自防范不法分子攻击和从事间谍活动。第一,防范数据出境风险可以防范间谍活动。一些境外势力可能会通过网络渗透或利用其他手段获取国家的核心机密和敏感信息。这些信息可能包括军事、经济、政治和科技方面的重要信息。通过防范数据出

① See Aven T., *On the Meaning of a Precautionary Principle*, 82 Safety Science 189(2016).

境风险,国家可以更好地保护这些信息,防止重要信息被外部势力窃取。第二,防范数据出境风险可以维护国家网络安全。一个国家的国家安全也与网络安全密不可分,网络攻击和数据泄露等事件不仅会导致企业和个人的损失,也直接危及国家安全。国家需要严格监管和防范涉外数据出境,确保境外机构访问境内数据的许可和权限符合监管标准和安全要求。第三,防范数据出境风险,可以制止恐怖主义活动。恐怖主义者会利用互联网和其他技术手段进行交流和协作,从而进行破坏和袭击活动。防范数据出境风险可以有效减少恐怖主义分子获取信息的渠道和方式,防范潜在的恐怖主义威胁。第四,防范数据出境风险,可以维护国际形象。一个国家的形象不仅来自其政治和经济实力,也来自其社会和人权进步、环境保护和信息安全等方面。如果国家不能有效地保护数据安全和隐私,也将直接影响其营商环境和国际形象。防范数据出境风险是国家安全的重要问题。有效地防范数据出境风险可以保护国家的核心利益和信息安全,从而确保国家政治稳定、社会繁荣和人民安康。

防范数据出境风险,对个人与企业也具有重要意义。第一,有利于个人与企业遵纪守法。在数据出境的过程中,企业和个人如果没有遵守当地的法律法规,就会面临罚款、诉讼等法律风险。因此,企业和个人必须确保数据出境符合当地的法律法规和标准。第二,有利于保护数据安全。未经授权的数据出境可能导致数据泄露、被滥用和不当使用等问题,严重威胁个人和企业的数据安全和隐私。第三,有利于对知识产权的保护。在数据出境的过程中,知识产权的保护也是一个重要的问题。如果不保护好相关的知识产权,个人和企业就会遭受损失,也可能面临法律诉讼。第四,有利于交流与合作。数据出境可以促进国家和企业之间的交流与合作,但也可能导致文化和语言差异等问题。因此,个人和企业必须采取相关措施避免这些潜在的风险。

防范数据出境风险,于维护公共利益有重大意义,关乎社会稳定、经济发展和人民幸福。第一,数据是现代社会的一项重要资源,包含了个人、组织和国家的重要信息资产。因此,保护这些数据的安全和隐私是非常重要的,可防止诸如信息泄露、个人隐私泄露、商业间谍活动、知识产权侵犯、网络犯罪等问题。这些问题可能对个体、组织和国家造成重大损失。第二,防范数据出境风险也有助于促进公平竞争。在全球化的商业环境中,企业在跨国业务中共享数据是必要的。然而,某些不法企业或国家可能会利用数据出境方式窃取他人知识产权或机密信息,这违反了商业道德和公平竞争原则。因此,通过合法合规的数据出境方式,可以保障公平合理的竞争环境。

(三)数据出境风险的构成

从性质上来看,数据跨境风险主要由安全风险、法律风险、语言和文化风险三个方面构成。

1. 安全风险

数据出境的安全风险是指数据从境内流向境外的过程中,可能面临的安全方面的威胁,包括数据泄露、篡改、丢失等问题。由于涉及跨国传输和存储,数据出境的安全风险也具有法律和政策等方面的影响。

数据出境的安全风险具有复杂性、渗透性和隐蔽性三个特征。就数据出境安全风险的复杂性而言,其表现为四个方面:第一,数据出境的方式多样。数据出境的方式非常多样化,包括电子邮件、云服务、文件传输协议(File Transfer Protocol,FTP)、应用程序编程接口(Application Programming Interface,API)等,每种方式都有其特点和可能的风险,这也使得数据的审查和管控变得更加复杂。第二,不同国家的法律标准和监管机制不同,甚至差异巨大。一些国家的法律可能会规定一些数据必须存储在当地的要求,也可能会限制某些敏感信息的跨境流动,这些法律和规定往往会影响到企业的数据流动和隐私保护,增加风险的不确定性。第三,数据泄露的来源多元化。数据泄露的来源不仅仅局限于黑客攻击,还可能来自内部人员、第三方合作伙伴、基础设施等;由此,针对不同的泄露来源产生了制定不同风险防控策略的需求。第四,数据的形式和内容多样。数据的形式和内容都是多样化的,涉及各种不同的文件格式、语言和行业。例如,医疗健康领域的数据可能包含大量的个人身体健康信息和医疗记录,而金融领域的数据则可能涉及大量的财务信息和交易记录。不同的数据形式和内容也会导致不同的威胁和风险,很多数据出境的篡改和泄露往往被黑客攻击或者被恶意软件、网络病毒等恶意程序所利用,非常难以发现和控制。

就数据出境安全风险的渗透性而言,其表现为四个方面:第一,数据风险的传递性。一旦数据出境风险无法控制,就会对整个企业的安全带来不可逆转的影响。例如,一旦客户的隐私信息通过邮件、文件共享等途径被泄露到外部,客户将失去信任感,企业将失去其客户,并且面临诉讼和商誉损失等风险。第二,安全风险的覆盖性。数据出境安全风险的影响可能会覆盖整个原数据存储、处理、分发的生命周期,而不仅仅是出境阶段。例如,在数据存储期间,如果数据没有得到足够的加密和安全措施,黑客可能会入侵企业的内部网络,进而窃取企业敏感数据或篡改数据,导致不可逆转的商业损失。第三,安全风险的扩散性。数据出境安全风险一旦发生,会迅速扩散至企业相关联系人和顾客等利益相关方。例如,一旦客户的隐私信息泄露,可能会带来集体诉讼、法律风险等多方面的问题,这些问题可能会严重影响企业的商誉和业务。第四,数据链条的连环风险。数据出境安全风险在不同的数据链条上可能会相互交织,不可避免地将安全风险传递给其他方。例如,一旦某个第三方合作伙伴的档案系统被黑客攻击,客户数据被窃取,便可能波及与该第三方有业务往来的其他企业。

数据出境安全风险的隐蔽性表现为,在数据出境的过程中,可能存在未经授权的数据采集、盗取、篡改、损毁等风险,而这些风险往往难以被识别和发现。随着技术的发展,黑客、网络犯罪分子等攻击者也在不断使用新的技术手段和攻击方式,以更加隐蔽的方式攻击和入侵。此外,在数据传输过程中可能存在中间人攻击、截获等风险,攻击者可以窃取传输的信息并进行篡改、伪造等操作，从而对数据的完整性和可信性造成影响。因此，隐蔽性是数据出境安全风险的一个重要特征，也需要引起足够的重视和防范。

2. 法律风险

数据出境的法律风险主要指数据跨境所产生的涉外法律问题、纠纷和争议，包括涉及的国内与国际相关法律规定、跨境监管法律、知识产权保护、隐私保护和数据保护等问题。数据出境法律风险的特征包括地域性、多元性、不确定性和合规性 4 个方面。

（1）地域性

首先，不同国家、地区的隐私保护法律标准不同，数据出境企业需要遵守当地的隐私保护法律和规定，这将导致多重法律法规、监管标准、国际公约的重提。其次，不同国家、地区对敏感信息的定义标准不同，某些国家和地区可能会对一些特定类型的数据进行特殊保护，如医疗保健、金融等领域。再次，数据出境涉及不同国籍、不同语言和不同文化之间的交流，这也增加了民事法律纠纷的风险，故需要考虑不同国家、地区的民事诉讼程序和解决纠纷的规定。最后，数据出境可能会受到不同国家和地区政治、经济、国际关系等因素的影响，这方面的风险也需要注意。

（2）多元性

数据出境法律风险的多元性是指数据出境涉及多种法律领域，如数据保护法、隐私法、商业秘密法、知识产权法甚至是人权法等。具体而言，在数据保护法律风险方面，不同国家和地区的数据保护法律法规不尽相同，涉及受保护的个人数据类型、数据处理的法律依据、数据处理方的义务和责任等方面。企业需要针对不同国家和地区的法律要求，制定符合当地规定的数据处理方案，以确保数据的合法性和合规性。在隐私法律风险方面，随着数据泄露问题的频繁出现，各国家和地区的隐私保护立法也在不断加强，企业需要了解不同国家和地区的隐私保护要求，制定符合当地规定的隐私保护措施，避免可能因隐私保护问题带来的法律风险。在商业秘密法律风险方面，在数据出境过程中，商业秘密的泄露风险也会随之增加。企业需要制定相应的商业秘密保护方案和措施，遵守相应的商业秘密保护法律法规，防范数据出境可能带来的商业秘密泄露风险，保护企业的商业利益。在知识产权法律风险方面，在数据出境过程中，企业需要保护自己的知识产权，如专利权、商标权、著作权等。不同国家和地区的知识产权保护规定不同，企业需要了解当地的知识产权保护要求，采取相应的保护措施，以防止可能带来的知识产权纠纷。在人权法律风险方面，在一些国家和地区，数据出境可能会涉及违反当地人权法律法规的问题，如言论自由、个人隐私、普及教育和信息保障等方面。企业需要了解当地人权保护要求，展开人权风险评估，制定相应的措施，确保数据出境的合法性和人权保护。由于涉及多个法律领域，增加了法律纠纷的难度和风险，企业需要同时考虑不同法律风险的可能性，采取有效的风险管理策略，确保数据的安全与合法性。此外,不同国家和地区的法律法规、标准和规定也不尽相同,因此在进行数据出境活动时,需要综合考虑相关的法律规定,遵守当地的法律法规,确保数据的合法性与合规性。

(3)不确定性

数据出境法律风险的不确定性是指在数据出境过程中,相关法律条款、司法裁量、相关机构决策和国际协定等方面存在不确定性,这可能导致企业难以确定其在数据出境中承担的法律责任和法律义务。具体表现为:首先,法律条款具有不确定性。不同国家和地区的法律法规、标准和规定在具体条文的表述上存在差异,因此企业需要关注不同国家和地区的具体法律条款,并评估其可能产生的不确定性和风险。此外,由于法律规定可能随时会发生变化,法律环境的不确定性会增加数据出境风险。其次,司法裁量具有不确定性。即使企业已经遵守了当地的法律法规和标准,也难以完全避免诉讼的可能性。不同国家和地区的司法判决可能存在不确定性和不可预测性,因此企业需要意识到在诉讼中面临的风险,制定相应的风险管理策略。再次,相关机构决策具有不确定性。根据不同国家和地区的法律法规,数据出境可能需要得到当地政府或相关机构的批准或许可。这些机构的决策可能存在不确定性和风险,因此企业需要了解相关机构的申请流程和要求,以提高诉求的可接受度。最后,国际协定具有不确定性。随着国际数据交换的不断扩大,一些国际性的条约和协定也对数据出境进行了规范;然而,这些协定和条约的具体解释和执行可能存在不确定性。因此企业需要密切关注最新的国际立法和协定,及时调整其数据出境策略。

(4)合规性

合规性是指在数据出境过程中,企业和个人必须遵守相关的法律法规和国际标准,避免违反相关规定而引发法律问题。具体而言,数据出境涉及以下方面的合规性:一是数据隐私保护合规性。企业必须确保出境的数据保护措施符合国际标准和相关国家和地区的隐私法律要求,保护个人身份信息免受未经授权的访问、使用、泄露和错误处理。二是商业秘密保护合规性。企业必须符合出境和进境国家和地区的商业秘密法律要求,保护公司的商业秘密免受未经授权的使用、泄露和错误处理。三是知识产权保护合规性。企业的出境数据必须符合相关国家和地区的知识产权法律要求,不能侵犯第三方的知识产权,如专利权、商标权、著作权等。四是合同法律合规性。企业的出境数据必须符合相关合同和协议的法律要求,但同时需要了解进境国家和地区的合同和协议的法律要求和规定。五是其他合法合规性。企业的出境数据必须符合相关国家和地区的法律法规要求,不能违反出境和进境国家和地区的出口管制、进口许可、反垄断法等相关法律。六是监管合规性。企业在数据出境的过程中,需要确保符合监管机构和政府部门的法律监管要求,如海关、公安、国家安全部门等的要求,避免可能的违法行为和法律风险。

3. 语言和文化风险

语言和文化风险指在跨越国界或地区的数据传输和处理过程中，在不同的语言和文化背景下，企业在信息传递、交流和理解过程中可能面临的各种挑战、误解和误识别的问题。语言和文化风险是一种多维度的风险，它不仅涉及语言和文化的差异，还涉及人员、技术、法律等方面的因素，对企业的文化建设、业务拓展、市场推广、品牌形象等都会产生影响。语言和文化风险具有以下几个特征。

(1) 多元性

不同国家和地区的语言和文化差异巨大，企业需要面对来自不同语言和文化背景的用户、客户和员工，需要采取不同的沟通和交流方式，符合他们的文化和习惯习性。

(2) 复杂性

语言和文化差异涉及人的思想、行为、价值观以及社会制度等多个方面，需要企业从多个角度进行分析和解决问题。

(3) 动态性

不同国家和地区的语言和文化是动态变化的，企业需要不断了解最新的语言和文化知识，以适应快速变化的市场环境。首先，语言是不断变化的。随着时间的推移，语言不断变化，新的词汇、短语、俚语和缩略语不断涌现，这可能会导致一些跨文化的交流问题，尤其是在保持翻译的准确性和及时性方面可能会变得更加困难。其次，文化是具有多样性和多变性的。世界上不同文化之间的差异很大，这些差异可能包括礼仪、行为准则等方面，这可能会导致误解或冲突。文化也是随着时间变化而变化的，这可能会导致从前的交流策略不再有效。再次，跨国语言和文化频繁交流。在全球化时代，企业和个人进行跨国交流的频率和数量不断增加，这可能会给跨文化交流带来更多的挑战，特别是在时间和距离方面。最后，数字技术和新媒体也会产生影响。数字技术和新媒体的使用不断增加，改变了人们的交流方式和频率。这可能会导致误解和信息不对称，也可能会导致个人或企业不适当的在线行为。

(4) 高难度

不同国家和地区的语言和文化差异对企业的人员和技术要求较高，需要有专业的团队和工具，以减少和避免语言和文化风险给企业带来的损失和困难。如翻译带来的挑战，不同语言间的翻译工作面临文化和词汇等方面的差异；翻译的过程需要正确理解原文的意思，同时要将其转化为目标语言，并确保信息的准确传达。

二、国家安全利益受损风险

在数字经济全球化持续发展的背景下，数据安全与国家安全的关系日益紧密，如何平衡好数据出境需求与国家安全维护之间的关系，已经成为各国必须解决的课题。首先，数据出境是在发展大前提下的必然选择。在加快培育和发展数据要素市场、构建以数据为关键要素的数字经济大背景下,货物贸易和服务贸易的数字化是我国对外贸易的一大趋势。随着我国数字经济国际化进程的推进,越来越多的境外企业在我国利用其境内的信息基础设施开展业务,数据需要从境外流入境内;我国企业也在对外开放过程中不断走出去,在海外建立数据处理中心,用以处理世界范围内的业务数据,数据需要从境内流入其他国家和地区。因此,数据的跨境流动是顺应数字经济发展的必然趋势,数据出境也是不断提高我国企业海外市场拓展能力,增强我国经济影响力的必然要求。其次,数据出境可能影响国家安全,需要落实数据出境过程中的安全保障要求。具言之,数据出境虽然有利于数字经济全球化发展,但无序的数据流动可能增加国家安全风险控制难度,损害国家安全利益。因此,在数据出境的实施过程中,我国既要满足自身经济发展的需要,又要兼顾国家安全保障要求。

三、个人、企业合法权益受损风险

数据跨境产生的风险同样会触及私人权益,具体而言,私人权益包括非组织形态的个人的合法权益以及具有组织形态的企业的合法权益。

(一)个人合法权益损害风险

数据跨境对个人利益带来的风险主要体现在承载个人信息的数据上。通说认为,个人信息应当区分普通信息与敏感信息:普通信息的跨境流动涉及个人财产利益和信息权益的风险;敏感信息涉及个人隐私的风险。财产利益与信息权益的侵害往往呈现行为人以网络为手段实施传统侵权行为的样态,不具有数据跨境语境所赋予的特殊性。因此,我们应重点关注个人信息跨境流动中个人隐私所涉及的风险,也即人格利益所涉及的风险。

相较于传统隐私权保护,个人信息保护与利用所涉利益主体和利益内容更加多元化。首先,在社会信息化进程中,传统产业信息化和专门信息服务业的出现,使信息业者作为新的独立利益主体出现。国家除传统隐私权保护时期中立超然的裁判者身份外,为完成公共管理和公共服务职能,政府大量参与个人信息的收集、处理和利用过程,因而国家还具有了管理者和利用者的双重身份。新的利益主体和角色的出现代表了整个社会对于个人信息的利用诉求,因而不同于传统隐私权从个体出发为个体提供单一向度的权利保护,个人信息的保护需要从保护和利用两个角度兼得的视角加以考量。其次,在个人信息利用语境下考量个人信息的保护问题时,传统隐私权保护中的利益冲突仍然存在,个人的隐私利益仍然是个人信息保护利益衡量的重要内容。同时,在信息化背景下,信息业者和政府作为新的利益主体可能在利用个人信息时造成对信息主体隐私权的侵犯,个体的隐私保护需求构成了信息业者和政府利用个人信息的内在限度。由此,针对个人信息跨境流动活动立法的价值取向呈现多元性的特点,且主要体现在以下4个方面,即保障国家安全、维护数据主权、实现人格利益保护和促进数字经济发展。①

首要关注的是个人信息跨境中个人利益所涉及的风险,其实质是关注以个人信息为内容的数据在跨境流通中所涉及的人格利益风险。个人信息与信息主体人格利益紧密关联:首先,由于个人信息与个人隐私存在一种内容范围上的交叉关系。个人隐私毫无疑问蕴含人格尊严、个体自决权等一系列人格利益,"可谓是人类价值的缩影"。其次,因为个人信息生成的数字身份体现强烈的人格属性。在数字信息时代,我们每个人都通过创造一个虚拟形象来与数字世界发生互动。在大数据时代,海量数据汲养下的算法技术使"人格剖面图"成为可能,我们的数字人格不仅被准确预测而且被算法塑造,这种预测最终对现实中的人格产生了影响。我们不再有主动选择,从"我喜欢"变成"你喜欢",从"我将会"变成"你将会",人成为数据的表征。② 域外法治环境的多元化加剧了离境个人信息被不当利用的风险。目前尚无全球统一的数据保护体系,因此无法确保个人信息传输至域外后是否仍受到充分保护以及能否为个人信息主体提供充分的权利救济。考虑跨境执法的难度较高,相较于境内的个人信息交互活动,离境个人信息使个人信息主体的人格利益面临更大的风险。

对人格利益的保护已成为各国和地区在个人信息跨境流动领域所追求的立法价值取向。例如,欧盟通过欧盟 GDPR 为域内个人信息主体设置充分权利保障机制的同时,又设置了"充分性认定"规则。这一规则通过对包括人权保护在内的多种因素进行考察,确认域外国家与欧盟对个人信息的保护程度是否"实质相当"。《新加坡个人数据保护条例》中亦有类似的规定。2011 年修订的《印度信息技术法》中则规定敏感个人信息必须经过个人信息主体授权同意后,才可以向境外转移,这是通过赋予个人信息主体强自决权的方式来限制个人信息的不当处理活动③。

总体而言,在个人信息跨境流通中,人格利益和财产权益可能涉及以下场景和风险:

首先,个人信息跨境流通中,由于涉及个人信息的完整性、保密性及可靠性等问题,存在个人隐私泄露的风险。第一,不安全的网络环境可能导致个人隐私泄露。在跨境流通中,信息可能会通过不安全的网络环境流转,如公共 Wi-Fi、不可靠的网络平台等,这样一来,黑客可能会更容易地获取个人信息、篡改和窃取数据,导致个人隐私泄露。第二,不法分子入侵可能会导致个人隐私的泄露。不法分子可能通过黑客攻击、网络钓

---

① 参见张新宝:《从隐私到个人信息:利益再衡量的理论与制度安排》,载许多奇主编:《互联网金融法律评论》第2辑,法律出版社 2015 年版。

② 参见郭春镇、侯天赐:《个人信息跨境流动的界定困境及其判定框架》,载《中国法律评论》2022 年第6期。

③ 参见王燕:《跨境数据流动治理的国别模式及其反思》,载《国际经贸探索》2022 年第1期。

鱼等手段侵占个人信息,通过获取个人身份证明、手机短信验证码等信息,损害个人资产和权益。第三,个人信息的不当收集和使用,可能导致个人隐私的泄露。在个人信息跨境流通中,不同的国家和地区可能会有不同的个人信息保护法律,因此在跨境流通个人信息时,个人信息有可能会因法律法规的不统一而被不当收集和使用,或被用于未经授权的商业活动。第四,信息泄露和误操作。在个人信息跨境流通中,除黑客和骇客等不法分子外,运行个人信息跨境流通的机构或员工泄露或误操作的情况也时有发生,由此引发跨境流通个人信息的泄露风险。第五,信息管理不当可能导致个人隐私泄露。信息通常是通过网络传输的,因此可能会丢失、被修改、造成错误和泄露的情况。当个人信息被管理不当时,跨境流通的个人信息会更容易被攻击或窃取,个人隐私将受到侵犯。

其次,个人信息跨境流通中,个人信息可能存在被滥用的情形。如身份盗窃行为,即个人信息被窃取后,黑客或犯罪分子可能会以信息主体身份进行各种非法活动,如开设银行账户、办理贷款、购物等,造成受害人不堪重负的债务或处罚;又如可能会导致骚扰电话或邮件,即一些企业或个人可能会利用个人信息进行营销活动,而有些骚扰者则可能会向个人发送骚扰电话或邮件,影响信息主体的个人生活质量。更严重者会对个人进行调查和监视,在某些情况下,个人信息可能会被用于调查或监视,这种情况下可能会涉及个人的隐私权,甚至危及个人的安全。以上情形的最终结果都可能会造成财产损失,即个人信息泄露后,可能会有人冒用信息主体的身份进行诈骗或盗窃,从而导致信息主体的财产损失。此外,个人信息跨境流通也会导致其在社交媒体上的滥用。在社交媒体上,个人信息可能会被滥用,如虚假账户等,这些可能会对个人带来负面影响。

再次,个人信息被用于不当用途是个人信息在跨境流通中所面临的风险之一,可能导致个人观念、信仰、情感和行踪等方面被不法分子利用,造成个人安全风险和财产损失。以下是个人信息被用于不当用途的几种场景。第一,直接收集和利用个人信息。比如,有些从事非法活动的犯罪团伙,可能会通过非法手段获取个人信息,如从黑市购买个人信息,或者直接从网络或公共场所获取个人信息,从而利用这些个人信息进行不法活动。第二,随意转售个人信息。一些公司和网站在向用户收集和利用个人信息时,可能会主动将个人信息出售给其他公司或数据代理商,这些代理商或公司也可能进一步向其他第三方出售个人信息,使得个人信息不受控制和泄露的风险增加。第三,在未经用户明确同意的情况下,将个人信息用于不同的目的。有些公司可能会在服务协议中模糊定义其所需要的个人信息,并在用户进行注册和使用前,在没有明确告知用户和获得用户同意的情况下,将这些信息用于与注册和使用目的无关的其他商业活动。第四,利用人工智能算法进行数据挖掘,从而获取有效信息。有些公司利用机器学习和人工智能算法,对用户的个人信息进行数据挖掘和分析,用于制定个性化推荐和广告策略,优化用户体验;但这些算法也可能提取用户的其他敏感信息和非公开信息,因而增加了个人信息泄露的风险。

复次,不同国家或地区的法律法规对于个人信息的保护要求和标准不同,由此可能导致跨境个人信息传输时出现法律法规冲突,给个人信息的安全带来风险。一是数据隐私法律要求不同,许多国家或地区有自己的数据隐私法律,规定了不同的个人信息保护标准和要求。在这种情况下,由于部分国家或地区法律法规要求的信息保护标准不同,跨境个人信息传输可能导致个人数据保护法规发生冲突,从而加重个人信息泄露、被滥用的风险。二是审核机制不同,不同地区或国家具有不同的审核机制。根据《网络安全法》,我国设立了一系列的审核机制,包括数据安全审查和备案管理制度等,但也存在未审核的风险,这可能导致其他国家或地区数据传递的不确定性;因为在进行个人信息跨境传输时,也需要受到各种相关审查和备案管理的制约,否则可能会导致个人信息泄露、被滥用等安全问题。

最后,在个人信息跨境可能产生的风险中,个人信息质量问题也是一个非常重要的因素。个人信息质量低劣可能会导致信息的泄露和被滥用,从而对个人的利益和隐私造成损害。第一,可能产生信息缺失或错误的风险。个人信息缺失或者错误会导致个人信息不完整或不准确,这将会进一步影响涉及个人的各种业务和交易活动,包括金融、保险以及在线购物等。同时,这也会导致个人信息更容易产生错误和被误用。第二,可能产生信息混淆的风险。在个人信息处理过程中,不同的系统或软件可能会混淆个人信息,使个人信息被混淆或者被误认为是别人的信息,从而导致个人的信息不被重视或者被滥用。第三,可能产生信息不一致的风险。在多个渠道收集个人信息时,经常会出现不一致的情况,这也会导致跨境数据传输风险。例如,同一个人在不同的网站可能使用了不同的名字、地址或者其他个人信息,这将使跨境处理的数据难以一致,加大了个人信息被处理和泄露的风险。第四,可能产生信息过期的风险。个人信息在不断变化和更新,因此过期信息也是一个关键问题。未及时更新的个人信息将无法反映个人当前的状态和偏好,同时,也会加大信息泄露的风险。

(二)企业合法权益损害风险

随着信息技术的发展,越来越多的企业开始进行数据跨境活动,从而带来一定的风险。以下是数据跨境活动对企业利益带来的风险。

首先,数据跨境活动会产生一定的法律风险。第一,企业在数据跨境过程中可能侵犯个人隐私权和泄露商业机密,如企业未能有效保护客户和员工的个人身份信息或商业敏感信息,不仅会带来法律风险,还可能对企业形象和业务产生长期影响。第二,法律规定的数据保护标准不同,会导致企业面临法律风险。不同国家和地区的法律和法规规定存在差异,企业可能需要遵守各种不同的法规标准和管理规定。如果企业没有妥善处理这些标准,则可能会面临来自政府、监管机构、客户或消费者的法律风险,如遭受罚款和刑事责任等风险。第三,因本地数据存储的要求,企业可能面临风险。一些国家和地区可能要求企业将数据保存在本地服务器,这可能导致企业无法通过云服务等方式进行跨境数据传输,这可能会对企业发展产生重大影响。第四,企业在进行数据处理时也会面临合规风险。企业在处理跨境数据时,可能会涉及未经授权的数据处理风险,如企业可能会跨越国界向未经授权的用户发送电子邮件,未经授权分享用户数据,或未经授权地盗取或窃取他人的数据;医院和医疗机构未经患者授权进行医疗记录共享,需要确保患者的个人健康信息得到保护并被妥善处理,在跨境数据流动时,可能会面临未经患者授权的医疗记录共享风险,这会违反相关的隐私法规;企业在跨境数据流动时可能会遇到未经监管部门批准的数据交换风险,如企业可能会收集一些特定类型的数据,但这些数据在某些国家是受保护的,企业需要获得监管部门的批准才能进行数据交换。法律风险可能导致法律纠纷的产生,企业为此还需要支付大量的法律咨询费,由此也构成了企业经营的成本之一。

其次,企业在跨境数据流动活动中还存在一定的商业风险。第一,企业将面临业务竞争的风险。跨境数据流动会使企业的业务范围扩大,但也会使其面临更多的竞争对手。如果企业无法应对竞争,可能会导致业务份额降低和影响企业的市场地位。第二,企业也将面临财务风险,即企业的财产利益可能受到侵犯。企业在跨境数据流动中需要进行大量投资,但是如果业务管理不当或未能及时收回投资成本,企业可能会面临财务风险和资本损失。第三,企业可能面临供应链管理风险。跨境数据流动需要企业与众多合作伙伴开展业务,如果供应链出现问题,如货物运输延误、工厂外包等问题,则可能会对企业产生重大影响,并导致商业风险。第四,数据跨境活动中,企业所面临的知识产权风险会对其商业竞争产生直接影响。一方面,企业的知识产权风险即企业的竞争对手通过非法手段获取企业的商业机密、技术专利和商标等重要知识产权客体,从而获得被侵犯企业原有的商业优势,削弱其在市场上的竞争优势。同时,企业与竞争对手之间存在激烈的竞争,竞争对手可能会使用与企业类似的商标、专利等知识产权客体,从而易引发侵权纠纷,进而影响企业的商业竞争力。另一方面,企业的知识产权被侵犯,与其本身的品牌形象、设计理念等并列构成企业与消费者之间的关系。如果消费者发现企业知识产权被侵犯,则可能会对企业的形象和品牌信誉产生负面印象,从而影响企业的商业竞争力和市场占有率。因此,保护知识产权不仅是企业的合法权利,也是保护企业商业竞争优势的重要手段。企业应该通过各种方式,如合法注册商标、专利等,建立知识产权保护机制,加强对知识产权的管理和维护,并加强在跨境数据流动中的安全管理,以确保其知识产权不被侵犯。

最后,数据跨境活动中企业也将面临管理风险。其一,企业在跨境数据处理活动中,可能会出现数据丢失、数据泄露、数据被篡改等问题,从而对企业的数据安全带来严重威胁,并可能导致企业经济利益受损。其二,可能造成成本管理风险。如果企业的管理不当致使员工工作效率低下,则可能会导致企业的成本增加,从而对企业的利润率带来不良影响。其三,可能发生人力资源管理的风险。员工管理不当可能会带来高昂的人力资源成本,如员工成本上升、员工流失等问题;能力或行为不佳的员工也可能会对企业的形象和商誉带来负面影响。其四,可能造成信息化系统风险。由于管理不当,企业信息化系统可能会失效,如企业的信息化设备出现故障、损坏或被盗,从而导致企业的数据无法得到有效保护;企业的信息化系统可能存在使用非正版或非安全软件的问题,从而导致病毒感染、系统失灵等风险;企业的数据可能会被侵入者盗取、篡改、删改等,从而导致企业数据机密性和完整性受到威胁等。这些企业的信息化系统可能导致企业的业务活动中断或停滞不前。其五,可能产生安全管理不当风险。企业在跨境数据处理活动中可能会面临数据安全威胁,如网络攻击、恶意代码、垃圾邮件等,如果企业的安全管理体系不健全,则可能会面临严重的数据安全威胁。

四、公共利益受损风险

现有国际法、国内法中的跨境数据流动规则均明确规定在实施中应维护公共利益,防止其受到不法侵害。欧盟 GDPR 第 4 条将“公共利益”涵盖在“个人数据保护的权利”以外的“其他社会功能和基本权利”中;第 10 条允许成员国基于“公共利益”制定特别规则。亚太经济合作组织(Asia-Pacific Economic Cooperation, APEC)《跨境隐私执行安排》(Cross-Border Privacy Enforcement Arrangement, CPEA)第 6.2 条将“成员基于保护公共安全、主权或其他公共政策的政府活动”排除在违法义务之外,并在第 7.1 条规定不得对“基于该目的而与 CPEA 要求相冲突的国内法律和政策”的成员设定援助限制。从本质上讲,跨境数据流动属于政府管理、生产经营的一项环节,涉及国家安全、公共利益、隐私等法律利益。研究跨境数据流动中的公共利益问题,需要全面考察国际规则和国内法律。此外,公共利益概念具有一定的模糊性,实务界和理论界通常均不对其进行固定或唯一的定义,而是根据具体的法律规范部门进行具体规定。在这样的情况下,跨境数据流动法律研究通常表现出研究的复杂性和碎片性。

我国 2017 年开始实施的《网络安全法》第 1 条明确将维护“社会公共利益”作为其立法目的之一。综观国际规则以及国内外的国内法对于“公共利益”的表达,有“公共道德”“公共秩序”“公共利益”“社会利益”等。需要特别注意的是,公共利益不同于国家利益,即公共利益是指不特定多数社会成员的利益,而国家利益则指一国境内全体成员的共同利益。一方面,公共利益与国家利益的核心内涵是不同的,大量的立法采取了两者并列的立法模式正是有力的体现。另一方面,两者在某些场合可以转化。以跨境数据流动为例,由于跨境数据流动中的不法行为可能威胁或侵害的法律权益具有不确定性,或者同时侵犯了多种法律价值,对于行为的认定应使用“国家安全”保护例外还是“公共利益”保护例外需要本国政府或司法机关自由裁量。由此,虽然会造成执法结果的不确定性和受到一定程度的质疑,但是公共利益保护作为一项法律原则及国际惯例具有理论和实践上的合法性,其也是一国主权职能的应有之义。①

公共利益概念具有以下特征:(1)它是一个模糊性概念,具有广泛的适应性。公共利益的内涵和外延都具有不确定性,属于典型的模糊性概念。随着社会进步和科技发展,不断有新的法律问题和法律关系产生,而法律规范的滞后性决定了既有规则难以直接适用于新出现的法律问题;因此,公共利益模糊性概念的优势在于保障执法机关可以根据具体案例具体分析,以规制多样性和快速发展的社会生活,有助于保障社会、经济的稳定和发展。(2)它是一个变动性概念,具有不确定性。首先,公共利益的不确定性是由其概念的模糊性造成的;其次,在不同的法律规范中对公共利益的界定也存在差异。例如,比较东盟《综合投资协定》(ASEAN Comprehensive Investment Agreement)第17条和《东南部非洲共同市场投资合作协定》序言中关于"公共利益"的规定,"保护环境"是与"公共利益"并列的一项内容,而在东盟《综合投资协定》中,"保护环境"则可能被认定为"公共利益"中的一种。公共利益的这种变动性,是与具体的法律规制范围及立法目的相符的。立法机关或执法部门根据本国国情、重点规制领域对需要加强保护的公共利益采取明确列举的方式,而对于列举外的公共利益,则需要执法部门通过自由裁量权针对个案具体分析。

综观现有的关于跨境数据流动的规则,其规范方式主要运用以下具体分类:总则性规则和分则性规则。总则性规则即以法律原则的形式存在,在具体规则缺失的情况下由执法机关通过合法程序进行自由裁量;分则性规则通常以法律例外的形式存在,实现对特殊领域和行业的专门保护。笔者对于公共利益所涉及的风险进行归纳,从现有各部门、行业的专门规章或条例中梳理出涉及公共利益的领域。

(一)司法活动中的数据跨境流动

预防、侦查犯罪以及司法活动中产生的数据,也可能在数据跨境流动过程中产生风险。例如,网络服务提供者应协助司法机关和其他职能机关履行侦查、司法职务,包括通过技术手段收集、提供有关公民、法人的通信内容或其他相关通信数据,甚至协助监视、监听等。

司法数据对司法公正的影响巨大。在司法审判过程中,数据是非常重要的证据。司法数据的准确性、完整性和可信度直接影响司法的公正性。以下是司法数据对司法公正的具体影响:(1)在证据标准上,司法数据的来源、采集、处理等需要符合证据标准,否则就可能被认为是无效证据或者存在瑕疵的证据。如果数据的证明能力得到认可,则其可以有助于裁判员作出正确的判断。(2)在证据的可信性上,数据的准确性和真实性对于法律证明和司法公正至关重要。数据如果存在捏造和篡改的情况,则可能会

---

① 参见张舵:《刍议跨境数据流动的公共利益保护》,载《河北法学》2018年第5期。

导致判决结果的偏差或者错判。因此,司法数据的来源和真实性需要得到证明,并且需要采取措施确保数据的完整性和可信度。(3)数据分析可以提高司法判决的精确性和效率,减少人为的主观因素的干扰;然而,在司法数据分析中需要采取一定的方法和技术才能正确使用和理解数据,避免出现数据分析误差的情况,确保司法公正。(4)司法数据的收集应当注意隐私保护。司法数据中可能包含个人隐私信息,如身份证号、电话号码、资产状况等,如果这些隐私信息遭到泄露,就会影响司法公正,也可能会引发黑客入侵、身份盗用等问题。

此项活动应当符合各国家和地区立法中的规定,以防止对司法数据的处理造成对司法公正的影响,如欧盟理事会《关于合法拦截通信的决议》、欧洲理事会《关于网络犯罪公约》、德国 2004 年《电信法》和《电信监控法令》、美国 1994 年《通信协助执法法》等均规定了网络服务提供者的协助通信监视义务。我国《网络安全法》第 28 条也规定,网络运营者应当为公安机关、国家安全机关依法维护国家安全和侦查犯罪的活动提供技术支持和协助。

此外,在建立司法数据之间合作机制的过程中,应当防范该过程中对国家安全和社会公共利益的侵害。因此,在通过信息筛选和其他刑事司法手段对恐怖主义进行预防的背景下,建立政府使用信息规则将会使其对公民自由的决策更加可靠、透明和负责。

(二)海关、税务机关所掌握数据的跨境流动

随着科技的进步和执法需要,电子政务不可避免地成为最新的执法方式,海关、税务机关收集掌握的数据是其行政管理的基础,是一国对内国家主权的体现;因此,禁止行政机关掌握的数据向外流动是符合保护国家安全、公共利益的合法手段。需要注意的是,对于行政机关掌握的数据的保护,是基于国家安全还是公共利益,不仅需要具体分析,同时二者也是相互融合的,在一些情境下没有专门区分的必要性。

(三)银行、金融机构所掌握数据的跨境流动

银行和金融机构所掌握的数据是一种非常敏感的个人信息,包括个人身份认证、银行账户、支付记录、贷款记录等。这些信息在跨境流动中可能会对社会公共利益带来多种风险。其一,可能产生财务上的风险。如果银行和金融机构所掌握的数据被不当使用或泄露,则可能会给客户的个人财务带来风险,如经济损失、信用记录受损以及受到财务诈骗等。其二,可能产生有关信息安全的风险。银行和金融机构所掌握的数据经常成为黑客攻击的目标,一旦发生数据泄露,个人信息可能会遭到盗用或者被用于欺诈等不法行为目的,这些都会对个人、公司和金融行业带来巨大的安全风险。其三,可能产生在银行和金融领域的合规风险。不同国家和地区的银行和金融行业法规不同,跨境交易和数据流动可能会涉及国际执法问题和法律争议;银行和金融机构如果未能遵循相关的规定和法律法规,则可能会面临处罚和诉讼风险。第四,可能产生金融市场的系统性风险。银行和金融机构所掌握的大量数据对于金融市场分析、投资和风险控制等方面具有非常重要的作用;但跨境数据流动却可能导致市场波动、金融不稳定和金融犯罪等问题。

银行、金融机构掌握大量的个人数据,当数据在未经数据在主体同意的情况下向境外转移、使用时,首先侵犯的便是数据主体的个人信息权;但是,当对数据进行批量跨境处理时,其涉及的已经不仅是公民的个人信息权,还涉及一国的公共利益。在欧美国家对银行、金融机构的数据规制中,其更多体现为对个人信息权和隐私权的保护;而亚非拉国家对于银行、金融机构的数据规制,则主要是基于保护国家安全和公共利益的目的。

(四)医疗数据的跨境流动

医疗数据是一种特殊的个人敏感数据,包含患者的病历信息、治疗方案、疾病诊断与预防措施等重要医疗信息。基于医疗数据的敏感性和保密性,如果其跨境流动不当,则会对社会公共利益造成多种风险。其一,可能产生医疗安全风险。医疗数据被泄露或不当使用可能会威胁患者的安全和健康。对于不同国家和地区的医疗机构来说,医疗保健标准、医疗质量要求以及医疗方法等都有所不同,数据的共享和交流可能会导致医疗错误和不恰当的治疗,甚至有可能引发重大医疗事件。其二,可能产生隐私泄露风险。医疗数据的跨境流动可能会导致患者的个人隐私泄露,对患者个人利益和权益带来威胁。例如,未经患者同意,将他们的医疗数据分享或出售给不可信任的第三方机构,可能会给患者带来财务损失、个人信息被盗用以及信用记录恶化等后果。其三,可能产生理疗领域法律法规的风险。通过跨境交流和共享,医疗机构可能意外触犯有关的医疗法律法规,例如患者隐私保护相关的法律规定、知识产权法律规定等。这可能会导致跨国法律争端,增加跨境医疗数据流动的难度和成本,影响医疗数据的有效利用。

医疗数据与金融数据存在共同点,即其都涉及数据主体的隐私权;但是,相较于金融数据,医疗数据的共享和交换有利于提高人类的整体福利,使公民享受更便捷、可靠的医疗服务,进而实现超过一国领域、更大范围的人类公共利益。同时,医疗服务中产生的数据,是实现和促进医疗研究的重要基础资源(尤其是经过处理不指向主体的数据)。虽然医疗领域只是科研的一个部分,但是综观国际科研合作,医药研究国际合作(尤其是基因研究)不断加深,对于合作中产生的科研数据的跨境交换和共享已经有比较成熟的实践经验。

(五)征信数据的跨境流动

征信数据涉及个人信用情况,在其跨境流动时如果不对其加以保护,则可能会带来以下风险,从而影响社会公共利益。其一,征信数据可能涉及大量个人隐私泄露的风险。征信数据中包含个人身份证号、借贷记录等敏感信息,一旦泄露便会对个人造成重大损失,甚至可能会引发个人财产损失、人身安全等问题。其二,征信数据涉及特殊的跨境法律法规。不同国家和地区的法律法规不同,如果没有有效的跨境监管机制,则可能会导致个人信息被非法使用或滥用，而且很难找到有效的法律途径维护个人权益。其三，征信数据的安全风险属于重要数据的安全风险。数据跨境流动中，数据可能会被黑客攻击、被企业内部员工泄露等，从而给数据的安全性带来很大的隐患。

公共利益通常作为一项重要的法律原则和国际惯例存在，其原则性的本质，以及现存法律很少对公共利益的内涵作解释和定义，导致公共利益成为一个模糊性的概念。当然，这也有助于执法机构在特殊情况下，或者在法律对新的法律问题尚未有规定的时候，用来补充和修正法律规范，弥补法律漏洞，因此其具备很强的适应性。在适用公共利益时，应灵活看待公共利益在评价对象和评价标准、未来利益和现实利益之间的关系，遵守预防性原则、比例原则和需要解释性原则。

在数据跨境流动中，公共利益的法律问题主要集中在具体行业和部门的特殊规定中，包括司法机构、税务、海关、金融机构、医疗等方面，体现为对这些行业和部门掌握的数据进行限制，禁止跨境流动。但是，随着全球一体化的发展，在某一情况下，不同国家、地区间达成了数据共享、数据交换的协议，比如共同申报准则（Common Reporting Standard，CRS）。在这样的情况下，我国应当根据本国国情以及国际发展趋势，制定从上而下的科学规则，既保障本国的数据安全，又合理促进数据跨境流动，满足本国经济、组织机构和企业的发展需要。

在数字化时代，数据跨境规则建设面临的挑战在于如何平衡经济发展下数据流动自由化需求与实现数据中隐私保护和维护国家安全等多重目标。制定数据跨境规则的前提，是对数据跨境中风险的提前认识。对此，厘清数据跨境风险对于风险防范的意义重大。其一，可以有效制定安全策略。对于数据跨境流动问题，只有深入分析各种潜在风险，准确判定风险难点，才可以制定出相应的安全策略和方案。其二，保护个人隐私和数据安全。理解数据跨境流动可能带来的隐私泄露和数据安全风险，可以有针对性地采取各种技术和管理措施，保护个人隐私，确保数据的安全性和完整性。其三，提高监管效率。对数据跨境流动中的相关法律法规进行深入解读，可以为监管机构提供指导和支持，提高其监管效率。其四，保障社会公共利益。通过对数据跨境流动风险的厘清，可以使政府、企事业单位和个人都了解数据跨境流动的可能风险，作出更加合理的决策，从而维护社会公共利益。

综上所述，对数据跨境风险进行深入分析和厘清意义非凡。只有深刻认识到数据跨境风险的实质和影响，才能更好地制定出相应的风险防范措施，保障个人和社会的利益。因此，我国应在完善国内规则的基础上，积极参与构建国际数据跨境规则，平衡机构监管力度和企业自主空间，助力数字经济发展的同时，扩大合作范围，弥补数字鸿沟。

第四章　数据出境的风险防范路径

一、立法

(一)国内立法现状

截至 2023 年 6 月,我国有关数据出境的立法可以分为 5 个部分,分别是:法律、行政法规、部门规章、一般规范性文件以及国家/行业标准(见表 4 - 1)。

表 4 - 1　我国数据出境典型规定一览

效力层级	名称	施行日期
法律	《网络安全法》	2017.06.01
	《数据安全法》	2021.09.01
	《个人信息保护法》	2021.11.01
行政法规	《关键信息基础设施安全保护条例》	2021.09.01
部门规章	《网络数据安全管理条例(征求意见稿)》	—
	《汽车数据安全管理若干规定(试行)》	2021.10.01
	《网络安全审查办法》	2022.02.15
	《数据出境安全评估办法》	2022.09.01
	《个人信息出境标准合同办法》	2023.06.01
规范性文件	《关于实施个人信息保护认证的公告》	2022.11.04
	《个人信息保护认证实施规则》	2022.11.04
	《数据出境安全评估申报指南(第一版)》	2022
	《个人信息跨境处理活动安全认证规范 V2.0》	2022.12.16

续表

效力层级	名称	施行日期
国家/行业标准	《信息安全技术　个人信息安全规范》	2020.10.01
	《信息安全技术　个人信息安全影响评估指南》	2021.06.01
	《信息安全技术　重要数据识别指南(征求意见稿)》	—

有关数据出境的法律规范最初体现在《网络安全法》第37条,该条规定了关键信息基础设施的运营者对于个人信息和重要数据的出境应当进行安全评估。据此,《网络安全法》规定的安全评估主体仅限于关键信息基础设施的运营者,对象为出境的个人信息和重要数据;而其对于非关键信息基础设施的运营者以及非个人信息和重要数据的出境,没有规定。

随后,《数据安全法》对非关键信息基础设施的运营者主体的数据出境作出进一步规定。《数据安全法》第31条规定,非关键信息基础设施的运营者在中华人民共和国境内运营中收集和产生的重要数据的出境安全管理办法,由国家网信部门会同国务院有关部门制定。由此,法律授权国家网信部门和国务院有关部门制定非关键信息基础设施的运营者主体出境重要数据的法律规范。

《个人信息保护法》直接以专章规定"个人信息跨境提供的规则",具体规定了个人信息出境的路径,个人信息处理者的告知义务,关键信息基础设施的运营者和处理个人信息达到国家网信部门规定数量的个人信息处理者的安全评估规则,个人信息的司法协助规则等。其中,《个人信息保护法》第38条规定了个人数据出境的四重路径,分别是:(1)数据安全评估;(2)个人信息保护认证;(3)标准合同;(4)按照缔结或参加的国际条约、协定出境。围绕这四重路径,国家网信办等出台了《数据出境安全评估办法》《个人信息出境标准合同办法》《关于实施个人信息保护认证的公告》《数据出境安全评估申报指南(第一版)》,国家市场监督管理总局、国家标准化管理委员会发布了《信息安全技术　个人信息安全影响评估指南》《信息安全技术　个人信息安全规范》《信息安全技术　重要数据识别指南(征求意见稿)》,全国信息安全标准化技术委员会发布了《个人信息跨境处理活动安全认证规范V2.0》,以细化上述四重数据出境路径,指导企业根据《个人信息保护法》第38条的规定规范数据出境行为。

综上所述,我国法律规定的数据出境制度大体可以分为3类:安全评估、个人信息保护认证、标准合同。

1. 安全评估

根据《数据出境安全评估办法》第4条的规定,数据出境需要进行安全评估包括以下情形。

(1)数据处理者向境外提供重要数据。

关于"重要数据"的界定,《数据出境安全评估办法》第19条规定:本办法所称重要数据,是指一旦遭到篡改、破坏、泄露或者非法获取、非法利用等,可能危害国家安全、经济运行、社会稳定、公共健康和安全等的数据。此条规定界定较抽象,在此基础上,国家市场监督管理总局、国家标准化管理委员会发布了《信息安全技术　重要数据识别指南(征求意见稿)》,规定了识别重要数据的基本原则、重要数据的识别因素、重要数据的描述格式。《网络数据安全管理条例(征求意见稿)》第73条进一步列举了"重要数据"的种类。因此,只要这类数据出境,无论数据处理者是否为关键信息基础设施的运营者或者其处理的数据体量如何,都要经过安全评估。

(2)关键信息基础设施的运营者和处理100万人以上个人信息的数据处理者向境外提供个人信息。

这是从主体方面界定安全评估的情形:一是主体为关键信息基础设施的运营者,二是处理100万人以上个人信息的数据处理者。关于关键信息基础设施的运营者的界定,可以参照《关键信息基础设施安全保护条例》对关键信息基础设施的认定来界定。根据《关键信息基础设施安全保护条例》第2条的规定,关键信息基础设施是指"公共通信和信息服务、能源、交通、水利、金融、公共服务、电子政务、国防科技工业等重要行业和领域的,以及其他一旦遭到破坏、丧失功能或者数据泄露,可能严重危害国家安全、国计民生、公共利益的重要网络设施、信息系统等"。据此,关键信息基础设施的运营者就是上述设施、系统等的经营者。由于这些行业和领域关乎国家安全、国计民生、公共利益,其产生和处理的数据亦关乎国家安全、国计民生、公共利益;因此只要是经营该行业和领域的经营者,无论其出境的数据体量、类型如何,都必须通过国家网信部门的数据出境安全评估方可出境。

(3)自上年1月1日起累计向境外提供10万人个人信息或者1万人敏感个人信息的数据处理者向境外提供个人信息。

(4)国家网信部门规定的其他需要申报数据出境安全评估的情形。

为了指导和帮助数据处理者规范、有序申报数据出境安全评估,国家网信办编制了《数据出境安全评估申报指南(第一版)》,对数据出境安全评估申报方式、申报流程、申报材料等的具体要求作出了说明。

2. 个人信息保护认证

根据国家市场监督管理总局、国家网信办发布的《关于实施个人信息保护认证的公告》,个人信息处理者可以通过认证方式提升个人信息保护能力,相关认证机构经批准后开展个人信息保护认证工作。同时其还发布了《个人信息保护认证实施规则》,规定了对个人信息处理者开展个人信息收集、存储、使用、加工、传输、提供、公开、删除以及跨境等处理活动进行认证的基本原则和要求。认证机构开展个人信息保护认证的具体依据是《信息安全技术　个人信息安全规范》和《个人信息跨境处理活动安全认证规范V2.0》。对于开展跨境处理活动的个人信息处理者而言,其进行个人信息保护认证需要同时符合以上两个规范的要求。

3. 标准合同

《个人信息出境标准合同办法》第4条规定,只有在同时符合以下情形的情况下,个人信息处理者才能够通过订立标准合同的方式向境外提供个人信息:(1)非关键信息基础设施运营者;(2)处理个人信息不满100万人的;(3)自上年1月1日起累计向境外提供个人信息不满10万人的;(4)自上年1月1日起累计向境外提供敏感个人信息不满1万人的。可见,适用标准合同出境与适用安全评估出境是矛盾关系,需要进行数据出境安全评估的数据不能通过标准合同的方式出境。《个人信息出境标准合同办法》第5条规定,个人信息处理者向境外提供个人信息前,应当开展个人信息保护影响评估。具体可参照国家市场监督管理总局、国家网信办发布的《信息安全技术　个人信息安全影响评估指南》。

据此,我国有关数据出境的法律制度框架初步建成。

(二)立法面临的挑战

1. 我国数据出境立法层级较低

如前所述,《网络安全法》《数据安全法》涉及数据出境的条文均只有1条。《个人信息保护法》虽然设专章规定了个人信息出境的规则,但是也只有6个条文,而且只针对个人信息出境进行规范。因此,在法律的效力位阶上,针对个人信息出境的规则仅有6条,而针对非个人信息出境的规则只有2条。涉及数据出境的行政法规只有1部,其中对于关键信息基础设施的界定与数据出境安全评估的范围有关,与数据出境制度并非直接相关。可以说,目前我国还没有直接与数据出境制度有关的行政法规;而构成我国数据出境的主要立法分布于部门规章、部门规范性文件以及国家/行业标准中,甚至数据出境路径之一——个人信息保护认证制度只在部门规范性文件中规定。

由于相关部门制定规章时可能会将部门利益纳入考虑的范畴,进而导致规章可能不够中立、客观。同时,根据《中华人民共和国立法法》第106条的规定,地方性法规与部门规章之间对同一事项的规定不一致,不能确定如何适用时,由国务院提出意见或提请全国人大常委会裁决。可见,地方性法规与部门规章相抵触,地方性法规并非当然不适用。因此,如果依照目前数据出境的法律法规,省级地方性法规也可以对数据出境的事项进行规定,且其规定不一定需要遵照现行的部门规章;而且根据以往的实践,当发生地方性法规与部门规章相冲突的情形时,地方政府部门会更倾向于服从地方政府的管理,这会导致数据出境规则在地方适用时的混乱。因此,我国目前亟须一部更高效力的行政法规统领数据出境领域的立法,对数据出境的各项规则作统一的全局性规定,平衡各方利益,以实现数据安全和数据流动的统一。

2. 我国数据出境立法较为分散

首先,我国目前有关数据出境的规则散见于不同法律、行政法规、部门规章以及部门规范性文件中,未成体系。比如,对于重要数据的出境规定在《数据出境安全评估办法》中,而对于重要数据的具体识别则规定在《信息安全技术　重要数据识别指南(征求意见稿)》中。数据处理者在进行数据合规时,需要查找、梳理多部法律规范,综合各法律规定才能准确适用数据出境相关规则。其次,我国目前缺乏对一般性问题的规定,比如数据出境含义的界定、数据出境的基本原则、数据出境的监管主体等均没有明确规定。由于这些问题是数据出境规则的基础性问题,如果没有明确的规定,那么数据处理者可能会利用这一点去规避法律,或者数据处理者在不清楚其行为是否需要适用数据出境规则时,出于成本的考虑而不进行合规处理。此外,当多部法律规范同时对某一事项进行规定时,也会产生适用难题。例如在监管主体的确定上,《数据安全法》第 6 条规定了工业、电信、交通、金融、自然资源、卫生健康、教育、科技等主管部门,公安机关、国家安全机关,以及国家网信部门均有监管权;《数据出境安全评估办法》第 16 条规定了省级以上网信部门具有监管权。那么,在数据出境涉及数据安全问题时,《数据安全法》第 6 条规定的其他部门是否有监管权?这些问题存在争议,需要统一立法就一般性问题作进一步释明。

(三)完善立法的建议

综上所述,由于目前我国数据出境立法层级较低且较为分散,故建议在现有法律规范的基础上,制定一部原则性、框架化的有关数据出境的行政法规,即数据出境条例。

1. 制定个人信息保护认证办法

目前,我国数据出境路径中的安全评估和标准合同已有部门规章的规定,但个人信息保护认证仅有一个部门规范性文件对其进行规定。因此,需要加快完善个人信息保护认证制度的立法。

(1)明确其适用范围

根据《个人信息保护认证实施规则》,个人信息保护认证的适用范围是个人信息处理者开展个人信息收集、存储、使用、加工、传输、提供、公开、删除以及跨境等处理活动。仅从此规定看,个人信息保护认证似乎适用于所有个人信息处理活动,但是结合《数据出境安全评估办法》的规定,4 种情形的数据处理者必须进行安全评估方可出境。由此可知,个人信息保护认证适用于不必进行数据出境安全评估的个人信息处理者开展的个人信息跨境处理活动。

(2)将具体的认证依据提取为认证原则加以规定

《个人信息保护认证实施规则》规定以《信息安全技术　个人信息安全规范》《网络安全标准实践指南—个人信息跨境处理活动安全认证规范》为认证依据;这两个规范均

属于国家标准,虽然可操作性强,但是其规范性、程序性和可预见性不如法律、行政法规,因此需要制定更加具有原则性的规定,明确个人信息保护认证的原则。对此,可以在《网络安全标准实践指南—个人信息跨境处理活动安全认证规范》规定的基本原则的基础上,进一步规定个人信息保护认证办法的原则。

(3)完善认证程序

在程序方面,《个人信息保护认证实施规则》规定了认证委托、技术验证、现场审核、认证结果评价和批准、获证后监督等程序,但是规定得较简单,还需进一步完善。例如,对于认证不符合要求的,其只规定了认证机构可以要求认证委托人限期整改,整改后仍不符合的,终止认证。个人信息保护认证是对个人信息处理者的数据处理行为是否符合我国对个人信息保护的要求的认证,一般而言,获得个人信息保护认证不是强制性要求,个人信息处理者有申请或不申请认证的自由。然而,对于数据出境行为而言,《个人信息保护法》规定了个人信息保护认证是数据出境的路径之一,换言之,企业是否获得个人信息保护认证直接影响其是否能够实施数据出境行为。在数据出境的语境中,个人信息保护认证起到了类似于行政许可的作用。在行政许可中,当行政机关作出不予许可的决定时,申请人享有申请行政复议或提起行政诉讼的权利;而在个人信息保护认证的程序中,当认证机关作出终止认证的决定时,申请人没有救济途径,只能重新申请认证,不利于保障申请人的程序性利益。尽管学界对于个人信息保护认证是否属于行政许可的范围尚存疑问,但是当取得个人信息保护认证与否作为能否实施数据出境行为的依据时,此认证就不同于一般的认证认可活动(一般的认证认可活动不对主体是否能够实施某类行为产生影响,只是作为对产品、服务质量和管理水平的确认),故应当有更为严谨的程序保障申请人的利益。

2. 将《个人信息保护法》、《数据出境安全评估办法》、《个人信息出境标准合同办法》以及个人信息保护认证办法作为数据出境条例的制度渊源和主要内容

在总则中规定"数据出境"的含义、基本原则,数据出境的监管机关等;在分则中规定数据出境的基本制度——安全评估、标准合同和个人信息保护认证等,并明确它们相互之间的关系,比如适用范围上的区别、如何衔接等。在统一的行政法规立法的指导下,再通过部门规章、地方性法规等对数据出境中的具体问题细化,更好地实现规范数据出境活动,保护个人信息权益,维护国家安全和社会公共利益,促进数据跨境安全、自由流动的目标。具体内容可以参考境外的相关规定(见表4-2)。

表 4-2 国外有关数据出境的主要立法一览

国家（地区）	政策法规	主要内容
欧盟	欧盟 GDPR	除数据主体同意外，欧盟 GDPR 还规定了数据跨境转移的 3 项具体规则：（1）充分性认定；（2）适当保障措施；（3）特定情形豁免。欧盟 GDPR 第 46 条规定的适当保障措施应用较多的是有约束力的公司规则和标准合同条款（Standard Contractual Clause，SCC）
	《欧洲议会和理事会 2018/1725 号条例》	与欧盟 GDPR 相比，设定欧洲数据保护监督局（European Data Protection Supervisor，EDPS）为监管主体。通过规定数据主体向 EDPS 投诉、向法院申请司法救济、获得赔偿等内容，进一步细化责任承担制度
	《数据治理法案》（Data Governance Act，DGA）	创建了促进数据共享的流程和结构，规定了向第三国传输非个人数据的制度，要求向第三国传输非个人数据时必须满足第三国与欧盟之间存在的已生效的国际协议或满足其他具体条件，且只能提供允许的最低数据量
	《数据法案（提案）》	对 DGA 的补充，明确了可以利用数据的主体与条件，并设专章规定了国际背景下的非个人数据保护
日本	《个人信息保护法》（The Act on the Protection of Personal Information）	规定个人信息处理者向境外提供个人数据，除需要获得数据主体的同意外，还需要提供境外接收方个人信息保护的制度、数据接收国采取的个人信息保护措施等信息，要确保境外接收方需要采取与日本个人信息保护措施同等的保护措施

续表

国家(地区)	政策法规	主要内容
韩国	《个人信息保护法》(The Personal Information Protection Act,PIPA)	以"告知—同意"为数据跨境传输的合法性基础。为防止"告知—同意"制度僵化,2021 年 9 月提交的修正案设置了弹性化的规则,为个人信息跨境传输设置了多样化的途径
	《信用通信利用促进及信息保护法》	该法第 63 条对信息通信服务提供者向国外转移用户个人信息应履行的义务作出规定,还设置了国内代理人制度,明确个人信息匿名处理后不再适用个人信息保护的相关规定,确立了对国际企业个人数据跨境传输的管辖等
	《信用信息的利用及保护法》	该法第 32 条中规定了信用信息跨境传输情形中"告知—同意"制度的例外情形——根据国际公约,当金融机构将持有的个人信用信息向国外金融监管机构提供时,可不获得个人的事先同意
	《促进提供和使用公共数据法》	该法的原则意味着韩国公共数据可以自由跨境传输
新加坡	《个人数据保护法》(Personal Data Protection Act,PDPA)	该法第 26 条明确规定了数据跨境转移机构应当采取适当的方式确保个人数据的接收方受法律强制义务的约束,为被传输的个人数据提供至少与该法相当的保护标准
	2021 年《个人数据保护条例》	该条例进一步补充了新加坡数据跨境传输的规定,明确了满足跨境传输要求的具体类型以及数据接收方的法定义务
印度	《信息技术(合理的安全实践和程序及敏感个人数据或信息)规则》[Information Technology (Reasonable Security Practices and Procedures and Sensitive Personal Data or Information) Rules,SPDI]	该规则仅规定了敏感个人数据或信息的跨境传输规则。敏感个人数据或信息的跨境传输要求确保数据接收实体与数据传输实体在 SPDI 下所遵循的数据保护水平相同。其法律基础是:(1)履行数据传输实体和数据提供者之间的合法合同所必需;(2)数据提供者同意

二、监管

(一)国内监管现状

1.监管主体

我国数据出境活动的监管主体可以分为中央和地方两类:中央主要是国家网信部门、国务院有关部门、公安机关、国家安全机关等;地方主要是县级以上地方人民政府有关部门(见表4-3)。但是,《数据安全法》和《网络数据安全管理条例(征求意见稿)》没有特别规定地方政府的管理职责。《数据安全法》规定:"各地区、各部门对本地区、本部门工作中收集和产生的数据及数据安全负责。"《网络数据安全管理条例(征求意见稿)》规定:"工业、电信、交通、金融、自然资源、卫生健康、教育、科技等主管部门承担本行业、本领域数据安全监管职责。"理论上,县级以上人民政府的相关部门也负有数据安全监管职责。但在实践中,县级人民政府监督管理数据的能力不足,因此可能由上级相关部门监管。

表4-3 我国数据出境活动主要监管主体规定一览

规范名称	监管主体相关条文
《网络安全法》	第八条 国家网信部门负责统筹协调网络安全工作和相关监督管理工作。国务院电信主管部门、公安部门和其他有关机关依照本法和有关法律、行政法规的规定,在各自职责范围内负责网络安全保护和监督管理工作。 县级以上地方人民政府有关部门的网络安全保护和监督管理职责,按照国家有关规定确定
《数据安全法》	第六条 各地区、各部门对本地区、本部门工作中收集和产生的数据及数据安全负责。 工业、电信、交通、金融、自然资源、卫生健康、教育、科技等主管部门承担本行业、本领域数据安全监管职责。 公安机关、国家安全机关等依照本法和有关法律、行政法规的规定,在各自职责范围内承担数据安全监管职责。 国家网信部门依照本法和有关法律、行政法规的规定,负责统筹协调网络数据安全和相关监管工作
《个人信息保护法》	第六十条 国家网信部门负责统筹协调个人信息保护工作和相关监督管理工作。国务院有关部门依照本法和有关法律、行政法规的规定,在各自职责范围内负责个人信息保护和监督管理工作。 县级以上地方人民政府有关部门的个人信息保护和监督管理职责,按照国家有关规定确定。 前两款规定的部门统称为履行个人信息保护职责的部门

续表

规范名称	监管主体相关条文
《网络数据安全管理条例(征求意见稿)》	第五十五条　国家网信部门负责统筹协调数据安全和相关监督管理工作。 公安机关、国家安全机关等在各自职责范围内承担数据安全监管职责。 工业、电信、交通、金融、自然资源、卫生健康、教育、科技等主管部门承担本行业、本领域数据安全监管职责

2. 监管方式

如前所述,针对数据出境风险的监管方式有三:安全评估、标准合同和个人信息保护认证。三者的具体内容如下。

(1)安全评估

根据我国《个人信息保护法》第 38 条的规定,“个人信息处理者因业务等需要,确需向中华人民共和国境外提供个人信息的,应当具备下列条件之一:(一)依照本法第四十条的规定通过国家网信部门组织的安全评估;……”以及根据我国《数据出境安全评估办法》,其进一步细化了上述条款的要求。具体内容见表 4 – 4。

表 4 – 4　数据出境安全评估主要内容

项目	内容
适用范围	符合下列情形之一: ①数据处理者向境外提供重要数据; ②关键信息基础设施运营者和处理 100 万人以上个人信息的数据处理者向境外提供个人信息; ③自上年 1 月 1 日起累计向境外提供 10 万人个人信息或者 1 万人敏感个人信息的数据处理者向境外提供个人信息; ④国家网信部门规定的其他需要申报数据出境安全评估的情形
自评估及要求	开展数据出境风险自评估的评估事项: ①数据出境和境外接收方处理数据的目的、范围、方式等的合法性、正当性、必要性; ②出境数据的规模、范围、种类、敏感程度,数据出境可能对国家安全、公共利益、个人或者组织合法权益带来的风险; ③境外接收方承诺承担的责任义务,以及履行责任义务的管理和技术措施、能力等能否保障出境数据的安全; ④数据出境中和出境后遭到篡改、破坏、泄露、丢失、转移或者被非法获取、非法利用等的风险,个人信息权益维护的渠道是否通畅等; ⑤与境外接收方拟订立的数据出境相关合同或者其他具有法律效力的文件等(以下统称法律文件)是否充分约定了数据安全保护责任义务; ⑥其他可能影响数据出境安全的事项

续表

项目	内容
评估事项	重点评估数据出境活动可能对国家安全、公共利益、个人或者组织合法权益带来的风险,主要包括以下事项: ①数据出境的目的、范围、方式等的合法性、正当性、必要性; ②境外接收方所在国家或者地区的数据安全保护政策法规和网络安全环境对出境数据安全的影响;境外接收方的数据保护水平是否达到中华人民共和国法律、行政法规的规定和强制性国家标准的要求; ③出境数据的规模、范围、种类、敏感程度,出境中和出境后遭到篡改、破坏、泄露、丢失、转移或者被非法获取、非法利用等的风险; ④数据安全和个人信息权益是否能够得到充分有效保障; ⑤数据处理者与境外接收方拟订立的法律文件中是否充分约定了数据安全保护责任义务; ⑥遵守中国法律、行政法规、部门规章情况; ⑦国家网信部门认为需要评估的其他事项
境外接收方的数据安全保护责任义务	至少包括以下内容: ①数据出境的目的、方式和数据范围,境外接收方处理数据的用途、方式等; ②数据在境外保存地点、期限,以及达到保存期限、完成约定目的或者法律文件终止后出境数据的处理措施; ③对于境外接收方将出境数据再转移给其他组织、个人的约束性要求; ④境外接收方在实际控制权或者经营范围发生实质性变化,或者所在国家、地区数据安全保护政策法规和网络安全环境发生变化以及发生其他不可抗力情形导致难以保障数据安全时,应当采取的安全措施; ⑤违反法律文件约定的数据安全保护义务的补救措施、违约责任和争议解决方式; ⑥出境数据遭到篡改、破坏、泄露、丢失、转移或者被非法获取、非法利用等风险时,妥善开展应急处置的要求和保障个人维护其个人信息权益的途径和方式
有效期	2年,自评估结果出具之日起计算
应当重新申报评估的情形	①向境外提供数据的目的、方式、范围、种类和境外接收方处理数据的用途、方式发生变化影响出境数据安全的,或者延长个人信息和重要数据境外保存期限的; ②境外接收方所在国家或者地区数据安全保护政策法规和网络安全环境发生变化以及发生其他不可抗力情形、数据处理者或者境外接收方实际控制权发生变化、数据处理者与境外接收方法律文件变更等影响出境数据安全的; ③出现影响出境数据安全的其他情形

关于数据出境安全评估流程,如图 4－1 所示。

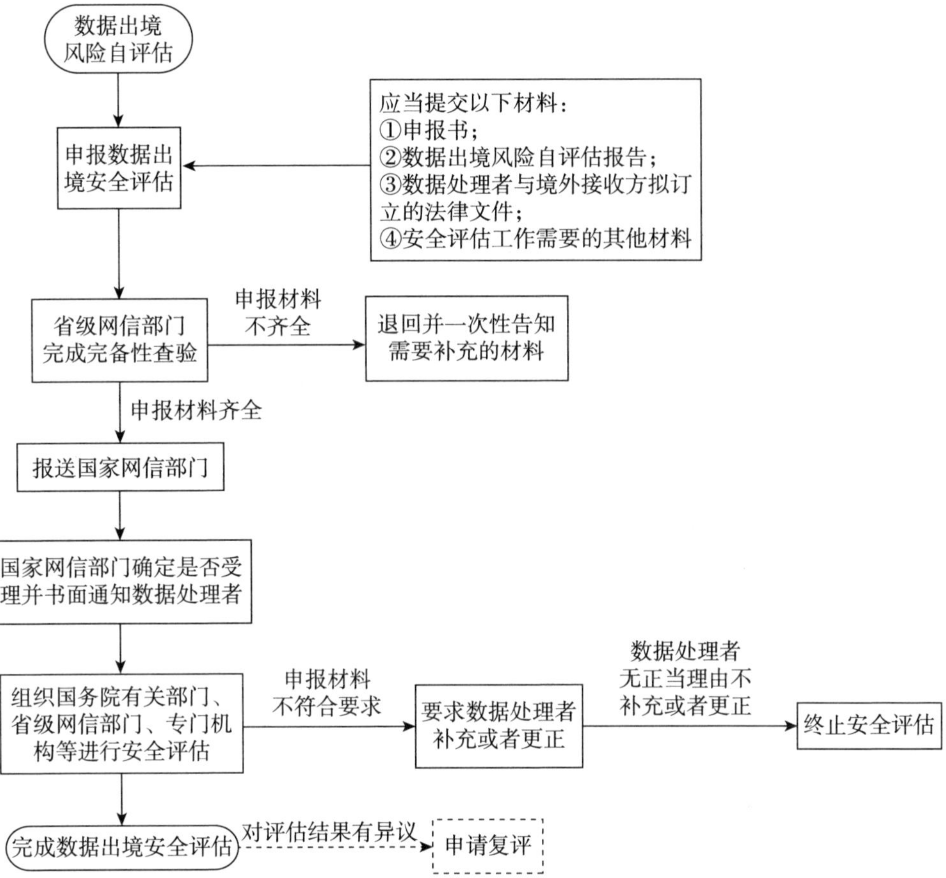

图 4－1 数据出境安全评估流程

(2)标准合同

根据我国《个人信息保护法》第 38 条的规定,“个人信息处理者因业务等需要,确需向中华人民共和国境外提供个人信息的,应当具备下列条件之一:……(三)按照国家网信部门制定的标准合同与境外接收方订立合同,约定双方的权利和义务;……”以及根据我国《个人信息出境标准合同办法》,其进一步细化了上述条款的要求。具体内容见表 4－5。

表 4－5 个人信息出境标准合同主要内容

项目	内容
适用范围	应同时符合下列情形: ①非关键信息基础设施运营者; ②处理个人信息不满 100 万人的; ③自上年 1 月 1 日起累计向境外提供个人信息不满 10 万人的; ④自上年 1 月 1 日起累计向境外提供敏感个人信息不满 1 万人的

续表

项目	内容
自评估及要求	开展个人信息保护影响评估的评估事项： ①个人信息处理者和境外接收方处理个人信息的目的、范围、方式等的合法性、正当性、必要性； ②出境个人信息的规模、范围、种类、敏感程度，个人信息出境可能对个人信息权益带来的风险； ③境外接收方承诺承担的义务，以及履行义务的管理和技术措施、能力等能否保障出境个人信息的安全； ④个人信息出境后遭到篡改、破坏、泄露、丢失、非法利用等的风险，个人信息权益维护的渠道是否通畅等； ⑤境外接收方所在国家或者地区的个人信息保护政策和法规对标准合同履行的影响； ⑥其他可能影响个人信息出境安全的事项
应当重新开展个人信息保护影响评估，补充或者重新订立标准合同并备案的情形	①向境外提供个人信息的目的、范围、种类、敏感程度、方式、保存地点或者境外接收方处理个人信息的用途、方式发生变化，或者延长个人信息境外保存期限的； ②境外接收方所在国家或者地区的个人信息保护政策和法规发生变化等可能影响个人信息权益的； ③可能影响个人信息权益的其他情形

关于个人信息出境标准合同订立和备案流程，如图 4－2 所示。

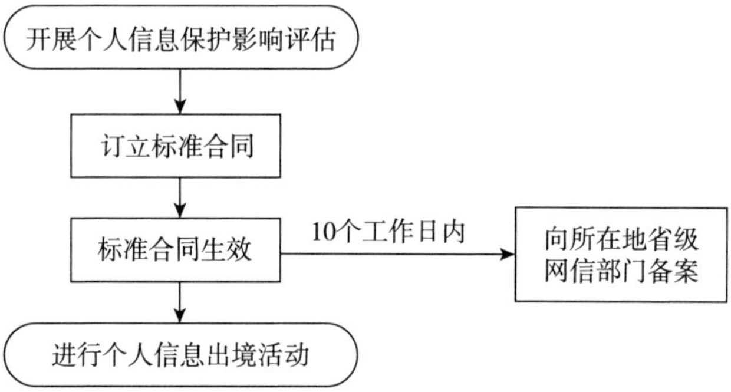

图 4－2　个人信息出境标准合同订立和备案流程

（3）个人信息保护认证

根据我国《个人信息保护法》第 38 条的规定，“个人信息处理者因业务等需要，确需向中华人民共和国境外提供个人信息的，应当具备下列条件之一：……（二）按照国家网信部门的规定经专业机构进行个人信息保护认证；……”以及根据我国《关于实施个人信息保护认证的公告》《个人信息跨境处理活动安全认证规范 V2.0》的相关规定，其进一步细化了上述条款的要求。具体内容见表 4－6。

表4-6　个人信息保护认证主要内容

项目	内容
适用范围	不必进行安全评估的个人信息处理者开展个人信息收集、存储、使用、加工、传输、提供、公开、删除以及跨境等处理活动
自评估及要求	开展个人信息保护影响评估的评估事项： ①个人信息处理者和境外接收方处理个人信息的目的、范围、方式等的合法性、正当性、必要性； ②跨境处理个人信息的规模、范围、类型、敏感程度、频率，个人信息跨境处理可能对个人信息权益带来的风险； ③境外接收方承诺承担的责任义务，以及履行责任义务的管理和技术措施、能力等能否保障跨境处理个人信息的安全； ④个人信息跨境处理存在的泄露、损毁、篡改、滥用等的风险，个人维护个人信息权益的渠道是否通畅等； ⑤境外接收方所在国家或者地区的个人信息保护政策法规对履行个人信息保护义务和保障个人信息权益的影响； ⑥其他可能影响个人信息跨境处理安全的事项
基本要求	**具有法律约束力的文件：** 开展个人信息跨境处理活动的个人信息处理者和境外接收方应签订具有法律约束力和可执行的文件，确保个人信息主体权益得到充分的保障。文件应至少明确下列内容： ①个人信息处理者和境外接收方的基本信息，包括但不限于名称、地址、联系人姓名、联系方式等； ②个人信息跨境处理的目的、范围、类型、敏感程度、数量、方式、保存期限、存储地点等； ③个人信息处理者和境外接收方保护个人信息的责任与义务，以及为防范个人信息跨境处理可能带来安全风险所采取的技术和管理措施等； ④个人信息主体的权利，以及保障个人信息主体权利的途径和方式； ⑤救济、合同解除、违约责任、争议解决等； ⑥境外接收方承诺并遵守同一个人信息跨境处理规则，并确保个人信息保护水平不低于中华人民共和国个人信息保护相关法律、行政法规规定的标准； ⑦境外接收方承诺接受认证机构对个人信息跨境处理活动的持续监督； ⑧境外接收方承诺接受中华人民共和国个人信息保护相关法律、行政法规管辖； ⑨明确在中华人民共和国境内承担法律责任的组织，并承诺履行个人信息保护义务； ⑩个人信息处理者和境外接收方均承诺对侵害个人信息权益行为承担民事法律责任，并明确约定双方应承担的民事法律责任； ⑪其他应遵守的法律、行政法规规定的义务

续表

项目	内容
	组织管理: ①开展个人信息跨境处理活动的个人信息处理者和境外接收方均应指定个人信息保护负责人; ②开展个人信息跨境处理活动的个人信息处理者和境外接收方均应设立个人信息保护机构,履行个人信息保护义务,防止未经授权的访问以及个人信息泄露、篡改、丢失等; ③开展个人信息跨境处理活动的个人信息处理者和境外接收方应约定并共同遵守同一个人信息跨境处理规则
获证后监督	认证机构对获证后监督结论和其他相关资料信息进行综合评价,评价通过的,可继续保持认证证书;不通过的,认证机构应当根据相应情形作出暂停直至撤销认证证书的处理
认证证书	**有效期:**3 年
	保持:在有效期内,通过认证机构的获证后监督,保持认证证书的有效性。 证书到期需延续使用的,认证委托人应当在有效期届满前 6 个月内提出认证委托
	变更:若获得认证的个人信息处理者名称、注册地址,或认证要求、认证范围等发生变化时,认证委托人应当向认证机构提出变更委托。 认证机构根据变更的内容,对变更委托资料进行评价,确定是否可以批准变更

关于个人信息保护认证流程，如图4－3所示。

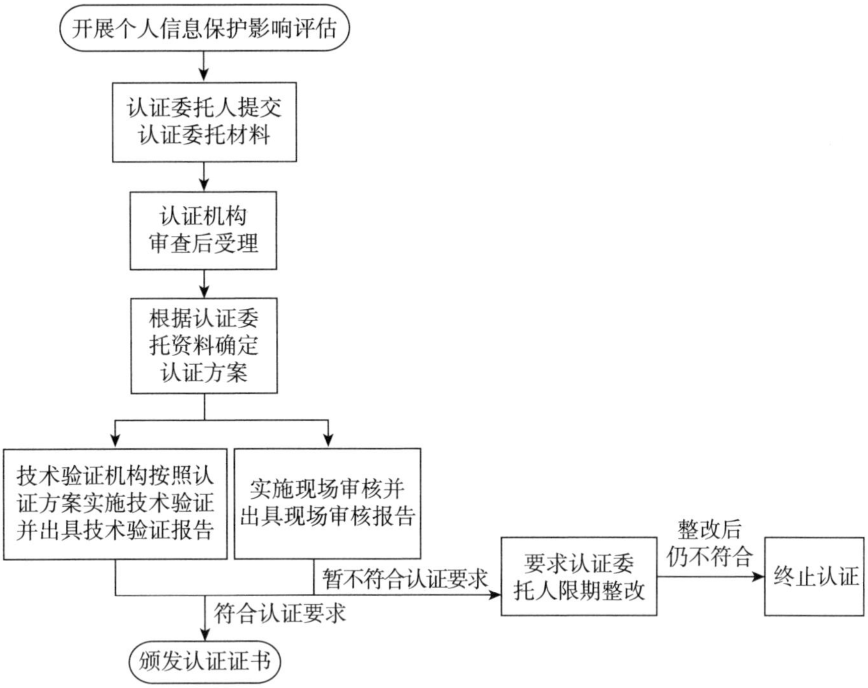

图4－3　个人信息保护认证流程

（二）监管面临的挑战

1.缺乏独立的数据出境监管机构

我国有多个数据出境监管主体，存在执法机构不明、监管职能不清、执法标准不统一的问题。根据现行法律规范，我国对数据出境的监管采取"分业监管"的方式，各主管部门承担对本行业、本领域的数据出境安全监管职责。但是由于各个监管主体之间职责划分不清，存在同一机构对多个事项的监管以及多个机构对同一事项享有监管权的"监管重叠"问题。

（1）同一部法律规定多个主体的监管权，而职责划分不清

我国《数据安全法》既规定了工业、电信、交通、金融、自然资源、卫生健康、教育、科技等主管部门的数据安全监管职责，又规定了公安机关、国家安全机关的数据安全监管职责。但是，对于何种事项由主管部门监管，何种事项由公安机关或国家安全机关监管，则规定不明。

（2）监管事项难以识别，导致监管职责划分不清

以数据出境行为为例，企业的数据出境行为可能同时涉及数据安全、网络安全和个人信息权益保护的问题，那么实践中应根据《数据安全法》、《网络安全法》还是《个人信

息保护法》确定监管主体？实际上,《数据安全法》《网络安全法》《个人信息保护法》对于监管主体的规定都非常笼统且模糊。通过相关条文只能确定国家网信部门负责统筹工作,除《数据安全法》特别规定了国家安全机关的监管职责外,其他国家机关或部门,共享对于数据出境行为的监管权。在此意义上,也无须辨明是根据《数据安全法》、《网络安全法》还是《个人信息保护法》确定监管主体,因为数据出境行为无论是涉及数据安全保护、网络安全保护还是个人信息权益保护,监管主体的区别都不会太大。

这种分业监管、多主体共享监管权的模式存在两点弊端:一是可能出现各个监管主体互相抢占监管权,产生监管竞争的局面;二是也有可能出现互相推诿的局面。无论是哪种情况,都不利于保障数据安全,保护个人信息合法权益。①

2. 自评估环节有待完善

数据出境安全评估需要开展数据出境风险自评估,而标准合同和个人信息保护认证则需要开展个人信息保护影响评估。这两者评估的事项大致相同,但有两处差别:一是前者多了一项对境外接收方数据安全保护责任义务的评估;二是后者多了一项对境外接收方所在国家或者地区的个人信息保护政策和法规影响的评估。数据处理者无论采取何种形式进行数据出境,都需要完成自评估,而两种自评估的法定内容大致相同,反映了数据出境风险自评估和个人信息保护影响评估的高度重叠性。尽管企业可以同时开展数据出境风险自评估和个人信息保护影响评估,对两者重合的内容评估一次,对有差异的内容分别评估以节约合规成本,但是数据出境安全评估的结果有效期为 2 年,有效期届满后,数据处理者应当重新申请评估,而个人信息保护影响评估报告的留存对于周期式的安全评估机制没有帮助。个人信息保护影响评估报告应当至少保留 3 年的规定,对于安全评估也没有多大效用。实际上,基于两者内容的高度重叠性,个人信息保护影响评估报告至少保留 3 年的规定,反映了个人信息保护影响评估报告能持续地发挥证明作用;相应地,两者重叠的部分亦具有同等作用,但是数据出境风险自评估仅有 2 年的有效期,而个人信息保护影响评估中未规定,这体现了两者之间的矛盾之处。

3. 与《数字经济伙伴关系协定》的衔接有待加强

2022 年 8 月 18 日,根据《数字经济伙伴关系协定》(Digital Economy Partnership Agreement,DEPA)联合委员会的决定,中国加入 DEPA 工作组正式成立,全面推进中国加入 DEPA 的谈判。然而,DEPA 经过批准并生效后,则可能会产生 DEPA 与我国现有数据出境制度的衔接问题。就目前而言,我国的数据出境制度与 DEPA 的冲突主要有两个方面。一方面,DEPA 提出建立数据保护互信互认机制,各成员的数据管理机构可以对符合资格的企业授予数据保护可信任标志(Data Protection Trustmark,DPTM),而获得 DPTM 的企业可以相对不受限地开展数据出境活动。该标志类似于我国的个人信

① 参见许多奇:《论跨境数据流动规制企业双向合规的法治保障》,载《东方法学》2020 年第 2 期。

息保护认证,如果我国承认 DPTM,则 DPTM 就成为另一条数据出境路径,那么我国就会面临以下难题:DPTM 与我国现有的 3 种数据出境路径的关系是什么?其适用条件、认证标准的差异是否会使我国的数据出境制度落空?如何平衡 DEPA 与我国数据出境制度对数据安全和数据流动利用的价值偏好?另一方面,DEPA 第 9.4 条规定了数据创新,提出“企业在数据监管沙盒机制下,根据缔约方各自法律法规共享包括个人信息在内的数据,可以进一步增强创新”。这说明,处于数据监管沙盒的企业享有一定的监管豁免权,国家应当放宽对其数据出境活动的限制。① 基于我国目前对数据出境活动的“严监管”模式,DEPA 规定的数据监管沙盒在我国缺乏合法性依据。

(三)完善监管的建议

1. 统一数据出境监管机构

目前我国的数据出境监管模式是“分业监管”,或许是因为数字经济尚处于发展阶段,数据处理活动的监管体系也处于搭建初期,所以先由已有机关对数据出境行为进行监管。赋予各机关、各部门其职责范围内的监管权,待积累足够经验,探索出成体系的监管模式后,再由专门机关进行统一监管,是比较节省制度成本的方案。尽管如此,统一监管权,由同一监管机构对数据出境活动进行监管是符合历史发展规律和现实需要的。2023 年 3 月,中共中央、国务院印发了《党和国家机构改革方案》,其中提到组建国家数据局,负责协调推进数据基础制度建设,统筹数据资源整合共享和开发利用,统筹推进数字中国、数字经济、数字社会规划和建设等,由国家发展和改革委员会管理。在此基础上,省级人民政府数据管理机构结合实际组建。② 国家数据局的组建,彰显了国家对于数据作为生产要素和资源的认可,承认数据作为不同于物权、知识产权和人格权的客体。③ 基于此,对数据处理活动的监管应具备一定的专业性、特殊性,也具有统一监管、专门监管的必要性。

具体可以参考欧盟、新加坡和日本的一些相关规定。例如,欧盟设立了欧洲数据保护委员会(European Data Protection Board, EDPB)作为监管机构,其职责是确保欧盟 GDPR 适用的一致性。同时,欧盟 GDPR 第 51 条规定各成员国应设立一个或多个独立的监管机构,且应当指定一个监管机构作为 EDPB 的监管机构代表。④ 欧盟 GDPR 第 63 ~ 65 条规定,为了保证欧盟 GDPR 的适用的一致性,各成员国的监管机构应当通过

---

① 参见梅傲、李淮俊:《数字贸易中数据跨境流动规则的新发展——基于〈数据出境安全评估办法〉与 DEPA 的比较》,载《企业经济》2023 年第 4 期。

② 参见《中共中央　国务院印发〈党和国家机构改革方案〉》,载中华人民共和国中央人民政府网,http://www.gov.cn/zhengce/2023-03/16/content_5747072.htm。

③ 参见《李爱君评成立国家数据局:数字经济发展迎新机遇》,载中国财经网,http://finance.china.com.cn/news/special/lianghui2023/20230307/5951941.shtml。

④ 参见中国信息通信研究院互联网法律研究中心、京东法律研究院编:《欧盟数据保护法规汇编》,中国法制出版社 2019 年版,第 96 页。

一致性机制合作,包括在采取某些措施前听取 EDPB 的意见,由 EDPB 解决某些争议。再如,新加坡于 2013 年成立了个人数据保护委员会(Personal Data Protection Commission, PDPC),作为新加坡数据跨境流动的主要监管部门,其职责是监督和执行新加坡《个人数据保护法》,并代表新加坡政府处理有关数据保护相关的国际事务。又如,日本的数据保护机构是个人信息保护委员会,该机构是日本法律体系中高度独立的机构之一,职责是保护个人的权利和利益,同时考虑如何适当和有效地利用个人信息。设立独立的监管机构,能够保证其行使权力时不受外部影响,从而保证其执法的公正性。同时,设立独立的监管机构还能够统一执法标准,保证执法的统一性。

2. 统一自评估制度

可将数据出境风险自评估和个人信息保护影响评估合并为“数据出境自评估”制度,对于重叠部分,适用《个人信息保护法》的规定,与标准合同、个人信息保护认证的评估统一;对于差异部分,即对境外接收方数据安全保护责任义务的评估,可以依照安全评估有效期的规定,当有效期届满后,数据处理者对该事项重新开展评估后再申请出境安全评估,以减少重复评估,减轻企业的合规压力。

3. 加强与域外数据跨境流动政策的衔接

如前所述,我国数据出境制度需要对 DEPA 的相关规定作出回应,以促进不同数据制度之间的兼容性。例如,在新型数字领域,尽管我国区分了满足不同条件下数据出境路径,即安全评估是相对严格的路径(事前审批),而标准合同(事后备案)和个人信息保护认证制度则较宽松,但是其适用范围有限,且具有强制性,难以满足数据监管沙盒的要求。为了加强我国数据出境制度与国际数据跨境流动政策的衔接,建议对现有数据出境规则进行补充,适当放宽数据出境监管力度,为人工智能技术跨境利用、数据监管沙盒等创新性较强的数字治理领域提供更包容的制度环境,实现我国数据安全可控的自由跨境流动。①

4. 细化同意原则

我国在立法设计上,区分了“单独同意”“书面同意”“同意”等用词。在数据出境的场景下,对于如何进一步落实上述同意的做法,如何进一步提高数据出境的效率,可以通过进一步立法予以细化。对此,可以就同意原则的制度设计,参考国外的相关规定。例如,韩国 PIPA 规定了个人信息向第三人传输的“数据主体同意”原则,要求个人信息控制者向任何第三人提供个人信息时,应当向数据主体通知相关事项,并征得数据主体的同意。“数据主体同意”原则的例外情况是通过公开的隐私政策或电子邮件、书面通知等总统施行令所规定的方式将为获取同意所告知的信息通知数据主体,则可不先征

---

① 参见梅傲、李淮俊:《数字贸易中数据跨境流动规则的新发展——基于〈数据出境安全评估办法〉与 DEPA 的比较》,载《企业经济》2023 年第 4 期。

得数据主体的同意而将数据跨境传输。此外,韩国 PIPA 还建立了多元化的个人数据跨境流动机制。再如,日本规定了数据出境需要征得数据主体的同意,但是规定了 3 个例外:数据接收方具有与日本同等的个人信息保护水平、接收方采取了必要适当的标准和体制以及与法令和公共利益相关的例外情况(具体为日本《个人信息保护法》第 23 条第 1 款规定的情形)。

三、司法

(一)司法救济路径

数据出境的风险涉及国家安全利益、个人和企业的合法权益以及公共利益等方面的风险,而司法在防范数据出境风险方面发挥重要作用。当发生数据安全事件,个人或企业的权利和利益受损时,个人或企业可以向司法机关起诉以维护自身合法权益。根据我国现有的法律体系,针对数据出境的司法救济途径如下。

1. 私益诉讼

根据《个人信息保护法》第 69 条的规定,个人信息处理者侵害个人信息权益并造成损害时,应当承担过错推定责任。因此,个人信息处理者承担侵权责任的条件是:(1)个人信息处理者实施了侵害个人信息权益的行为;(2)个人的权益受损;(3)个人信息处理者不能证明自己没有过错;(4)个人信息处理者的行为与个人的权益受损结果具有因果关系。个人可以依据《民法典》和《中华人民共和国民事诉讼法》(以下简称《民事诉讼法》)的相关规定向人民法院提起民事诉讼,要求个人信息处理者承担损害赔偿等侵权责任。此外,《个人信息保护法》第 50 条还建立了多元化的救济机制:个人信息处理者应当建立便捷的个人行使权利的申请受理和处理机制;若个人信息处理者拒绝个人行使权利的请求,个人可以依法向人民法院提起诉讼。这为个人信息权益保护提供了新的救济路径。综上所述,在数据出境活动中,个人可以在两种情形下提起民事诉讼:一是其个人信息权益受损时,可以提起侵权损害赔偿之诉;二是当个人信息处理者拒绝其行使权利的请求时,可以依法向人民法院提起诉讼。

2. 公益诉讼

《个人信息保护法》第 70 条规定了个人信息保护公益诉讼制度。如果个人信息处理者违法处理个人信息,侵害众多个人的权益,人民检察院、法律规定的消费者组织和国家网信部门确定的组织可以依法向人民法院提起诉讼。据此,个人信息保护公益诉讼的责任主体是个人信息处理者,结合相关法条理解,其包括履行个人信息保护职责的部门、经营者与服务提供者。诉讼事由是侵害多数人的权益。行使诉权的主体是检察机关、行政机关、社会组织。

3. 刑事诉讼

《刑法》第 253 条之一规定了侵犯公民个人信息罪,其中与数据出境行为有关的是

“违反国家有关规定,向他人出售或者提供公民个人信息”和“违反国家有关规定,将在履行职责或者提供服务过程中获得的公民个人信息,出售或者提供给他人”。若数据处理者未依照法律规定进行数据出境活动,属于“向他人提供公民个人信息”的行为类型,检察机关可以起诉行为人,以维护国家数据安全和公民的个人信息权益,防范数据出境风险。

(二)司法救济面临的挑战

1. 私益诉讼的救济效果欠佳

尽管我国法律为数据主体针对数据出境行为提供了私益救济,但是难以达到救济的效果,原因在于:

首先,我国的数据出境制度重监管而轻自治,在数据出境活动中,数据主体的参与度不高。尽管《个人信息保护法》第 13 条规定个人的同意是个人信息处理者处理个人信息的条件之一(处理应当被理解为包括数据出境行为),表面上看个人能很大程度地影响数据处理者的行为,但是在实践中,企业往往通过刚性条款获取数据主体的同意。相比于其他条件,该条件是最容易达到的。因此,尽管在形式上数据出境的条件包括取得数据主体的同意,但是实质上往往并不强调这一点,而是更加强调《个人信息保护法》第 38 条规定的数据出境路径。在目前的三种数据出境路径中,数据主体能够发挥自主性的空间很小,这也是因为数据出境路径本质上属于国家监管行为。虽然个人是数据的主体,但是为了维护数据安全,保护个人权益,国家会更主动地采取措施对数据出境行为进行规范。此时与个人相关的数据权益就落入国家规范行为的保护范围中,因此数据主体在数据出境活动中的参与度不高。

其次,数据主体根据《个人信息保护法》寻求司法救济的可能性不高,原因在于:一方面,在数据出境问题上,数据主体最有可能产生的争议就是出境与否的问题,而实践中数据主体的同意权被企业的刚性条款消解,这方面的争议就很难在诉讼中得以解决。因为若数据主体不想其个人信息出境,则可以不行使同意权;而一旦其行使同意权,则企业可以就数据出境问题的“个人同意”事项获得豁免。另一方面,法律规定的三种数据出境路径属于事前监管。一般而言,如果企业通过这三种路径进行数据出境活动,则说明其在个人信息权益保护方面没有太大问题,数据处理者损害个人信息权益的可能性不大。笔者认为,与其将《个人信息保护法》第 69 条视为数据主体的司法救济路径,不如将其理解为数据主体获取民事赔偿的依据。该条最有可能的适用情形是,监管机关对数据处理者违反法律规定的数据出境活动进行处罚后,数据主体若认为其权益受损,则可以在监管机关对数据处理者违法认定的基础上,寻求民事赔偿。但是,《个人信息保护法》第 69 条难以发挥作为独立救济手段的作用。

2. 个人信息保护公益诉讼制度有待完善

首先,如前所述,个人信息保护公益诉讼的责任主体中,公私主体兼有,两者在处理个人信息的目的、方式、效果等方面均存在显著差异，因此适用公益诉讼的路径和模式不应相同。但目前的法律规定并没有对两者作出区分，在司法实践中必须根据不同主体区分适用民事还是行政个人信息保护公益诉讼。[①] 其次，诉讼事由不清。如何理解“侵害多数人的权益”？仅从“量”上理解是否准确？如果侵害的人数不多，但是所涉事项重大，特别是在数据出境活动中，如果数据处理者违法出境了属于重要数据的个人信息，但是数量不大，相关主体能否提起个人信息保护公益诉讼？

3. 刑事诉讼具有局限性

刑事诉讼仅针对严重侵犯公民个人信息的行为，对于“向他人出售或者提供公民个人信息”的行为还需要满足“情节严重”的效果要件。在大规模侵害个人信息的案件中，尽管受害人人数众多，但单个受害人受到的损害却很小，难以达到法律要求的造成严重后果，因此刑事诉讼功能的发挥非常有限。[②]

（三）完善司法救济的建议

1. 明确各类救济的功能定位

对受害者的赔偿和对违法者的震慑是民事诉讼的两个功能，但是这两种功能并不总能保持一致。[③] 如前所述，《个人信息保护法》第 69 条难以发挥独立的救济作用，可以将其理解为数据主体获取民事赔偿的依据，因此该条更偏向赔偿功能。在“众多”个人权益受损时，每个人损失的利益很小，对违法者提起的诉讼目的并非让每个人获得损害赔偿，而是基于公共利益的考量，“突出对受损公共利益的倾斜保护”，“此时公益诉讼主要发挥威慑功能，赔偿功能退居其次，起到预防违法的作用”。[④] 鉴于私益诉讼和公益诉讼的功能定位不同，司法的救济会产生顺位。对于个人信息权益受损的案件，应当先考虑个人信息保护公益诉讼的适用，如果能适用，则由相关主体对违法者提起公益诉讼。在此基础上，个人信息权益受损的主体可以根据《个人信息保护法》第 69 条提起民事诉讼；民事诉讼可以结合公益诉讼中认定的事实或结论进行审判，以减轻原告的举证压力，更好发挥《个人信息保护法》第 69 条填平损失的功能，发挥私益诉讼的救济效果。

2. 完善个人信息保护公益诉讼制度

首先，对于责任主体，应当根据不同主体区分适用民事或行政公益诉讼。如果履行个人信息保护职责的部门违法处理个人信息，如在《数据出境安全评估办法》第 15 条、《个人信息出境标准合同办法》第 11 条规定的情形中，行政机关也有可能作为《个人信

---

① 参见薛天涵：《个人信息保护公益诉讼制度的法理展开》，载《法律适用》2021 年第 8 期。

② 参见张新宝、赖成宇：《个人信息保护公益诉讼制度的理解与适用》，载《国家检察官学院学报》2021 年第 5 期。

③ 参见吴泽勇：《群体性纠纷解决机制的建构原理》，载《法学家》2010 年第 5 期。

④ 薛天涵：《个人信息保护公益诉讼制度的法理展开》，载《法律适用》2021 年第 8 期。

息保护法》第70条规定的“个人信息处理者”,成为个人信息保护公益诉讼的被告。因为《个人信息保护法》第4条第2款规定,“个人信息的处理包括个人信息的收集、存储、使用、加工、传输、提供、公开、删除等”,所以《数据出境安全评估办法》第15条、《个人信息出境标准合同办法》第11条中的行为也属于“处理个人信息”的范畴。这种情况应该适用行政公益诉讼的有关规定。如果违法处理个人信息的是经营者(这类私主体是个人信息处理者的主要组成部分),则应适用民事公益诉讼的规则。其次,对于诉讼事由,在理解“众多”的含义时,可以参照消费者权益保护公益诉讼的启动标准,不能简单地从文义上理解“众多”,而是要从是否涉及社会公共利益的角度,对个人信息保护公益诉讼的诉讼事由进行实质性理解。①

四、行业自律

(一)行业自律的性质

1. 自主性

行业自律是由同业企业自愿制定和遵守的,不受法律、政府或其他外部机构的强制力量影响。行业组织负责人非由国家任命,而是由协会成员协商选举产生;协会经费主要来自民间,如收取会费、企业捐赠及有偿服务。协会具有自己的决策机关和执行机关,实行自我管理。

2. 自治性

不同于国家公权力实施的管理和监管,行业组织是一种“作为组织化的私法权利让渡的组织运作”,是人类社会长期发展过程中基于自发形成的私人关系的组织和实现达成组织内成员的自我约束机制。行业组织可以在法定范围内自主活动,享有自我组织、自我管理权利的自治权。

3. 自我调节性

首先,行业自律的规则是由同业企业自主制定的,针对行业特性和企业的实际情况,其灵活性较高。一旦出现新的问题或挑战,其能够迅速制定相应的规则和措施,及时适应行业的变化和发展,以解决问题或防范风险。其次,企业在制定规则时通常会考虑行业利益、技术创新等多方面因素,代表其自身利益,因此会自觉地执行行业规则。

4. 公共性

行业组织的公共性可以分为普遍的公共性、特殊的公共性和直接的公共性。普遍的公共性是针对政府而言的,是指行业组织通过贯彻政府意志,支持公共政策,配合政府监管而体现出公众的意愿和要求,进而表现出的公共性。特殊的公共性是针对同业企业而言的,指为一定范围内不特定多数人所享有的利益。直接的公共性是针对独立

---

① 参见薛天涵:《个人信息保护公益诉讼制度的法理展开》,载《法律适用》2021年第8期。

的社会代表即消费者而言的，这主要是在行业组织规范会员企业的日常事务中体现出来的；进一步讲，这种公共性是通过行业组织促进行业自律显现出来的。[1] 因此，行业自律不仅具有私益性，还具有某种程度的公共性，尽管这种公共性是有限的。

（二）行业自律的价值

在防范数据出境风险的过程中，行业自律也发挥着不容小觑的作用，具体体现为以下方面。

1. 弥补国家监管的缺陷

虽然行业自律不同于国家监管，其制定的规范不具有强制性，但是相较于政府，行业组织与企业之间的信息不对称更小，因此其制定的自律规范更符合企业需求，更能代表行业利益，更能反映行业动向。一方面，由于数字经济目前处于快速发展阶段，法律的滞后性决定了其难以规制新出现的法律问题，难免会出现立法空白。“相对于国家制定法所建立的秩序而言，当国家制定法缺位或有局限时，行业规则所建立的‘私序’就成为国家制定法所建立秩序的一种重要补充和替代。”[2]对于需要监管而法律来不及规定的数据出境行为，可以通过行业自律规范实现对其监管。另一方面，目前我国数据跨境流动方面的法律规定往往比较笼统，对于企业而言可操作性不强，难以实施。行业自律可以在国家现行法律规范的基础上，在国家监管方针、政策的指导下，制定符合数据立法方向的行业自律规范，进一步细化法律法规以指导企业的数据合规行为。

2. 制约并保障公权力的运作

首先，行业组织以组织化的形式将同业企业凝聚起来，作为同业企业的代表组织集体行动，形成相对强大的力量，有组织地抵制那些不合法或不合理的规则。例如，国家在制定有关数据出境规则的时候，行业组织可以参与其中，立法者应当适时听取行业组织的意见，确保数据安全与数据流动之间的平衡。其次，行业协会能够组织所拥有的各种资源、专业技能和专门知识，为对抗国家非正当干预提供缓冲地带，进而代表所属群体的利益和诉求影响公共决策，反映民主呼声和监督制约国家公权力。[3]

（三）构建行业自律体系

《网络安全法》第 11 条规定：“网络相关行业组织按照章程，加强行业自律，制定网络安全行为规范，指导会员加强网络安全保护，提高网络安全保护水平，促进行业健康发展。”《数据安全法》第 10 条规定：“相关行业组织按照章程，依法制定数据安全行为规范和团体标准，加强行业自律，指导会员加强数据安全保护，提高数据安全保护水平，

---

① 参见郭薇：《政府监管与行业自律——论行业协会在市场治理中的功能与实现条件》，中国社会科学出版社 2011 年版。

② 吴碧林、眭鸿明：《行业协会的功能及其法治价值》，载《江海学刊》2007 年第 6 期。

③ 参见吴碧林、眭鸿明：《行业协会的功能及其法治价值》，载《江海学刊》2007 年第 6 期。

促进行业健康发展。”为了贯彻以上要求，同时发挥行业自律在防范数据出境风险中的独特作用，应当构建行业自律体系，具体措施为制定行业规则，制定行业标准和技术标准，协调与解决争议。

1. 制定行业规则

行业自律作为一种自生自发的“私序”，之所以能够保证同业企业间的交易安全、高效进行，原因在于参会企业都遵守行业协会制定的规则。一般而言，行业规则主要是协会章程和自律公约。[①] 其中，促进行业自律最直接的依据是自律公约。2020 年，在工业和信息化部网络安全管理局的指导下，中国互联网协会组织相关电信和互联网企业签署了《电信和互联网行业网络数据安全自律公约》（以下简称《自律公约》）。《自律公约》主要倡导企业在网络数据安全责任上的 5 类要求：一是明确管理责任部门，制定管理制度规范；二是加强网络数据资产梳理和分类分级管理；三是深化网络数据安全合规性评估；四是依法规范数据对外合作安全管理；五是建立完善用户举报与受理机制。虽然我国有许多行业协会，但是并非所有行业协会都有专门针对行业自律问题的公约，有关数据出境安全的行业自律公约更是寥寥无几。2020 年，中共中央、国务院发布《关于构建更加完善的要素市场化配置体制机制的意见》，其中提到了健全要素市场运行机制的要求之一是“建立健全数据产权交易和行业自律机制”。可见行业自律机制对于培育规范的交易平台和市场主体，构建数据要素市场，推动数据要素开放与利用，保证数据安全，具有重要作用。因此，需要鼓励行业协会开展行业自律，制定行业自律公约，促进安全生产，强化会员企业的信誉和社会责任，维护行业秩序。

2. 制定行业标准和技术标准

制定行业标准和技术标准是行业自律的措施之一。不同于行业规范，行业标准更具专业性、科学性和可操作性，可以更直接地对行业企业的行为进行规范。目前，我国针对企业数据出境活动的标准都是国家标准（主要是关于数据安全的标准，包含《信息安全技术　个人信息安全规范》《信息安全技术　个人信息安全影响评估指南》），而鲜有行业标准。因此，应当鼓励行业协会制定行业标准和技术标准，围绕数据出境行为制定多种类型的行业标准，如数据质量、数据开放、数据交换、数据隐私等方面的标准，全方位规范行业企业的数据出境活动，进而防范数据出境安全风险。

3. 协调与解决争议

构建行业自律体系不仅需要前端的规则制定，中端的规则执行，还需要后端的协调与争议解决。相较于法院的裁判，由行业协会协调与解决争议的优势在于：一是行业协会更加熟悉行业规则，对于行业规则的理解也更加透彻，因此其争议解决过程更具专业

---

① 参见郭薇：《政府监管与行业自律——论行业协会在市场治理中的功能与实现条件》，中国社会科学出版社 2011 年版。

性。二是行业协会的争议解决不对外公开,在企业的商业秘密保护上能够发挥更加积极的作用。三是行业协会在争议解决过程中对企业的数据出境等行为的合规状况有更进一步的了解,更有利于实现其自律功能。但是,行业协会协调和解决争议也存在局限性:一是拘束力的有限性,其裁决结果只适用于协会内的企业。二是需要政府部门作为后续支持。若行业协会协调未果或无法解决争议,可以向政府部门寻求帮助。

构建行业自律体系以防范数据出境风险,除了需要采取笔者上述措施,更重要的是要明确行业协会的地位和性质,厘清行业协会与政府之间的职能关系,实现各司其职。在此基础上,建立制度衔接机制,发挥其各自对于数据出境监管的作用,共同保证数据出境安全。

第五章　数据出境安全域外规则研究

一、域外数据出境安全监管框架综述

随着亚马逊、京东、淘宝等跨境电子商务的开展，互联网传输数据的能力使海量数据得以在世界范围内加工、存储和传输。数据日益成为国家重要战略资源和竞争要素，数字经济的发展也越来越离不开数据跨境活动，全球各国家和地区围绕网络空间的战略博弈与数据资源争端日益激烈。麦肯锡全球研究院发布的《数字全球化：全球流动的新时代》报告指出，传统的商品、服务贸易和资金流动已经趋于平缓，但跨境数据流动正在大幅增长，对全球经济增长的贡献已经超过了传统的货物贸易。随着数据流动对经济增长重要性的增加，跨境数据流动的监管也越来越成为国际贸易协定和各国国内监管的重要议题。

数据出境，也即数据跨境流动，该概念最早出现在 1980 年，由经济合作与发展组织在有关个人数据保护的国际纲领性文件《隐私保护和个人数据跨境流动指南》中首次提出。此后，随着各国家和地区数据跨境流动制度的形成以及各类国际公约的出台，数据跨境流动不再局限于数据的处理和运输跨越国界，而是延伸至存储在境内但能够被境外机构或个人访问使用的数据。这些数据一并被纳入数据跨境流动的范畴内，这也被称为“个人数据跨越国境”(transborder of personal data)的运动。

数据出境活动在带来降低企业的经营成本、支撑企业经济增长以及促进经济全球化等正向价值的同时，其所带来的威胁国家安全和公共安全、数据隐私泄露等负面影响越来越受到关注，数据出境活动国际监管逐渐增强。从监管手段来看，各主权国家在采取单边规制的同时，通过积极参与双边合作机制和签订区域贸易协定等多种方式积极参与到全球治理中来,采用灵活多样的形式进行监管,不同程度地对数据出境活动加以限制。世界贸易组织(World Trade Organization,WTO)、APEC 等国际组织也纷纷发力,通过多边合作框架促进国际贸易合作中的数据出境活动顺利进行。各国家和地区从不同价值理念出发形成了不同的数据出境规制政策,对"数据自由流动"在政策层面作出了不同程度的限制。具体而言,以美国为代表的数据出境监管框架是利用其在数字经济和贸易领域的领先优势大力推动数据跨境自由流动,通过"长臂管辖"不断扩张其跨境数据执法权。欧盟主要是通过立法对数据出境活动设置限制条件:一是设立许可规定,即要求机构获得个人对数据传输的同意,这种同意可以是积极的许可,也可以是"不禁止即许可"。二是设立标准,即要求数据流动需要满足其立法要求的某种标准,如隐私标准、安全标准等。其他国家通过强化立法来保障数据安全,通过施加严格的义务来实现对企业数据存储、处理、跨境传输等环节的全面控制,对数据出境安全实行强监管模式;同时要求数据存储本地化,以解决法律适用和本地执法问题,从而服务于国家政治与经济利益。

二、域外国家的数据出境安全规则

(一)美国

1. 监管思路

美国主张以维护数字竞争优势和强化"长臂管辖"为主旨构建数据出境监管框架,其监管思路可概括为在有限例外原则下促进数据高效自由流动。其中,"有限"是指有限的公共政策目标:美国积极推进有利于自身的跨境数据流动规则,在倡导数据自由流动的同时,也对关键领域数据出境施加限制措施。如美国 EO13556 号行政令严格限定了关键基础设施、金融、税收等近 20 个门类数据的传播范围,《外国投资风险审查现代化法案》(Foreign Investment Risk Review Modernization Act, FIRRMA)、《出口管制条例》(Export Administration Regulations, EAR)等法律通过外商投资安全审查、出口管制等手段对人工智能关键技术、敏感个人数据等采取相关跨境限制措施。

美国主张数据和信息的自由流动是数字经济背景下贸易协定的关键要素。就政策重点而言:一是鼓励数据自由流动。美国在贸易谈判中将"跨境数据自由流动"纳入协议条款,以破除其他国家的数据出境壁垒。同时,其开展双边/多边的对话及区域性论坛,宣传数据自由跨境流动为其贸易伙伴带来的益处。二是通过主导双边协议和多边协议达成其数据流动的制度安排。美国倡导建设无障碍数据流动圈,通过双边和多边机制达成数据流动的制度安排,这包括欧美先后达成的《安全港协议》《隐私盾协议》,美国与加拿大、墨西哥达成的《美墨加协定》(The United States-Mexico-Canada Agreement, USMCA)等。三是以域外效力立法的方式实施"长臂管辖"。美国以反腐败、反洗钱、反恐怖主义、维护国家安全为由实施跨境执法,旨在全球范围内获取数据。

如2018年美国出台的《澄清数据合法境外使用法案》(Clarifying Lawful Overseas Use of Data,CLOUD Act)(以下简称《CLOUD法案》)就授权执法机构调取境外存储信息。

2. 监管框架

美国在跨境数据流动规定法律政策方面采取了较宽松的分散立法和行业自律相结合的监管模式。自20世纪80年代起,美国就开始了数据主权安全保障及战略建设,至今已形成《电子通信隐私法案》(Electronic Communications Privacy Act,ECPA)、《金融服务现代化法案》(Gramm Leach Bliley Act,GLB)等多个行业不同领域130多部相关的法案制度,打造了涵盖互联网宏观层面和微观层面的数据主权体系。

(1)《CLOUD法案》

《CLOUD法案》关于数据出境的条款规定主要集中在第102条、第103条以及第105条,具体如下:

《CLOUD法案》第102条明确了立法的原因及考虑因素。其明确指出,《CLOUD法案》的立法考虑因素包括:①及时获取通信服务提供商持有的电子数据是政府保护公共安全和打击包括恐怖主义在内的重大犯罪的关键。②因无法获取境外存储的数据,政府打击重大犯罪的努力受到阻碍,而监管、控制或拥有这些数据的通信服务提供者本身受到美国法律的管辖。③为了打击重大犯罪,他国政府也越来越多地要求获取美国通信服务提供者的数据。④当他国政府要求通信服务提供者提供美国法律可能禁止披露的数据时,通信服务提供者面临潜在的法律义务冲突。⑤根据《存储通信法案》的相关规定,美国要求披露他国法律禁止通信服务提供者披露的电子数据时,同样有可能会造成类似的相互冲突的法律义务。⑥美国与相关国家政府就法治和保护隐私作出的相同承诺和达成的国际协定中,包含了解决潜在冲突的法律义务机制。

《CLOUD法案》第103条明确规定,该法案秉承"谁拥有数据谁就拥有数据控制权"原则,打破了以往的"服务器标准",而是实施"数据控制者"标准。这使数据主权可以超出传统范畴界定,从物理上的空间边界延伸至技术上的控制边界,即以数据的实际技术控制者为效力对象予以划定主权的效力边界。根据该法案,美国依其国家利益采用"数据控制者"标准划定管辖范围,无论通信、记录及其他信息是否存储在美国境内,服务提供者均应按《存储通信法案》所规定的义务保存、备份、披露通信内容、记录或其他信息。只要上述通信内容、记录或其他信息为该服务提供者所拥有、监管或控制,都可以成为调取数据的来源。同时,该法案也规定了在下列情形中存在例外:①对象不是"美国人"(United States Person)[①]且不在美国居住;②提供数据将为服务提供者带来违反"适格外国政府"(quailfying foreign governments)立法的实质性风险。对于例外情

① "美国人"一词是指美国公民或国民、合法获得永久居留权的外国人、大量成员为美国公民或合法获得永久居留权的外国人的非法人社团或在美国注册的公司。

形,《CLOUD 法案》设置了严格的"礼让分析"规则,规定了对例外情形进行处理的 3 种核心情形和 7 个核心考虑要点。考虑技术边界的不确定性,《CLOUD 法案》进一步添加主体锚点(必须为电子通信服务提供商或远程计算服务提供商这两类科技公司)与行为锚点(拥有、保管或控制数据),进一步强化《CLOUD 法案》的实施稳定性。

《CLOUD 法案》第 105 条则规定了外国政府获取存储于美国境内数据的规则。该法案规定了允许"适格外国政府"可以基于与美国的行政协定,直接向美国境内的相关组织获取数据。《CLOUD 法案》主要通过对"适格外国政府"的资格认定和"发布命令"的严格限制,明确外国政府对存储在美国境内数据的获取规则。在对"适格外国政府"的认定上,基于"外国政府的国内立法,包括对其国内法的执行,是否提供了对隐私和公民权利足够的保护"这一核心准绳,要求外国政府必须符合如下条件:①在网络犯罪和电子证据方面,拥有充分的实质性、程序性法律,加入了《布达佩斯网络犯罪公约》或其国内法与该公约相关内容吻合。②遵守国际人权义务或展现出对国际人权的尊重。③展现出对全球信息自由流动和维护互联网开放的决心和承诺。同时,该法案对于发布的命令内容,设置了如不得有意针对"美国人"或位于美国境内的个人,不得在美国政府或其他第三国政府的要求下发出命令等细致且严格的限制,要求"适格外国政府"向美国提供互相访问数据和定期审核的权利,且规定美国可保留停止外国政府获取数据命令的权利。

(2)美国《出口管制改革法案》

美国 1979 年《出口管理法案》(Export Administration Act, EAA)和 1977 年《国际紧急经济权力法案》(International Emergency Economic Powers Act, IEEPA)是美国出口管制的基础文件,《出口管制条例》则是具体执行《出口管理法案》的文件。为保护国家安全,商用物项或具有军事和商业双重用途物项的出口都受《出口管制条例》的管制,需要取得美国商务部产业与安全局(Bureau of Industry and Security, BIS)的出口许可。首先,"军民两用"是指虽为商业目的而设计,但该物项同时也具有军事用途,如计算机、飞行器。其次,《出口管制条例》管辖"物项"包括货物、软件和技术,而其中技术的范围极广,包括产品发展、制造和使用所必要的具体信息,这些信息可以是技术数据或技术援助的形式。技术数据包括蓝图、计划、模型、公式、表格、工程设计和说明、手册以及编写或记录在其他媒体或设备(如磁盘、磁带和只读存储器)上的说明等;而技术援助则可以采取指导、技能培训、工作知识和咨询服务等形式,例如,军民两用的化学制品及其数据(化学公式、生产技术和使用说明等)都受《出口管制条例》管辖。最后,《出口管制条例》中的"出口"是指《出口管制条例》管辖物项从美国实际运输或传输。尽管该条例未明确定义传输,但其声明"非公开数据的传输"是出口,美国公司同其国外子公司或分公司的交易或信息传递也是出口。另外,《出口管制条例》还规定了一种法律拟制——"视同出口"规则,指向外国国民披露受控技术或软件将被视为出口,即使该披露行为仅发生在美国境内。而且该规则能否适用于潜在的披露行为一直都不明晰，导致如果外国雇员可以获得某一货物、技术或软件，无论其实际上是否获得该信息都可能会被视作“视同出口”。直至2016年，BIS才声明此种理论上或潜在的接触途径并不等于披露。

综上所述，《出口管制条例》中“物项”和“出口”的内涵如此广泛，将导致许多数据出口或传输行为受到管制而需要获得BIS的出口许可。对于电子通信服务和远程计算服务来说，如果《出口管制条例》管辖数据的原始权益人利用云服务进行数据存储或者邮件服务，当该服务器位于美国境外时，任何从使用者到该服务器的数据传输都将构成出口。跨国公司中外国雇员若能通过内联网或虚拟专用网络获得《出口管制条例》的管辖数据同样会引发合规风险，因为即使其业务开展是在美国境内也会因向外国雇员进行数据披露而违反“视同出口”规则。另外，《出口管制条例》不仅规定了针对违反出口管制行为的行政处罚和刑事处罚措施，还要求出口者对此承担严格责任，即缺乏主观上的知情并不会豁免《出口管制条例》下的处罚。就云服务提供者而言，其时常不能意识到数据的确切存储地和数据跨境传输的发生，为防止未经许可的数据出口或数据披露行为，其势必将要投入更多成本。

2018年8月，《出口管制改革法案》由美国总统签署生效，其维持了《出口管制条例》中的政府实践，且重点关注新兴基础技术的出口管制。因此，涉及新兴基础技术的数据出口或披露势必将会受到更严格的管制。

(3)《外国投资风险审查现代化法案》

2018年8月，美国通过了《外国投资风险评估现代化法案》，并建立了其与《出口管制改革法案》之间的联动机制，收紧了对外国投资的国家安全审查程序。其中一项关键内容在于扩大管辖权，即涉及“关键技术”“关键基础设施”“关键或敏感数据”的美国企业作出的特定非控股外国投资都会被纳入安全审查范围。《外国投资风险审查现代化法案》第1703条将针对涉及敏感个人数据、关键基础设施和关键技术的美国企业的所有其他投资（包括非控制性外商投资）纳入管辖交易中，这些企业也要受美国外商投资委员会（Committee on Foreign Investment in the United States, CFIUS）的审查；其中关键技术的认定则涉及《出口管制改革法案》中新兴基础技术的范围。

《外国投资风险审查现代化法案》将个人隐私和数据上升到了国家安全的层面，2019年11月美国参议员向参议院提交了《国家安全和个人数据保护法案》（National Security and Personal Data Protection Act, NSPDPA），同样是以国家安全为由管制科技公司（Covered Technology Company, CTC）向“关注国”的数据传输。

NSPDPA全面限制CTC的数据收集、使用、存储和出境行为。首先，NSPDPA规定了CTC在数据收集方面的最小化原则和二次使用限制，即公司收集的用户数据不得超过公司网站、服务或应用程序运行所需，且不得将用户数据用于任何与公司网站、服务或应用程序的运营操作无关的次要用途,包括提供定向广告、与第三方不必要地共享此类数据或不必要地促进人脸识别技术的发展。其次,在数据存储方面,NSPDPA 禁止 CTC 将从美国公民或居民处收集的任何用户数据或解密该数据所需的信息(如加密密钥)存储在美国或与美国签订协议共享数据的国家以外的服务器或其他数据存储设备上;而其他科技公司虽不受该强制本地化措施的限制,但也不能将从美国公民或居民处收集的任何用户数据存储于关注国的服务器或其他数据存储设备上。再次,在数据出境方面,无论是 CTC 还是其他科技公司都不得向任何关注国传输任何用户数据或解密该数据所需的信息,包括通过非关注国的第三方间接转移。仅在为了满足非关注国的执法或军事协助要求或实现个人用户间的数据共享(数据仅限存于有意接收者的个人设备中)时,科技公司才能援引数据传输限制的例外条款。最后,对于涉及收集、购买、出售或处理用户数据且主营业务是数据传输,或经营社交媒体平台或网站的美国公司的特定交易需要经过 CFIUS 的审批,以防止外国公司通过交易控股该类美国公司进而掌握美国用户的数据。

NSPDPA 对于 CTC 数据收集和使用上的限制,不仅大大缩小了 CTC 所能获得的美国用户数据的范围、类型和数量,提升了其运营成本,还妨碍了技术的进一步发展。严格的本地化要求和禁止向关注国数据传输则一反美国在贸易谈判中以数据自由流动为原则,禁止本地化措施的一贯主张。这将导致 CTC 在美国境外获取的美国用户数据也不能本地化存储,必须回传至美国,同时又几乎切断了向中俄等关注国的所有直接或间接的数据传输路径。对于特定交易的审批,NSPDPA 则大致与《外国投资风险审查现代化法案》一致,旨在防止外国通过投资获取美国用户的数据。由此可知,即使该提案目前仍未通过,其也反映了美国在这方面的严格管制趋势。

(二)日本

1. 监管思路

日本在数据出境监管方面坚持数据主体同意原则,对数据出境的限制条件较少,只对涉及国家安全的敏感或关键数据进行监管。在数据本地化方面,日本政府要求涉及国家安全的数据必须本地化存储,但对其他数据不作额外限制。在数据隐私保护方面,2017 年日本设立了“个人信息保护委员会”,作为独立的第三方监管机构,制定向境外传输数据的规则和指南。日本对于数据出境的政策基调可被概括为:一方面,日本积极跟随美国的政策主张,推动跨境数据自由流动,积极参与跨太平洋伙伴关系协定(Trans-Pacific Partnership Agreement,TPP)、APEC 及其跨境隐私保护规则(Cross-Border Privacy Rules,CBPR)体系等数据规则体系。另一方面,日本积极对接欧盟主导的欧盟 GDPR 框架;同时,为弥合与欧盟在跨境数据流动及数据保护规则方面的差异,日本还积极制定相关补充规则。对于敏感数据、涉及数据主体权利以及实现转移源自欧盟的个人数据加强保护。

2. 监管框架

日本对于数据出境安全的监管规则主要规定于日本《个人信息保护法》以及《向外国的第三者传输篇》(2021 年修订版)中。

(1)日本《个人信息保护法》

2003 年,日本通过了第一部日本《个人信息保护法》,该法于 2005 年 4 月 1 日起开始施行。随着互联网的快速发展,该法于 2015 年进行了第一次修订,2020 年 6 月进行了第二次修订,2022 年 4 月全面实施;2021 年日本对《个人信息保护法》进行了第三次修订,最新修订后的法案已经于 2023 年 4 月全面实施。修订后的法案规定了向境外转移个人数据的 3 种合法方法:一是事先征得个人同意。二是转移的目的国是日本个人信息保护委员会认可的具有和日本同样保护水平的国家(白名单国家)。目前,只有英国和欧盟国家(包括欧洲经济区)被列入日本个人信息保护委员会发布的具有同等数据保护水平的国家名单。三是接收数据的海外企业根据日本个人信息保护委员会的要求建立了关于数据保护的完善体系,能够为数据提供有效保护。当数据接收方构建了符合日本《个人信息保护委员会规则》所规定的标准,并持续采取与日本《个人信息保护法》规定的经营者就个人数据的处理所应采取的措施相当及必需的措施和机制时,便不再需要数据主体的同意作为数据传输的必要条件。日本《根据充分性决定处理从欧盟和英国传输的个人数据的个人信息保护法的补充规则》规定,个人信息保护委员会根据该规则第 24 条的规定,属于以下的任何一项:①经营者和个人资料接收方已通过适当和合理的方法,确保个人资料接收方在处理个人资料方面实施与该规则第四章第 1 节规定的目的相一致的措施(该规则第四章第 1 节规定了个人信息处理者的义务);②接收方已获得有关处理个人资料的国际框架的认可。就第一项具体而言,传输方可以通过与接收方订立合同的方式,保证接收方在境外处理个人数据时持续采取相当于日本个人数据处理经营者所需采取的措施。如果他们同处于一个公司集团中,那么接收方应当受到约束性标准的约束。就第二项的国际框架的认可而言,日本已认可 APEC 的 CBPR 体系认证。

数据主体同意原则的例外情形还包括与法令和公共利益相关的情况。根据日本《个人信息保护法》第 23 条第 1 款的规定,以下情形属于例外:一是基于法令的情况;二是为了保护人的生命、身体或财产所必要,但是难以取得本人同意的情况;三是为提高公共卫生或促进儿童健康成长有特别需要,但是难以取得本人同意的情况;四是国家机关或地方公共团体或受其委托的人在执行法令规定的事务时,需要经营者的协助,但征得本人同意有可能对执行事务产生影响的情况。

此外,在数据出境活动中,数据传输方必须保留以下记录:传输日期(如果传输是根据退出选择进行的);接收方和数据主体的姓名或其他标志以及传输的数据类型(如姓名、年龄、性别等划分);数据主体对传输的同意(如果没有获得同意,那么需要记载传输所依据的具体事实)。接收方必须保留以下记录:收到个人数据的日期(如果传输是根据选择退出进行的);传输方的名称或其他标识符及其地址(如果传输方是一个法律实体,则是其法定代表人的名称);数据主体的姓名;转移的数据类型;数据主体对传输的同意(如果没有获得同意,那么需要记载传输所依据的具体事实)。

(2)日本《向外国的第三者传输篇》(2021 年修订版)

日本数据出境以数据主体同意为原则。日本个人信息保护委员会在名为《向外国的第三者传输篇》(2021 年修订版)的指引中对"同意"作出了进一步的解释和规定。数据主体的同意应当表示为个人同意由处理个人信息的营业者向位于国外的第三方提供数据的意向。在获得同意前,传输方必须向数据主体提供判断其是否同意的必要信息,包括:有关国家或地区的名称,以适当和合理的方式获得的关于该外国或地区的个人数据保护体系的信息;有关第三方为保护个人数据所采取的措施的信息。如果不能提供上述的几项信息,则应当告知数据主体不能说明的事实和理由。

《向外国的第三者传输篇》(2021 年修订版)进一步对"境外第三方"的概念进行了解释。第三方是指除了传输个人数据的经营者和个人数据所识别的个人以外的任何个人,包括外国政府。就法律实体而言,其是否为第三方,要看其是否与传输个人信息的经营者有不同的独立的法律人格。例如,一家日本公司向该公司在外国注册的当地子公司传输了个人数据,该子公司就构成了法律意义上的境外第三方;但如果接收方是在同一法人格下的处于境外的分支机构,那么就不构成向境外第三方提供个人数据的行为。

此外,日本参与多项双边/多边协定,以推动数据出境监管框架的建立。日本参与了 TPP 和 APEC 的 CBPR 体系,并作为 CBPR 体系成员建立了认证制度,为企业遵循 CBPR 体系实施数据出境提供了有力保障。在美国退出 TPP 后,日本成为主导《全面与进步跨太平洋伙伴关系协定》(Comprehensive and Progressive Agreement for Trans-Pacific Partnership,CPTPP)的主要成员。

(三)新加坡

1. 监管思路

新加坡十分重视数字经济发展,其在严格保护个人隐私的前提下,对数据出境秉持较开放的态度,将数据出境活动视为促进数字贸易发展的重要途径。新加坡主张高水平的数据保护和数据出境相结合,积极制定和完善数据出境监管规则。从政策力度来看,如果将欧盟和美国作为数据管理政策严格和宽松的两极,则新加坡的政策管制力度位于频谱中间,其对数字跨境流动的管理政策相比欧盟更加宽松,而对国内个人数据保护的力度相比美国更加严格。

2. 监管框架

新加坡 PDPC 成立于 2013 年 1 月 2 日,是新加坡数据跨境流动的主要监管部门。

其将私人部门涉及数据获取、使用、存储、传输和跨境转移的各类组织视为监管对象。新加坡 PDPC 制定数据跨境流动和使用规则，要求监管对象建立完善的数据传输机制、审核机制以及相应的问责工具，没有遵守相关规定的组织需要承担相应责任。此外，新加坡 PDPC 会对监管对象（主要是企业）进行评估认证，对符合条件的企业授予“数据保护信任标识”，受认证的企业在数据使用和传输上能够享受更加便捷的监管。该做法在确保安全的基础上，有效降低了数据跨境流动的交易成本。

从数据出境的监管条件来看，首先，新加坡 PDPC 对数据由境外流入境内不设限制。其次，对于在新加坡纯中转的数据，新加坡 PDPC 原则上不进行监管；但如果涉及数据交换，则要对负责数据交换的“桥公司”按照国内同等监管要求进行监管。监管最严格的环节在数据向境外流出的环节。新加坡 PDPC 规定企业在新加坡境内使用数据必须遵守相关规则，将数据转移出新加坡的行为必须合规。主要做法包括：一是对数据流动目的地国家或特定地区、部门进行充分性或等效性评估认证。除非数据接收国家和地区满足新加坡《个人数据保护法》的要求，有能力对个人信息提供相同标准和力度的保护，否则不允许组织将个人数据转移到境外。二是设定允许数据跨境流动的其他法定理由，包括征得数据主体同意、证明为履行合同义务必要或关乎生命健康的重大情形、属于公开的个人数据、仅作为数据中转。非上述理由不得向境外流动。

新加坡关于数据出境安全的监管规则主要表现于 2012 年颁布的《个人数据保护法》与 2013 年颁布的《个人数据保护条例》。

（1）新加坡《个人数据保护法》

新加坡《个人数据保护法》第 26 条明确规定了将个人数据传输至新加坡以外的国家或地区的情形。根据新加坡《个人数据保护法》第 26 条第 1 款的规定，除非数据跨境流动符合新加坡《个人数据保护法》的要求，组织确保所转移的个人数据在境外受到的保护标准与新加坡类似，否则不允许数据跨境流动。组织可以根据新加坡《个人数据保护法》第 26 条第 2 款向新加坡 PDPC 申请豁免，新加坡 PDPC 可以以书面的形式发出通知免除该组织在新加坡《个人数据保护法》第 26 条第 1 款下数据跨境流动所需符合的条件。

2020 年新加坡颁布的《个人数据保护法（修订）草案》公开征求意见稿又体现出 4 点变化：一是加强机构的问责制。问责制将作为新加坡《个人数据保护法》的一项关键原则，作为补充收集、使用和披露个人数据的新途径。二是完善框架，在必要时达成一致。在某些情况下，机构将能够出于合法利益和业务改善的目的而收集、使用或披露个人数据，尤其是出于公共利益的目的。三是强化个人对其数据享有的权利。“数据可携带”义务将赋予个人对其数据更强的选择和控制力，防止个人被锁定到一种服务中，确保个人可以切换到新服务中。同时，还将修改“请勿拨打电话”条款，为消费者在营销信息方面提供更多保护。四是增加处罚力度。新加坡《个人数据保护法（修订）草案》将增加罚款数额以及提高新加坡 PDPC 的执行力。

（2）新加坡《个人数据保护条例》

新加坡《个人数据保护条例》对于是否满足新加坡《个人数据保护法》第 26 条第 1 款的数据跨境流动的前提条件作了进一步解释。根据新加坡《个人数据保护条例》第 10 条的规定，满足下列 5 种情形之一的，应当视为符合允许数据跨境流动的条件：①数据主体明示同意将其个人数据转移到该数据接收国。②数据主体构成新加坡《个人数据保护法》第 15 条下的因合同之必须而被视为同意将其个人数据转移到该数据接收国。③在没有数据主体同意的情形下，符合新加坡《个人数据保护法》附录一第一部分规定的"关键个人利益"或者第二部分第二段规定的"国家利益"的目的，并且数据转移组织已经采取合理措施保证该个人数据在数据接收国不会被用作其他用途。④该个人数据是正在传输中的数据。⑤该个人数据在新加坡可以被公开获取。关于如何认定数据主体明示同意数据跨境流转，新加坡《个人数据保护条例》第 10 条第 3 款进一步说明了不构成明示同意的 3 种情形：①该个人没有被告知其数据跨境传输到境外也会受到与新加坡《个人数据保护法》相当的保护。②数据传输组织以提供产品或服务为前提条件要求数据主体同意数据传输，除非这种传输是为了提供产品或服务之必须。③传输组织通过或试图通过错误或虚假陈述，或者用其他欺骗性或误导性的行为获得数据主体的同意。如果不构成明示同意，可考虑跨境数据流转的其他前提条件是否满足，若不能满足任意一项，在缺乏前提条件的情形下进行跨境数据流转，将面临违反新加坡《个人数据保护法》的风险。

根据新加坡《个人数据保护条例》第 11 条的规定，数据接收方具有法律效力的义务来源包括：①任何法律。②满足如下两项要求的任何合同。一是数据接收方在合同中载明的保护水平不低于新加坡《个人数据保护法》；二是数据接收方在合同中载明被转移的数据具体被传输到哪些国家或地区。③任何约束性企业规则，但约束性企业规则的适用受到以下限制。一是约束性企业规则仅在缺乏法律、合同或其他有法律约束力的文件时才能适用；二是必须明确适用的具体约束性企业规则，明确个人数据将被转移到的国家或地区，明确数据接收方的权利义务；三是约束性企业规则仅适用于与数据传输方相关的数据接收方（数据传输方的母公司、子公司或同属一个集团的其他公司）。④其他任何有法律约束力的文件。

此外，新加坡承认 APEC 的 CBPR 系统和数据处理者隐私识别体系（Privacy Recognition for Processors，PRP）下的认证系统是向境外转移数据的合法途径。根据新加坡《个人数据保护条例》第 12 条的规定，如果接收方持有指定的认证，即 CBPR 或 PRP 的认证，接收方将直接被视为受法律效力的义务约束，为被转移的个人数据提供了至少与新加坡《个人数据保护法》中的保护标准相当的保障，从而符合数据跨境流动的前提。

（四）英国

1. 监管思路

英国1984年便制定了英国《数据保护法》，对其国内个人数据的处理和保护进行规制。这一传统同样反映在英国对于数字贸易中数据跨境流动的法律规制之中，即对个人数据的跨境流动规制成为英国成文法中对跨境数据流动规制的重点。此外，尽管英国已经脱离欧盟，但其承诺继续作为《欧洲人权公约》（European Convention on Human Rights，ECHR）和《个人数据自动化处理中的个人保护公约》（Convention for the Protection of Individuals with regard to Automatic Processing of Personal Data，以下简称《108号公约》）的缔约方。2018年5月，在欧盟成员国内部正式生效的欧盟GDPR也将在英国境内继续实施。在跨境数据流动治理方面，英国仍将在一定时间内延续脱欧前的政策，与欧盟保持一致。英国对于跨境数据流动的态度与欧盟基本一致，即强调个人权利的保护，提倡在充分保护个人隐私等的前提下，保障数据自由流动。

2. 监管框架

英国对于数据出境安全的监管框架主要体现在英国《数据保护法》以及欧盟GDPR的相关规定之中。

（1）英国《数据保护法》

英国《数据保护法》是一部专门用于保护个人数据的法律，有关数据出境活动的法律规制分别位于第二部分和第三部分。其中，第二部分是对欧盟GDPR条款的继承，主要是对商业活动中个人数据出境活动的规制；第三部分是对欧盟《警务与刑事司法指令》的继承，是对执法活动中个人数据出境活动的规制。

英国《数据保护法》第二部分“个人数据向第三国传输”部分对个人数据跨境流动进行了详细规制。第17A条“基于充分性法规的传输”规定了向英国以外的国家和地区传输个人数据的“充分性保护”要求，即需接收个人数据的第三国、第三国领土上的机构或国际组织必须符合“充分性保护”标准。当英国国务大臣依法审查并认定这些第三方主体具备“充分性保护条件”时，才能向这些第三方主体传输个人数据。但是一次审查通过并非意味着这些第三方主体可以一劳永逸地获取接收个人数据的资格。正如英国《数据保护法》第17B条的规定，国务大臣必须持续关注这些第三方主体的国内政策变化是否会影响到充分性保护水平；如果这些第三方主体不再具备充分性保护标准，那么国务大臣会修改或撤销对这些第三方主体资格的认定，同时必须与其协商以纠正它们缺乏充分性保护水平的问题。至于“充分性保护”的具体标准，则见于欧盟GDPR第45条第2款。对于那些没有根据英国《数据保护法》第17A条取得充分性保护标准的第三方主体，根据欧盟GDPR第46条的规定，在取得适当保障的情况下，英国国内的个人数据也可以向这些第三方主体传输，国务大臣也同样必须时刻关注这些第三方主体对个人数据是否一直提供适当保障。不过充分保护和适当保障标准对数据接收者的要求过高，而且在紧急情况下如果依然按此标准实施个人数据跨境传输，则可能带来严重的后果，因此需要作出例外安排。

英国《数据保护法》第 18 条规定了个人数据跨境流动的特殊规则，与欧盟 GDPR 第 49 条类似，只不过英国《数据保护法》只选取了“公共利益”作为例外情形，即为了公共利益，国务大臣通过法规规定可以将个人数据传输至第三方主体的情形和不可传输至第三方主体的情形，必要时也可以制定法规限制一类个人数据传输至第三方主体。

(2)英国《国家数据战略》

2020 年 9 月，英国政府发布《国家数据战略》(National Data Strategy)，明确了英国在数据领域的五大优先行动任务，其中就包括倡导跨境数据流动。英国《国家数据战略》指出，跨境数据流动是推动全球贸易和经济增长的重要力量。

(五)韩国

1. 监管思路

韩国自 2009 年以来，在国际电信联盟信息通信技术发展指数中，一直位居前列。韩国的信息通信技术政策是在明确的政府主导战略下实施的，并在基础设施建设方面取得了重大成效，领先的信息通信技术环境推动韩国形成了独特的数据治理方式。但韩国关于规制数据出境活动的立法比较零散，从国家安全的角度出发，韩国对某些特殊领域提出了数据本地化的要求，严格限制或禁止某些特定数据的出境。

2. 监管框架

韩国的数据保护机构主要是个人信息保护委员会(Personal Information Protection Commission，PIPC)。韩国 PIPC 在性质上是一个中央行政机构，是在总理领导下成立，并独立开展个人信息保护工作的机构。2020 年，韩国国会通过韩国 PIPA，并由总统颁布相关施行令，构成韩国个人信息保护的基本法律框架，最终建立起以总理直辖的韩国 PIPC 和个人信息纠纷调解委员会为管理核心的，涵盖面广的，规定详细的个人信息保护法律体系。韩国关于数据出境活动的规制也主要体现在韩国 PIPA 和《网络法》中。

(1)韩国《个人信息保护法》(PIPA)

韩国关于个人信息跨境的立法主要在韩国 PIPA 第 17 条、第 39 条第 12 款，以及该法施行令第 48 条第 10 款中。韩国 PIPA 第 17 条第 3 款规定了向第三人传输个人信息的“数据主体同意”原则，要求个人信息控制者向任何第三人提供个人信息时，应当向数据主体通知该条第 2 款所列事项，并征得数据主体的同意。韩国 PIPA 第 39 条第 12 款则规定了对跨境信息的保护：①信息通信服务提供者等人不得签订以用户个人信息为内容且违反本法的国际合同。②数据主体同意原则，即信息和通信服务提供者等向境外提供(包括访问)、外包处理或存储用户的个人信息，应获得用户的同意；并且获取同意前应将跨境信息的细节、接收国家、日期和方法、接收方名称、接收方使用该信息的目的和期限等告知数据主体。③规定了“数据主体同意”原则的例外，即通过公开的隐私政策或电子邮件、书面通知等总统施行令所规定的方式将上述为获取同意所必须告知的信息告知数据主体，则可以不先征得用户同意而外包处理或存储个人信息。④需要实施总统施行令所规定的保障措施。⑤后续传输责任，即所有位于境外的个人数据接收方都需要在继续向第三国传输数据时，继续遵守韩国 PIPA 第 39 条第 12 款的所有规则。韩国 PIPA 施行令第 48 条第 10 款规定的主要是个人数据境外接收方所需实行的安全保障措施。该款要求个人数据传输方事先与接收方签订合同，使接收方承担同等的个人数据保护责任，遵守投诉处理和争端解决机制。

韩国 PIPA 草案旨在建立多元化的个人数据跨境流动机制，通过新增的第 28 条第 8 项规定了个人数据出境的情形：①获得数据主体同意。②相关法律、法规或国际条约、协定另有规定。③为了收集、委托处理、存储个人信息与数据主体订立合同及履行合同时，在个人信息处理政策中已公开或告知数据主体后进行的数据跨境传输。④数据接收方获得了主管机关的认证。⑤接收方所在地区或国家与韩国 PIPA 的个人信息保护程度实际相同或相当，或者传输给符合前述条件的国际机构。

（2）韩国《网络法》

韩国《网络法》第 51 条也对重要信息流向境外作出了限制。韩国《网络法》第 51 条第 2 款规定了重要信息的范围，即重要信息包括有关国家安全保障的安全信息、关键政策的信息和关于国内开发的先进技术或仪器内容的信息。政府可对信息及通信服务提供者采取下列措施：①建立体制和技术装置，防止不当使用信息和通信网络的措施；②防止非法破坏或非法操纵信息的体制和技术措施；③防止信息和通信服务提供商在处理过程中了解到的重要信息泄露的措施。

（3）韩国双边、多边贸易协定

在韩国对外贸易协定框架下，韩国通过一系列双边、多边贸易协定谈判，与其他国家和地区达成了一些数据跨境流动的规定。自 2003 年与智利签署第一个自由贸易协定以来，截至 2021 年 4 月，韩国已经与 57 个国家（地区）签署自贸协定，其中至少 20 个自由贸易协定都有关于数据跨境流动和数据本地化的条款。尤其是在韩欧和韩美自由贸易协定中，韩国表示对其监管制度进行修改，在允许跨境转移金融数据信息的同时，解决诸如保护消费者敏感信息等问题。

（六）俄罗斯

1. 监管思路

俄罗斯是严格限制数据出境的代表性国家。为维护国家安全，保障数据安全，有效应对可能存在的网络安全威胁，俄罗斯通过立法等方式要求数据存储本地化，对跨境数据流动进行了严格的限制。

从整体上看，具有强制性的数据监管模式成为俄罗斯规范数据出境的主导方向。俄罗斯的数据本地化与数据跨境传输的控制措施的目的，是维护数据主权和国家安全。俄罗斯数据安全具有基础性与牵连性的特征，俄罗斯采取的数据流动本地化原则是服务于国家政治与经济利益的。俄罗斯政府通过强化立法来保障数据安全,其立法不管如何调整数据流动的存储模式,都绕不开数据主权这一核心问题。俄罗斯政府通过施加严格的法定义务,实现了对企业的数据存储、处理、跨境传输等环节的全面控制,从而掌握了对数据出境活动监管的主动权。

2. 监管框架

俄罗斯着重强调数据主权"本地化",通过俄罗斯《关于信息、信息技术和信息保护法》、俄罗斯《个人数据法》以及俄罗斯《主权互联网法案》对跨境数据作出了严格的本地化存储规制,对个人信息保护实施严格监管,形成了"内外双严"保护数据主权的法律特征。

(1)俄罗斯《关于信息、信息技术和信息保护法》

俄罗斯《关于信息、信息技术和信息保护法》于2006年由俄罗斯联邦议会通过。该法规定了整个信息立法系统的准则以及对信息安全的立法保护,调整相关主体在开展寻找、获得、传递、生产和传播信息以及使用信息技术和进行信息保护时产生的法律关系。其中,第6条对信息权属问题进行了规定,"信息资源是财产的组成部分和所有权的客体",明确了"信息可为资产,其主体可以是公民、国家机关、地方自治机关或者机构及社会团体"。除此之外,俄罗斯还区分不同的情况对信息权属作了进一步的明确规定:提供资金创建、依法获得、通过赠与或继承接收文件的自然人或法人,是文件的所有者(如果是用联邦预算而依法获得的,所有者也可以是国家及各联邦主体)。同时,该条还规定有关信息资源所有权的法律关系根据俄罗斯联邦民法调整。俄罗斯《关于信息、信息技术和信息保护法》已对信息主体作出明确规定,但尚未对个人数据的法律属性予以说明。目前俄罗斯主流学者基于信息资源是资产的一部分,认为未来关于个人数据法律属性的划定可借鉴信息权属属性;他们主张个人数据具有财产属性,个人数据同其他信息与数据之间并没有本质区别,不能将数据权属单独地界定为独立的人身权,也不能认定其具有类似知识产权的人身权和财产权混合的双重法律属性。

俄罗斯《关于信息、信息技术和信息保护法》第11.4条对数据处理许可及告知制度进行了规定:"非国家机构和私人从事有关个人资料处理和向使用者提供个人资料的活动,应经过必需的特许(申请许可证及申领执照)。"该法规定了信息拥有者、信息系统运营者需要承担的信息保护义务,包括:预防非法获取信息和(或)将其传递给无权获取该信息的人员;及时发现非法获取信息的事实;对违法获取信息可能产生的后果进行警告;不得采取破坏信息处理设备和手段功能的行为;迅速恢复因非法获取而被异化和销毁的信息;经常检查信息保护水平。

(2)俄罗斯《个人数据法》

2006年,俄罗斯《个人数据法》出台。该法对个人数据跨境流动时的安全保障提出了要求:个人数据跨境流动前,需要确认数据流向国会按照俄罗斯标准对数据进行同等程度的保护;俄罗斯联邦有权终止或限制跨境数据流动,以保障公民权利和国家安全。2014 年,俄罗斯对《个人数据法》进行了修订(《第 242 - FZ 修正案》),要求收集和处理俄罗斯公民个人数据的组织必须使用位于俄罗斯境内的数据中心。该修正案并未明确限制个人数据跨境流动,但明确要求数据在首次存储时必须使用俄罗斯境内的服务器。2015 年 9 月 1 日,《第 242 - FZ 修正案》正式生效,该修正案的相关规定使许多跨国企业在俄罗斯建立数据中心,极大地促进了俄罗斯境内数据产业的发展。随后的俄罗斯《反恐法》(Federal Law on Countering Terrorism)修正案进一步明确规定,俄罗斯用户的互联网通信、用户活动等数据需要在俄罗斯境内保存半年,并按要求向俄罗斯有关部门披露。

关于个人数据跨境流动,俄罗斯《个人数据法》根据外国对个人数据的保护程度不同,对个人数据跨境流动规制作出差异性规定。根据俄罗斯《个人数据法》的规定,俄罗斯境内的个人数据能够自由传输到对个人数据提供充分保护的国家。其根据数据保护的程度将目的国分为两类。一类是充分保护个人数据主体权利的国家,包括:①《108 号公约》缔约方;②非《108 号公约》缔约方,但该国关于处理个人数据时保证数据保密性和安全性的现行法律和措施符合该公约的规定。另一类是不充分保护个人数据主体权利的国家。针对未对个人数据提供充分保护的国家,只有存在以下情况时,个人数据才可以跨境传输:①征得数据主体的书面同意;②基于国际条约的规定;③基于维护俄罗斯联邦宪法制度、保障俄罗斯联邦国家安全和运输系统安全的目的;④数据主体为履行合同义务;⑤基于保障数据主体或他人生命、健康和其他切身利益的目的等。

(3)俄罗斯《主权互联网法案》

俄罗斯《主权互联网法案》于 2019 年 11 月 1 日生效,该法突破了传统网络安全立法的框架,重塑了俄罗斯网络治理的法律规范。该法基于美国网络霸权背景而提出,就域名自主、定期演习、平台管控、主动断网以及技术统筹 5 个方面,构建起俄罗斯以保护数据主权为目标的网络安全体系。

在加大数据保护力度的同时,俄罗斯也参与国际合作,在一定范围内允许数据自由流动。俄罗斯作为《108 号公约》的缔约方,也签署了欧洲委员会对《108 号公约》修订后的议定书,承认加入《108 号公约》的国家为个人数据提供了充分的保护。另外,俄罗斯还建立了认定数据得到保护的国家白名单,适当放宽对白名单国家的数据流动限制。

三、国际合作制下的数据出境安全规则

(一)欧盟

1. 监管思路

欧盟以构筑单一数字市场为战略目标,“外严内松”建立数据规制体系。推进数字

单一市场是欧盟一直以来倡导的战略。为此,欧盟在内部积极推动成员国之间的数据自由流动,力促单一数字市场战略的形成,即“内松”政策;但与之相对,欧盟对于境内数据向境外传输有严格的管控,需要达成“充分性协议”,满足充分性认定的国家可获得充分性保护,即“外严”政策。欧盟跨境数据流动规制的主要思路如下。

一是以维护个人基本权利为重点。欧盟一直将个人数据视为个人基本权利。欧盟《基本权利宪章》第8条赋予每个人保护其个人数据的基本权利,强调对个人数据的保护并重申对成员国监管机构的监管。同时,《欧洲人权公约》第8条规定了个人享有私人及家庭生活受尊重的基本权利和自由。基于基本法律的定位及历史原因造成的公民对个人数据的重视,欧盟倾向于对个人数据采用统一立法模式进行严格保护:将公共机构和私人机构都纳入调整范围,保证法律的权威性;对欧盟各成员国及涉及的各部门进行充分协调,从而为个人数据提供更加完善的保护。

二是欧盟以制定一体化数据治理制度框架为手段。欧洲的跨境数据流动规制也更侧重以建构数据权利体系的方式影响其他国家的制度改革。从《108号公约》到欧盟《数据保护指令》,再到欧盟GDPR,欧盟一直致力于制定并强化一体化的数据治理制度框架,试图在欧盟构建统一标准的跨境数据流动规制模式,提升数字经济效率。

三是以扩大国际话语权为趋势。就数字经济领域而言,欧盟在《数字经济战略》中明确指出,欧盟有强烈的兴趣在数据方面领导和支持国际合作,制定全球标准。无论是欧盟《数据保护指令》还是欧盟GDPR,都要求欧盟公民的个人数据流出至欧盟境外时必须获得“充分性”保护。换言之,只有一国的国内数据保护制度得到欧盟认可,欧盟公民的个人数据才被允许流入该国。

2. 监管框架

欧盟跨境数据流动规制主要经过了从1981年《108号公约》到1995年欧盟《数据保护指令》,再到2016年欧盟GDPR三个发展阶段。从“公约”到“指令”,再到“条例”,可以看出,欧盟区域内的协同性和规制的执行力都在不断加强,法律制度从原则到具体,法律效力从弱到强,监管机制从虚到实,欧盟基本权利语境下的个人数据隐私保护达到前所未有的高度。

依据欧盟GDPR,欧盟涉及数据出境监管的组织架构分为3个层次,即基层单位、成员国以及欧盟层面。在基层单位层面,欧盟要求公共机构和雇员超过250人的企业设立1名数据保护官(Data Protection Officer,DPO),数据保护官直接向单位管理者汇报。在成员国层面,欧盟要求各国:成立独立的监管机构,行使数据保护监管权力,对不遵守法律的企业实施严厉的惩罚措施;完成年度工作报告,并提交给所在国的议会以及公众、欧盟委员会和EDPB。在欧盟层面,要求设立数据保护监督局(European Data Protection Supervisor,EDPs),其主要职责是加强对欧盟各机构处理个人数据的指导和监督。同时,成立EDPB,其成员由各国独立监管机构的负责人和欧盟数据保护监管专员组成。其主要任务是向欧盟委员会提出个人数据保护的建议,促进和检查新的数据保护规则的执行,以及促进与全球范围内数据保护立法和实践的交流。EDPB 秘书处设在欧盟数据保护监管专员办公室。欧盟对于数据出境活动的监管措施主要表现在以下规则中。

(1)《通用数据保护条例》

欧盟 GDPR 的核心内容包括以下七项。

第一,在欧盟范围内施行单套规则。欧盟 GDPR 提供了直接适用于欧盟所有成员国的单套规则,以确保在企业层面具有确定性;对公民个人而言,可以确保欧盟范围内具备统一的数据保护水平。不过,这需要欧盟成员国政府作出相应的调整,包括对本国现行法律进行修订。

第二,域外管辖效力。欧盟 GDPR 第 3 条"地域范围"规定了 3 种可能的情形:一是适用于设立在欧盟境内的控制者或处理者对个人数据的处理,无论其处理行为是否发生在欧盟境内。二是适用于对欧盟境内的数据主体的个人数据处理,即使控制者和处理者没有设立在欧盟境内,但其处理行为只要满足以下两个条件之一即可适用。①发生在向欧盟境内的数据主体提供商品或服务的过程中,无论此项商品或服务是否需要数据主体支付对价;②在欧盟境内发生监控数据主体的行为。三是适用于在欧盟境内没有设立机构,但依据国际公法应当适用欧盟成员国法律的数据控制者的个人数据处理。在实践中,这意味着任何向欧盟居民提供商品或服务的企业都将受制于欧盟 GDPR,不管该企业是否位于欧盟境内,是否使用该境内设备。

第三,赋予公民新的、更大的权利,包括强化数据主体的访问权、被遗忘权等;同时赋予公民数据可携带权,即将个人数据从一家公司转移至另一家公司。

第四,针对数据泄露提供更强有力的保护,如企业遭遇数据泄露,必须在 72 小时内向数据保护机构报告。

第五,"长牙齿"且具有威慑性的惩罚规则。所有的数据保护机构均有实施惩罚的权力,罚款金额上限达 2000 万欧元或企业全球年营业额的 4%。

第六,在数据出境方面,欧盟 GDPR 对个人数据跨境传输的保障机制主要包括"充分性数据保护"原则、具有约束力的公司规则和 SCC 三项。具体而言,欧盟 GDPR 第 45 条第 3 款授予欧盟委员会确定非欧盟国家是否具备"充分性数据保护水平"的权力,即判定其对个人数据保护水平是否等同于欧盟内部的保护水平。获得充分性认定,将使个人数据可以从欧盟(以及挪威、列支敦士登和冰岛)流向第三国,而无须任何进一步的保护措施。在未达到"充分性"保护标准的情况下,如果数据控制者或处理者可以提供适当保障,且数据主体享有可强制执行的数据主体权利和有效法律救济,则其可以向第三国或者国际组织传输个人数据。此外,欧盟 GDPR 也规定了数据出境的例外情形,如获得数据主体的明示同意;履行与数据主体间的合同需要;为数据主体的利益而与其他主体缔结或履行合同的需要；行使或抗辩法律主张；跨境传输公共注册登记机构的部分数据以及保护数据主体或他人重大利益、公众利益的需要。具有约束力的公司规则适用于集团内部之间的个人数据传输，须经监管机构批准。签订欧盟委员会制定的个人数据跨境传输 SCC 是当前企业广为采用的传输保障机制。一般而言，欧盟现行有效的 SCC 共有 3 套，包括 2004 年 12 月发布的适用于"数据控制者到数据控制者"的文本，2010 年 2 月发布的适用于"数据控制者到数据处理者"的文本，2021 年 6 月发布的适用于"数据控制者到数据控制者"的文本；数据输出方与接收方可根据情况自由选择其中一套文本予以适用。签订的标准合同内容应当包含定义、数据转移详情、第三方受益人条款、数据输出方义务、数据接收方义务、责任承担问题、管辖与调解问题、与监管机构合作条款、条款的终止事由、标准合同适用的法律、合同变更等内容。此外，SCC 有 3 个附件：表明数据传输的目的、范围以及所适用的数据保护原则。其中，所谓的第三方受益人是指数据主体不是数据转移合同的一方，但是享有合同第三方的权利，即数据主体可以直接针对数据转移双方主张合同权利，并就此提起诉讼或申请仲裁。

第七，在条例的监督和执法方面，欧盟 GDPR 引入"一站式服务机制"（one-stop shop mechanism）。"一站式服务机制"旨在确保数据保护机构在跨境数据处理方面有效合作，针对的是在欧盟多个国家处理数据的企业，这些企业主要接受企业的欧盟总部所在地的数据保护机构（拥有决定权的领导机构）的监管。但企业总部所在地欧盟成员国的数据保护机构不应拥有专属职权，拥有决定权的监管机构应与其他成员国的数据保护机构紧密合作、互相支持。

（2）《非个人数据在欧盟境内自由流动框架条例》

欧盟 GDPR 生效实施后，2018 年 10 月 4 日，欧洲议会投票通过了《非个人数据在欧盟境内自由流动框架条例》。该条例旨在促进欧盟境内非个人数据自由流动，消除欧盟成员国数据本地化的限制。该条例的主要内容如下：①明确指出"非个人数据"的内涵，即与已识别或可识别的人无关的任何数据，如匿名数据和设备到设备的数据。②确保非个人数据的跨境自由流动。该条例为整个欧盟的数据存储和处理设置了框架，禁止数据本地化限制。在处理公共部门数据的特定情况下，成员国必须向欧盟委员会通报已有的或计划中的数据本地化限制措施。该要求对欧盟 GDPR 的适用没有影响，因为它不包括个人数据。在混合数据集的情况下，保证个人数据自由流动的欧盟 GDPR 规定适用于该数据集中的个人数据，非个人数据自由流动的规则适用于其中的非个人数据。③确保数据在欧盟境内可因监管目的而被跨境使用。成员国政府机构为了监管需要能够访问在欧盟境内任何地方存储和处理的数据，对于不向成员国相关机构提供相关数据（该数据可能在另一个成员国进行存储或处理）访问权限的用户，该成员国可以对其进行制裁，也可以要求数据所在国的监管机构给予协助调取数据，除非违反数据所在国的公共秩序。④鼓励制定云服务行为准则。由于数据在不同服务商之间转移涉及复杂的经济和竞争利益,欧盟委员会对此没有采取直接立法作出详细要求,而是鼓励在欧盟层面建立数据服务提供商“自我规制的行为准则”,以便用户变更数据存储和数据处理服务提供商时更加容易,但又不对提供商造成过大的负担或扭曲市场。

(二)东盟

1. 监管思路

从主体定位来看,东盟(Association of Southeast Asian Nations,ASEAN)作为区域性国际组织,是东盟各成员国与国际多边机制之间重要的政策协调渠道。东盟强化数据治理既要兼顾各成员国参差不齐的数字经济发展水平,又要对接不同国际机制的数据治理框架。从整体上看,东盟数据治理的政策基调主要包括两个方面:一是注重加强域内的个人数据保护;二是强调在安全的前提下促进数据跨境自由流动。在数据出境的规制方面,东盟十分重视对接欧盟的数据监管规则,以期协调域内域外的数据流动规则,从而为东盟企业降低更多贸易壁垒和合规成本。此外,东盟在《区域全面经济伙伴关系协定》(Regional Comprehensive Economic Partnership,RCEP)中提出了数据治理规则和理念,增强了其在区域贸易协定层面的数据治理实践。

2. 监管框架

东盟关于数据出境的规制规则主要体现如下。

(1)《区域全面经济伙伴关系协定》

2020 年 11 月 15 日,在东盟第四次区域全面经济伙伴关系协定领导人会议结束后,东盟 10 国和中国、日本、韩国、澳大利亚、新西兰等共 15 个亚太国家正式签署于 2012 年发起的 RCEP,这标志着当前世界上人口最多、经贸规模最大、最具发展潜力的自由贸易区正式启航。2023 年 6 月 2 日,RCEP 进入全面实施的新阶段。4 月 3 日,菲律宾向东盟秘书长正式交存 RCEP 核准书。根据 RCEP 的规定,该协定将自核准书交存之日起 60 天后,即 6 月 2 日对菲律宾生效。这标志着 RCEP 将对 15 个成员国全面生效,全球最大的自由贸易区将进入全面实施的新阶段。①

RCEP 第八章附件一包括了对金融服务信息传输的相关要求。从第 9 条第 1 款可以看出,RCEP 对金融信息传输规制具有一定的任意性,尊重各缔约方对信息传输和处理的相关规定;但考虑到此类信息对国家安全、个人信息保护等目标的重要性,RCEP 设计了较宽泛的限制条款。同时,为保障数字金融服务贸易的正常进行,RCEP 也要求缔约方不能阻止金融服务提供者进行其金融服务活动必需的相关信息传输;这种数据的流动不限于电子形式,为金融信息的跨境传输提供了兜底保障。除此之外,各缔约方可以根据实际情况自由地进行数据管理活动,包括要求遵守数据本地备份、数据存储、

---

① 参见江聃:《RCEP 对 15 个成员国全面生效!有何影响?》,载微信公众号“证券时报”2023 年 6 月 2 日,https://mp. weixin. qq. com/s/WMxcQgRbWvSEno0hqdRnHw。

相关系统保障和数据隐私权利保护的制度。该章附件二第 4 条第 3 款也规定,缔约方的服务提供者可以使用公共电信网络和服务在其领土内或跨境传输信息,推动成员国区域内的数据跨境自由流动。虽然 RCEP 对电信信息、金融信息的跨境流动持开放态度,对于电信信息,缔约方可基于“保证信息的安全性和机密性”以及“保护公共电信网络或服务终端用户的个人信息”的理由采取必要措施,限制电信信息的传输。

RCEP 在第十二章“电子商务”中规定了跨境传输数据的规则,并限制缔约方政府对数字贸易施加各种限制,包括数据本地化(存储)要求等。RCEP 还对贸易相关文件材料数字化、使用电子签名、电子认证、垃圾邮件等领域进行了规范,以确保在促进跨境贸易的同时,保护区域内消费者的个人信息安全。

RCEP 第十二章“电子商务”开篇即陈述了电子商务的重要性,并将“促进缔约方之间的电子商务,以及全球范围内电子商务的更广泛使用”作为该章的首要目标。在此原则和目标下,该章第 15 条第 1 款首先认可了各缔约方对于通过电子方式传输信息可能有各自的监管要求;第 2 款则规定“一缔约方不得阻止涵盖的人为进行商业行为而通过电子方式跨境传输信息”。上述条款并未明确“数据”的类型,因而其中的“信息”既可能包括个人信息也可能包括非个人信息。此外,此处规制的数据跨境流动仅包括以“商业行为”为目的的数据跨境流动,政府或司法机关主导的数据跨境流动(如跨境取证)不受此条款限制。以上两款表明,缔约方不得对数据的跨境传输进行限制,应当遵循自由流动原则。这也是 RCEP 对缔约方设定的核心义务。

RCEP 中的数据跨境流动规则在倡导数据跨境自由流动的同时,设置了“公共政策目标”与“基本安全利益”的例外条款。RCEP 采用了开放性制度设计,充分尊重缔约方国内的法律和政策,以保证不同发展水平的缔约方能就此议题达成一致。其中,最典型的条款之一就是数据跨境流动的例外条款。RCEP 数据跨境流动条款在原则上禁止对数据跨境流动进行限制的同时,通过设置例外条款,给予缔约方一定的政策空间。如 RCEP 第十二章“电子商务”第 15 条第 3 款规定缔约方可以采取或维持:“(一)任何与第二款不符但该缔约方认为是其实现合法的公共政策目标所必要的措施,只要该措施不以构成任意或不合理的歧视或变相的贸易限制的方式适用;或者(二)该缔约方认为对保护其基本安全利益所必需的任何措施。其他缔约方不得对此类措施提出异议。”这两项例外赋予了缔约方更大的自裁权。这意味着,缔约方可以援引公共政策目标例外和基本安全利益例外来对数据跨境流动进行规制,豁免 RCEP 对数据跨境自由流动的要求。

(2)《东盟数据管理框架》

2018 年,东盟发布了《数据管理框架》(ASEAN Data Management Framework, ASEAN DMF),规定战略重点、原则和倡议以指导东盟成员国在数字经济中对数字数据(包括个人和非个人数据)治理的政策和监管方法。该框架确定了四大战略重点:

①数据生命周期系统;②跨境数据流动;③数字化和新兴技术;④法律、法规和政策。该框架还提出了四大重要倡议,包括:①《东盟数据分类框架》(已调整为下文2021年发布的ASEAN DMF);②东盟数据跨境流动机制(ASEAN cross-border data Flows Mechanism);③东盟数字创新论坛(ASEAN digital innovation forum);④东盟数据保护和隐私论坛(ASEAN data protection and privacy forum)。2018年,东盟还批准了《东盟数字一体化框架》(ASEAN Digital Integration Framework,DIF),成为东盟数字经济领域的综合指导性文件。

2019年,为全面落实《东盟数字一体化框架》,东盟又制定了《〈东盟数字一体化框架〉行动计划2019—2025》。该行动计划中提到"实现无缝的数字支付",对东盟内跨境零售支付进行规划。同年11月,东盟通过《东盟跨境数据流动机制的关键方法》,建议东盟重点发展其中的两个机制,即"东盟示范合同条款"和"东盟跨境数据流动认证"。

2021年1月22日,第一届东盟数字部长会议批准发布ASEAN DMF及《东盟跨境数据流动示范合同条款》(ASEAN Model Contractual Clauses for Cross Border Data Flows,ASEAN MCCs)。这两份文件是落实区域数字经济和数字贸易发展中东盟内个人数据流动规则的具体举措,以期促进东盟地区数据相关的商业业务运营,减少谈判和合规成本,同时确保数据出境过程中的个人数据保护。

ASEAN DMF为东盟范围内的企业提供了指南,说明了建立数据管理系统的每个步骤,包括建议的数据治理架构、防护措施及适当的风险管理规则。其整个过程可以分为6个重点环节:①治理和监督。为整个组织的员工提供实施和执行ASEAN DMF的指导,并监督该职能,以确认其按设计运作。②政策和程序文件。在整个数据生命周期中,根据ASEAN DMF制定数据管理政策和程序,以确保组织内有明确的授权。③数据清单。对使用、收集的数据进行识别和归类,以便了解数据的分类和收集目的。④影响/风险评估。如果保密性、完整性或可用性参数受到损害,评估使用不同影响类型的影响。⑤控制。根据分配的类别和数据生命周期,设计并实施系统内的保护控制。⑥监控/持续改进。监测、测量、分析和评估已实施的ASEAN DMF要素,使其保持最新和优化。

ASEAN MCCs是自愿条款,是旨在提供合同条款和细则的模板,企业可以采纳或修改这些条文,就跨境传输个人数据拟订自己的法律协议。一般而言,ASEAN MCCs根据合同双方的关系为数据传输提供了两类模板,即控制者到处理者和控制者到控制者两类模板。企业应根据实际情况选择适当的合同模板。合同必须包含ASEAN MCCs模板中关于数据保护条款的全部内容,标有"可选条款"的除外。如遇标有"选择相关条款"的,合同双方应当根据所在成员国的国内法,选择最适合的条款加以使用。ASEAN MCCs涉及数据传输的关键问题和责任义务,各方可以利用ASEAN MCCs条款达成具有约束力的个人数据跨境传输合同。遵守ASEAN MCCs及其项下的基本义务可以确保数据传输行为符合东盟各成员国的法律要求，使数据主体及其数据受到2016年《东盟个人数据保护框架》的充分保护，在数字生态系统中增进东盟成员国的相互信任。ASEAN MCCs 项下的企业义务主要有三个方面：①合法收集、使用和披露数据，在没有此类法律的情况下，通过合理可行的方式告知数据主体使用的目的并取得同意；②符合数据保护的基本要求，即《东盟个人数据保护框架》中关于数据采集、通知原则、使用目的、准确性、安全保障、访问和更正、传输、问责机制等的相关要求；③数据泄露通知，如出现数据丢失，非授权访问，非法复制、修改、披露、销毁等情形，数据接收方应及时通知有关部门和合同相对方。ASEAN MCCs 鼓励数据输出方对接收方和第三方进行尽职调查，以确保交易相对方履行 ASEAN MCCs 项下的合同义务。

（三）《数字经济伙伴关系协定》

1. 监管思路

《数字经济伙伴关系协定》（Digital Economy Partnership Agreement，DEPA）由新加坡、智利、新西兰三国于2020年6月12日线上签署，是旨在加强三国间数字贸易合作并建立相关规范的数字贸易协定。2021年11月1日，中国向 DEPA 保存方新西兰正式提出加入 DEPA 的申请。下一步，中国将按照 DEPA 有关程序，和各缔约方开展后续工作。这是我国不断向加强全球数字经济领域合作、促进创新和可持续发展方向努力的体现，也是我国深化改革和扩大高水平对外开放的重要一步。

在制度理念层面，DEPA 对数字贸易治理的框架设计更强调合作性与包容性。DEPA 将数字议题模块化处理，缔约方之间可以对全部或部分模块加以灵活选择。通过对 DEPA 条款的“拼接式”适用，成员国可以就数字贸易与安全治理的具体领域进行针对性谈判，这有利于夯实缔约方数字贸易共识，促进双边及多边贸易往来意愿，真正落实数字贸易治理相关制度。在数据出境方面，DEPA 并不直接限制数据出境，而是通过专章专款提供个人信息保护合作机制与网络安全合作理念的实现方式，在条款设置上对数据跨境流动进行软性规制，在保护数据自由跨境流动的同时，使 DEPA 在实际执行中发挥对个人信息隐私与缔约方网络安全的积极保护作用。

2. 监管框架

DEPA 包括16个模块：初步规定和一般定义、商业和贸易便利化、数字产品及相关问题的处理、数据问题（Data Issues）、广泛的信任环境、商业和消费者信任、数字身份、新兴趋势和技术、创新与数字经济、中小企业合作、数字包容、联合委员会和联络点、透明度、争端解决、例外和最后条款。其中，涉及数据出境的规则主要体现在模块4，即数据问题，其中涉及个人信息保护（personal information protection）、通过电子手段进行的跨境数据流动（cross-border transfer of information by electronic means）、计算机设施的位置（location of computing facilities）等。DEPA 允许在新加坡、智利和新西兰开展业务的企业跨边界更无缝地传输信息，并确保它们符合必要的法规；成员坚持它们现有的 CPTPP

承诺,允许数据跨边界自由流动。

数据问题模块第 4.2 条对缔约方的个人信息保护作出了规定。一是各缔约方在构建个人信息保护法律框架时,都应当考虑相关的国际原则和指引。二是缔约方应认识到各缔约方可能采取不同的法律方法来保护个人信息,各方应寻求制定机制,以促进这些不同的个人信息保护制度之间的兼容性。这些机制可包括:(1)承认监管结果,不论是一国自主的监管规定产生的结果还是通过国家之间相互确认的监管安排产生的结果;(2)从更广泛的国际框架上考虑;(3)在可行的情况下,适当承认各国法律框架、国家信任标志或认证框架提供的类似保护;(4)承认各方之间转移个人信息的其他途径。三是缔约方应就制定的机制如何在各自管辖范围内适用互相交流,并探讨如何拓展这些机制或者采取其他可行机制,以促进不同机制之间的兼容性和互操作性。缔约方鼓励企业采取数据保护信任标志,以帮助验证企业是否符合个人数据保护标准和最佳实践,并且就数据保护信任标志的使用交流并分享经验,努力互相承认其他缔约方的数据保护信任标志,以在保护个人信息的同时,促进跨境信息传输。

此外,DEPA 在模块 13 对一些特殊领域的例外情形进行了平衡,其中特别值得注意的是审慎义务的例外以及货币和汇率政策的例外。一是第 13.4.1 条规定了审慎义务的例外:本条约的规定不得阻止缔约方出于审慎原因而采取措施,包括为保护投资者、存款人、保单持有人、金融机构或金融服务提供商负有信托义务的个人而采取的措施,或者为保证金融系统的完整和稳定而采取的措施;但如果这些措施与本协定不符,那么这些措施不得作为缔约方违反本条约下的承诺和义务的理由。二是第 13.4.4 条进一步明确,本协议中的任何内容均不得解释为阻止缔约方采取或执行必要措施以确保遵守与本协议不相抵触的法律或法规,包括防止欺骗和欺诈行为或交易,处理与金融服务合同违约的效力相关的措施。但是此类措施不得构成缔约方之间或者缔约方与非缔约方间任意或不合理的歧视,或者变相限制本协议涵盖的金融机构投资或金融服务跨境贸易。

就数据出境而言,DEPA 对数据出境的限制性规定主要体现在两个方面:一方面,DEPA 第 4.3 条与第 4.4 条要求各国“应当”(shall)促进数据自由流动,同时也“可以”(may)基于合法公共政策目标采取监管措施或要求数据本地化存储。缔约方出于合法公共政策目标采取的限制性措施不得构成任意或不合理歧视,不得对数字贸易进行变相限制,不得采取超过实现目标所需限度的措施,即需要符合非歧视原则、非变相限制原则与比例原则。另一方面,DEPA 第 15.2 条规定,缔约方能够基于自身的“基本安全利益”对数据跨境流动采取必要的限制性措施。结合 DEPA 全文来看,基于自身基本安全利益的限制性措施应当包括但不限于数据跨境流动监管措施与数据本地化存储要求。但在合法公共政策目标方面,DEPA 对合法公共政策目标并没有进行详细定义,仅通过 3 条原则性要求进行模糊化限缩性规定,实际上是将合法公共政策目标的解释权留给了各缔约方。同时,DEPA 对缔约方自身基本安全利益的规定过分简单,并未在第15.2 条中进行任何限缩性规定。

在数据本地化方面,DEPA 第 4.4 条的规定也以原则、例外的方式展开,具体体现为:一是原则上,缔约方承认各方在使用计算机设备方面可能有各自的管理要求,包括保障通信安全和保密的相关要求;但是各缔约方不得要求涵盖的主体必须使用其领域内的计算机设备作为其在该领域开展商业活动的前提,即禁止缔约方对商业活动要求必须本地化存储。二是原则上不得妨碍缔约方为合法公共政策目标所采取的措施,条件是一方面该措施不得以任意或者不公正的歧视方式进行,并且不可以变相地限制贸易,另一方面该措施应满足合理比例性原则,即不得为了相应目的而超出必要的限度。

(四)世界贸易组织

1. 监管思路

WTO 是全球多边贸易机制的典型代表,主要通过减免数字产品税、推动跨境数据自由流动来促进全球范围内信息技术产品的自由贸易。近年来,为解决政策制度性危机,WTO 积极改革,推动国际经贸框架下的跨境数据流动,致力于确保跨境数据的流动体现数字贸易的公平性,构建数字贸易信任体系。

2. 监管框架

WTO 关于数据出境安全的监管规则主要体现在《服务贸易总协定》(The General Agreement on Trade in Services, GATS)、《信息技术产品协议》(Information Technology Agreement, ITA)以及《关于电子商务的联合声明》。

(1)《服务贸易总协定》

1995 年生效的 GATS 强调了市场准入义务和国民待遇义务。GATS 界定了 4 种国际服务贸易方式,包括跨境交付、境外消费、商业存在和自然人流动。对数据的处理,尤其是基于数据流动的处理,通常发生在与收集数据的国家(地区)不同的国家(地区);因此,“跨境交付”的方式多被使用。具体而言:一方面,GATS 承认保护隐私的重要性;另一方面,GATS 保障的核心内容是成员在数据和隐私保护方面可以施加措施,以便达到保护机密性和安全性的目的,而并不保证所有成员都在数据和隐私保护方面作出统一和相同标准的承诺。其附加协议《关于电信服务的附件》(Annex on Telecommunications)还规定,即使 WTO 成员没有开放本地的电信市场,也要确保本地的公用电信网络符合非歧视原则。根据 GATS 的规定,WTO 成立了服务贸易理事会,负责该协定的执行。

GATS 并不区分服务递送技术手段,而且 GATS 在高度关注服务贸易规则的同时也具有相对灵活性。不过,虽然 GATS 对 WTO 成员有约束力,但其因部分条款相互矛盾,而在法律效力上有一定程度上的削弱。例如,GATS 第 2 条规定了成员的最惠国待遇,但第 7 条却允许成员对来自不同国家或地区的服务提供商实行差别对待。此外,大多数 WTO 成员仅是根据 GATS 作出承诺,但却并未付诸实际行动,故执行效果不太令人满意。

(2)《信息技术产品协议》

目前,82 个 WTO 成员已签署于 1997 年 4 月生效的 ITA。ITA 作为《关税与贸易总协定》(General Agreement on Tariffs and Trade,GATT)的补充与调整协定,初衷在于"实现信息技术产品世界贸易的最大自由度""鼓励信息技术行业在全球范围内的持续技术发展""提高信息技术产品在市场上的准入机会"。ITA 尝试取消一系列计算机、软件和电子通信产品关税,促进世界范围内信息技术产品的贸易自由化,为跨境数据流动提供了更好的技术保障。

(3)《关于电子商务的联合声明》

2019 年 1 月,包括中国、美国、欧盟、日本、新加坡、澳大利亚、巴西、俄罗斯等在内的 76 个 WTO 成员共同签署《关于电子商务的联合声明》,确认将在 WTO 现有协定框架的基础上,开展电子商务多边谈判。同年 7 月,中国、美国、欧盟、加拿大、日本、新加坡、巴西、韩国等国家和地区提出 18 份概念文件或条文提案。美国、日本等历来主张数据跨境自由流动的国家向 WTO 多次提交了推动电子商务谈判的提案,提出了禁止限制数据跨境流动的主张;欧盟也首次在"人权优先"的基础上明确提出了跨境数据流动条款。其中,发达成员主张数据跨境自由流动,对电子传输永久免征关税,并禁止数据本地化;发展中成员主张建立以货物流动为主的跨境电子商务规则;而最不发达成员由于自身电信与互联网等基础设施较差,反对将数字贸易及跨境电子商务议题纳入多边贸易框架下讨论。截至 2020 年 3 月,WTO 已有 82 个成员陆续加入电子商务诸边谈判,收到有关电子商务谈判的提案近 50 份。2022 年 6 月 17 日,世贸组织第 12 届部长级会议通过了《电子商务工作计划》,其内容包括:"我们应加强关于电子传输暂免关税的讨论,并指示总理事会根据世界贸易组织(WTO)相关机构可能提交的报告进行定期审议,包括关于电子传输暂免关税的范围、定义和影响。我们同意在第 13 届部长级会议前维持不对电子传输征收关税的现行做法,第 13 届部长级会议通常应在 2023 年 12 月 31 日前召开。如第 13 届部长级会议推迟至 2024 年 3 月 31 日以后,除非部长们或总理事会作出延长决定,否则电子传输暂免关税将在该日期失效。"①

(五)亚太经济合作组织

1. 监管思路

APEC 重视构建与数字经济发展相匹配的数据隐私保护框架和数字技术信任体系,消除数据跨境流动壁垒。2013 年,APEC 通过了 CBPR 体系,旨在规范成员企业的个人数据跨境活动,促进个人数据自由流动,强化隐私保障。CBPR 体系强调企业自律,要求企业确保在转移个人信息的过程中符合 CBPR 的要求。

---

① 参见企业之家:《世贸组织第 12 届部长级会议成果文件》,载微信公众号"中国国际商会"2022 年 6 月 27 日,https://mp.weixin.qq.com/s/sy4gAeoZ77_Bfo8LsGv5Pw。

2. 监管框架

APEC 对数据出境安全的监管规则主要体现为 APEC《隐私框架》、TPP 以及 CPTPP。

(1) APEC《隐私框架》

21 世纪初以来,APEC 较早地意识到建立统一的跨境传输规则对推动贸易投资一体化具有重要意义,也认识到确保电子商务发展的关键,在于整合并促成有效率的个人信息隐私保护,以增进消费者的信赖。2005 年,APEC 各成员签署了 APEC《隐私框架》。APEC《隐私框架》建立了完整的执行机制,进一步明确了保护数据隐私的意义,为亚太地区的个人信息隐私保护提供了指导性原则和标准。

2007 年 9 月,为进一步落实 APEC《隐私框架》,APEC 第 19 届部长级会议签署了 APEC《数据隐私探路者倡议》,首次提出建立 CBPR 体系,以落实数据隐私保护,增强消费者信心和促进跨境数据的交流。2012 年,CBPR 体系正式运行,使各参与经济体之间在尊重隐私的基础上实现数据跨境流动。

CBPR 体系包含隐私权执法机构、问责代理机构和企业三方,通过设立以"保护个人隐私、获得消费者信任"为宗旨的"问责代理机构",在确保企业符合 APEC 隐私保护标准的同时,提升消费者对电子信息平台的信任。CBPR 体系的运行规则是,批准加入的成员政府会指定一个或多个法人担任"问责代理机构",由 CBPR 认可的问责代理机构认证成员内其他企业或组织,使这些"认证企业"最终成为 CBPR 的真正参与者。认证企业之间个人信息的跨境传输应不受阻碍,即认证企业无须额外证明跨境信息传输符合他国或地区的个人信息保护法,且后者也不得以保护个人信息为由阻碍信息的跨境流动。

截至 2021 年 3 月,共有 9 个国家和地区加入 CBPR 体系,包括美国、墨西哥、日本、加拿大、新加坡、韩国、澳大利亚、菲律宾和我国台湾地区。已经加入的成员中只有总部位于日本、韩国、新加坡和美国的公司通过了 CBPR 认证,所以这四个国家的企业才是目前该体系的直接参与者。APEC《隐私框架》是自愿性框架协议,只有自愿加入 CBPR 且通过 CPEA 认证,达到 APEC 要求的企业,才能从法律意义上保护消费者隐私。

(2)《跨太平洋伙伴关系协定》

由 APEC 成员中的新西兰、新加坡、智利和文莱 4 国发起的《跨太平洋伙伴关系协定》(Trans-Pacific Partnership Agreement, TPP)倡导数据出境。就数据出境而言,TPP 成为第一个在"电子商务"一章中纳入具有约束力的条款用来规制数据跨境流动并限制数据本地化存储的自由贸易协定。TPP 对跨境数据流动的规制主要体现在如下三方面:①强制要求各方允许数据跨境流动。TPP 第 14.11.2 条规定,当通过电子方式跨境传输信息是为"涵盖的人"开展业务时,缔约各方应允许此信息跨境传输,包括个人信息的传输。并且,TPP 对"涵盖的人"这一术语进行了界定,除不包括所有类型的金融机构或金融服务的跨境供应商外，包括了缔约方的服务供应商、涵盖的投资及缔约方的投资者。②禁止数据本地化。TPP 第 14.13.2 条禁止任何一方将要求“涵盖的人”使用该成员境内的计算设备或将计算设备设置于该成员境内作为允许其在该成员境内从事经营的条件。因此，除非出现 TPP 第 14.13.3 条规定的例外情形，TPP 各缔约方不得要求其他缔约方的服务供应商在当地存储数据。③例外情形，TPP 第 14.11.3 条和第 14.13.3条分别规定了信息跨境传输和计算设备本地化的法定例外情形。上述两条规定均允许各缔约方为实现公共政策目标二“采取或维持”与该协定第 14.11.2 条和第 14.13.2条不一致的措施。同时，TPP 还进一步规定了该措施不得以构成任意或不合理歧视的方式实施，或对国际贸易构成变相限制，以及不得对信息传输（或计算设备的使用和设置）施加超出实现合法公共政策目标所必需的限制。

(3)《全面与进步跨太平洋伙伴关系协定》

在美国退出 TPP 后，《全面与进步跨太平洋伙伴关系协定》(Comprehensive and Progressive Agreement for Trans-Pacific Partnership, CPTPP)是2018 年由日本、加拿大、澳大利亚、智利、新西兰、新加坡、文莱、马来西亚、越南、墨西哥和秘鲁 11 国所签署的多边自由贸易协定，其前身是 TPP。CPTPP 基本上保留了 TPP 95% 的条款，共有 30 章，其中覆盖了大量涉及成员内部的经济管理体制、管理规则，尤其是劳工标准、环境保护、政府采购、知识产权保护、竞争政策、贸易救济、数字经济、国有企业规制以及产业补贴等问题。就数据出境而言，CPTPP 强调信息和数据的跨境自由流动、保证互联网自由开放等，并纳入确保数据流通透明性和公平性的原则。

CPTPP 中数据出境的相关规定主要体现在第十四章“电子商务”中。根据 CPTPP 第 14.11 条第 2 款的规定，其数据出境规则的调整对象是包括个人信息在内的各种电子信息。从 CPTPP 第 14.11 条第 1 款可以看出，加入 CPTPP 的缔约方针对数据出境可以设定各自的监管要求，此款更多的为权利性规定，而非义务性规定。该条第 2 款为强制性义务规定，要求缔约方允许出于业务开展目的的电子信息跨境传输。CPTPP 第 14.11 条第 3 款为第 2 款的例外情形，规定缔约方如为实现合法公共政策目标采取或维持与第 2 款不一致的措施，只要该措施符合三个条件即可，即“为实现合法公共政策目标”、“不以构成任意或不合理歧视或对贸易构成变相限制的方式适用”以及“不对信息传输施加超出实现目标所需限度的限制”。

CPTPP 要求对缔约方的数字产品提供非歧视待遇，同时还对电子交易框架、电子认证和电子签名、电子商务网络的接入和使用原则、无纸贸易、线上消费者保护、互联网互通费用承担、非应邀商业电子信息、源代码、网络安全事项合作和争端解决进行了详细规定。由此可见，该协定意在通过减少阻碍数据出境的因素来促进缔约方之间的电子商务和数字贸易发展。

（六）经济合作与发展组织

1. 监管思路

由38个市场经济国家组成的政府间国际经济组织——经济合作与发展组织（Organization for Economic Co-operation and Development，OECD）是最早提出数据出境这一概念的组织。一方面，其指出要对数据出境中的数据进行保护，维护数据安全，确立保护个人数据安全和隐私保护的基本原则；另一方面，其鼓励数据出境，明确数据国际跨境自由流动并设置一定的法律限制原则，表露出其倡导构建能够推动数据跨境流动的数据隐私保护框架。

2. 监管框架

OECD关于数据出境安全的规则主要体现在《隐私保护和个人数据跨境流动指南》与2013年《OECD隐私框架》之中。

（1）《隐私保护和个人数据跨境流动指南》

OECD于1980年确立了全球范围内规定跨境数据流动执行原则的首部立法——《隐私保护和个人数据跨境流动指南》。其指出，成员国应避免以保护个人隐私和自由的名义，限制跨境数据自由流动。同时强调，各成员国应当确保个人数据在跨境流动中安全的可持续性。由此，各成员国有了开展数据互换与执行合作的基本框架。

《隐私保护和个人数据跨境流动指南》提出了各成员国国内适用的基本原则：限制收集原则、资料品质原则、目的明确原则、限制利用原则、安全保护原则、公开原则、个人参与原则、责任原则等。同时，《隐私保护和个人数据跨境流动指南》提出了自由流通和法律限制两条国际适用的基本原则：一是成员国应当考虑个人数据的国内处理和再输出对其他成员国的影响；二是成员国应该采取一切合理、适当的措施保证个人数据跨境流通（包括经过一个成员国的传输）的安全和不被打断；三是任一成员国应制止对本国和另一个成员国之间的个人数据跨境流通进行限制，除非后者未实质地遵守本指南或者出口这样的数据会规避其本国的隐私权法；四是成员国应避免以保护隐私和个人自由为名，制定可能阻碍个人数据跨境流通，超出必要保护限度的法律、政策和惯例。

针对国际合作，OECD在《隐私保护和个人数据跨境流动指南》中提到，成员国应其他成员国的要求，应告知关于本国执行本指南的详细情况。成员国应保证个人资料跨国流通、隐私保护和个人自由的程序是简单的，且该程序与遵守本指南的其他成员国的程序是协调一致的。《隐私保护和个人数据跨境流动指南》中针对国际合作提出了4项建议：①制定就数据隐私立法与执法的情况进行信息互换的程序；②简化个人数据跨境转移的程序并注意与其他国家的此类程序相容；③在程序与调查事项上进行互助合作；④共同努力制定国内、国际原则以管理个人数据跨境流动。

(2)2013 年《OECD 隐私框架》

2013 年,OECD 对《隐私保护和个人数据跨境流动指南》进行了更新,更新后的《隐私保护和个人数据跨境流动指南》第一部分第 1 条第 5 款对个人数据跨境流动的定义为“个人数据跨国界的转移”。第四部分第 16 条、第 17 条对数据跨境流动作出规定:无论个人数据的位置在哪里,控制者都应当对个人数据负责,即强调数据控制者的“问责制”,而且规定了成员国应避免对个人资料的跨境流动施加限制的两种情况。第四部分第 18 条进一步规定,成员国应避免以保护隐私和个人自由的名义制定超过保护需要并造成个人数据跨境流动障碍的法律、政策及其他做法。

与此同时,OECD 十分关注跨境数据流动规制的风向管控和互操作性。2013 年《OECD 隐私框架》是全球范围内首个隐私保护框架,提出了“国家隐私战略”“隐私管理程序”“安全漏洞通知”3 个概念,强调对个人隐私的风险管控及全球层面隐私监管的互操作性。该框架第 6 条指出,各成员国应达到个人隐私保护及个人自由的最低标准,但并没有提出具体的要求。2013 年《OECD 隐私框架》是指导性框架,仅为数据跨境流动提供了建设性指导方针,没有提出明确的要求,也不具备法律效力。

目前,OECD 虽在《隐私保护和个人数据跨境流动指南》、2013 年《OECD 隐私框架》前言部分强调尊重个人隐私的重要性,承认数据保护是各国开展数据跨境流动的前提;但事实上,OECD 更加倡导数据出境,在推进更广泛的全球数据治理原则和标准方面,OECD 已经成为重要参与者。此外,OECD 还开发了数字服务贸易限制指数,对涵盖全球 40 个主要经济体的数字服务贸易及其数据跨境流动政策进行评估。

(七)《美墨加协定》

1. 监管思路

2018 年 11 月,美国、墨西哥、加拿大三国首脑在阿根廷参加二十国集团(Group of 20,G20)峰会期间共同签署了《美墨加协定》(The United States-Mexico-Canada Agreement, USMCA),后转交三国国会审议并通过。USMCA 作为 1994 年生效的《北美自由贸易协定》的升级版,于 2020 年 7 月 1 日正式生效。

该协定在所涉及的有关数字贸易产品税收、数据本地化和互联网主权,以及商业秘密的披露、源代码和互联网平台责任方面的话题上,核心主张是取消某些潜在限制数字贸易自由发展的规定,营造更有利于美国数字贸易发展的国际框架。这主要表现在三方面的内容上:一是禁止征收关税;二是禁止数据本地化措施;三是坚持互联网平台的责任豁免。

2. 监管框架

就数据出境而言,USMCA 包含了“数字贸易或电子商务”章节,并加入“数据自由流动”“禁止数据本地化”等条款,在数字贸易领域推动了跨境数据流动和政府数据开放,降低了跨境电子商务非关税壁垒。

具体内容包括:(1)禁止征收关税。尽管特朗普时期美国政府退出了 TPP,但 USMCA 的谈判人员还是将 TPP 的电子商务章节作为其谈判的基础。以 CPTPP 为基础,该协定的数字贸易章节延续了 TPP 对数字产品征收关税的禁令,并明确规定禁止对以电子方式传播的数字产品(电子书、视频、音乐、软件、游戏等)征收关税和实施其他歧视性措施;但在不歧视其他 USMCA 缔约方公司的前提下,该协定允许对数字贸易征收国内税。(2)禁止数据本地化措施。USMCA 延续了 TPP 中有关禁止数据本地化条款的规定,反对数字保护主义,确保数据可以跨境传输,并尽量减少对数据存储和处理地点的限制。除必要合法的公共政策目标的需要,不得禁止或限制信息的跨境流动,歧视、限制或者变相限制贸易。在 TPP 的基础上,USMCA 禁止金融服务方面的数据本地化。该协定首次包括禁止在金融监管机构为完成其监督和管理任务而需要获取数据的情况下提出本地数据存储要求。同时,该协定将"政府采购信息"(government procurement)、"政府持有"(held)、"政府处理"(processed)信息以及与政府信息及信息收集有关的措施排除在适用范围之外,即上述范围的政府信息无须适用数据自由流动的条款。但其鼓励开放政府数据,以便为公众获取和使用政府信息提供便利。除了某些"合法的公共政策"允许例外,USMCA 大力倡导数据的自由流通,以加强全球数字生态系统互联互通。与 TPP 一样,USMCA 禁止各国要求披露源代码,这意味着政府不得向科技公司索取源代码;它还进一步禁止政府要求披露"源代码中表达的算法",除非监管机构为"具体调查、检查、审查执法活动或程序"而要求披露。(3)坚持互联网平台的责任豁免。除了明确的禁止性规定,USMCA 还鼓励或要求采取多项措施促进或鼓励数字贸易。例如其中十分重要的条款之一——第 19.17 条有关互联网平台责任的条款规定。除非涉及知识产权侵权或刑事责任的例外,任何缔约方均不得采取或维持将交互式计算机服务的供应商或用户视为信息内容提供者的措施,以确定与该服务所存储、处理、传输、分发或提供的信息有关的损害责任。

(八)欧盟—美国:跨大西洋数据出境机制

1. 监管思路

作为"促进数据充分自由流动"与"数据本地化"政策的典型代表,美欧从《安全港协议》到《隐私盾协议》,再到 2022 年《跨大西洋数据隐私框架》(Trans-Atlantic Data Privacy Framework)的提出,美欧双方就跨境数据治理在过去 20 多年中展开了多轮博弈。

2. 监管框架

(1)《安全港协议》

《安全港协议》于 2000 年 7 月签署,当年 11 月正式生效。《安全港协议》并不强迫美国改变国内法律监管环境,但同时欧盟也很明确地拒绝承认美国监管措施等效于欧盟标准。该协议是欧美数据保护制度折中的产物,直接要求参与跨境数据交换的美国公司遵守欧盟规则,而不要求对美国的国家法律体系进行改革。为保证《安全港协议》的落实,美国企业或者选择接受欧盟独立机构的监管,或者由美国联邦贸易委员会作为最后一道“防火墙”对企业进行监督。在实际操作中,美国商务部给出了承诺遵守《安全港协议》的公司清单。

但2013年,“棱镜门”事件曝光暴露了美国互联网企业并未按照《安全港协议》或者其他国际协议的要求很好地保障从他国流入美国的个人数据的隐私。2014年1月,欧盟和美国启动谈判,磋商新的数据跨境协议以取代当时还有效的《安全港协议》。2015年10月,存在了15年之久的欧盟和美国的《安全港协议》被欧洲法院宣判无效。欧盟高等法院明确指出,美国在执行该协议时,将其国家安全、公共利益和执法需要置于更高位置,在公民隐私数据泄露时漠视监管要求。

(2)《隐私盾协议》

《安全港协议》被欧洲法院否定之后,欧盟和美国谈判加速。2016年2月,双方达成一个新协议——《隐私盾协议》。2016年8月初,欧盟和美国就数据传输达成的《隐私盾协议》正式生效,取消了原有的《安全港协议》。《隐私盾协议》将为跨大西洋两岸数据传输中的个人隐私保护提供新的规范。从内容来看,美国承担了更多义务,美国公司必须向美国商务部“自我证明”遵守了协议中的隐私条款;欧盟拥有了更多权利,个人数据被滥用的欧盟公民可以向监察专员提起申诉,欧盟官方可以向美国商务部发起投诉。从谈判过程和结果来看,《隐私盾协议》强化了欧盟的数据主权,也反映了双方数据治理导向的不同。

从内容来看,《隐私盾协议》的要点有:①美国企业的稳健义务。采集和传输欧盟公民的数据必须履行“稳健义务”,即明确告知数据采集、传输和使用流程及目的。②获取欧盟数据的透明度和安全保证。该协议严格禁止美国对欧盟实行大规模监听,美国联邦调查局、美国国家安全局等美国情报机构从欧盟采集数据必须得到数据权利主体的许可;为了定期监督该协议的执行,欧盟将联合进行年度审查,数据采集、隐私保护、国家安全准入都将被纳入审查内容;美国商务部负责监督本国企业的执行情况。③救济。如果怀疑个人数据被滥用,欧盟公民可以向新设立的监察专员投诉,被投诉机构必须在截止日期前回复投诉;欧盟数据监察专员可以将投诉移交给美国商务部和美国联邦贸易委员会,且这种救济机制不收取费用。

尽管欧美双方达成了《隐私盾协议》,但EDPB认为美国方面缺乏实质性监督。2020年7月,欧洲法院判决《隐私盾协议》的适用性无效。欧洲法院表示,美国的国内法认为有关美国国家安全利益和执法等方面的要求具有优先性,这不满足有关数据在美国受到“与欧盟基本等同”保护的标准。

(3)《跨大西洋数据隐私框架》

继《隐私盾协议》破产后,欧美双方经过多轮博弈,于2022年3月25日达成《跨大西洋数据隐私框架》。这是继《隐私盾协议》失效后,欧美关于跨境数据流动规制领域进行博弈的最新进展,目前双方已就该协议达成原则性共识。《跨大西洋数据隐私框架》的主要目的是促进跨大西洋数据自由流动,解决双方就《隐私盾协议》弥留的问题。

目前《跨大西洋数据隐私框架》已经确定了以下主要原则:①在该框架的基础上,数据将能够在欧盟和参与该框架的美国公司之间自由、安全地流动。②实施一套新的规则和有约束力的保障措施,将美国情报部门对数据的访问限制在保护国家安全所必要且相称的范围内;美国情报机构将采取相应程序进行有效监督,确保符合新的隐私和公民自由标准。③建立一个新的两级救济机制,调查并解决欧盟个人就美国情报部门获取其数据提出的投诉。④对处理传输自欧盟的数据的美国公司施加严格的义务。⑤建立具体的监督和审查机制。

第六章　数据出境安全国内规则

一、法律

（一）《民法典》

第一千零三十四条　自然人的个人信息受法律保护。

个人信息是以电子或者其他方式记录的能够单独或者与其他信息结合识别特定自然人的各种信息，包括自然人的姓名、出生日期、身份证件号码、生物识别信息、住址、电话号码、电子邮箱、健康信息、行踪信息等。

个人信息中的私密信息，适用有关隐私权的规定；没有规定的，适用有关个人信息保护的规定。

【评述】

《民法典》第1034条给"个人信息"下了定义：个人信息是以电子或者其他方式记录的能够单独或者与其他信息结合识别特定自然人的各种信息。个人信息处理者是指在个人信息处理活动中自主决定处理目的、处理方式的组织、个人。其中关于组织的范围，根据我国《民法典》的相关规定，包括公司等营利法人，也包括事业单位、社会团体、基金会、社会服务机构等非营利法人，以及机关法人、农村集体经济组织法人、城镇农村的合作经济组织法人、基层群众性自治组织法人等特别法人，也包括个人独资企业、合伙企业。

（二）《网络安全法》

第一条　为了保障网络安全，维护网络空间主权和国家安全、社会公共利益，保护公民、法人和其他组织的合法权益，促进经济社会信息化健康发展，制定本法。

第二条　在中华人民共和国境内建设、运营、维护和使用网络，以及网络安全的监督管理，适用本法。

第三十一条　国家对公共通信和信息服务、能源、交通、水利、金融、公共服务、电子政务等重要行业和领域，以及其他一旦遭到破坏、丧失功能或者数据泄露，可能严重危害国家安全、国计民生、公共利益的关键信息基础设施，在网络安全等级保护制度的基础上，实行重点保护。关键信息基础设施的具体范围和安全保护办法由国务院制定。

国家鼓励关键信息基础设施以外的网络运营者自愿参与关键信息基础设施保护体系。

第三十七条　关键信息基础设施的运营者在中华人民共和国境内运营中收集和产生的个人信息和重要数据应当在境内存储。因业务需要，确需向境外提供的，应当按照国家网信部门会同国务院有关部门制定的办法进行安全评估；法律、行政法规另有规定的，依照其规定。

第四十二条　网络运营者不得泄露、篡改、毁损其收集的个人信息；未经被收集者同意，不得向他人提供个人信息。但是，经过处理无法识别特定个人且不能复原的除外。

网络运营者应当采取技术措施和其他必要措施，确保其收集的个人信息安全，防止信息泄露、毁损、丢失。在发生或者可能发生个人信息泄露、毁损、丢失的情况时，应当立即采取补救措施，按照规定及时告知用户并向有关主管部门报告。

第七十六条　本法下列用语的含义：

（一）网络，是指由计算机或者其他信息终端及相关设备组成的按照一定的规则和程序对信息进行收集、存储、传输、交换、处理的系统。

（二）网络安全，是指通过采取必要措施，防范对网络的攻击、侵入、干扰、破坏和非法使用以及意外事故，使网络处于稳定可靠运行的状态，以及保障网络数据的完整性、保密性、可用性的能力。

（三）网络运营者，是指网络的所有者、管理者和网络服务提供者。

（四）网络数据，是指通过网络收集、存储、传输、处理和产生的各种电子数据。

（五）个人信息，是指以电子或者其他方式记录的能够单独或者与其他信息结合识别自然人个人身份的各种信息，包括但不限于自然人的姓名、出生日期、身份证件号码、个人生物识别信息、住址、电话号码等。

【评述】

《网络安全法》是我国第一部全面规范网络空间安全管理方面问题的基础性法律，也是我国网络安全领域首部基础性、框架性、综合性法律。《网络安全法》为保障网络安全，维护网络空间主权和国家安全、社会公共利益，保护公民、法人和其他组织的合法权益,促进经济社会信息化健康发展而制定。《网络安全法》适用于在中华人民共和国境内建设、运营、维护和使用网络,以及网络安全的监督管理。其明确了部门、企业、社会组织和个人的权利、义务和责任,规定了国家网络安全工作的基本原则、主要任务和重大指导思想、理念。《网络安全法》的制定是将成熟的政策规定和措施上升为法律,为政府部门的工作提供了法律依据,体现了依法执政、依法行政、依法治国的要求。

在我国数据跨境流动管理制度的构建过程中,《网络安全法》第 37 条明确了我国数据跨境流动管理的基本要求,具有基石性的作用;后来制定出台的《数据安全法》《个人信息保护法》中对于数据跨境流动管理制度的完善,均是以《网络安全法》第 37 条为基础,不断厘清、确定与自身立法目标相适应的数据跨境流动管理制度。《网络安全法》第 37 条的内容主要包括:监管对象为关键信息基础设施的运营者;数据类型为在中华人民共和国境内运营中收集和产生的个人信息和重要数据;管理原则为应当在境内存储;出境条件包括因业务需要、确需向境外提供、经过安全评估三个方面的内容。对《网络安全法》第 37 条中"重要数据"进行解读:重要数据的重要性,针对的是整体层面的利益保护,即保护国家安全、国计民生、公共利益。因此,只要关键信息基础设施的运营者的数据不涉及整体层面的利益,就不属于"重要数据"的范畴。换言之,不论是个人数据还是企业数据,只要有可能危及整体层面的利益,就会被认定为"重要数据"。因此,应当考察数据的内容,而不是仅仅依据数据的控制者判断数据的重要程度。

(三)《数据安全法》

第一条　为了规范数据处理活动;保障数据安全,促进数据开发利用,保护个人、组织的合法权益,维护国家主权、安全和发展利益,制定本法。

第二条　在中华人民共和国境内开展数据处理活动及其安全监管,适用本法。

在中华人民共和国境外开展数据处理活动,损害中华人民共和国国家安全、公共利益或者公民、组织合法权益的,依法追究法律责任。

第三条　本法所称数据,是指任何以电子或者其他方式对信息的记录。

数据处理,包括数据的收集、存储、使用、加工、传输、提供、公开等。

数据安全,是指通过采取必要措施,确保数据处于有效保护和合法利用的状态,以及具备保障持续安全状态的能力。

第六条　各地区、各部门对本地区、本部门工作中收集和产生的数据及数据安全负责。

工业、电信、交通、金融、自然资源、卫生健康、教育、科技等主管部门承担本行业、本领域数据安全监管职责。

公安机关、国家安全机关等依照本法和有关法律、行政法规的规定,在各自职责范围内承担数据安全监管职责。

国家网信部门依照本法和有关法律、行政法规的规定，负责统筹协调网络数据安全和相关监管工作。

第十八条　国家促进数据安全检测评估、认证等服务的发展，支持数据安全检测评估、认证等专业机构依法开展服务活动。

国家支持有关部门、行业组织、企业、教育和科研机构、有关专业机构等在数据安全风险评估、防范、处置等方面开展协作。

第二十一条　国家建立数据分类分级保护制度，根据数据在经济社会发展中的重要程度，以及一旦遭到篡改、破坏、泄露或者非法获取、非法利用，对国家安全、公共利益或者个人、组织合法权益造成的危害程度，对数据实行分类分级保护。国家数据安全工作协调机制统筹协调有关部门制定重要数据目录，加强对重要数据的保护。

关系国家安全、国民经济命脉、重要民生、重大公共利益等数据属于国家核心数据，实行更加严格的管理制度。

各地区、各部门应当按照数据分类分级保护制度，确定本地区、本部门以及相关行业、领域的重要数据具体目录，对列入目录的数据进行重点保护。

第二十二条　国家建立集中统一、高效权威的数据安全风险评估、报告、信息共享、监测预警机制。国家数据安全工作协调机制统筹协调有关部门加强数据安全风险信息的获取、分析、研判、预警工作。

第二十五条　国家对与维护国家安全和利益、履行国际义务相关的属于管制物项的数据依法实施出口管制。

第二十六条　任何国家或者地区在与数据和数据开发利用技术等有关的投资、贸易等方面对中华人民共和国采取歧视性的禁止、限制或者其他类似措施的，中华人民共和国可以根据实际情况对该国家或者地区对等采取措施。

第二十九条　开展数据处理活动应当加强风险监测，发现数据安全缺陷、漏洞等风险时，应当立即采取补救措施；发生数据安全事件时，应当立即采取处置措施，按照规定及时告知用户并向有关主管部门报告。

第三十条　重要数据的处理者应当按照规定对其数据处理活动定期开展风险评估，并向有关主管部门报送风险评估报告。

风险评估报告应当包括处理的重要数据的种类、数量，开展数据处理活动的情况，面临的数据安全风险及其应对措施等。

第三十一条　关键信息基础设施的运营者在中华人民共和国境内运营中收集和产生的重要数据的出境安全管理，适用《中华人民共和国网络安全法》的规定；其他数据处理者在中华人民共和国境内运营中收集和产生的重要数据的出境安全管理办法，由国家网信部门会同国务院有关部门制定。

第三十六条　中华人民共和国主管机关根据有关法律和中华人民共和国缔结或者参加的国际条约、协定，或者按照平等互惠原则，处理外国司法或者执法机构关于提供数据的请求。非经中华人民共和国主管机关批准，境内的组织、个人不得向外国司法或者执法机构提供存储于中华人民共和国境内的数据。

第四十六条　违反本法第三十一条规定，向境外提供重要数据的，由有关主管部门责令改正，给予警告，可以并处十万元以上一百万元以下罚款，对直接负责的主管人员和其他直接责任人员可以处一万元以上十万元以下罚款；情节严重的，处一百万元以上一千万元以下罚款，并可以责令暂停相关业务、停业整顿、吊销相关业务许可证或者吊销营业执照，对直接负责的主管人员和其他直接责任人员处十万元以上一百万元以下罚款。

【评析】

《数据安全法》是《网络安全法》在数据安全领域的重要补充，其使我国在网络与信息安全领域的法律法规体系得到进一步的完善，为规范数据处理活动，保障数据安全，促进数据开发利用，保护个人、组织的合法权益，维护国家主权、安全和发展而制定。《数据安全法》体现了总体国家安全观的立法目标，聚焦数据安全领域的突出问题，确立了数据分类分级管理，建立了数据安全风险评估、监测预警、应急处置，数据安全审查等基本制度，并明确了相关主体的数据安全保护义务，是我国首部有关数据安全的专门法律。

关于数据的管辖原则，《数据安全法》第 2 条第 1 款规定了属地管辖原则，第 2 条第 2 款规定了保护性管辖，第 36 条规定了阻却他国在数据领域的“长臂管辖”。

关于数据分类，《数据安全法》第 21 条规定数据分类分级是实施数据安全保护措施的前提条件。在数据安全制度方面，《数据安全法》采取“目录”方式建立重要数据保护制度。《数据安全法》第 21 条第 1 款中规定，“国家数据安全工作协调机制统筹协调有关部门制定重要数据目录，加强对重要数据的保护”。第 3 款规定：“各地区、各部门应当按照数据分类分级保护制度，确定本地区、本部门以及相关行业、领域的重要数据具体目录，对列入目录的数据进行重点保护。”至于重要数据目录以及重要数据具体目录的内容及呈现形式、更新维护方式，以及重点保护的具体措施，《数据安全法》没有予以具体规定，为各地区、各部门根据本地区、本部门、本行业特点开展重要数据保护工作预留了充足空间。

《网络安全法》第一次提出了“重要数据”，但却缺少相应的定义；而《数据安全法》明确要求“加强对重要数据的保护”，提出了重要数据目录的制定，给出了“关系国家安全、国民经济命脉、重要民生、重大公共利益等数据属于国家核心数据”的定义，但却没有对“重要数据”进行明确定义。《数据安全法》提出由国家而非组织实施数据分类分级的制度设计，即自上而下的数据分级分类；要求国家根据数据对国家、社会的价值

（“数据在经济社会发展中的重要程度”）以及出现安全事件后造成的危害后果（“一旦遭到篡改、破坏、泄露或者非法获取、非法利用，对国家安全、公共利益或者个人、组织合法权益造成的危害程度”）开展数据分类分级的工作。《数据安全法》实际上已经划定了两个主要的数据类型：个人信息和重要数据。虽然《数据安全法》没有界定“重要数据”这个概念，但却对其作了丰富的规则设计，主要在第三章“数据安全制度”和第四章“数据安全保护义务”中，即从国家需建立的保护制度和重要数据的处理者应承担的保护义务两方面，对重要数据保护作出规定。

在数据出境安全管理制度方面，《数据安全法》第 25 条规定“国家对与维护国家安全和利益、履行国际义务相关的属于管制物项的数据依法实施出口管制”，通过出口管制制度强化对关键敏感数据的出境管控。《数据安全法》第 31 条规定：“关键信息基础设施的运营者在中华人民共和国境内运营中收集和产生的重要数据的出境安全管理，适用《中华人民共和国网络安全法》的规定；其他数据处理者在中华人民共和国境内运营中收集和产生的重要数据的出境安全管理办法，由国家网信部门会同国务院有关部门制定。”可见，《数据安全法》延续《网络安全法》的规定，对重要数据提出了更高的数据保护要求；具体的法律义务包括明确数据安全负责人和管理机构、开展风险评估并报送报告、符合数据出境安全管理要求等。就风险评估本身而言，关于评估的具体主体、报告报送的对象、评估的频率还有待后续立法进一步明确。

（四）《个人信息保护法》

第一条　为了保护个人信息权益，规范个人信息处理活动，促进个人信息合理利用，根据宪法，制定本法。

第三条　在中华人民共和国境内处理自然人个人信息的活动，适用本法。

在中华人民共和国境外处理中华人民共和国境内自然人个人信息的活动，有下列情形之一的，也适用本法：

（一）以向境内自然人提供产品或者服务为目的；

（二）分析、评估境内自然人的行为；

（三）法律、行政法规规定的其他情形。

第四条　个人信息是以电子或者其他方式记录的与已识别或者可识别的自然人有关的各种信息，不包括匿名化处理后的信息。

个人信息的处理包括个人信息的收集、存储、使用、加工、传输、提供、公开、删除等。

第五条　处理个人信息应当遵循合法、正当、必要和诚信原则，不得通过误导、欺诈、胁迫等方式处理个人信息。

第六条　处理个人信息应当具有明确、合理的目的，并应当与处理目的直接相关，采取对个人权益影响最小的方式。

收集个人信息,应当限于实现处理目的的最小范围,不得过度收集个人信息。

第七条　处理个人信息应当遵循公开、透明原则,公开个人信息处理规则,明示处理的目的、方式和范围。

第八条　处理个人信息应当保证个人信息的质量,避免因个人信息不准确、不完整对个人权益造成不利影响。

第三十六条　国家机关处理的个人信息应当在中华人民共和国境内存储;确需向境外提供的,应当进行安全评估。安全评估可以要求有关部门提供支持与协助。

第三十八条　个人信息处理者因业务等需要,确需向中华人民共和国境外提供个人信息的,应当具备下列条件之一:

(一)依照本法第四十条的规定通过国家网信部门组织的安全评估;

(二)按照国家网信部门的规定经专业机构进行个人信息保护认证;

(三)按照国家网信部门制定的标准合同与境外接收方订立合同,约定双方的权利和义务;

(四)法律、行政法规或者国家网信部门规定的其他条件。

中华人民共和国缔结或者参加的国际条约、协定对向中华人民共和国境外提供个人信息的条件等有规定的,可以按照其规定执行。

个人信息处理者应当采取必要措施,保障境外接收方处理个人信息的活动达到本法规定的个人信息保护标准。

第三十九条　个人信息处理者向中华人民共和国境外提供个人信息的,应当向个人告知境外接收方的名称或者姓名、联系方式、处理目的、处理方式、个人信息的种类以及个人向境外接收方行使本法规定权利的方式和程序等事项,并取得个人的单独同意。

第四十条　关键信息基础设施运营者和处理个人信息达到国家网信部门规定数量的个人信息处理者,应当将在中华人民共和国境内收集和产生的个人信息存储在境内。确需向境外提供的,应当通过国家网信部门组织的安全评估;法律、行政法规和国家网信部门规定可以不进行安全评估的,从其规定。

第四十一条　中华人民共和国主管机关根据有关法律和中华人民共和国缔结或者参加的国际条约、协定,或者按照平等互惠原则,处理外国司法或者执法机构关于提供存储于境内个人信息的请求。非经中华人民共和国主管机关批准,个人信息处理者不得向外国司法或者执法机构提供存储于中华人民共和国境内的个人信息。

第四十二条　境外的组织、个人从事侵害中华人民共和国公民的个人信息权益,或者危害中华人民共和国国家安全、公共利益的个人信息处理活动的,国家网信部门可以将其列入限制或者禁止个人信息提供清单,予以公告,并采取限制或者禁止向其提供个人信息等措施。

第四十三条　任何国家或者地区在个人信息保护方面对中华人民共和国采取歧视性的禁止、限制或者其他类似措施的,中华人民共和国可以根据实际情况对该国家或者地区对等采取措施。

第五十五条　有下列情形之一的,个人信息处理者应当事前进行个人信息保护影响评估,并对处理情况进行记录:

(一)处理敏感个人信息;

(二)利用个人信息进行自动化决策;

(三)委托处理个人信息、向其他个人信息处理者提供个人信息、公开个人信息;

(四)向境外提供个人信息;

(五)其他对个人权益有重大影响的个人信息处理活动。

第五十六条　个人信息保护影响评估应当包括下列内容:

(一)个人信息的处理目的、处理方式等是否合法、正当、必要;

(二)对个人权益的影响及安全风险;

(三)所采取的保护措施是否合法、有效并与风险程度相适应。

个人信息保护影响评估报告和处理情况记录应当至少保存三年。

第五十八条　提供重要互联网平台服务、用户数量巨大、业务类型复杂的个人信息处理者,应当履行下列义务:

(一)按照国家规定建立健全个人信息保护合规制度体系,成立主要由外部成员组成的独立机构对个人信息保护情况进行监督;

(二)遵循公开、公平、公正的原则,制定平台规则,明确平台内产品或者服务提供者处理个人信息的规范和保护个人信息的义务;

(三)对严重违反法律、行政法规处理个人信息的平台内的产品或者服务提供者,停止提供服务;

(四)定期发布个人信息保护社会责任报告,接受社会监督。

第七十三条　本法下列用语的含义:

(一)个人信息处理者,是指在个人信息处理活动中自主决定处理目的、处理方式的组织、个人。

(二)自动化决策,是指通过计算机程序自动分析、评估个人的行为习惯、兴趣爱好或者经济、健康、信用状况等,并进行决策的活动。

(三)去标识化,是指个人信息经过处理,使其在不借助额外信息的情况下无法识别特定自然人的过程。

(四)匿名化,是指个人信息经过处理无法识别特定自然人且不能复原的过程。

【评述】

《个人信息保护法》于 2021 年 11 月 1 日起正式施行,标志着我国个人信息保护立法体系进入新的阶段。《个人信息保护法》从个人信息处理的一般规定、敏感个人信息处理的基本原则、个人信息跨境提供的规则、个人在个人信息处理活动中的权利、个人信息处理者的义务、履行个人信息保护职责的部门以及法律责任等方面对个人信息保护进行了全面规定,建立起了个人信息保护的基本制度。

个人信息保护的相关制度在《网络安全法》第四章"网络信息安全"中已经专章规定,其后的《民法典》"人格权编"和《数据安全法》也先后规定了涉及个人信息的具体保护制度。相较于前述立法活动,《个人信息保护法》的出台为个人信息权益保护、信息处理者的义务以及主管机关的职权范围提供了全面、体系化的法律依据,与《国家安全法》《网络安全法》《民法典》《数据安全法》等法律共同构建起个人信息保护的法治堤坝。

《个人信息保护法》第 1 条规定了其立法目的与意义,即为了保护个人信息权益,规范个人信息处理活动,促进个人信息合理利用。《个人信息保护法》第 5 条至第 9 条规定了个人信息保护的基本原则:第 5 条规定了处理个人信息的合法、正当、必要和诚信原则;第 6 条规定必要限度原则;第 7 条规定公开、透明原则;第 8 条规定准确、完整原则;第 9 条规定责任原则。《个人信息保护法》第 4 条对个人信息相关的概念进行了阐释:个人信息是以电子或者其他方式记录的与已识别或者可识别的自然人有关的各种信息,不包括匿名化处理后的信息。个人信息的处理包括个人信息的收集、存储、使用、加工、传输、提供、公开、删除等。

在数据跨境流动的相关制度设计方面,《个人信息保护法》对个人信息跨境流动作出了明确规定,构建了一套清晰、系统的个人信息跨境流动规则,为保障我国个人信息依法有序流动完善了制度基础。

《个人信息保护法》第 38 条规定了个人信息跨境传输的路径,即个人信息处理者确需向境外提供个人信息的,需要满足下列条件之一:通过国家网信部门组织的安全评估(针对关键信息基础设施运营者或处理个人信息达到国家网信部门规定数量的个人信息处理者);按照国家网信部门的规定经专业机构进行个人信息保护认证;按照国家网信部门制定的标准合同与境外接收方订立合同,约定双方的权利和义务;法律、行政法规或者国家网信部门规定的其他条件。

《个人信息保护法》第 39 条规定了个人信息主体的知情权和同意权:个人信息处理者应当向个人告知境外接收方的名称或者姓名、联系方式、处理目的、处理方式、个人信息的种类以及个人向境外接收方行使本法规定权利的方式和程序等事项,并取得个人的单独同意。

《个人信息保护法》第 40 条规定了对个人信息跨境传输活动的特殊要求:关键信息基础设施运营者和处理个人信息达到国家网信部门规定数量的个人信息处理者,应当将在中华人民共和国境内收集和产生的个人信息存储在境内。确需向境外提供的,应当通过国家网信部门组织的安全评估;法律、行政法规和国家网信部门规定可以不进行安全评估的,从其规定。

《个人信息保护法》第 43 条规定了个人信息跨境传输的对等原则:任何国家或者地区在个人信息保护方面对中华人民共和国采取歧视性的禁止、限制或者其他类似措施的,中华人民共和国可以根据实际情况对该国家或者地区对等采取措施。

《网络安全法》第 37 条侧重从关键信息基础设施的角度,明确个人信息和重要数据出境需进行安全评估。《数据安全法》第 31 条侧重从重要数据的角度,明确关键信息基础设施的重要数据出境需要进行安全评估,其他重要数据的出境管理规定另行制定。《个人信息保护法》进一步完善了关于个人信息出境的管理规定,增加了专业机构的个人信息保护认证、国家网信部门的标准合同等方式,同时规定了个人信息可以跨境提供的特殊方式,如法律、行政法规或者国家网信部门规定了其他条件的,以及我国缔结或参加的国际条约、协定对向境外提供个人信息的条件等有规定的,可以适用其他的规定。故《个人信息保护法》侧重从个人信息的角度,明确了关键信息基础设施运营者和处理个人信息达到一定数量的个人信息处理者跨境提供个人信息需要进行安全评估。

(五)《生物安全法》

第五十五条　采集、保藏、利用、对外提供我国人类遗传资源,应当符合伦理原则,不得危害公众健康、国家安全和社会公共利益。

第五十六条　从事下列活动,应当经国务院科学技术主管部门批准:

(一)采集我国重要遗传家系、特定地区人类遗传资源或者采集国务院科学技术主管部门规定的种类、数量的人类遗传资源;

(二)保藏我国人类遗传资源;

(三)利用我国人类遗传资源开展国际科学研究合作;

(四)将我国人类遗传资源材料运送、邮寄、携带出境。

前款规定不包括以临床诊疗、采供血服务、查处违法犯罪、兴奋剂检测和殡葬等为目的采集、保藏人类遗传资源及开展的相关活动。

为了取得相关药品和医疗器械在我国上市许可,在临床试验机构利用我国人类遗传资源开展国际合作临床试验、不涉及人类遗传资源出境的,不需要批准;但是,在开展临床试验前应当将拟使用的人类遗传资源种类、数量及用途向国务院科学技术主管部门备案。

境外组织、个人及其设立或者实际控制的机构不得在我国境内采集、保藏我国人类遗传资源,不得向境外提供我国人类遗传资源。

第五十七条　将我国人类遗传资源信息向境外组织、个人及其设立或者实际控制的机构提供或者开放使用的，应当向国务院科学技术主管部门事先报告并提交信息备份。

第五十九条　利用我国生物资源开展国际科学研究合作，应当依法取得批准。

利用我国人类遗传资源和生物资源开展国际科学研究合作，应当保证中方单位及其研究人员全过程、实质性地参与研究，依法分享相关权益。

【评述】

《中华人民共和国生物安全法》(以下简称《生物安全法》)从保护人类遗传资源的角度出发，规制了数据出境行为。《生物安全法》第55条中规定，对外提供我国人类遗传资源，应当符合伦理原则，不得危害公众健康、国家安全和社会公共利益。第56条中规定，将我国人类遗传资源材料运送、邮寄、携带出境，应当经国务院科学技术主管部门批准。第57条规定，向境外组织、个人及其设立或者实际控制的机构提供或者开放使用我国人类遗传资源的，需要向相关主管部门事先报告并提交信息备份。第59条规定了利用我国生物资源开展国际科学研究合作需要满足的条件。上述相关法律汇总信息见表6-1。

表6-1　我国与数据出境相关的法律一览

序号	法律	发布日期
1	《民法典》	2020.05.28
2	《网络安全法》	2016.11.07
3	《数据安全法》	2021.06.10
4	《个人信息保护法》	2021.08.20
5	《生物安全法》	2020.10.17

二、行政法规、部门规章

(一)《关键信息基础设施安全保护条例》

第二条　本条例所称关键信息基础设施，是指公共通信和信息服务、能源、交通、水利、金融、公共服务、电子政务、国防科技工业等重要行业和领域的，以及其他一旦遭到破坏、丧失功能或者数据泄露，可能严重危害国家安全、国计民生、公共利益的重要网络设施、信息系统等。

第三条　在国家网信部门统筹协调下，国务院公安部门负责指导监督关键信息基础设施安全保护工作。国务院电信主管部门和其他有关部门依照本条例和有关法律、行政法规的规定，在各自职责范围内负责关键信息基础设施安全保护和监督管理工作。

省级人民政府有关部门依据各自职责对关键信息基础设施实施安全保护和监督管理。

第八条　本条例第二条涉及的重要行业和领域的主管部门、监督管理部门是负责关键信息基础设施安全保护工作的部门（以下简称保护工作部门）。

【评述】

2021 年 9 月 1 日，《关键信息基础设施安全保护条例》正式实施，标志着我国网络安全保护进入了以关键信息基础设施保护为重点的新阶段。该条例系我国关键信息基础设施安全保护领域的首部专门性行政法规。党的十八大以来，我国高度重视关键信息基础设施安全保护工作，就金融、能源、通信等领域的关键信息基础设施安全防护工作作出了一系列重大决策和部署。国务院加紧制定《关键信息基础设施安全保护条例》，为我国深入开展关键信息基础设施安全保护工作提供有力的法律保障。关键信息基础设施是我国经济社会运行的神经中枢，发挥着基础性、全局性、支撑性作用；因此，保护好关键信息基础设施是网络安全的重中之重。实施《关键信息基础设施安全保护条例》对于明确各方责任和义务，加快提升关键信息基础设施安全保障能力和水平，维护国家网络空间主权和国家安全具有重大意义。

《关键信息基础设施安全保护条例》的一个重要的总体思路就是做好与相关法律、行政法规的衔接，即在《网络安全法》确立的制度框架下，细化相关制度措施，同时处理好与相关法律、行政法规的关系。《关键信息基础设施安全保护条例》第 2 条定义了关键信息基础设施，即指公共通信和信息服务、能源、交通、水利、金融、公共服务、电子政务、国防科技工业等重要行业和领域的，以及其他一旦遭到破坏、丧失功能或者数据泄露，可能严重危害国家安全、国计民生、公共利益的重要网络设施、信息系统等，与《网络安全法》第 37 条进行衔接。

（二）《网络数据安全管理条例（征求意见稿）》

第五条　国家建立数据分类分级保护制度。按照数据对国家安全、公共利益或者个人、组织合法权益的影响和重要程度，将数据分为一般数据、重要数据、核心数据，不同级别的数据采取不同的保护措施。

国家对个人信息和重要数据进行重点保护，对核心数据实行严格保护。

各地区、各部门应当按照国家数据分类分级要求，对本地区、本部门以及相关行业、领域的数据进行分类分级管理。

第十三条　数据处理者开展以下活动，应当按照国家有关规定，申报网络安全审查：

（一）汇聚掌握大量关系国家安全、经济发展、公共利益的数据资源的互联网平台

运营者实施合并、重组、分立,影响或者可能影响国家安全的;

(二)处理一百万人以上个人信息的数据处理者赴国外上市的;

(三)数据处理者赴香港上市,影响或者可能影响国家安全的;

(四)其他影响或者可能影响国家安全的数据处理活动。

大型互联网平台运营者在境外设立总部或者运营中心、研发中心,应当向国家网信部门和主管部门报告。

第十四条 数据处理者发生合并、重组、分立等情况的,数据接收方应当继续履行数据安全保护义务,涉及重要数据和一百万人以上个人信息的,应当向设区的市级主管部门报告;数据处理者发生解散、被宣告破产等情况的,应当向设区的市级主管部门报告,按照相关要求移交或删除数据,主管部门不明确的,应当向设区的市级网信部门报告。

第二十六条 数据处理者处理一百万人以上个人信息的,还应当遵守本条例第四章对重要数据的处理者作出的规定。

第三十五条 数据处理者因业务等需要,确需向中华人民共和国境外提供数据的,应当具备下列条件之一:

(一)通过国家网信部门组织的数据出境安全评估;

(二)数据处理者和数据接收方均通过国家网信部门认定的专业机构进行的个人信息保护认证;

(三)按照国家网信部门制定的关于标准合同的规定与境外数据接收方订立合同,约定双方权利和义务;

(四)法律、行政法规或者国家网信部门规定的其他条件。

数据处理者为订立、履行个人作为一方当事人的合同所必需向境外提供当事人个人信息的,或者为了保护个人生命健康和财产安全而必须向境外提供个人信息的除外。

第三十六条 数据处理者向中华人民共和国境外提供个人信息的,应当向个人告知境外数据接收方的名称、联系方式、处理目的、处理方式、个人信息的种类以及个人向境外数据接收方行使个人信息权利的方式等事项,并取得个人的单独同意。

收集个人信息时已单独就个人信息出境取得个人同意,且按照取得同意的事项出境的,无需再次取得个人单独同意。

第三十七条 数据处理者向境外提供在中华人民共和国境内收集和产生的数据,属于以下情形的,应当通过国家网信部门组织的数据出境安全评估:

(一)出境数据中包含重要数据;

(二)关键信息基础设施运营者和处理一百万人以上个人信息的数据处理者向境外提供个人信息;

(三)国家网信部门规定的其它情形。

法律、行政法规和国家网信部门规定可以不进行安全评估的，从其规定。

第三十八条　中华人民共和国缔结或者参加的国际条约、协定对向中华人民共和国境外提供个人信息的条件等有规定的，可以按照其规定执行。

第三十九条　数据处理者向境外提供数据应当履行以下义务：

（一）不得超出报送网信部门的个人信息保护影响评估报告中明确的目的、范围、方式和数据类型、规模等向境外提供个人信息；

（二）不得超出网信部门安全评估时明确的出境目的、范围、方式和数据类型、规模等向境外提供个人信息和重要数据；

（三）采取合同等有效措施监督数据接收方按照双方约定的目的、范围、方式使用数据，履行数据安全保护义务，保证数据安全；

（四）接受和处理数据出境所涉及的用户投诉；

（五）数据出境对个人、组织合法权益或者公共利益造成损害的，数据处理者应当依法承担责任；

（六）存留相关日志记录和数据出境审批记录三年以上；

（七）国家网信部门会同国务院有关部门核验向境外提供个人信息和重要数据的类型、范围时，数据处理者应当以明文、可读方式予以展示；

（八）国家网信部门认定不得出境的，数据处理者应当停止数据出境，并采取有效措施对已出境数据的安全予以补救；

（九）个人信息出境后确需再转移的，应当事先与个人约定再转移的条件，并明确数据接收方履行的安全保护义务。

非经中华人民共和国主管机关批准，境内的个人、组织不得向外国司法或者执法机构提供存储于中华人民共和国境内的数据。

第四十条　向境外提供个人信息和重要数据的数据处理者，应当在每年 1 月 31 日前编制数据出境安全报告，向设区的市级网信部门报告上一年度以下数据出境情况：

（一）全部数据接收方名称、联系方式；

（二）出境数据的类型、数量及目的；

（三）数据在境外的存放地点、存储期限、使用范围和方式；

（四）涉及向境外提供数据的用户投诉及处理情况；

（五）发生的数据安全事件及其处置情况；

（六）数据出境后再转移的情况；

（七）国家网信部门明确向境外提供数据需要报告的其他事项。

第四十二条　数据处理者从事跨境数据活动应当按照国家数据跨境安全监管要求，建立健全相关技术和管理措施。

第六十四条　数据处理者违反第三十五条、第三十六条、第三十七条、第三十九条第一款、第四十条、第四十二条的规定,由有关部门责令改正,给予警告,暂停数据出境,可以并处十万元以上一百万元以下罚款,对直接负责的主管人员和其他直接责任人员可以处一万元以上十万元以下罚款;情节严重的,处一百万元以上一千万元以下罚款,并可以责令暂停相关业务、停业整顿、吊销相关业务许可证或者吊销营业执照,对直接负责的主管人员和其他直接责任人员处十万元以上一百万元以下罚款。

第六十五条　违反本条例第三十九条第二款的规定,未经主管机关批准向外国司法或者执法机构提供数据的,由有关主管部门给予警告,可以并处十万元以上一百万元以下罚款,对直接负责的主管人员和其他直接责任人员可以处一万元以上十万元以下罚款;造成严重后果的,处一百万元以上五百万元以下罚款,并可以责令暂停相关业务、停业整顿、吊销相关业务许可证或者吊销营业执照,对直接负责的主管人员和其他直接责任人员处五万元以上五十万元以下罚款。

第七十三条　本条例下列用语的含义:

(一)网络数据(简称数据)是指任何以电子方式对信息的记录。

(二)数据处理活动是指数据收集、存储、使用、加工、传输、提供、公开、删除等活动。

(三)重要数据是指一旦遭到篡改、破坏、泄露或者非法获取、非法利用,可能危害国家安全、公共利益的数据。包括以下数据:

1. 未公开的政务数据、工作秘密、情报数据和执法司法数据;

2. 出口管制数据,出口管制物项涉及的核心技术、设计方案、生产工艺等相关的数据,密码、生物、电子信息、人工智能等领域对国家安全、经济竞争实力有直接影响的科学技术成果数据;

3. 国家法律、行政法规、部门规章明确规定需要保护或者控制传播的国家经济运行数据、重要行业业务数据、统计数据等;

4. 工业、电信、能源、交通、水利、金融、国防科技工业、海关、税务等重点行业和领域安全生产、运行的数据,关键系统组件、设备供应链数据;

5. 达到国家有关部门规定的规模或者精度的基因、地理、矿产、气象等人口与健康、自然资源与环境国家基础数据;

6. 国家基础设施、关键信息基础设施建设运行及其安全数据,国防设施、军事管理区、国防科研生产单位等重要敏感区域的地理位置、安保情况等数据;

7. 其他可能影响国家政治、国土、军事、经济、文化、社会、科技、生态、资源、核设施、海外利益、生物、太空、极地、深海等安全的数据。

(四)核心数据是指关系国家安全、国民经济命脉、重要民生和重大公共利益等的数据。

(五)数据处理者是指在数据处理活动中自主决定处理目的和处理方式的个人和组织。

（六）公共数据是指国家机关和法律、行政法规授权的具有管理公共事务职能的组织履行公共管理职责或者提供公共服务过程中收集、产生的各类数据，以及其他组织在提供公共服务中收集、产生的涉及公共利益的各类数据。

（七）委托处理是指数据处理者委托第三方按照约定的目的和方式开展的数据处理活动。

（八）单独同意是指数据处理者在开展具体数据处理活动时，对每项个人信息取得个人同意，不包括一次性针对多项个人信息、多种处理活动的同意。

（九）互联网平台运营者是指为用户提供信息发布、社交、交易、支付、视听等互联网平台服务的数据处理者。

（十）大型互联网平台运营者是指用户超过五千万、处理大量个人信息和重要数据、具有强大社会动员能力和市场支配地位的互联网平台运营者。

（十一）数据跨境安全网关是指阻断访问境外反动网站和有害信息、防止来自境外的网络攻击、管控跨境网络数据传输、防范侦查打击跨境网络犯罪的重要安全基础设施。

（十二）公共信息是指数据处理者在提供公共服务过程中收集、产生的具有公共传播特性的信息。包括公开发布信息、可转发信息、无明确接收人信息等。

【评述】

《网络数据安全管理条例（征求意见稿）》第73条第3项规定了重要数据的定义和类型。重要数据，是指一旦遭到篡改、破坏、泄露或者非法获取、非法利用，可能危害国家安全、公共利益的数据。第4项规定了核心数据的概念，即指关系国家安全、国民经济命脉、重要民生和重大公共利益等的数据。重要数据与个人信息并非完全割裂，部分特定的个人信息存在被认定为重要数据的可能性。《网络数据安全管理条例（征求意见稿）》第26条规定，数据处理者处理100万人以上个人信息的，还应当遵守本条例第四章对重要数据的处理者作出的规定。该条规定了二者存在交叉时的适用规则。因此，如果处理100万以上的个人信息，数据处理者在遵守个人信息保护规则以外，还应当对其加以与重要数据相同的保护措施并履行相应义务。还需特别注意的是，基于海量个人信息形成的统计数据、衍生数据，也有可能属于重要数据。

《网络数据安全管理条例（征求意见稿）》第35条规定了数据处理者因业务等需要，确需向中华人民共和国境外提供数据的路径；第36条提出，数据处理者向中华人民共和国境外提供个人信息的，需要履行告知义务，并取得个人的单独同意。第37条规定，数据处理者向境外提供在中华人民共和国境内收集和产生的数据，应当通过国家网信部门组织的数据出境安全评估的情形：出境数据中包含重要数据；关键信息基础设施运营者和处理100万人以上个人信息的数据处理者向境外提供个人信息；国家网信部门规定的其他情形。法律、行政法规和国家网信部门规定可以不进行安全评估的，从其规定。第39条规定了数据处理者向境外提供数据应当履行的义务。第40条规定,向境外提供个人信息和重要数据的数据处理者,应当在每年1月31日前编制数据出境安全报告,向设区的市级网信部门报告上一年度数据出境相关情况。同时,第64条、第65条规定了违反数据出境相关义务后的法律责任。

(三)《数据出境安全评估办法》

【评述】

根据《数据出境安全评估办法》的规定,数据出境安全评估是指符合要求的企业需要向境外提供重要数据和个人信息时,由企业申报,国家网信部门进行安全性审核的过程。数据出境安全评估坚持事前评估和持续监督相结合、风险自评估与安全评估相结合,防范数据出境安全风险,保障数据依法有序自由流动。《数据出境安全评估办法》的逐条解读,见本书第七章。

(四)《工业和信息化领域数据安全管理办法(试行)》

第三条　工业和信息化领域数据包括工业数据、电信数据和无线电数据等。工业数据是指工业各行业各领域在研发设计、生产制造、经营管理、运行维护、平台运营等过程中产生和收集的数据。

电信数据是指在电信业务经营活动中产生和收集的数据。

无线电数据是指在开展无线电业务活动中产生和收集的无线电频率、台(站)等电波参数数据。

工业和信息化领域数据处理者是指数据处理活动中自主决定处理目的、处理方式的工业企业、软件和信息技术服务企业、取得电信业务经营许可证的电信业务经营者和无线电频率、台(站)使用单位等工业和信息化领域各类主体。工业和信息化领域数据处理者按照所属行业领域可分为工业数据处理者、电信数据处理者、无线电数据处理者等。数据处理活动包括但不限于数据收集、存储、使用、加工、传输、提供、公开等活动。

第九条　危害程度符合下列条件之一的数据为一般数据:

(一)对公共利益或者个人、组织合法权益造成较小影响,社会负面影响小;

(二)受影响的用户和企业数量较少、生产生活区域范围较小、持续时间较短,对企业经营、行业发展、技术进步和产业生态等影响较小;

(三)其他未纳入重要数据、核心数据目录的数据。

第十条　危害程度符合下列条件之一的数据为重要数据:

(一)对政治、国土、军事、经济、文化、社会、科技、电磁、网络、生态、资源、核安全等构成威胁，影响海外利益、生物、太空、极地、深海、人工智能等与国家安全相关的重点领域；

（二）对工业和信息化领域发展、生产、运行和经济利益等造成严重影响；

（三）造成重大数据安全事件或生产安全事故，对公共利益或者个人、组织合法权益造成严重影响，社会负面影响大；

（四）引发的级联效应明显，影响范围涉及多个行业、区域或者行业内多个企业，或者影响持续时间长，对行业发展、技术进步和产业生态等造成严重影响；

（五）经工业和信息化部评估确定的其他重要数据。

第十一条　危害程度符合下列条件之一的数据为核心数据：

（一）对政治、国土、军事、经济、文化、社会、科技、电磁、网络、生态、资源、核安全等构成严重威胁，严重影响海外利益、生物、太空、极地、深海、人工智能等与国家安全相关的重点领域；

（二）对工业和信息化领域及其重要骨干企业、关键信息基础设施、重要资源等造成重大影响；

（三）对工业生产运营、电信网络和互联网运行服务、无线电业务开展等造成重大损害，导致大范围停工停产、大面积无线电业务中断、大规模网络与服务瘫痪、大量业务处理能力丧失等；

（四）经工业和信息化部评估确定的其他核心数据。

第二十一条　工业和信息化领域数据处理者在中华人民共和国境内收集和产生的重要数据和核心数据，法律、行政法规有境内存储要求的，应当在境内存储，确需向境外提供的，应当依法依规进行数据出境安全评估。

工业和信息化部根据有关法律和中华人民共和国缔结或者参加的国际条约、协定，或者按照平等互惠原则，处理外国工业、电信、无线电执法机构关于提供工业和信息化领域数据的请求。非经工业和信息化部批准，工业和信息化领域数据处理者不得向外国工业、电信、无线电执法机构提供存储于中华人民共和国境内的工业和信息化领域数据。

第三十条　工业和信息化部指导、鼓励具备相应资质的机构，依据相关标准开展行业数据安全检测、认证工作。

第三十一条　工业和信息化部制定行业数据安全评估管理制度，开展评估机构管理工作。制定行业数据安全评估规范，指导评估机构开展数据安全风险评估、出境安全评估等工作。

地方行业监管部门分别负责组织开展本地区数据安全评估工作。

工业和信息化领域重要数据和核心数据处理者应当自行或委托第三方评估机构，每年对其数据处理活动至少开展一次风险评估，及时整改风险问题，并向本地区行业监管部门报送风险评估报告。

【评述】

《工业和信息化领域数据安全管理办法(试行)》对数据、一般数据、重要数据、核心数据作出了定义。其中,有关数据出境的内容规定在第21条:“工业和信息化领域数据处理者在中华人民共和国境内收集和产生的重要数据和核心数据,法律、行政法规有境内存储要求的,应当在境内存储,确需向境外提供的,应当依法依规进行数据出境安全评估。工业和信息化部根据有关法律和中华人民共和国缔结或者参加的国际条约、协定,或者按照平等互惠原则,处理外国工业、电信、无线电执法机构关于提供工业和信息化领域数据的请求。非经工业和信息化部批准,工业和信息化领域数据处理者不得向外国工业、电信、无线电执法机构提供存储于中华人民共和国境内的工业和信息化领域数据。”

(五)《网络安全审查办法》

第七条　掌握超过100万用户个人信息的网络平台运营者赴国外上市,必须向网络安全审查办公室申报网络安全审查。

第八条　当事人申报网络安全审查,应当提交以下材料:

(一)申报书;

(二)关于影响或者可能影响国家安全的分析报告;

(三)采购文件、协议、拟签订的合同或者拟提交的首次公开募股(IPO)等上市申请文件;

(四)网络安全审查工作需要的其他材料。

第九条　网络安全审查办公室应当自收到符合本办法第八条规定的审查申报材料起10个工作日内,确定是否需要审查并书面通知当事人。

第十条　网络安全审查重点评估相关对象或者情形的以下国家安全风险因素:

(一)产品和服务使用后带来的关键信息基础设施被非法控制、遭受干扰或者破坏的风险;

(二)产品和服务供应中断对关键信息基础设施业务连续性的危害;

(三)产品和服务的安全性、开放性、透明性、来源的多样性,供应渠道的可靠性以及因为政治、外交、贸易等因素导致供应中断的风险;

(四)产品和服务提供者遵守中国法律、行政法规、部门规章情况;

(五)核心数据、重要数据或者大量个人信息被窃取、泄露、毁损以及非法利用、非法出境的风险;

(六)上市存在关键信息基础设施、核心数据、重要数据或者大量个人信息被外国政府影响、控制、恶意利用的风险，以及网络信息安全风险；

（七）其他可能危害关键信息基础设施安全、网络安全和数据安全的因素。

【评述】

《网络安全审查办法》中与数据安全出境相关的要点主要是第10条，该条规定了网络安全审查的重点。

（六）《人类遗传资源管理条例》

第二条　本条例所称人类遗传资源包括人类遗传资源材料和人类遗传资源信息。

人类遗传资源材料是指含有人体基因组、基因等遗传物质的器官、组织、细胞等遗传材料。

人类遗传资源信息是指利用人类遗传资源材料产生的数据等信息资料。

第七条　外国组织、个人及其设立或者实际控制的机构不得在我国境内采集、保藏我国人类遗传资源，不得向境外提供我国人类遗传资源。

第八条　采集、保藏、利用、对外提供我国人类遗传资源，不得危害我国公众健康、国家安全和社会公共利益。

第九条　采集、保藏、利用、对外提供我国人类遗传资源，应当符合伦理原则，并按照国家有关规定进行伦理审查。

采集、保藏、利用、对外提供我国人类遗传资源，应当尊重人类遗传资源提供者的隐私权，取得其事先知情同意，并保护其合法权益。

采集、保藏、利用、对外提供我国人类遗传资源，应当遵守国务院科学技术行政部门制定的技术规范。

第二十二条　利用我国人类遗传资源开展国际合作科学研究的，应当符合下列条件，并由合作双方共同提出申请，经国务院科学技术行政部门批准：

（一）对我国公众健康、国家安全和社会公共利益没有危害；

（二）合作双方为具有法人资格的中方单位、外方单位，并具有开展相关工作的基础和能力；

（三）合作研究目的和内容明确、合法，期限合理；

（四）合作研究方案合理；

（五）拟使用的人类遗传资源来源合法，种类、数量与研究内容相符；

（六）通过合作双方各自所在国（地区）的伦理审查；

（七）研究成果归属明确，有合理明确的利益分配方案。

为获得相关药品和医疗器械在我国上市许可，在临床机构利用我国人类遗传资源开展国际合作临床试验、不涉及人类遗传资源材料出境的，不需要审批。但是，合作双方在开展临床试验前应当将拟使用的人类遗传资源种类、数量及其用途向国务院科学技术行政部门备案。国务院科学技术行政部门和省、自治区、直辖市人民政府科学技术行政部门加强对备案事项的监管。

第二十七条　利用我国人类遗传资源开展国际合作科学研究，或者因其他特殊情况确需将我国人类遗传资源材料运送、邮寄、携带出境的，应当符合下列条件，并取得国务院科学技术行政部门出具的人类遗传资源材料出境证明：

（一）对我国公众健康、国家安全和社会公共利益没有危害；

（二）具有法人资格；

（三）有明确的境外合作方和合理的出境用途；

（四）人类遗传资源材料采集合法或者来自合法的保藏单位；

（五）通过伦理审查。

利用我国人类遗传资源开展国际合作科学研究，需要将我国人类遗传资源材料运送、邮寄、携带出境的，可以单独提出申请，也可以在开展国际合作科学研究申请中列明出境计划一并提出申请，由国务院科学技术行政部门合并审批。

将我国人类遗传资源材料运送、邮寄、携带出境的，凭人类遗传资源材料出境证明办理海关手续。

第二十八条　将人类遗传资源信息向外国组织、个人及其设立或者实际控制的机构提供或者开放使用，不得危害我国公众健康、国家安全和社会公共利益；可能影响我国公众健康、国家安全和社会公共利益的，应当通过国务院科学技术行政部门组织的安全审查。

将人类遗传资源信息向外国组织、个人及其设立或者实际控制的机构提供或者开放使用的，应当向国务院科学技术行政部门备案并提交信息备份。

利用我国人类遗传资源开展国际合作科学研究产生的人类遗传资源信息，合作双方可以使用。

第三十一条　国务院科学技术行政部门应当聘请生物技术、医药、卫生、伦理、法律等方面的专家组成专家评审委员会，对依照本条例规定提出的采集、保藏我国人类遗传资源，开展国际合作科学研究以及将我国人类遗传资源材料运送、邮寄、携带出境的申请进行技术评审。评审意见作为作出审批决定的参考依据。

第三十二条　国务院科学技术行政部门应当自受理依照本条例规定提出的采集、保藏我国人类遗传资源，开展国际合作科学研究以及将我国人类遗传资源材料运送、邮寄、携带出境申请之日起20个工作日内，作出批准或者不予批准的决定；不予批准的，应当说明理由。因特殊原因无法在规定期限内作出审批决定的，经国务院科学技术行政部门负责人批准，可以延长10个工作日。

第三十三条　国务院科学技术行政部门和省、自治区、直辖市人民政府科学技术行政部门应当加强对采集、保藏、利用、对外提供人类遗传资源活动各环节的监督检查，发现违反本条例规定的，及时依法予以处理并向社会公布检查、处理结果。

第三十八条　违反本条例规定，未经批准将我国人类遗传资源材料运送、邮寄、携带出境的，由海关依照法律、行政法规的规定处罚。科学技术行政部门应当配合海关开展鉴定等执法协助工作。海关应当将依法没收的人类遗传资源材料移送省、自治区、直辖市人民政府科学技术行政部门进行处理。

第三十九条　违反本条例规定，有下列情形之一的，由省、自治区、直辖市人民政府科学技术行政部门责令停止开展相关活动，没收违法采集、保藏的人类遗传资源和违法所得，处50万元以上100万元以下罚款，违法所得在100万元以上的，处违法所得5倍以上10倍以下罚款：

（一）采集、保藏、利用、对外提供我国人类遗传资源未通过伦理审查；

（二）采集我国人类遗传资源未经人类遗传资源提供者事先知情同意，或者采取隐瞒、误导、欺骗等手段取得人类遗传资源提供者同意；

（三）采集、保藏、利用、对外提供我国人类遗传资源违反相关技术规范；

（四）将人类遗传资源信息向外国组织、个人及其设立或者实际控制的机构提供或者开放使用，未向国务院科学技术行政部门备案或者提交信息备份。

第四十一条　外国组织、个人及其设立或者实际控制的机构违反本条例规定，在我国境内采集、保藏我国人类遗传资源，利用我国人类遗传资源开展科学研究，或者向境外提供我国人类遗传资源的，由国务院科学技术行政部门责令停止违法行为，没收违法采集、保藏的人类遗传资源和违法所得，处100万元以上1000万元以下罚款，违法所得在100万元以上的，处违法所得5倍以上10倍以下罚款。

【评述】

人类遗传资源既是战略资源，又是稀缺资源，其重要性不言而喻。人类遗传资源之所以是战略资源，是因为对其资源力的把握程度，可以直接转换为国家实力，获得国家权力竞争中的非对称优势，从而保障国家安全。人类遗传资源之所以是稀缺资源，是因为遗传材料及遗传信息并不是无穷无尽的，这表现在数量上的稀少性、种类上的不可替代性。忽视对遗传资源的保护，不但会痛失巨大的市场经济利益，在相关核心领域研究中受制于人，而且也会危及种群安全、国家安全及公共健康安全。

《中华人民共和国人类遗传资源管理条例》（以下简称《人类遗传资源管理条例》）第2条规定，人类遗传资源包括材料和信息。人类遗传资源材料是指含有人体基因组、基因等遗传物质的器官、组织、细胞等遗传材料；人类遗传资源信息是指利用人类遗传资源材料产生的数据等信息资料。

在数据出境管理方面，《人类遗传资源管理条例》第22条、第27条中规定开展国际合作科学研究，或者因其他特殊情况确需将我国人类遗传资源材料运送、邮寄、携带出境的,需要符合下列条件:通过伦理审查;人类遗传资源材料采集合法或者来自合法的保藏单位;有明确的境外合作方和合理的出境用途;具有法人资格;对我国公众健康、国家安全和社会公共利益没有危害。《人类遗传资源管理条例》第31条中规定,国务院科学技术行政部门应当聘请生物技术、医药、卫生、伦理、法律等方面的专家组成专家评审委员会,对我国人类遗传资源材料运送、邮寄、携带出境的申请进行技术评审。评审意见作为作出审批决定的参考依据。第38条中规定,未经批准将我国人类遗传资源材料运送、邮寄、携带出境的,由海关依照法律、行政法规的规定处罚。

(七)《人类遗传资源管理条例实施细则》

第11条 【主体资格】

在我国境内采集、保藏我国人类遗传资源或者向境外提供我国人类遗传资源,必须由我国科研机构、高等学校、医疗机构或者企业(以下称中方单位)开展。设在港澳的内资实控机构视为中方单位。

境外组织及境外组织、个人设立或者实际控制的机构(以下称外方单位)以及境外个人不得在我国境内采集、保藏我国人类遗传资源,不得向境外提供我国人类遗传资源。

第14条 【数据备份】

利用我国人类遗传资源开展国际科学研究合作,应当保证中方单位及其研究人员全过程、实质性地参与研究,依法分享相关权益。国际科学研究合作过程中,利用我国人类遗传资源产生的所有记录以及数据信息等应当完全向中方单位开放,并向中方单位提供备份。

第33条 【国际合作】

国际科学研究合作行政许可、国际合作临床试验备案应当由中方单位和外方单位共同申请。合作各方应当对申请材料信息的真实性、准确性、完整性作出承诺。

拟开展的人类遗传资源国际科学研究合作、国际合作临床试验涉及多中心临床研究的,不得拆分后申请行政许可或者备案。

第34条 【伦理审查、行政许可或者备案】

开展多中心临床研究的,组长单位通过伦理审查后即可由申办方或者组长单位申请行政许可或者备案。

申办方或者组长单位取得行政许可或者完成备案后,参与临床研究的医疗卫生机构将本单位伦理审查批件或者认可组长单位所提供伦理审查批件的证明材料以及本单位出具的承诺书提交科技部,即可开展国际合作临床研究。

第37条　【安全审查】

将人类遗传资源信息向境外组织、个人及其设立或者实际控制的机构提供或者开放使用，可能影响我国公众健康、国家安全和社会公共利益的，应当通过科技部组织的安全审查。

应当进行安全审查的情形包括：

（一）重要遗传家系的人类遗传资源信息；

（二）特定地区的人类遗传资源信息；

（三）人数大于500例的外显子组测序、基因组测序信息资源；

（四）可能影响我国公众健康、国家安全和社会公共利益的其他情形。

第38条　【安全评估】

科技部会同相关部门制定安全审查规则，组织相关领域专家进行安全评估，并根据安全评估意见作出审查决定。

人类遗传资源出口过程中如相关物项涉及出口管制范围，须遵守国家出口管制法律法规。

第54条　【报告机制】

向境外组织、个人及其设立或者实际控制的机构提供或者开放使用人类遗传资源信息向科技部事先报告后，用途、接收方等事项发生变更的，应当在变更事项实施前向科技部提交事项变更报告。

第56条　【监督检查】

科技部负责全国人类遗传资源监督检查，各省级科技行政部门负责本区域人类遗传资源监督检查。监督检查事项主要包括：

（一）人类遗传资源采集、保藏、利用、对外提供有关单位落实主体责任，建立、完善和执行有关规章制度的情况；

（二）获批人类遗传资源项目的有关单位采集、保藏、利用人类遗传资源的情况，材料或者信息出境、对外提供、开放使用以及出境后使用情况；

（三）利用人类遗传资源的剩余材料处置、知识产权及利益分享等情况；

（四）人类遗传资源备案事项的真实性等情况；

（五）科技部或者省级科技行政部门认为需要监督检查的其他事项。

【评述】

《人类遗传资源管理条例实施细则》进一步重申并细化了《生物安全法》及《人类遗传资源管理条例》的要求。具体而言，该实施细则第11条明确向境外提供我国人类遗传资源的开展主体需要是中方单位。第14条明确了涉及跨境合作，境外国际科学研究合作主体应完成数据备份机制。第33条及第34条规定，涉及国际合作过程中，需要完成的行政许可或者备案手续。此外，第34条、第37条、第38条及第54条的规定还涉及伦理审查、安全审查、安全评估、报告机制。该实施细则第56条明确了科技部负责对人力遗传资源利用情况、材料或者信息出境等情况予以监督检查的职责。

(八)《汽车数据安全管理若干规定(试行)》

第三条　本规定所称汽车数据,包括汽车设计、生产、销售、使用、运维等过程中的涉及个人信息数据和重要数据。

汽车数据处理,包括汽车数据的收集、存储、使用、加工、传输、提供、公开等。

汽车数据处理者,是指开展汽车数据处理活动的组织,包括汽车制造商、零部件和软件供应商、经销商、维修机构以及出行服务企业等。

个人信息,是指以电子或者其他方式记录的与已识别或者可识别的车主、驾驶人、乘车人、车外人员等有关的各种信息,不包括匿名化处理后的信息。

敏感个人信息,是指一旦泄露或者非法使用,可能导致车主、驾驶人、乘车人、车外人员等受到歧视或者人身、财产安全受到严重危害的个人信息,包括车辆行踪轨迹、音频、视频、图像和生物识别特征等信息。

重要数据是指一旦遭到篡改、破坏、泄露或者非法获取、非法利用,可能危害国家安全、公共利益或者个人、组织合法权益的数据,包括:

(一)军事管理区、国防科工单位以及县级以上党政机关等重要敏感区域的地理信息、人员流量、车辆流量等数据;

(二)车辆流量、物流等反映经济运行情况的数据;

(三)汽车充电网的运行数据;

(四)包含人脸信息、车牌信息等的车外视频、图像数据;

(五)涉及个人信息主体超过10万人的个人信息;

(六)国家网信部门和国务院发展改革、工业和信息化、公安、交通运输等有关部门确定的其他可能危害国家安全、公共利益或者个人、组织合法权益的数据。

第十一条　重要数据应当依法在境内存储,因业务需要确需向境外提供的,应当通过国家网信部门会同国务院有关部门组织的安全评估。未列入重要数据的涉及个人信息数据的出境安全管理,适用法律、行政法规的有关规定。

我国缔结或者参加的国际条约、协定有不同规定的,适用该国际条约、协定,但我国声明保留的条款除外。

第十二条　汽车数据处理者向境外提供重要数据,不得超出出境安全评估时明确的目的、范围、方式和数据种类、规模等。

国家网信部门会同国务院有关部门以抽查等方式核验前款规定事项,汽车数据处理者应当予以配合,并以可读等便利方式予以展示。

第十三条　汽车数据处理者开展重要数据处理活动，应当在每年十二月十五日前向省、自治区、直辖市网信部门和有关部门报送以下年度汽车数据安全管理情况：

（一）汽车数据安全管理负责人、用户权益事务联系人的姓名和联系方式；

（二）处理汽车数据的种类、规模、目的和必要性；

（三）汽车数据的安全防护和管理措施，包括保存地点、期限等；

（四）向境内第三方提供汽车数据情况；

（五）汽车数据安全事件和处置情况；

（六）汽车数据相关的用户投诉和处理情况；

（七）国家网信部门会同国务院工业和信息化、公安、交通运输等有关部门明确的其他汽车数据安全管理情况。

第十四条　向境外提供重要数据的汽车数据处理者应当在本规定第十三条要求的基础上，补充报告以下情况：

（一）接收者的基本情况；

（二）出境汽车数据的种类、规模、目的和必要性；

（三）汽车数据在境外的保存地点、期限、范围和方式；

（四）涉及向境外提供汽车数据的用户投诉和处理情况；

（五）国家网信部门会同国务院工业和信息化、公安、交通运输等有关部门明确的向境外提供汽车数据需要报告的其他情况。

【评述】

《汽车数据安全管理若干规定（试行）》主要规定重要数据出境规制。原则上重要数据应当依法在境内存储，因业务需要确需向境外提供的，应当通过国家网信部门会同国务院有关部门组织的安全评估，且重要数据出境以安全评估的目的、范围、方式和数据种类、规模为限。《汽车数据安全管理若干规定（试行）》第13条、第14条规定了汽车数据处理者开展重要数据处理活动，向相关部门报送年度汽车数据安全管理情况的内容范围。

（九）《认证认可条例》

第一条　为了规范认证认可活动，提高产品、服务的质量和管理水平，促进经济和社会的发展，制定本条例。

第二条　本条例所称认证，是指由认证机构证明产品、服务、管理体系符合相关技术规范、相关技术规范的强制性要求或者标准的合格评定活动。

本条例所称认可，是指由认可机构对认证机构、检查机构、实验室以及从事评审、审核等认证活动人员的能力和执业资格，予以承认的合格评定活动。

【评述】

《中华人民共和国认证认可条例》(以下简称《认证认可条例》),是规范认证认可检验检测活动的唯一单行法规,其确立了涉及认证认可检验检测工作的基本原则、制度体系、监管要求和相关法律权利义务关系,对于规范和促进认证认可检验检测工作、加强和创新市场监管、营造市场化法治化国际化营商环境具有重要意义。

对于监督管理部门,《认证认可条例》第4条规定,国家实行统一的认证认可监督管理制度。国家对认证认可工作实行在国务院认证认可监督管理部门统一管理、监督和综合协调下,各有关方面共同实施的工作机制。这里的"国务院认证认可监督管理部门"是指国家认证认可监督管理委员会。在这个制度中,最关键的是国家对认证认可实行统一的监督管理。

《认证认可条例》从我国认证市场现阶段的实际情况出发,规定设立认证机构必须经过国务院认证认可监督管理部门的前置审批,从事审核、评审等认证活动的人员必须经过认可机构的认可。在保证认证认可客观独立、公开公正、诚实信用的基本行为规范的制定上,其基本与国际通行做法特别是国际导则的具体规定相一致。

总体而言,我国采用认证认可的合格评定工具来评判技术性文件是否符合强制性要求或标准,淡化了政府直接管理市场的色彩,体现了政府职能转变的精神。《认证认可条例》根据政府职能转变的要求,从法律制度上在确保政府监督部门对认证认可市场依法统一监管的同时,将原来由政府部门直接实施的强制性产品认证工作,交由政府部门依照法定条件和程序指定的认证机构来承担;将原来由政府对认证机构、检查机构、实验室实施的认可,交由政府部门依法确定的认可机构承担。通过利用认证机构、认可机构、实验室、检查机构的技术力量为社会服务,促进它们发挥市场中介的功能和作用,大大降低了政府的监管成本,提高了政府监管部门的工作效率,改变了政府部门在认证认可市场中的缺位、错位、越位状况,严格地界定和确定了认证认可市场上的运动员和裁判员,为今后认证认可市场公平、有序地发展提供了制度保证和体制保证。

对于认证机构,《认证机构管理办法》第2条规定,认证机构是指依法取得资质,对产品、服务和管理体系是否符合标准、相关技术规范要求,独立进行合格评定的具有法人资格的证明机构。《认证机构管理办法》第7条规定,取得认证机构资质,应当经国务院认证认可监督管理部门批准。未经批准,任何单位和个人不得从事认证活动。《认证认可条例》第15条规定,向社会出具具有证明作用的数据和结果的检查机构、实验室,应当具备有关法律、行政法规规定的基本条件和能力,并依法经认定后,方可从事相应活动,认定结果由国务院认证认可监督管理部门公布。《认证认可条例》第11条第2款规定,国务院认证认可监督管理部门应当公布依法取得认证机构资质的企业名录。

对于认证基本规范、认证规则,《认证认可条例》第17条规定,认证机构应当按照认证基本规范、认证规则从事认证活动。认证基本规范、认证规则由国务院认证认可监督管理部门制定;涉及国务院有关部门职责的,国务院认证认可监督管理部门应当会同国务院有关部门制定。属于认证新领域,前款规定的部门尚未制定认证规则的,认证机构可以自行制定认证规则,并报国务院认证认可监督管理部门备案。《认证认可条例》第20条规定,认证机构应当公开认证基本规范、认证规则、收费标准等信息。《认证认可条例》第21条第1款规定,认证机构以及与认证有关的检查机构、实验室从事认证以及与认证有关的检查、检测活动,应当完成认证基本规范、认证规则规定的程序,确保认证、检查、检测的完整、客观、真实,不得增加、减少、遗漏程序。

(十)《个人信息出境标准合同办法》及个人信息出境标准合同模板

【评述】

详见本书第九章,已逐条解读。

以上是我国与数据出境有关的主要行政法规、部门规章,具体汇总信息见表6-2。

表6-2 我国与数据出境相关的行政法规、部门规章规范性文件一览

序号	行政法规/部门规章	发布日期	发布部门
1	《数据出境安全评估办法》	2022.07.07	国家网信办
2	《网络安全审查办法》	2021.12.28	国家网信办、中华人民共和国国家发展和改革委员会、中华人民共和国工业和信息化部、中华人民共和国公安部、中华人民共和国国家安全部、中华人民共和国财政部、中华人民共和国商务部、中国人民银行、国家市场监督管理总局、国家广播电视总局、中国证券监督管理委员会、国家保密局、国家密码管理局
3	《汽车数据安全管理若干规定(试行)》	2021.08.16	国家网信办、中华人民共和国国家发展和改革委员会、中华人民共和国工业和信息化部、中华人民共和国公安部、中华人民共和国交通运输部
4	《工业和信息化领域数据安全管理办法(试行)》	2022.12.08	工业和信息化部
5	《医疗卫生机构网络安全管理办法》	2022.08.08	国家卫生健康委、国家中医药局、国家疾控局

续表

序号	行政法规/部门规章	发布日期	发布部门
6	《加强智能网联汽车生产企业及产品准入管理》	2021.07.30	工业和信息化部
7	《贯彻落实网络安全等级保护制度和关键信息基础设施安全保护制度的指导意见》	2020.07.22	公安部
8	《网络数据安全管理条例(征求意见稿)》	2021.11.14	国家网信办
9	《关键信息基础设施安全保护条例(征求意见稿)》	2017.07.10	国家网信办
10	《人类遗传资源管理条例》	2019.05.28	国务院
11	《人类遗传资源管理条例实施细则》	2023.05.26	科学技术部
12	《认证认可条例》	2020.11.29	国务院
13	《个人信息出境标准合同办法》	2023.02.22	国家网信办

三、部门规范性文件、国家标准

(一)《个人信息跨境处理活动安全认证规范 V2.0》

摘要

开展跨境处理活动的个人信息处理者申请个人信息保护认证应符合 GB/T 35273《信息安全技术　个人信息安全规范》和本文件的要求。本文件包括基本原则、个人信息处理者和境外接收方在个人信息跨境处理活动的个人信息保护、个人信息主体权益保障等方面内容,为认证机构对个人信息处理者的个人信息跨境处理活动开展认证提供依据,也为个人信息处理者规范个人信息跨境处理活动提供参考。

1　适用情形

本文件作为认证机构对个人信息跨境处理活动进行个人信息保护认证的认证依据,也为个人信息处理者规范个人信息跨境处理活动提供参考。

2　认证主体

申请认证的个人信息处理者应取得合法的法人资格,正常经营且具有良好的信誉、商誉。

跨国公司或者同一经济、事业实体下属子公司或关联公司之间的个人信息跨境处理活动可由境内一方申请认证，并承担法律责任。

《中华人民共和国个人信息保护法》第三条第二款规定的境外个人信息处理者，可由其在境内设置的专门机构或指定代表申请认证，并承担法律责任。

3　术语定义

3.1　个人信息主体

个人信息所标识或者关联的自然人。

3.2　个人信息处理者

在个人信息处理活动中自主决定处理目的、处理方式的组织或个人。

3.3　境外接收方

位于中华人民共和国境外并自个人信息处理者处接收个人信息的组织或个人。

4　基本原则

a)合法、正当、必要和诚信原则。个人信息处理者和境外接收方在跨境处理个人信息时应满足法律法规的规定，按照约定目的并采取对个人信息权益影响最小的方式处理个人信息，遵守合同、协议等具有法律约束力文件的约定和承诺，不得违背约定和承诺损害个人信息主体的合法权益。

b) 公开、透明原则。个人信息处理者和境外接收方在跨境处理个人信息时应满足处理规则公开、处理过程透明要求，及时向个人信息主体告知境外接收方的名称或者姓名、联系方式，个人信息跨境处理的目的、范围和处理方式，以及权利、行使权利的方式和程序等，确保个人信息主体了解自身个人信息的跨境 处理情况。

c) 信息质量保障原则。个人信息处理者和境外接收方在跨境处理个人信息时应保障个人信息的质量，避免因个人信息不准确、不完整对个人权益造成不利影响。

d) 同等保护原则。个人信息处理者和境外接收方在跨境处理个人信息时均应采取必要措施，保护所处理个人信息的安全，确保个人信息跨境处理活动达到《中华人民共和国个人信息保护法》等规定的个人信息保护标准。

e) 责任明确原则。个人信息处理者和境外接收方应履行法律法规 规定的责任义务，在跨境处理个人信息时应保障个人信息主体权益，并指定境内一方、多方或者境外接收方在境内设置的机构对境外接收方损害个人信息权益的个人信息处理活动承担民事法律责任。

f) 自愿认证原则。鼓励开展个人信息跨境处理活动的个人信息处

理者自愿申请个人信息保护认证，充分发挥认证在加强个人信息保护、提高个人信息跨境处理效率方面的作用。

5　基本要求

5.1　具有法律约束力的文件

开展个人信息跨境处理活动的个人信息处理者和境外接收方应签订具有法律约束

力和可执行的文件，确保个人信息主体权益得到充分的保障。文件应至少明确下列内容：

a)个人信息处理者和境外接收方的基本信息，包括但不限于名称、地址、联系人姓名、联系方式等；

b)个人信息跨境处理的目的、范围、类型、敏感程度、数量、方式、保存期限、存储地点等；

c)个人信息处理者和境外接收方保护个人信息的责任与义务，以及为防范个人信息跨境处理可能带来安全风险所采取的技术和管理措施等；

d)个人信息主体的权利，以及保障个人信息主体权利的途径和方式；

e)救济、合同解除、违约责任、争议解决等；

f)境外接收方承诺并遵守同一个人信息跨境处理规则，并确保个人信息保护水平不低于中华人民共和国个人信息保护相关法律、行政法规规定的标准；

g)境外接收方承诺接受认证机构对个人信息跨境处理活动的持续监督；

h)境外接收方承诺接受中华人民共和国个人信息保护相关法律、行政法规管辖；

i)明确在中华人民共和国境内承担法律责任的组织，并承诺履行个人信息保护义务；

j)个人信息处理者和境外接收方均承诺对侵害个人信息权益行为承担民事法律责任，并明确约定双方应承担的民事法律责任；

k)其他应遵守的法律、行政法规规定的义务。

5.2 组织管理

5.2.1 个人信息保护负责人

开展个人信息跨境处理活动的个人信息处理者和境外接收方均应指定个人信息保护负责人。个人信息保护负责人应具备个人信息保护专业知识和相关管理工作经历，由本组织的决策层成员担任。个人信息保护负责人应承担下列职责：

a)明确个人信息保护工作的主要目标、基本要求、工作任务、保护措施；

b)为本组织的个人信息保护工作提供人力、财力、物力保障，确保所需资源可用；

c)指导、支持相关人员开展本组织的个人信息保护工作，确保个人信息保护工作达到预期目标；

d)向本组织的主要负责人汇报个人信息保护工作情况，推动个人信息保护工作持续改进。

5.2.2 个人信息保护机构

开展个人信息跨境处理活动的个人信息处理者和境外接收方均应设立个人信息保护机构，履行个人信息保护义务，防止未经授权的访问以及个人信息泄露、篡改、丢失等，并在个人信息跨境处理活动中承担下列职责：

a)依法制定并实施个人信息跨境处理活动计划;

b)组织开展个人信息保护影响评估;

c)监督本组织按照约定的个人信息跨境处理规则处理跨境个人信息,保护个人信息权益;

d)采取有效措施保证按照约定的处理目的、范围、方式处理跨境个人信息,履行个人信息保护义务,保障个人信息安全;

e)定期对本组织处理个人信息遵守中华人民共和国法律、行政法规的情况进行合规审计;

f)接受和处理个人信息主体的请求和投诉;

g)接受认证机构对个人信息跨境处理活动的持续监督,包括答复询问、配合检查等。

5.3 个人信息跨境处理规则

开展个人信息跨境处理活动的个人信息处理者和境外接收方应约定并共同遵守同一个人信息跨境处理规则,规则应至少包括下列事项:

a)明确跨境处理个人信息的基本情况,包括个人信息数量、范围、种类、敏感程度等;

b)明确跨境处理个人信息的目的、方式和范围;

c)明确个人信息境外存储的起止时间及期满后的处理方式;

d)明确跨境处理个人信息需要中转的国家或者地区;

e)明确保障个人信息主体权益所需资源和采取的措施;

f)明确个人信息安全事件的赔偿、处置规则。

5.4 个人信息保护影响评估

个人信息处理者应对拟向境外接收方提供个人信息的活动开展个人信息保护影响评估,并形成个人信息保护影响评估报告,评估报告至少保存3年。评估报告应至少包括下列事项:

a)个人信息处理者和境外接收方处理个人信息的目的、范围、方式等的合法性、正当性、必要性;

b)跨境处理个人信息的规模、范围、类型、敏感程度、频率,个人信息跨境处理可能对个人信息权益带来的风险;

c)境外接收方承诺承担的责任义务,以及履行责任义务的管理和技术措施、能力等能否保障跨境处理个人信息的安全;

d)个人信息跨境处理存在的泄露、损毁、篡改、滥用等的风险,个人维护个人信息权益的渠道是否通畅等;

e)境外接收方所在国家或者地区的个人信息保护政策法规对履行个人信息保护义

务和保障个人信息权益的影响，包括但不限于：

1）境外接收方此前类似的个人信息跨境传输和处理相关经验、境外接收方是否曾发生数据安全相关事件及是否进行了及时有效地处置、境外接收方是否曾收到其所在国家或者地区公共机关要求其提供个人信息的请求及境外接收方应对的情况；

2）该国家或地区现行的个人信息保护法律法规、普遍适用的标准情况，及与我国个人信息保护相关法律法规、标准情况的差异；

3）该国家或地区加入的区域或全球性的个人信息保护方面的组织，以及所做出的具有约束力的国际承诺；

4）该国家或地区落实个人信息保护的机制，如是否具备个人信息保护的监督执法机构和相关司法机构等。

f）其他可能影响个人信息跨境处理安全的事项。

6　个人信息主体权益保障要求

6.1　个人信息主体权利

个人信息处理者和境外接收方应承认个人信息主体享有下列权利，并为个人信息主体行使权利提供便利条件：

a）个人信息主体是个人信息处理者和境外接收方签订具有法律约束力文件中的第三方受益人，有权要求个人信息处理者和境外接收方提供法律文本中涉及个人信息主体权益部分的副本，并向个人信息处理者和境外接收方主张权利；

b）个人信息主体对其个人信息的处理拥有知情权、决定权、限制或拒绝他人对其个人信息进行处理的权利、查阅权、复制权、更正与补充的权利、删除权，有权撤回对其个人信息跨境处理的同意；

c）个人信息主体行使上述权利时，个人信息主体可请求个人信息处理者采取适当措施实现，或直接向境外接收方提出请求。个人信息处理者无法实现的，应通知并要求境外接收方协助实现。个人信息主体有权要求个人信息处理者和境外接收方对其个人信息跨境处理规则进行解释说明；

d）个人信息主体有权拒绝个人信息处理者仅通过自动化决策方式作出的个人信息跨境处理决定；

e）个人信息主体有权对违法个人信息跨境处理活动向中华人民共和国履行个人信息保护职责的部门进行投诉、举报；

f）个人信息权益受到损害时，个人信息主体有权向个人信息处理者、境外接收方的任何一方提出赔偿要求；

g）个人信息主体有权依据《中华人民共和国民事诉讼法》确定的管辖法院向开展个人信息跨境处理活动的个人信息处理者和境外接收方提起司法诉讼；

h）法律、行政法规规定的其他权利等。

6.2　个人信息处理者和境外接收方的责任义务

个人信息处理者和境外接收方应履行下列责任义务：

a）以电子邮件、即时通信、信函、传真等方式告知个人信息主体开展个人信息跨境处理活动的个人信息处理者和境外接收方的基本情况，以及向境外提供个人信息的目的、类型和保存时间，并取得个人信息主体的单独同意；

b）如果境外接收方所在国家或地区法律或政策发生变化，导致境外接收方无法履行本认证所提出的要求，境外接收方在知道前述变化后立即通知个人信息处理者及认证机构；

c）按照已签署的具有法律效力文件约定的处理目的、处理方式、保护措施等跨境处理个人信息，不得超出约定处理个人信息；

d）境外接收方承诺不将所接收的个人信息提供给第三方。如确需提供的，满足中华人民共和国有关法律、行政法规要求，并采取必要措施确保第三方个人信息跨境处理活动达到《中华人民共和国个人信息保护法》规定的个人信息保护标准；

e）为个人信息主体提供查阅其个人信息的途径，个人信息主体要求查阅、复制、更正、补充或者删除其个人信息时，及时予以响应，拒绝其请求的，说明理由；

f）客观记录开展的个人信息跨境处理活动，保存记录至少3年；按照相关法律法规要求向中华人民共和国履行个人信息保护职责的部门提供相关记录文件；

g）当出现难以保证个人信息安全的情况时，及时停止跨境处理个人信息，并通知对方；

h）发生或者可能发生个人信息泄露、篡改、丢失的，个人信息处理者及境外接收方立即采取补救措施，并通知对方，报告中华人民共和国履行个人信息保护职责的部门，按照相关法律法规要求通知个人信息主体，记录并留存所有与个人信息泄露、篡改、丢失有关的事实及其影响，包括采取的所有补救措施。通知、报告包含以下内容：

1）个人信息泄露、篡改、丢失的原因；

2）泄露的个人信息种类和可能造成的危害；

3）已采取的补救措施；

4）个人可以采取的减轻危害的措施；

5）负责处理个人信息泄露、篡改、丢失的负责人或负责团队的联系方式。

i）应个人信息主体的请求，提供双方有法律约束力文件中涉及个人信息主体权益部分的副本；

j）境外接收方的境内法律责任承担方承诺为个人信息主体行使权利提供便利条件，当发生个人信息跨境处理活动损害个人信息主体权益时，为境外接收方承担相应的民事法律责任；

k）承诺接受认证机构对个人信息跨境处理活动的持续监督，包括答复询问、配合检

查、服从采取的措施或做出的决定等,并提供已采取必要行动的书面证明;

l)承担证明相关责任义务已履行的举证责任;

m)承诺遵守中华人民共和国个人信息保护有关法律、行政法规,接受中华人民共和国司法管辖;承诺与个人信息跨境处理有关的纠纷适用中华人民共和国相关法律法规。

【评述】

上述稿件经历了三次才最终成型。2022 年 4 月,全国信息安全标准化技术委员会发布《网络安全标准实践指南—个人信息跨境处理活动安全认证规范(征求意见稿认证规范 V1.0)》;2022 年 6 月 24 日,全国信息安全标准化技术委员会发布《网络安全标准实践指南—个人信息跨境处理活动安全认证规范》(以下简称《个人信息跨境处理活动安全认证规范 V1.0》)。该文件依据有关政策法规的要求,为落实《个人信息保护法》第 38 条建立的个人信息保护认证制度提供认证依据,并适用于以下情形:

a)跨国公司或者同一经济、事业实体下属子公司或关联公司之间的个人信息跨境处理活动;

b)《个人信息保护法》第 3 条第 2 款适用的个人信息处理活动。

在《个人信息跨境处理活动安全认证规范 V2.0 - 征求意见稿》《个人信息跨境处理活动安全认证规范 V2.0》发布后,该适用范围进一步扩大,即调整为"个人信息处理者开展个人信息跨境处理活动"。

2022 年 11 月,全国信息安全标准化技术委员会发布《网络安全标准实践指南—个人信息跨境处理活动安全认证规范 V2.0 - 征求意见稿》(以下简称《个人信息跨境处理活动安全认证规范 V2.0 - 征求意见稿》);2022 年 12 月,全国信息安全标准化技术委员会发布《网络安全标准实践指南—个人信息跨境处理活动安全认证规范 V2.0》(以下简称《个人信息跨境处理活动安全认证规范 V2.0》),具体条款见上文。

相较于《个人信息跨境处理活动安全认证规范 V1.0》,《个人信息跨境处理活动安全认证规范 V2.0 - 征求意见稿》在适用范围、认证主体、基本原则等方面均有改进。例如,基本原则从仅适用境内个人信息处理者,扩大到境外接收方。而相较于《个人信息跨境处理活动安全认证规范 V2.0 - 征求意见稿》,《个人信息跨境处理活动安全认证规范 V2.0》则在签署有约束力文件、个人信息主体寻求救济管辖条款等方面进一步优化。例如,在具有法律约束力文件方面增加了"持续"监督的持续字样。

(二)《信息安全技术　个人信息安全规范》

5.5　个人信息保护政策对个人信息控制者的要求包括:

a)应制定个人信息保护政策,内容应包括但不限于:

……

3）个人信息收集方式、存储期限、涉及数据出境情况等个人信息处理规则；

……

11.3　个人信息处理活动记录

个人信息控制者宜建立、维护和更新所收集、使用的个人信息处理活动记录，记录的内容可包括：

……

b）根据业务功能和授权情况区分个人信息的处理目的、使用场景，以及委托处理、共享、转让、公开披露、是否涉及出境等情况；

……

【评述】

《信息安全技术　个人信息安全规范》是在《个人信息保护法》出台前发布的，在实务中对具体的合规整改工作具有很大的帮助。上述条款，是和数据出境有关，主要是强调在个人信息保护政策（隐私政策）中需要向个人信息主体告知是否涉及出境的情形；同时强调要对数据出境的情况予以记录。

（三）《信息安全技术　个人信息处理中告知和同意的实施指南》

8.2.2　提供、公开个人信息时

提供、公开个人信息时的告知内容包括如下内容。

a）涉及5.2中提供个人信息的一种或多种情形，通常在提供个人信息前（或首次收集个人的个人信息时），使用一般告知的方式，通过制定发布个人信息保护政策等机制，向个人告知可能涉及的提供个人信息的场景，接收方的身份（或姓名、联系方式），提供的具体目的、方式，涉及的个人信息种类等。接收方位于境外的，还需告知个人向境外接收方行使权利的具体方法以及个人信息出境所具备的条件（如通过国家网信部门组织的评估、取得专业机构开展的个人信息保护认证、与接收方按照国家网信部门制定的标准合同订立了合同等）。

注2：有独立的业务功能涉及向境外提供个人信息，可在个人信息保护政策以外，制定专门的个人信息出境政策详细说明相关规则。

b）涉及以下提供个人信息的情形时，在一般告知的基础上，还需进一步使用增强告知的方式增进个人对个人信息处理的关键规则的理解：

……

2）当个人主动选择使用某个涉及向境外提供个人信息的业务功能时，可通过增强告知方式向个人告知境外接收方的身份、出境目的、涉及个人信息的种类、具备的出境条件等；

……

9.3.6　向境外提供个人信息

具体的实施要点包括：

a）个人信息处理者向境外提供个人信息的，需向个人告知境外接收方的身份、联系方式、处理目的、处理方式，个人信息的种类、保存时间、保存区域（至少具体到国家或地区）以及个人向境外接收方行使相关权利的方式等内容，并取得个人的单独同意；

注：个人在自行了解境外接收方所公布的个人信息处理规则后，主动以邮件、短信息、点击启动服务、在线提交信息或直接确认等方式向境外接收方发送涉及其个人信息内容的，可视为作出了单独同意。

b）如产品或服务中涉及个人信息出境的业务功能可与其他业务功能相分离的，个人信息处理者宜将涉及个人信息出境的业务功能与其他业务功能区分，以便个人针对个人信息出境作出单独同意；

c）个人拒绝涉及个人信息出境的业务功能后，不能影响其他业务功能的正常使用；

d）收集个人信息时已事前单独就个人信息出境取得个人同意，满足出境其他条件的前提下，后续在出境时可不再次取得个人单独同意；

e）如法律法规另有规定向境外受托处理者提供个人信息也需要取得个人单独同意的，可参考9.3.6a）~d）实施。

【评述】

《信息安全技术　个人信息处理中告知和同意的实施指南》是在《个人信息保护法》出台后发布的，是全面落实和细化《个人信息保护法》告知、同意要求非常重要的一份国家标准文件。上述摘要条款是与数据出境有关的条款。该指南细化了数据出境需要告知用户的具体内容，同时鼓励制作专门的个人信息出境政策详细说明。值得关注的是，该指南就增强告知、单独同意的不同做法，提供了良好实践做法，特别是允许在收集个人信息初始阶段，如果从用户处获得了基于数据出境的单独同意，后续具体出境时可以不用再次获得单独同意，这一做法将优化用户客户体验。

以上是我国与数据出境有关的主要部门规范性文件、国家标准，具体信息汇总见表6－3。

表6－3　我国与数据出境相关的主要部门规范性文件、国家标准文件一览

序号	部门规范性文件	发布日期	发布部门
1	《信息安全技术　个人信息安全规范》	2020.03.06	国家市场监督管理总局、国家标准化管理委员会
2	《信息安全技术　数据出境安全评估指南（征求意见稿）》	2017.08.30	全国信息安全标准化技术委员会

续表

序号	部门规范性文件	发布日期	发布部门
3	《信息安全技术 汽车采集数据的安全要求(征求意见稿)》	2021.10.19	全国信息安全标准化技术委员会
4	《互联网个人信息安全保护指南》	2019.04.10	公安部
5	《数据出境安全评估申报指南(第一版)》	2022	国家互联网信息办公室
6	《贯彻落实网络安全等级保护制度和关键信息基础设施安全保护制度的指导意见》	2020.07.22	公安部
7	《信息安全技术 移动互联网应用程序(App)收集个人信息基本要求》	2022.04.15	国家市场监督管理总局、国家标准化管理委员会
8	《信息安全技术 个人信息处理中告知和同意的实施指南》	2023.05.23	国家市场监督管理总局、国家标准化管理委员会

四、地方性法规

(一)《深圳经济特区数据条例》

第一条 为了规范数据处理活动,保护自然人、法人和非法人组织的合法权益,促进数据作为生产要素开放流动和开发利用,加快建设数字经济、数字社会、数字政府,根据有关法律、行政法规的基本原则,结合深圳经济特区实际,制定本条例。

第二条 本条例中下列用语的含义:

(一)数据,是指任何以电子或者其他方式对信息的记录。

(二)个人数据,是指载有可识别特定自然人信息的数据,不包括匿名化处理后的数据。

(三)敏感个人数据,是指一旦泄露、非法提供或者滥用,可能导致自然人受到歧视或者人身、财产安全受到严重危害的个人数据,具体范围依照法律、行政法规的规定确定。

(四)生物识别数据,是指对自然人的身体、生理、行为等生物特征进行处理而得出的能够识别自然人独特标识的个人数据,包括自然人的基因、指纹、声纹、掌纹、耳廓、虹膜、面部识别特征等数据。

(五)公共数据,是指公共管理和服务机构在依法履行公共管理职责或者提供公共服务过程中产生、处理的数据。

（六）数据处理，是指数据的收集、存储、使用、加工、传输、提供、开放等活动。

（七）匿名化，是指个人数据经过处理无法识别特定自然人且不能复原的过程。

（八）用户画像，是指为了评估自然人的某些条件而对个人数据进行自动化处理的活动，包括为了评估自然人的工作表现、经济状况、健康状况、个人偏好、兴趣、可靠性、行为方式、位置、行踪等进行的自动化处理。

（九）公共管理和服务机构，是指本市国家机关、事业单位和其他依法管理公共事务的组织，以及提供教育、卫生健康、社会福利、供水、供电、供气、环境保护、公共交通和其他公共服务的组织。

第八十二条　数据处理者向境外提供个人数据或者国家规定的重要数据，应当按照有关规定申请数据出境安全评估，进行国家安全审查。

（二）《北京市数字经济促进条例》

第四十八条　开展数据处理活动，应当建立数据治理和合规运营制度，履行数据安全保护义务，严格落实个人信息合法使用、数据安全使用承诺和重要数据出境安全管理等相关制度，结合应用场景对匿名化、去标识化技术进行安全评估，并采取必要技术措施加强个人信息安全保护，防止非法滥用。鼓励各单位设立首席数据官。

开展数据处理活动，应当加强风险监测，发现数据安全缺陷、漏洞等风险时，应当立即采取补救措施；发生数据安全事件时，应当立即采取处置措施，按照规定及时告知用户并向有关主管部门报告。

第五十六条　鼓励拓展数字经济领域国际合作，支持参与制定国际规则、标准和协议，搭建国际会展、论坛、商贸、赛事、培训等合作平台，在数据跨境流动、数字服务市场开放、数字产品安全认证等领域实现互惠互利、合作共赢。

【评述】

《深圳经济特区数据条例》是第一部明确了数据、个人数据定义的地方性法规。在起草过程中，其还创造性地明确了“数据权”的定义。虽然最终没有出台含“数据权”定义的条例，但是这一过程仍然有非常强的理论意义和实践意义。《北京市数字经济促进条例》进一步提出设立首席数据官，并鼓励“在数据跨境流动、数字服务市场开放、数字产品安全认证等领域实现互惠互利、合作共赢”。

地方层面出台的与数据出境有关的地方性法规较少，主要文件信息汇总见表6－4、表6－5、表6－6。

表 6－4　我国与数据出境相关的地方性法规一览

序号	地方性法规	发布日期
1	《苏州市数据条例》	2022.12.06
2	《天津市科学技术进步促进条例》	2022.12.01
3	《北京市数字经济促进条例》	2022.11.25
4	《上海市浦东新区促进无驾驶人智能网联汽车创新应用规定》	2022.11.23
5	《陕西省大数据条例》	2022.09.29
6	《河南省数字经济促进条例》	2021.12.28
7	《山东省大数据发展促进条例》	2021.09.30
8	《上海市数据条例》	2021.11.25
9	《重庆市数据条例》	2022.03.30
10	《四川省数据条例》	2022.12.02

表 6－5　我国与数据出境相关的经济特区法规一览

序号	经济特区法规	发布日期
1	《深圳经济特区数据条例》	2021.07.06
2	《厦门经济特区数据条例》	2022.12.27

表 6－6　我国与数据出境相关的地方政府规章一览

序号	地方政府规章	发布日期
1	《重庆市智能网联汽车道路测试与应用管理试行办法》	2022.01.26
2	《上海市智能网联汽车测试与应用管理办法》	2021.12.29
3	《湖北省地理信息系统工程测绘管理规定》	2006.04.28

实　务　篇

第七章 《数据出境安全评估办法》条文解读

第1条 立法目的

为了规范数据出境活动，保护个人信息权益，维护国家安全和社会公共利益，促进数据跨境安全、自由流动，根据《中华人民共和国网络安全法》《中华人民共和国数据安全法》《中华人民共和国个人信息保护法》等法律法规，制定本办法。

【解读】

《数据出境安全评估办法》第1条是对其立法目的的概括性规定。2022年7月7日，国家互联网信息办公室公布《数据出境安全评估办法》，自2022年9月1日起施行。从立法目的来看，《数据出境安全评估办法》重点体现了总体国家安全观。其中“规范”“保护”“维护”“促进”这四个关键词在立法目的中是一种递进关系，规范数据出境活动是核心，在规范数据出境活动的基础上保护个人信息权益和维护国家安全和社会公共利益，从而实现促进数据跨境安全和自由流动之目的。①

国家网信办负责人在就《数据出境安全评估办法》答记者问时介绍了制定背景：“近年来，随着数字经济的蓬勃发展，数据跨境活动日益频繁，数据处理者的数据出境需求快速增长。同时，由于不同国家和地区法律制度、保护水平等的差异，数据出境安全风险也相应凸显。数据跨境活动既影响个人信息权益，又关系国家安全和社会公共利益。世界上许多国家和地区相继从本国、本地区实际出发，对数据跨境安全管理作了制度

---

① 参见王春晖：《数据安全出境评估规则与适用——〈数据出境安全评估办法〉解读》，载中国政法大学法治政府研究院网2022年9月8日，http://fzzfyjy.cupl.edu.cn/info/1035/14513.htm。

探索。制定出台《数据出境安全评估办法》是落实《网络安全法》《数据安全法》《个人信息保护法》有关数据出境规定的重要举措，目的是进一步规范数据出境活动，保护个人信息权益，维护国家安全和社会公共利益，促进数据跨境安全、自由流动。”笔者现对本段“答记者问”的内容进行解读。

1. 数字经济蓬勃发展，数据活动日益频繁，数据处理者的数据出境需求快速增长

《中国互联网发展报告2022》披露，我国数字经济规模连续多年稳居世界第二位，中国数字经济规模从2012年的11万亿元增至2021年的45.5万亿元，占GDP比重由21.6%提升到39.8%，成为推动经济增长的主要引擎之一。全国一体化大数据中心体系完成总体布局设计，“东数西算”工程全面启动，物联网、工业互联网、车联网等领域加速发展，数据安全保护体系初步建立。数字化转型加快推进，农业生产信息化水平快速提升，工业互联网应用已覆盖45个国民经济大类。可见，随着新型基础设施建设提速，数字产业化深入推进，关键技术加快攻关，中国数字经济必然会进一步蓬勃发展，产业规模也将持续快速增长，成为推动经济发展的主要引擎之一。

数据要素是数字经济时代的核心生产要素，在数字经济蓬勃发展的背景下，数据活动日益频繁，数据处理者的数据出境需求也快速增长。数据的出境已成为所有数据处理者需要高度重视的事项。在此背景下，《数据出境安全评估办法》以实现数据跨境安全、自由流动为重要立法目标之一，明确了安全评估的对象、程序、要求、期限等主要因素，通过法治途径提升产业预期，给予规范指引，有利于数据出境活动的依法有序进行，保障数据安全出境①。

2. 由于不同国家和地区法律制度、保护水平等的差异，数据出境安全风险日益凸显

在数据跨境流通方面，大数据时代，在保障国家安全和个人、企业数据安全的前提下，允许不同主权间的数据跨境流通是未来的发展趋势。已有部分国家或地区对数据进行专门立法。国家工业信息安全发展研究中心对此进行了分析和总结：美国积极推进有利于自身的跨境数据流动规则，在倡导数据自由流动的同时，也对关键领域数据出境施加限制措施，EO 13556号②行政令严格限定了关键基础设施、金融、税收等近20个门类数据的传播范围，其《外国投资风险审查现代化法案》《出口管制条例》等法律通过外商投资安全审查、出口管制等手段对人工智能关键技术、敏感个人数据等的跨境作出限制。欧盟建立高水平保护的数据跨境流动规则。欧盟GDPR构建了一套高标准的数据保护机制，并为涉及个人数据出境业务的企业或机构提供了数据保护充分性认定、约

① 参见辛勇飞：《专家解读|中国为规范数据安全出境作出重要制度安排》，载国家互联网信息办公室网，http://www.cac.gov.cn/2022-07/08/c_1658903427020322.htm。

② 参见Executive Order 13556 of November 4, 2010: Controlled Unclassified Information。

束性公司规则(BCR)和SCC等多种合规渠道和工具,而充分性认定是通过建立“白名单”对数据流入国进行严格限定。同时,为满足安全和执法诉求,欧盟也提出了数据的域外管辖要求。其他国家加紧完善数据跨境流动政策。其他国家普遍采纳谨慎的数据跨境流动政策。印度、巴西等国家参照欧盟GDPR作出了要求较严格的数据跨境传输规定。俄罗斯将数据本地化作为跨境传输的前提,奉行较严格的数据跨境传输管控措施。

我国依法对数据进行分类分级管理,通过顶层立法对重要数据、个人信息等出境需求,规定了丰富多样的跨境流动方案。随着我国在全球数字经济产业价值链的地位迅速提升,改革开放政策和“一带一路”倡议的持续深化推进,亟待确立数据跨境流通相关规则。因此,应当通过立法促进开展数据国际合作,推动企业参与数据国际竞争。① 《数据出境安全评估办法》以上位法为基础,为我国确定了安全评估的规则要求,有利于切实保障数据安全,规范数据跨境有序流动。

3.落实数据出境的相关规定,进一步规范数据出境活动

出台《数据出境安全评估办法》旨在落实《网络安全法》《数据安全法》《个人信息保护法》的规定,规范数据出境活动,保护个人信息权益,维护国家安全和社会公共利益,促进数据跨境安全、自由流动,切实以安全保发展、以发展促安全。《数据出境安全评估办法》在法律位阶上属于部门规章。现笔者就上述法律对数据出境活动的相关规定进行分析。

①《网络安全法》第37条规定:“关键信息基础设施的运营者在中华人民共和国境内运营中收集和产生的个人信息和重要数据应当在境内存储。因业务需要,确需向境外提供的,应当按照国家网信部门会同国务院有关部门制定的办法进行安全评估;法律、行政法规另有规定的,依照其规定。”

在我国数据跨境流动管理制度的构建过程中,《网络安全法》第37条最先在法律层面明确了我国数据跨境流动管理的基本要求,后来制定出台的《数据安全法》《个人信息保护法》对数据跨境流动管理制度进一步完善,《数据出境安全评估办法》也是以《网络安全法》第37条为基础,对数据跨境流动管理制度进行了规定和细化。② 该条内容主要明确规定了4个方面的内容:监管对象为关键信息基础设施的运营者;数据类型为在中华人民共和国境内运营中收集和产生的个人信息和重要数据;管理原则为应当在

---

① 参见李爱君:《如何平衡数据安全与发展?解读〈数据安全法〉》,载未央网2020年7月14日,https://www.weiyangx.com/365612.html。

② 参见刘耀华:《中心研究|如何准确理解〈网络安全法〉第37条对据跨境流动的管理要求?》,载微信公众号“CAICT互联网法律研究中心”2022年4月11日,https://mp.weixin.qq.com/s?__biz=MzA4MjAyNzk0NQ==&mid=2649471965&idx=1&sn=168b028a7b9f4ef0ee38f7e5b10d2bdb&chksm=8794ef1bb0e3660d01f17b699e723d8ce7163b2e0bd1647bd2f0656a6452ac0a924c910842b3&scene=27。

境内存储;出境条件包括:因业务需要、确需向境外提供、经过安全评估。

②《个人信息保护法》第38条规定:"个人信息处理者因业务等需要,确需向中华人民共和国境外提供个人信息的,应当具备下列条件之一:(一)依照本法第四十条的规定通过国家网信部门组织的安全评估;(二)按照国家网信部门的规定经专业机构进行个人信息保护认证;(三)按照国家网信部门制定的标准合同与境外接收方订立合同,约定双方的权利和义务;(四)法律、行政法规或者国家网信部门规定的其他条件。中华人民共和国缔结或者参加的国际条约、协定对向中华人民共和国境外提供个人信息的条件等有规定的,可以按照其规定执行。个人信息处理者应当采取必要措施,保障境外接收方处理个人信息的活动达到本法规定的个人信息保护标准。"第40条规定:"关键信息基础设施运营者和处理个人信息达到国家网信部门规定数量的个人信息处理者,应当将在中华人民共和国境内收集和产生的个人信息存储在境内。确需向境外提供的,应当通过国家网信部门组织的安全评估;法律、行政法规和国家网信部门规定可以不进行安全评估的,从其规定。"

根据《个人信息保护法》第38条的规定,我国数据合法出境有四种情况:一是通过国家网信部门组织的安全评估;二是按照国家网信部门规定通过专业机构的个人信息保护认证;三是按照国家网信部门制定的标准合同与境外接收方订立合同;四是符合法律、行政法规或国家网信部门规定的其他条件。整体而言,我国数据合法出境情形有两大类:一是通过数据安全评估;二是豁免数据安全评估,包括通过个人信息保护认证或订立数据跨境标准合同。[①]《数据出境安全评估办法》落实了上述两条内容。

③《数据安全法》第31条规定:"关键信息基础设施的运营者在中华人民共和国境内运营中收集和产生的重要数据的出境安全管理,适用《中华人民共和国网络安全法》的规定;其他数据处理者在中华人民共和国境内运营中收集和产生的重要数据的出境安全管理办法,由国家网信部门会同国务院有关部门制定。"

《数据安全法》在《网络安全法》的基础上进行了完善,明确非关键信息基础设施运营者跨境传输重要数据将适用另行制定的规则,并对违法向境外提供重要数据的行为设置了严格的法律责任。

综上所述,在上述法律法规的基础上,《数据出境安全评估办法》落实了数据出境的相关规定,进一步规范数据出境活动。

第2条　适用范围

数据处理者向境外提供在中华人民共和国境内运营中收集和产生的重要数据和个

---

① 参见李烨:《RCEP协定下我国数据跨境流动规则的检视与完善》,载《科技与法律(中英文)》2023年第1期。

人信息的安全评估,适用本办法。法律、行政法规另有规定的,依照其规定。

【解读】

《数据出境安全评估办法》第2条规定了其适用范围。本办法的适用范围是“数据处理者向境外提供在中华人民共和国境内运营中收集和产生的重要数据和个人的安全评估”,笔者现从概念解释的角度入手进行分析。

1.“数据处理者”

我国现行的法律法规没有对“数据处理者”一词进行直接定义。“数据处理者”出现在《数据安全法》第31条,该条款规定:“关键信息基础设施的运营者在中华人民共和国境内运营中收集和产生的重要数据的出境安全管理,适用《网络安全法》的规定;其他数据处理者在中华人民共和国境内运营中收集和产生的重要数据的出境安全管理办法,由国家网信部门会同国务院有关部门制定。”在此之前,《网络安全法》首次对关键信息基础设施运营者的数据跨境传输行为进行规范,但并未对“关键信息基础设施的运营者”进行界定。与《数据安全法》相呼应,《数据出境安全评估办法》将规范对象明确为“数据处理者”,但是现有的法律文件中,并未对“数据处理者”一词进行定义。因此,笔者现对《数据出境安全评估办法》中“数据处理者”的概念进行解析。

关于“数据处理者”这一概念,目前理论与实务界对是否需要“自主决定”问题存在一定争议。

在学理层面,有学者从安全保护义务的角度,论述了“数据处理者”的概念,将“数据处理者”与“个人信息处理者”两个概念进行了区分。欧盟GDPR对“数据处理者”的定义是:“数据处理者是指任何实施了数据的收集、存储、加工、传输、提供、公开等处理活动的组织或个人。”该“数据处理者”的定义与我国《个人信息保护法》中“个人信息处理者”不同,《个人信息保护法》第73条规定:“个人信息处理者,是指在个人信息处理活动中自主决定处理目的、处理方式的组织、个人。”两者的区别在于,是否自主决定个人信息的处理目的与处理方式。如果不存在自主决定这个核心要件,根据《个人信息保护法》第59条的规定,即使在行为层面客观上实施了处理个人信息的行为,也不应被认定为个人信息处理者,而应当被视作接受委托处理个人信息的受托人。《个人信息保护法》中只有个人信息处理者才是关键行为者,是该法设定的向个人负担的各种义务的首要承担者。客观上实施了个人信息处理的行为,但仅是根据他人决定的处理目的与处理方式处理个人信息的组织或个人是受托人。受托人不需要负担太多的义务,基于受托人的身份,可以豁免《个人信息保护法》第13条、第17条等关于获取处理个人信息的合法性来源的义务、通知义务以及该法第五章规定的指定个人信息保护负责人、合规审计等义务,其仅负有特定的义务,即依法采取必要措施保障所处理的个人信息的安全以及协助个人信息处理者履行该法所规定的义务。而在数据处理中,就保护数据安全的义务而言,处理者无论是自主地决定数据处理目的和处理方式,还是依据他人的指示来处理数据,都负有数据安全保护义务。只要实施了数据处理活动的组织和个人就是数据处理者,既包括自然人、企事业单位等民事主体,也包括国家机关以及法律、法规授权的具有管理公共事务职能的组织。[①] 因此,可以简要理解为《个人信息保护法》中的"个人信息处理者"类似于欧盟 GDPR 中的"数据控制者",而《数据出境安全评估办法》中的"数据处理者"与欧盟 GDPR 中的"数据处理者"概念一致。

在制度层面,《网络数据安全管理条例(征求意见稿)》第 73 条明确了数据处理者的定义,即"数据处理者是指在数据处理活动中自主决定处理目的和处理方式的个人和组织"。《工业和信息化领域数据安全管理办法(试行)》规定:"工业和信息化领域数据处理者是指数据处理活动中自主决定处理目的、处理方式的工业企业、软件和信息技术服务企业、取得电信业务经营许可证的电信业务经营者和无线电频率、台(站)使用单位等工业和信息化领域各类主体。工业和信息化领域数据处理者按照所属行业领域可分为工业数据处理者、电信数据处理者、无线电数据处理者等。数据处理活动包括但不限于数据收集、存储、使用、加工、传输、提供、公开等活动。"上述定义与《个人信息保护法》中的"个人信息处理者"的定义基本相同,其类似欧盟 GDPR 中"数据控制者"的概念。

回到实务的视角,是否"自主决定"的问题主要涉及关于申报主体的讨论,结合企业的实务运用[②],应明确数据处理者才是申报主体,《个人信息保护法》中的受托人不得作为申报主体。一方面,将自主决定处理目的和处理方式的数据处理者作为我国数据出境的责任主体有助于监管部门对其开展检查、监督。如果允许境内的受托人作为申报主体,由于其本身在商业模式中需要听从数据处理者的指令,我国监管机构就难以通过其对数据出境活动予以监管,控制数据出境风险。另一方面,允许受托人作为申报主体难以落实对数据处理者的义务要求。按照我国《个人信息保护法》的要求,一般个人信息出境需要完成个人信息安全影响评估,获得个人信息主体的单独同意。如果受托人是申报主体,那么监管机构取得数据处理者的评估报告,督促数据处理者取得个人信息主体单独同意均属于"间接方式"监管,不利于我国数据出境风险的整体把控。如果受托人可以成为申报主体,则大量数据处理者都可以通过委托

① 参见程啸:《论数据安全保护义务》,载《比较法研究》2023 年第 2 期。

② 企业通常会把数据存储到第三方供应商的系统,包括 SaaS 公司也会为 B 端客户提供云存储服务。在该类型的数据处理模式中,B 端客户往往是数据控制者,而 SaaS 公司或者云服务商往往是受托人。在整个业务模式中,受托人无法直接查看 B 端客户数据,也无权决定处理该数据的目的。对于 B 端客户来说,其自身的 C 端客户数据,也是其基于前端页面,通过 C 端客户授权取得的,其是第一手的数据收集者和处理者。其基于其所提供的基本功能或者扩展功能的服务范围获得 C 端客户授权,决定具体的数据处理的目的和方式,而受托人并不直接面向 C 端客户,其仅仅是 B 端客户的服务提供者,按照 B 端客户的要求,完成数据的处理,受托人无法决定数据处理的目的和方式。

处理的方式由他人“代为申报”,我国数据出境安全评估工作就会出现以“受托人”的方式来间接监管数据处理者的模式。这种间接监管模式,不符合当前基本的监管逻辑,无法切实要求数据处理者落实数据安全保护义务,也不能有效保障个人信息主体权益。①

因此,在进行数据出境安全评估申报时,还应回到数据链路中,追溯数据收集的起点,根据具体的业务逻辑,判断“数据处理者”所对应的具体的申报主体。

2.“向境外提供”

“向境外提供”可以理解为对“数据出境”行为的一种描述和表达。“向境外提供”一词体现和强调了“由内到外”的过程。根据国家网信办发布的《数据出境安全评估申报指南(第一版)》,数据出境是指:(1)数据处理者将在境内运营中收集和产生的数据传输、存储至境外;(2)数据处理者收集和产生的数据存储在境内,境外的机构、组织或者个人可以查询、调取、下载、导出;(3)国家网信办规定的其他数据出境行为。对于“向境外提供”的情景的识别,是数据出境安全评估工作中的重点,也是开启数据出境安全评估工作的第一步。根据该指南,数据处理者可以对自己的行为进行判断。同时,“提供”这个行为应理解为不仅包括实物层面(如利用U盘拷贝出境),也包括境内服务器的数据传输到境外服务器,以及境内直接把数据存储到境外服务器,境外的机构、组织或者个人线上查询、调取、下载和导出境内服务器的数据。

另外,包括《出境入境管理法》等在内的相关法律法规中的“境外”均指中华人民共和国法域范围外,此处的“境”更强调的是“司法管辖区”。因此,“境外”在此处应当理解为包括与我国内地(大陆)不同法域的我国香港特别行政区、澳门特别行政区及台湾地区。

3.“境内运营”

全国信息安全标准化技术委员会于2017年8月30日公布了《信息安全技术 数据出境安全评估指南(征求意见稿)》,该征求意见稿首次对“境内运营”的概念进行了澄清和细化。根据该征求意见稿,网络运营者即使未在我国境内注册,但在我国境内开展业务,或向我国境内提供产品或服务的,亦属于“境内运营”。判断网络运营者是否在我国境内开展业务,或向我国境内提供产品或服务的参考因素包括但不限于使用中文、以人民币作为结算货币、向我国境内物流配送等。

4.“重要数据”

《数据出境安全评估办法》中的“重要数据”是指一旦遭到篡改、破坏、泄露或者非法获取、非法利用等,可能危害国家安全、经济运行、社会稳定、公共健康和安全等的数

---

① 参见王艺等:《〈数据出境申报指南〉透露的十二大信号|200问重磅发布》,载微信公众号“北京植德律师事务所”2022年9月1日,https://mp.weixin.qq.com/s/2QOKGVQfLNTmdXJ0AEv4Vw。

据。详细内容见后文对该办法第 19 条的解读。

5. “个人信息”

根据《个人信息保护法》第 4 条第 1 款规定，个人信息是以电子或者其他方式记录的与已识别或者可识别的自然人有关的各种信息，不包括匿名化处理后的信息。

对于“数据”与“信息”的理解。在客体层面上，我国《数据安全法》第 3 条第 1 款将“数据”定义为“任何以电子或者其他方式对信息的记录”；而《个人信息保护法》第 4 条第 1 款则将“个人信息”定义为“以电子或者其他方式记录的与已识别或者可识别的自然人有关的各种信息，不包括匿名化处理后的信息”。根据上述法律规定可知，我国采取“数据”与“信息”相分离的立法模式，“数据”系对“信息”的记录；而“个人信息”则是“数据”的一种特殊类型，系对与“自然人有关的各种信息”的记录，并以可识别或已识别为限。①

与《民法典》采取“识别说”不同，《个人信息保护法》对个人信息的定义采取的是“关联说”，更强调的是个人信息的相对性，即对于某些处理者来说某一信息可能是个人信息，但是对于另外一些处理者就不是个人信息。因此，在实务中具体场景下认定某一信息是否属于个人信息，除了要判断该信息是否具备个人信息的三个要素（自然人、已识别或者可识别的自然人、有关的各种信息）外，还要注意个人信息的相对性。例如，在 B2B 模式下，企业 B 端客户的联系人手机号码、地址、邮箱等信息，无论是对企业还是对数据接收方而言，该类信息均属于个人信息，因为该类信息具备个人信息的三个要素且识别特定自然人的可能性较高、实现识别特定自然人的行为成本较低。②

6. “法律、行政法规另有规定的，依照其规定”

对本条中“法律、行政法规另有规定”的理解主要包括以下两方面。在法律层面，《网络安全法》《数据安全法》《个人信息保护法》中存在需要经过主管机关批准才能向境外提供数据的情形。《数据安全法》第 36 条和《个人信息保护法》第 41 条规定，非经中华人民共和国主管机关批准，境内的数据处理者不得向外国司法或者执法机构提供存储于中华人民共和国境内的数据，向外国司法或执法机构提供数据的“批准”程序与《数据出境安全评估办法》规定的数据出境安全评估程序并不相同，当数据的境外接收方是外国司法或执法机构时，《数据出境安全评估办法》对数据出境安全评估的规定不能当然适用。在行政法规层面，不同行业存在对于数据出境的特殊规定，因此，数据处理者还需要根据自身所属行业的类型关注行政法规和各类法律文件（见表 7－1）。

---

① 参见易继明：《数据权利界定的路径》，载《学习与实践》2023 年第 3 期。

② 参见王艺等：《〈数据出境申报指南〉透露的十二大信号|200 问重磅发布》，载微信公众号“北京植德律师事务所”2022 年 9 月 1 日，https://mp.weixin.qq.com/s/2QOKGVQfLNTmdXJ0AEv4Vw。

表7－1 我国不同行业对数据出境的规定

文件名称	数据类型	具体规定
《汽车数据安全管理若干规定(试行)》	汽车数据	重要数据应当依法在境内存储,因业务需要确需向境外提供的,应当通过国家网信部门会同国务院有关部门组织的安全评估(汽车行业重要数据的范围相对明确,需要注意的是,“涉及个人信息主体超过10万人的个人信息”属于汽车行业重要数据)
《征信业管理条例》	征信信息	征信机构在中国境内采集的信息的整理、保存和加工,应当在中国境内进行。 征信机构向境外组织或者个人提供信息,应当遵守法律、行政法规和国务院征信业监督管理部门的有关规定
《电子银行业务管理办法》	电子银行业务数据	外资金融机构的电子银行业务运营系统和业务处理服务器可以设置在中华人民共和国境内或境外。设置在境外时,应在中华人民共和国境内设置可以记录和保存业务交易数据的设施设备,能够满足金融监管部门现场检查的要求,在出现法律纠纷时,能够满足中国司法机构调查取证的要求。 外资金融机构因业务或管理需要确需向境外总行(公司)转移有关电子银行业务数据的,应遵守有关法律法规的规定,采取必要的措施保护客户的合法权益,并遵守有关数据交换和转移的规定
《地图管理条例》	地图数据	互联网地图服务单位应当将存放地图数据的服务器设在中华人民共和国境内,并制定互联网地图数据安全管理制度和保障措施

续表

文件名称	数据类型	具体规定
《人类遗传资源管理条例》	人类遗传资源	外国组织、个人及其设立或者实际控制的机构不得在我国境内采集、保藏我国人类遗传资源，不得向境外提供我国人类遗传资源。 利用我国人类遗传资源开展国际合作科学研究，或者因其他特殊情况确需将我国人类遗传资源材料运送、邮寄、携带出境的，应当符合下列条件，并取得国务院科学技术行政部门出具的人类遗传资源材料出境证明： （一）对我国公众健康、国家安全和社会公共利益没有危害； （二）具有法人资格； （三）有明确的境外合作方和合理的出境用途； （四）人类遗传资源材料采集合法或者来自合法的保藏单位； （五）通过伦理审查。 利用我国人类遗传资源开展国际合作科学研究，需要将我国人类遗传资源材料运送、邮寄、携带出境的，可以单独提出申请，也可以在开展国际合作科学研究申请中列明出境计划一并提出申请，由国务院科学技术行政部门合并审批。 将我国人类遗传资源材料运送、邮寄、携带出境的，凭人类遗传资源材料出境证明办理海关手续
《人口健康信息管理办法（试行）》	人口健康信息	不得将人口健康信息在境外的服务器中存储，不得托管、租赁在境外的服务器
《国家健康医疗大数据标准、安全和服务管理办法（试行）》	健康医疗大数据	健康医疗大数据应当存储在境内安全可信的服务器上，因业务需要确需向境外提供的，应当按照相关法律法规及有关要求进行安全评估审核

续表

文件名称	数据类型	具体规定
《网络预约出租汽车经营服务管理暂行办法》	网约车平台相关数据	申请从事网约车经营的,应当具备线上线下服务能力,符合下列条件: …… (二)…… 网络服务平台数据库接入出租汽车行政主管部门监管平台,服务器设置在中国内地,有符合规定的网络安全管理制度和安全保护技术措施…… 网约车平台公司应当遵守国家网络和信息安全有关规定,所采集的个人信息和生成的业务数据,应当在中国内地存储和使用,保存期限不少于 2 年,除法律法规另有规定外,上述信息和数据不得外流
《邮件快件实名收寄管理办法》	实名收寄活动中收集和产生的用户信息和重要数据	寄递企业在中华人民共和国境内实名收寄活动中收集和产生的用户信息和重要数据应当在境内存储

第 3 条　数据出境原则

数据出境安全评估坚持事前评估和持续监督相结合、风险自评估与安全评估相结合,防范数据出境安全风险,保障数据依法有序自由流动。

【解读】

第 3 条是对数据出境安全评估制度的原则阐述,阐明了数据安全评估的工作要求与工作目标。

1. 事前评估与持续监督相结合

该原则体现了数据出境安全评估的全面性和持续性。在数据出境行为发生前对其进行安全评估,本质上是一种事前评估行为。与事后评价不同,事前评估可以更及时地发现风险,从而防患于未然。同时,数据出境安全评估也是一项持续性的评估活动。数据出境安全评估并非一劳永逸,即使企业就某个数据出境项目通过了网信部门的安全评估,网信部门仍可以主动对正在进行的企业数据出境活动进行监督,从而更好地应对各类情况的变化。

《数据出境安全评估办法》第14条和第17条是该原则的具体体现。第14条规定："通过数据出境安全评估的结果有效期为2年，自评估结果出具之日起计算。在有效期内出现以下情形之一的，数据处理者应当重新申报评估……"第17条规定："国家网信部门发现已经通过评估的数据出境活动在实际处理过程中不再符合数据出境安全管理要求的，应当书面通知数据处理者终止数据出境活动。数据处理者需要继续开展数据出境活动的，应当按照要求整改，整改完成后重新申报评估。"因此，作为数据处理者，应当时刻关注最新的监管动态与通知，时刻配合相应的评估工作。

2. 风险自评估与安全评估相结合

该原则明确了数据出境安全评估的两大手段，即风险自评估与安全评估。风险自评估是安全评估的前置程序，数据处理者在申报数据出境安全评估前，应当开展数据出境风险自评估，具体评估内容规定在《数据出境安全评估办法》第5条，并需要在自评估后形成风险自评估报告，该报告将作为后续安全评估的必要材料之一，交于网信部门进行安全评估。

通过对《数据出境安全评估办法》规定的分析可知，风险自评估和安全评估在具体评估内容上，存在不同的关注点。在判断数据出境的目的、范围、方式等方面的合法性、正当性和必要性时，风险自评估需要特别关注境外接收方处理数据的目的，而在安全评估阶段则无此要求。在评估境外接收方时，风险自评估着重从数据安全能力和数据风险角度进行分析，即境外接收方承诺承担的责任义务，以及履行责任义务的管理和技术措施、能力等能否保障出境数据的安全；而安全评估则主要站在制度层面，更多关注接收方的保护水平是否符合我国的法律法规和强制性国家标准的要求。除此之外，安全评估还需要关注境外接收方所在国家或者地区的数据安全保护政策法规和网络安全环境对出境数据安全的影响。可见，风险自评估和安全评估虽然都是数据出境安全评估的内容，但由于主体不同，二者的重点也不尽相同，应予以关注。

3. 防范数据出境安全风险，保障数据依法有序自由流动

该条阐明了数据出境安全评估的价值取向和立法目的。近年来，随着数字经济的蓬勃发展，数据跨境活动日益频繁，数据处理者的数据出境需求快速增长。同时，由于不同国家和地区法律制度、数据安全保护水平等的差异，数据出境安全风险也相应凸显。数据跨境活动既影响个人信息权益，又关系国家安全和社会公共利益。因此，防范数据出境安全风险的制度构建应当得到重视，在此背景下，应构建数据出境安全评估制度，保护个人、组织与数据有关的权益，鼓励数据依法合理有效利用，保障数据依法有序自由流动，促进以数据为关键要素的数字经济发展。

第4条 适用条件

数据处理者向境外提供数据,有下列情形之一的,应当通过所在地省级网信部门向国家网信部门申报数据出境安全评估:

(一)数据处理者向境外提供重要数据;

(二)关键信息基础设施运营者和处理100万人以上个人信息的数据处理者向境外提供个人信息;

(三)自上年1月1日起累计向境外提供10万人个人信息或者1万人敏感个人信息的数据处理者向境外提供个人信息;

(四)国家网信部门规定的其他需要申报数据出境安全评估的情形。

【解读】

第4条规定了数据处理者触发数据出境安全评估的情形。

(1)向境外提供重要数据的数据处理者,直接触发数据出境安全评估。(2)关键信息基础设施运营者向境外提供个人信息的,直接触发数据出境安全评估。(3)符合以下两种标准的,也会触发数据出境安全评估:一种是以处理的数量进行判断,即"处理100万人以上个人信息的数据处理者向境外提供个人信息";另一种是以期间内出境的数量进行判断,"自上年1月1日起累计向境外提供10万人个人信息或者1万人敏感个人信息的数据处理者向境外提供个人信息"。该条第4款为兜底性条款。

1."关键信息基础设施运营者"

在理解"关键信息基础设施运营者"时,应先明确"关键信息基础设施"的概念。根据《网络安全法》第31条的规定,关键信息、基础设施涉及的重点行业和领域包括公共通信和信息服务、能源、交通、水利、金融、公共服务、电子政务,以及其他一旦遭到破坏、丧失功能或者数据泄露,可能严重危害国家安全、国计民生、公共利益的行业和领域。《关键信息基础设施安全保护条例》第2条在《网络安全法》的基础上进行了完善和补充:"关键信息基础设施"是指"公共通信和信息服务、能源、交通、水利、金融、公共服务、电子政务、国防科技工业等重要行业和领域的,以及其他一旦遭到破坏、丧失功能或者数据泄露,可能严重危害国家安全、国计民生、公共利益的重要网络设施、信息系统等"。该条以"重要行业范围+严重危害后果兜底"的形式对关键信息基础设施进行定义。

公安部发布的《贯彻落实网络安全等级保护制度和关键信息基础设施安全保护制度的指导意见》中也指出"应将符合认定条件的基础网络、大型专网、核心业务系统、云平台、大数据平台、物联网、工业控制系统、智能制造系统、新型互联网、新兴通讯设施等重点保护对象纳入关键信息基础设施"。根据上述规定,当被审查主体对自身性质进行识别时,可以先从领域入手,确定业务是否涉及重要行业和关键领域,再判断支撑关键业务的网络设施和信息系统遭到破坏或丧失功能所产生的影响,最终确定是否符合本条中“关键信息基础设施运营者”的范畴。同时,《关键信息基础设施安全保护条例》第10条规定,“保护工作部门根据认定规则负责组织认定本行业、本领域的关键信息基础设施,及时将认定结果通知运营者,并通报国务院公安部门”。在自身进行判断的同时,相关部门也会将认定结果通知运营者,因此,需要关注相关的判定和通知。

2. 计数单位——“人”

“人”在此指个人信息主体的人数,而不是个人信息的条数,在累计时,也应当注意此处的“人”代表“人数”而非“人次”。同时,此处的“人”也并不局限于是否具有我国公民身份。《数据出境安全评估办法》第2条规定:“数据处理者向境外提供在中华人民共和国境内运营中收集和产生的重要数据和个人信息的安全评估,适用本办法。”结合《个人信息保护法》第2条、第3条,《数据出境安全评估办法》所指的“人”没有国籍限制,包括具有中国籍的公民与在中国境内的外籍居民。

3. 对于“累计”的计算期间的理解

目前,对于本条第2项规定的“处理100万人以上个人信息”的起算时间尚无定论,主要存在以下几种理解:其一,自公司成立之日起计算;其二,自《个人信息保护法》生效之日起计算;其三,自《数据出境安全评估办法》生效之日起计算。从《数据出境安全评估办法》整体的价值取向以及条款之间的逻辑来看,个人信息处理者选择从公司成立之日起进行计算较为保险。

本条第3项“自上年1月1日起累计向境外提供10万人个人信息”是指本年度与上年度最长连续两个公历年期间所传输出境的数据数量。数据处理者需关注本年度与上年度最长连续两个公历年期间所传输出境的数据数量是否触及该条所规定的标准。

对计算期间的规定是动态化管理方式的体现。《数据出境安全评估办法》明确以上年1月1日为起点,累计向境外提供10万人个人信息或者1万人敏感个人信息的数据处理者,是需要进行数据出境安全评估的对象之一。这一方式避免将在较长期间内达到数量要求的数据处理者纳入评估范围,为不同时期数据出境需求存在动态变化的中小企业设置了更加科学合理的条件。

4. 个人信息的“去标识化”

根据《个人信息保护法》第73条的规定,去标识化是指个人信息经过处理,使其在不借助额外信息的情况下无法识别特定自然人的过程。关于个人信息中去标识化的部分在面临数据出境安全评估时是否需要被计数的问题,根据《个人信息保护法》第4条的规定,个人信息是以电子或者其他方式记录的与已识别或者可识别的自然人有关的各种信息,不包括匿名化处理后的信息。《个人信息保护法》对个人信息的定义中仅将匿名化处理后的信息排除在个人信息的范围之外,而去标识化处理后的信息仍属于个人信息。因此,在该种情况下,去标识化的个人信息也应当纳入统计范围。

5. "敏感个人信息"

在《个人信息保护法》出台前,《信息安全技术 个人信息安全规范》对个人敏感信息的定义是"一旦泄露、非法提供或滥用可能危害人身和财产安全,极易导致个人名誉、身心健康受到损害或歧视性待遇的个人信息",并在后续表格中列明,个人敏感信息包括个人财产信息、个人健康生理信息、个人生物识别信息、个人身份信息、其他信息等,但仍应结合具体场景进行判断。2021 年,《个人信息保护法》出台,该法第 28 条规定:"敏感个人信息是一旦泄露或者非法使用,容易导致自然人的人格尊严受到侵害或者人身、财产安全受到危害的个人信息,包括生物识别、宗教信仰、特定身份、医疗健康、金融账户、行踪轨迹等信息,以及不满十四周岁未成年人的个人信息。只有在具有特定的目的和充分的必要性,并采取严格保护措施的情形下,个人信息处理者方可处理敏感个人信息。"从该条款分析,敏感个人信息的核心在于在"泄露和非法使用"的情形下,容易造成人格尊严受到侵害或者人身、财产安全受到危害。同时,该条也列举了部分种类的敏感个人信息供判断参考。

除此之外,实践中还会存在非敏感个人信息和敏感个人信息相互转化的情况。例如,有些个人信息单独出现时不属于个人敏感信息,但是结合其他信息可能会具有身份识别性,一旦泄露可能会对个人的人格尊严、财产安全带来损害。因此,对于一般的个人信息,还需要结合场景的实际情况来判断其是否可能构成敏感个人信息。

第 5 条 风险自评估

数据处理者在申报数据出境安全评估前,应当开展数据出境风险自评估,重点评估以下事项:

(一)数据出境和境外接收方处理数据的目的、范围、方式等的合法性、正当性、必要性;

(二)出境数据的规模、范围、种类、敏感程度,数据出境可能对国家安全、公共利益、个人或者组织合法权益带来的风险;

(三)境外接收方承诺承担的责任义务,以及履行责任义务的管理和技术措施、能力等能否保障出境数据的安全;

(四)数据出境中和出境后遭到篡改、破坏、泄露、丢失、转移或者被非法获取、非法利用等的风险,个人信息权益维护的渠道是否通畅等;

(五)与境外接收方拟订立的数据出境相关合同或者其他具有法律效力的文件等

(以下统称法律文件)是否充分约定了数据安全保护责任义务;

(六)其他可能影响数据出境安全的事项。

【解读】

第5条规定了数据出境风险自评估的内容和重点评估事项。该条规定了数据处理者在向国家网信办申报数据出境安全评估前,应当开展数据出境风险自评估。根据《个人信息保护法》第55条的规定,个人信息处理者在向境外提供个人信息前需进行个人信息保护影响评估。实务中可能会面临企业开展个人信息跨境活动同时触发《数据出境安全评估办法》规定的申报安全评估的情形,根据《个人信息保护法》及《数据出境安全评估办法》之规定,其将同时需要完成自评估及个人信息保护影响评估工作。在对数据出境自评估制度进行更加详细的解析前,应先理清"数据出境风险自评估"与"个人信息保护影响评估"两个制度的关系。

1."个人信息保护影响评估"与"数据出境风险自评估"

《个人信息保护法》作为上位法,规定了企业"向境外提供个人信息"需完成"个人信息保护影响评估"的义务。其第56条规定了个人信息保护影响评估的相关内容,评估事项主要有:(1)个人信息的处理目的、处理方式等是否合法、正当、必要;(2)对个人权益的影响及安全风险;(3)所采取的保护措施是否合法、有效并与风险程度相适应。同时,该条还规定个人信息保护影响评估报告和处理情况记录应当至少保存3年。

"数据出境自评估"是企业在申报数据出境安全评估前,需要开展数据出境风险的自评估。自评估是数据出境安全评估的前置程序,根据《数据出境安全评估办法》,应提交的申报安全评估材料中包括自评估报告。"个人信息保护影响评估"是企业依法对其个人信息处理场景和活动进行合规检查、判断企业的个人信息处理活动是否对个人信息主体合法权益造成损害及相关风险,以及评估保护个人信息主体的各项措施有效性的过程。在制度依据层面,"数据出境自评估"主要规定在《数据出境安全评估办法》第4条和第5条,而"个人信息保护影响评估"规定在《个人信息出境标准合同办法》第5条。

通过对具体条款和评估内容的分析,两个评估的侧重点也有所不同:"数据出境自评估"除评估对个人的影响外,还格外关注对于国家安全、公共利益可能带来的风险;此外,数据出境自评估关注的数据范围还包括重要数据。"个人信息保护影响评估"的重点则放在个人信息向境外提供的活动对个人信息权益的影响,以及发生风险的概率、采取的安全措施等内容。

基于对不同法律位阶的分析,此处可以认为,涉及数据出境时,无论是通过数据出境安全评估、签署个人信息出境标准合同还是个人信息出境安全认证,都需要完成"个人信息保护影响评估”。而满足《数据出境安全评估办法》要求的企业，在进行申报数据出境安全评估前，需完成风险自评估。

2. 数据出境风险自评估的目标、主体和时机

笔者现从数据出境风险自评估相关的三个问题展开分析。

一是数据出境风险自评估的目标。数据处理者在正式申报安全评估前，通过自评估程序全面识别数据处理者已经开展和准备开展的数据出境活动情况；通过自评估程序，数据处理者客观分析可能影响出境安全的风险，确保数据处理者的数据出境安全保障能力与评估所识别的风险相适应，避免出现未知风险失控的情况；数据处理者通过出具真实详尽的数据出境风险自评估报告，为申报网信部门数据出境安全评估提供必要基础。

二是数据出境风险自评估的主体。数据出境风险自评估可由数据处理者自身或委托第三方机构开展：(1)如数据处理者自行开展自评估，评估团队建议涵盖数据出境安全相关人员，如组织的数据安全负责人、数据安全人员、个人信息保护人员、业务人员、法务人员等；(2)如委托第三方机构开展自评估，评估报告应加盖评估机构公章；(3)第三方机构在自评估过程中对知悉的国家秘密、个人隐私、个人信息、商业秘密、保密商务信息等数据应当依法予以保护；(4)如选择涉外背景的第三方机构，宜考虑数据再出境或再转移风险。

三是数据出境风险自评估的时机。数据处理者应在申报数据出境安全评估前开展自评估，同时按照《数据出境安全评估办法》要求注意以下几点：(1)《数据出境安全评估办法》要求已经开展的数据出境活动，需要在6个月整改期内完成整改并申报数据出境安全评估。因此，相关主体应尽快对已开展的数据出境活动进行数据出境风险自评估，发现与办法不符合项尽快整改，在整改后申报数据出境评估前再次开展自评估，对不符合项进行复核并出具数据出境风险自评估报告。(2)在数据出境安全评估有效期届满60个工作日前，需要再次开展数据出境风险自评估，重新申报数据出境评估。(3)当有效期内出现《数据出境安全评估办法》第14条规定的数据出境目的、方式、范围、种类、用途、延长保存期限或所属地的法律环境等发生变化影响出境数据安全时，需要再次开展数据出境风险自评估，重新申报数据出境评估。

3.“境外接收方”

“境外接收方”一词最早出现在《个人信息保护法》第38条和第39条①中，但这两个条款并未对“境外接收方”的概念进行界定。该词在《数据出境安全评估申报指南(第一版)》《个人信息跨境处理活动安全认证规范V 2.0》《个人信息出境标准合同办法》中均有提及。“境外接收方”一词的概念最终明确于个人信息出境标准合同范本，根据标准合同范本第1条第2项的规定，“境外接收方”是指在中华人民共和国境外自个人信息处理者处接收个人信息的组织、个人。根据这一概念，“境外接收方”主体既包括可以自主决定处理目的、处理方式的组织、个人，也包括受个人信息处理者委托处理个人信息的受托人。因此，订立标准合同的双方可能有“处理者—受托人”和“处理者—处理者”两种情形，也就是说，境内处理个人信息的受托人，不能作为标准合同的相对方，再次转委托境外主体处理个人信息。

4.《数据出境安全评估办法(征求意见稿)》与《数据出境安全评估办法》自评估对比分析与重点关注

《数据出境安全评估办法(征求意见稿)》第5条规定了自评估制度，正式版本与此有一定的差别。《数据出境安全评估办法(征求意见稿)》对于风险自评估的规定在第5条②，二者主要存在以下不同：第一，《数据出境安全评估办法》将《数据出境安全评估办

---

① 《个人信息保护法》第38条规定：“个人信息处理者因业务等需要，确需向中华人民共和国境外提供个人信息的，应当具备下列条件之一：

(一)依照本法第四十条的规定通过国家网信部门组织的安全评估；

(二)按照国家网信部门的规定经专业机构进行个人信息保护认证；

(三)按照国家网信部门制定的标准合同与境外接收方订立合同，约定双方的权利和义务；

(四)法律、行政法规或者国家网信部门规定的其他条件。

中华人民共和国缔结或者参加的国际条约、协定对向中华人民共和国境外提供个人信息的条件等有规定的，可以按照其规定执行。

个人信息处理者应当采取必要措施，保障境外接收方处理个人信息的活动达到本法规定的个人信息保护标准。”

《个人信息保护法》第39条规定：“个人信息处理者向中华人民共和国境外提供个人信息的，应当向个人告知境外接收方的名称或者姓名、联系方式、处理目的、处理方式、个人信息的种类以及个人向境外接收方行使本法规定权利的方式和程序等事项，并取得个人的单独同意。”

② 《数据出境安全评估办法(征求意见稿)》第5条规定：“数据处理者在向境外提供数据前，应事先开展数据出境风险自评估，重点评估以下事项：

(一)数据出境及境外接收方处理数据的目的、范围、方式等的合法性、正当性、必要性；

(二)出境数据的数量、范围、种类、敏感程度，数据出境可能对国家安全、公共利益、个人或者组织合法权益带来的风险；

(三)数据处理者在数据转移环节的管理和技术措施、能力等能否防范数据泄露、毁损等风险；

(四)境外接收方承诺承担的责任义务，以及履行责任义务的管理和技术措施、能力等能否保障出境数据的安全；

(五)数据出境和再转移后泄露、毁损、篡改、滥用等的风险，个人维护个人信息权益的渠道是否通畅等；

(六)与境外接收方订立的数据出境相关合同是否充分约定了数据安全保护责任义务。”

法(征求意见稿)》中的自评估时机,从“向境外提供数据前”更改为“申报数据出境安全评估前”,时机的描述更加准确,也明确了风险自评估是数据出境安全评估的前置环节。第二,《数据出境安全评估办法》将《数据出境安全评估办法(征求意见稿)》中的“数量”一词替换为“规模”,与“数量”相比,“规模”一词的语义更贴切。第三,《数据出境安全评估办法》删除了《数据出境安全评估办法(征求意见稿)》中对于数据处理者在数据转移环节的管理和技术措施,能力能否防范数据泄露、损毁等风险的评估。第四,《数据出境安全评估办法》相比《数据出境安全评估办法(征求意见稿)》,在对数据处理者与境外接收方约定数据安全保护责任义务作出规定时,增加了其他法律效力文件,不仅覆盖已订立的,也涉及拟订立的。第五,《数据出境安全评估办法》增加了其他可能影响数据安全的情况的兜底性条款。

整体而言,《数据出境安全评估办法》相比于《数据出境安全评估办法(征求意见稿)》,用语更准确,兜底性条款的设立也让风险自评估的范围在一定程度上增大,有利于数据处理者更加全面地对自身进行相关的评估工作,从而保证数据出境工作的顺利和安全推进。

5. 数据出境风险自评估报告

《数据出境安全评估申报指南(第一版)》的附件4《数据出境风险自评估报告(模板)》对该条款内容进行了细化和明确。模板明确了自评估报告的4个注意事项:(1)数据处理者申报数据出境安全评估时需提供自评估报告;(2)数据处理者须对所提交的自评估报告及附件材料真实性负责;(3)报告所述自评估活动为该次申报前3个月内完成;(4)如有第三方机构参与自评估,须在自评估报告中说明第三方的基本情况及参与评估的情况,并在相关内容页上加盖第三方机构公章。具体内容一共包括4个部分:第一,自评估工作简述;第二,出境活动整体情况;第三,拟出境活动的风险评估情况;第四,出境活动风险自评估结论。具体内容见表7-2。

表7-2 数据出境自评估主要内容

模块	具体内容
自评估工作简述	自评估工作开展情况,包括起止时间、组织情况、实施过程、实施方式等内容

续表

模块	具体内容
出境活动整体情况	（一）数据处理者基本情况 1. 组织或者个人基本信息； 2. 股权结构和实际控制人信息； 3. 组织架构信息； 4. 数据安全管理机构信息； 5. 整体业务与数据情况； 6. 境内外投资情况。 （二）数据出境涉及业务和信息系统情况 1. 数据出境涉及业务的基本情况； 2. 数据出境涉及业务的数据资产情况； 3. 数据出境涉及业务的信息系统情况； 4. 数据出境涉及的数据中心（包含云服务）情况； 5. 数据出境链路相关情况。 （三）拟出境数据情况 1. 说明数据出境及境外接收方处理数据的目的、范围、方式，及其合法性、正当性、必要性； 2. 说明出境数据的规模、范围、种类、敏感程度； 3. 拟出境数据在境内存储的系统平台、数据中心等情况，计划出境后存储的系统平台、数据中心等； 4. 数据出境后向境外其他接收方提供的情况。 （四）数据处理者数据安全保障能力情况 1. 数据安全管理能力，包括管理组织体系和制度建设情况，全流程管理、分类分级、应急处置、风险评估、个人信息权益保护等制度及落实情况； 2. 数据安全技术能力，包括数据收集、存储、使用、加工、传输、提供、公开、删除等全流程所采取的安全技术措施等； 3. 数据安全保障措施有效性证明，例如开展的数据安全风险评估、数据安全能力认证、数据安全检查测评、数据安全合规审计、网络安全等级保护测评等情况； 4. 遵守数据和网络安全相关法律法规的情况。 （五）境外接收方情况 1. 境外接收方基本情况； 2. 境外接收方处理数据的用途、方式等； 3. 境外接收方的数据安全保障能力； 4. 境外接收方所在国家或地区数据安全保护政策法规和网络安全环境情况； 5. 境外接收方处理数据的全流程描述。 （六）法律文件约定数据安全保护责任义务的情况 1. 数据出境的目的、方式和数据范围，境外接收方处理数据的用途、方式等； 2. 数据在境外保存地点、期限，以及达到保存期限、完成约定目的或者法律文件终止后出境数据的处理措施；

续表

模块	具体内容
	3. 对于境外接收方将出境数据再转移给其他组织、个人的约束性要求； 4. 境外接收方在实际控制权或者经营范围发生实质性变化，或者所在国家、地区数据安全保护政策法规和网络安全环境发生变化以及发生其他不可抗力情形导致难以保障数据安全时，应当采取的安全措施； 5. 违反法律文件约定的数据安全保护义务的补救措施、违约责任和争议解决方式； 6. 出境数据遭到篡改、破坏、泄露、丢失、转移或者被非法获取、非法利用等风险时，妥善开展应急处置的要求和保障个人维护其个人信息权益的途径和方式。 （七）数据处理者认为需要说明的其他情况
拟出境活动的风险评估情况	就下列事项逐项说明风险评估情况，重点说明评估发现的问题和风险隐患，以及相应采取的整改措施及整改效果。 （一）数据出境和境外接收方处理数据的目的、范围、方式等的合法性、正当性、必要性； （二）出境数据的规模、范围、种类、敏感程度，数据出境可能对国家安全、公共利益、个人或者组织合法权益带来的风险； （三）境外接收方承诺承担的责任义务，以及履行责任义务的管理和技术措施、能力等能否保障出境数据的安全； （四）数据出境中和出境后遭到篡改、破坏、泄露、丢失、转移或者被非法获取、非法利用等的风险，个人信息权益维护的渠道是否通畅等； （五）与境外接收方拟订立的数据出境相关合同或者其他具有法律效力的文件等，是否充分约定了数据安全保护责任义务； （六）其他可能影响数据出境安全的事项
出境活动风险自评估结论	综合上述风险评估情况和相应整改情况，对拟申报的数据出境活动作出客观的风险自评估结论，充分说明得出自评估结论的理由和论据

第 6 条　申报材料

申报数据出境安全评估，应当提交以下材料：

（一）申报书；

（二）数据出境风险自评估报告；

（三）数据处理者与境外接收方拟订立的法律文件；

（四）安全评估工作需要的其他材料。

【解读】

第6条对申报数据出境安全评估需要申报的材料进行了规定，包括3项内容和1个兜底条款。根据《数据出境安全评估申报指南（第一版）》，申报方式为送达书面申报材料并附带材料电子版，材料包括以下8种文件（影印件需加盖公章）：(1)统一社会信用代码证件影印件；(2)法定代表人身份证件影印件；(3)经办人身份证件影印件；(4)经办人授权委托书原件；(5)数据出境安全评估申报书原件；包含承诺书与数据出境安全评估申报表；(6)与境外接收方拟订立的数据出境相关合同或者其他具法律效力的文件影印件；(7)数据出境风险自评估报告原件；(8)其他相关证明材料。

第7条　材料审查机制

省级网信部门应当自收到申报材料之日起5个工作日内完成完备性查验。申报材料齐全的，将申报材料报送国家网信部门；申报材料不齐全的，应当退回数据处理者并一次性告知需要补充的材料。

国家网信部门应当自收到申报材料之日起7个工作日内，确定是否受理并书面通知数据处理者。

【解读】

第7条规定了数据安全评估材料提交后的审查机制，明确了材料流转的具体流程和不同审查主体的职责。

在管理机制方面，该条规定逐级分工的要求。《数据出境安全评估办法》明确，数据出境主体应当首先向省级网信部门报送安全评估的申报材料，省级网信部门进行材料完备性查验后，将申报材料报送国家网信部门（处理周期见图7－1）。逐级分工的方式便利了数据出境主体提交材料，可以优化配置监管资源，提高安全评估的效率。

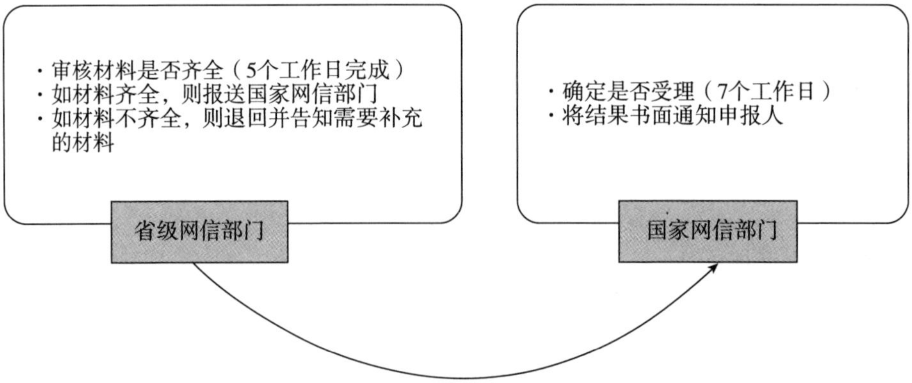

图7－1　省级、国家网信部门处理周期

第8条 安全评估事项

数据出境安全评估重点评估数据出境活动可能对国家安全、公共利益、个人或者组织合法权益带来的风险，主要包括以下事项：

（一）数据出境的目的、范围、方式等的合法性、正当性、必要性；

（二）境外接收方所在国家或者地区的数据安全保护政策法规和网络安全环境对出境数据安全的影响；境外接收方的数据保护水平是否达到中华人民共和国法律、行政法规的规定和强制性国家标准的要求；

（三）出境数据的规模、范围、种类、敏感程度，出境中和出境后遭到篡改、破坏、泄露、丢失、转移或者被非法获取、非法利用等的风险；

（四）数据安全和个人信息权益是否能够得到充分有效保障；

（五）数据处理者与境外接收方拟订立的法律文件中是否充分约定了数据安全保护责任义务；

（六）遵守中国法律、行政法规、部门规章情况；

（七）国家网信部门认为需要评估的其他事项。

【解读】

第8条规定了数据出境安全评估的内容，重点评估数据出境对国家安全、公共利益、个人或者组织合法权益带来的风险，并具体列举了7类情形。第8条应注意与《数据出境安全评估办法》第5条进行区分，《数据出境安全评估办法》第5条规定了申报主体的风险自评估，第8条则规定了数据出境安全评估的具体内容。

1. 风险自评估与数据出境安全评估的区分

在评估流程方面，《数据出境安全评估办法》作出了双层评估的要求。《数据出境安全评估办法》将风险自评估与安全评估相结合，防范数据出境安全风险，保障数据依法有序自由流动。企业在申报数据出境安全评估前，需要开展数据出境风险的自评估。根据《数据出境安全评估办法》的规定，自评估是数据出境安全评估的前置程序，应提交的申报安全评估材料包括自评估报告。数据出境安全评估是依据法律规定，要求企业在向境外提供重要数据和个人信息时，向国家网信部门申报并进行数据出境安全性审核的过程。风险自评估与安全评估的主体不同，关注点也有所差异。风险自评估更关注境外接收方承诺承担的责任义务，以及境外接受方主体的自身管理和技术措施、能力；安全评估则更关注境外接收方所在国家或地区的政策层面的要求，同时也会审核数据出境活动遵守我国法律、行政法规、部门规章的情况。表7－3总结对比了自评估与安全评估主要包括的事项。

表 7－3 风险自评估与安全评估对比

风险自评估	安全评估
数据出境和境外接收方处理数据的目的、范围、方式等的合法性、正当性、必要性	数据出境的目的、范围、方式等的合法性、正当性、必要性
—	境外接收方所在国家或者地区的数据安全保护政策法规和网络安全环境对出境数据安全的影响;境外接收方的数据保护水平是否达到中华人民共和国法律、行政法规的规定和强制性国家标准的要求
出境数据的规模、范围、种类、敏感程度,数据出境可能对国家安全、公共利益、个人或者组织合法权益带来的风险	出境数据的规模、范围、种类、敏感程度,出境中和出境后遭到篡改、破坏、泄露、丢失、转移或者被非法获取、非法利用等的风险
境外接收方承诺承担的责任义务,以及履行责任义务的管理和技术措施、能力等能否保障出境数据的安全	—
数据出境中和出境后遭到篡改、破坏、泄露、丢失、转移或者被非法获取、非法利用等的风险,个人信息权益维护的渠道是否通畅等	数据安全和个人信息权益是否能够得到充分有效保障
与境外接收方拟订立的数据出境相关合同或者其他具有法律效力的文件等是否充分约定了数据安全保护责任义务	数据处理者与境外接收方拟订立的法律文件中是否充分约定了数据安全保护责任义务
—	遵守中国法律、行政法规、部门规章情况
其他可能影响数据出境安全的事项	国家网信部门认为需要评估的其他事项

2. 关于“合法性、正当性、必要性”的理解

“合法性与正当性”侧重判定本次数据出境是否涉及法律法规明令禁止的情况,是否属于国家网信部门、公安部门、安全部门等有关部门认定不能出境的情形,主要包括法律法规层面的审查,以及法律法规以外的合规性质的审查。

与前两者不同,“必要性”的审核则具有一定的自由裁量的空间,因此,风险自评估阶段对数据出境必要性的论证以及安全评估阶段对于数据出境必要性的审查都具有不确定性,也是需要关注的重点。对于必要性的理解可以参考“最小化原则”,即应避免数据出境行为以超出其开展业务所必需的数量、频率将数据传输出境,从而造成安全风险;而对于程度的判断,可以从“目的、范围、方式”的必要性、“业务需要”的必要性、“对国家安全、公共利益、个人或者组织合法权益的影响”是否最低、可控等方面开展重点评估。

第 9 条　数据安全保护责任义务

数据处理者应当在与境外接收方订立的法律文件中明确约定数据安全保护责任义务,至少包括以下内容:

(一)数据出境的目的、方式和数据范围,境外接收方处理数据的用途、方式等;

(二)数据在境外保存地点、期限,以及达到保存期限、完成约定目的或者法律文件终止后出境数据的处理措施;

(三)对于境外接收方将出境数据再转移给其他组织、个人的约束性要求;

(四)境外接收方在实际控制权或者经营范围发生实质性变化,或者所在国家、地区数据安全保护政策法规和网络安全环境发生变化以及发生其他不可抗力情形导致难以保障数据安全时,应当采取的安全措施;

(五)违反法律文件约定的数据安全保护义务的补救措施、违约责任和争议解决方式;

(六)出境数据遭到篡改、破坏、泄露、丢失、转移或者被非法获取、非法利用等风险时,妥善开展应急处置的要求和保障个人维护其个人信息权益的途径和方式。

【解读】

第 9 条规定了对于数据处理者与境外接收方签订的法律文件中约定的数据安全保护责任义务的具体要求。

《数据出境安全评估办法》第 5 条和第 8 条均对法律文件中约定的安全责任保护义务的审查提出了要求,第 6 条也明确提出,申报数据出境完全评估时需要提交数据处理者与境外接收方拟订立的法律文件。数据处理者应对法律文件中约定的数据安全保护责任义务的内容进行本条所规定的 6 项内容审核,并注意该条用词为“至少包括”,因此并非仅包括以上 6 项内容,应尽可能详尽。

第 10 条　评估主体

国家网信部门受理申报后,根据申报情况组织国务院有关部门、省级网信部门、专门机构等进行安全评估。

【解读】

第10条规定了数据出境安全评估的评估主体。

相比《数据出境安全评估办法(征求意见稿)》第10条[①]的规定,《数据出境安全评估办法》删除了在涉及重要数据出境时,需要征求"相关行业主管部门"意见的规定,也删除了评估主体中的"行业主管部门"。虽然《数据出境安全评估办法》字面上删除了"行业主管部门"这一表达,但是结合数据出境相关法律法规综合判断,这并不意味着"行业主管部门"完全退出数据出境安全评估工作。结合《数据安全法》等相关法律规定,国家网信部门负责统筹协调网络数据安全和相关监管工作,在必要时,网信部门在组织出境安全评估时可要求行业主管部门参与。因此,"行业主管部门"可以被归为"有关部门"参与评估。

对于重要数据的识别,由于不同行业数据的差别较大,涉及重要数据的判断也需要具备行业专业性。《数据安全法》规定,由各地区、各部门负责确定本地区、本部门以及相关行业、领域的重要数据目录,但目前各个领域的重要数据识别指南仍有待进一步细化,因此,数据处理者在对自身数据进行判断时,可能会出现模糊不清的情形。而相比《数据出境安全评估办法(征求意见稿)》,《数据出境安全评估办法》删去了涉及重要数据出境时网信部门向相关行业主管部门征求意见的条款,可能会造成一定识别层面的困难。但如上文所述,"行业主管部门"仍可以被解释为本条中的"国务院有关部门",从而参与相关工作。

第11条　补正机制

安全评估过程中,发现数据处理者提交的申报材料不符合要求的,国家网信部门可以要求其补充或者更正。数据处理者无正当理由不补充或者更正的,国家网信部门可以终止安全评估。

数据处理者对所提交材料的真实性负责,故意提交虚假材料的,按照评估不通过处理,并依法追究相应法律责任。

【解读】

第11条规定了国家网信部门受理申报后安全评估的材料补正和更正流程,以及数据处理者对所提交材料真实性负责的义务。

本条规定在数据处理者提交不符合要求的申报材料后,经过网信部门要求,无正当

---

① 《数据出境安全评估办法(征求意见稿)》第10条规定:"国家网信部门受理申报后,组织行业主管部门、国务院有关部门、省级网信部门、专门机构等进行安全评估。涉及重要数据出境的,国家网信部门征求相关行业主管部门意见。"

理由仍不补充或者更正的,国家网信部门有权终止安全评估。对于提供虚假材料的数据处理者,评估按照不通过处理,同时可能涉及相应的法律责任,而具体的责任或处罚类型,目前尚未明确。

第12条 评估周期

国家网信部门应当自向数据处理者发出书面受理通知书之日起45个工作日内完成数据出境安全评估;情况复杂或者需要补充、更正材料的,可以适当延长并告知数据处理者预计延长的时间。

评估结果应当书面通知数据处理者。

【解读】

第12条规定了数据出境安全评估的时长和周期,以及评估结果的书面通知规则。

从整体评估流程来讲,《数据出境安全评估办法(征求意见稿)》中规定的完整评估流程约67天;根据《数据出境安全评估办法》第12条的规定,如果涉及情况复杂需要补充材料的情况,并没有明确说明最长时限。因此,《数据出境安全评估办法》中的整体评估时长为5+7+45+N天(N代表补充材料审核时间);如涉及复评的,则为72+N天(5+7+45+15+N)。由于评估周期相对较长,并且具有一定的不可预测性,因此,申报者应对此进行预估,避免由于申报周期而造成业务层面的困境。

第13条 异议与复评

数据处理者对评估结果有异议的,可以在收到评估结果15个工作日内向国家网信部门申请复评,复评结果为最终结论。

【解读】

第13条明确了我国数据出境安全评估的异议制度。

相比于征求意见稿,《数据出境安全评估办法》新增了本条内容,规定了如果数据处理者对评估结果有异议,可以申请复评。本条为数据处理者提供了对于评估行为的行政救济措施,明确了复评结果为最终结论。因此,在数据处理者对复评结果仍有异议的情况下,后续是否还有救济措施,目前未有定论。

第14条 评估有效期

通过数据出境安全评估的结果有效期为2年,自评估结果出具之日起计算。在有效期内出现以下情形之一的,数据处理者应当重新申报评估:

(一)向境外提供数据的目的、方式、范围、种类和境外接收方处理数据的用途、方式发生变化影响出境数据安全的,或者延长个人信息和重要数据境外保存期限的;

(二)境外接收方所在国家或者地区数据安全保护政策法规和网络安全环境发生

变化以及发生其他不可抗力情形、数据处理者或者境外接收方实际控制权发生变化、数据处理者与境外接收方法律文件变更等影响出境数据安全的；

(三)出现影响出境数据安全的其他情形。

有效期届满，需要继续开展数据出境活动的，数据处理者应当在有效期届满60个工作日前重新申报评估。

【解读】

第14条明确了我国数据出境安全评估的结果有效期以及重新申报制度。根据这一规定，数据出境安全评估的结果有效期为2年，数据处理者应在有效期届满60个工作日前重新申报评估。除此之外，在有效期内，如出现本条所规定的3类情况时，亦需要重新进行评估。

1.2年有效期

评估结果2年有效期的规定保障了企业参与全球数字经济建设的持续性和连贯性。《数据出境安全评估办法》第14条明确安全评估结果有效期为2年，意味着数据处理者可以申报2年内对特定境外接收方的数据出境计划，极大方便企业开展连续性数据出境业务，促进全球数字经济发展。这种设置带来了相对的制度优势。以个人信息出境为例，欧盟虽然设置了充分性认定、企业有效规则、标准合同条款等合法机制，但目前通过其充分性认定的只有14个国家，企业有效规则难获审批(中国企业尚未有获批的案例)，采用标准合同并不免除数据处理者根据数据出境个案的风险采取额外补充措施的义务。相比较而言，跨国企业在我国开展个人信息出境，如果符合安全评估的情形，那么其通过安全评估的确定性要显著增强，而且还可以有2年有效期的稳定预期，极大方便了企业开展跨境业务。①

2.重新评估情形

除兜底条款外，第14条规定了两类需要重新进行评估的情形。《数据出境安全评估办法》删除了其征求意见稿第12条第3款内容"未按本条规定重新申报评估的，应当停止数据出境活动"。结合《数据出境安全评估办法》第17条来看，当发生数据出境或者接收方的变化，触发不符合数据出境安全管理要求的条件时，国家网信部门将书面通知数据处理者终止数据出境活动。从《数据出境安全评估办法》对于其征求意见稿的改动分析可知，《数据出境安全评估办法》虽然删除了关于未重新评估应当停止数据出境活动的要求，但并非意味着在此种情况下继续进行数据出境行为是合规的。对于企业而言，当相关情况发生变化而可能不再符合数据出境安全管理要求时，应注意及时重

---

① 参见张金平：《专家解读|数据出境安全制度的新探索》，载国家互联网信息办公室网，http://www.cac.gov.cn/2022-07/08/c_1658903426715377.htm。

新申报安全评估，并在业务层面提前进行相应的安排，以避免被网信部门叫停而影响正常企业经营活动。

第15条 保密义务

参与安全评估工作的相关机构和人员对在履行职责中知悉的国家秘密、个人隐私、个人信息、商业秘密、保密商务信息等数据应当依法予以保密，不得泄露或者非法向他人提供、非法使用。

【解读】

第15条规定了数据出境安全评估工作的保密制度。

本条针对审查主体的工作提出要求，规定负有保密义务的主体是参与安全评估工作的相关机构和人员，客体包括国家秘密、个人隐私、个人信息、商业秘密、保密商务信息等数据。因此，评估主体应注意自身对于保密相关事项的制度构建，以及相关工作人员的专业培训，避免出现数据泄露和非法利用等情况。

第16条 举报制度

任何组织和个人发现数据处理者违反本办法向境外提供数据的，可以向省级以上网信部门举报。

【解读】

第16条明确了我国数据出境安全评估的举报制度，负责的部门为省级以上网信部门，任何组织和个人均有权在发现数据处理者违反本办法向境外提供数据时进行举报。

第17条 持续监督

国家网信部门发现已经通过评估的数据出境活动在实际处理过程中不再符合数据出境安全管理要求的，应当书面通知数据处理者终止数据出境活动。数据处理者需要继续开展数据出境活动的，应当按照要求整改，整改完成后重新申报评估。

【解读】

第17条明确了我国数据出境安全评估的持续监督制度，监管主体是国家网信部门。

我国的数据出境安全评估并非一劳永逸，事前评估与持续监督相结合是我国数据出境安全评估工作的方针。即使数据处理者就某个数据出境项目通过了网信部门的安全评估，在实际处理过程中发现数据出境不再符合安全管理要求，或期限届满时，审查主体应当书面通知数据处理者终止数据出境活动。在此情况下，数据处理者需要按照相关要求进行整改并重新完成申报评估流程，方可进行数据出境活动。

第18条 法律责任

违反本办法规定的，依据《中华人民共和国网络安全法》、《中华人民共和国数据安全法》、《中华人民共和国个人信息保护法》等法律法规处理；构成犯罪的，依法追究刑事责任。

【解读】

第18条为准用型规则，对于违反本办法规定的法律责任，《数据出境安全评估办法》没有直接规定违规责任与惩罚措施，而是援引了《网络安全法》《数据安全法》《个人信息保护法》的相关罚则；同时，若数据处理者构成犯罪的，将依法追究刑事责任。笔者现结合具体适用的条款及案例进行分析。涉及的条文如下：《网络安全法》第66条规定："关键信息基础设施的运营者违反本法第三十七条规定，在境外存储网络数据，或者向境外提供网络数据的，由有关主管部门责令改正，给予警告，没收违法所得，处五万元以上五十万元以下罚款，并可以责令暂停相关业务、停业整顿、关闭网站、吊销相关业务许可证或者吊销营业执照；对直接负责的主管人员和其他直接责任人员处一万元以上十万元以下罚款。"《数据安全法》第46条规定："违反本法第三十一条规定，向境外提供重要数据的，由有关主管部门责令改正，给予警告，可以并处十万元以上一百万元以下罚款，对直接负责的主管人员和其他直接责任人员可以处一万元以上十万元以下罚款；情节严重的，处一百万元以上一千万元以下罚款，并可以责令暂停相关业务、停业整顿、吊销相关业务许可证或者吊销营业执照，对直接负责的主管人员和其他直接责任人员处十万元以上一百万元以下罚款。"《个人信息保护法》第66条规定："违反本法规定处理个人信息，或者处理个人信息未履行本法规定的个人信息保护义务的，由履行个人信息保护职责的部门责令改正，给予警告，没收违法所得，对违法处理个人信息的应用程序，责令暂停或者终止提供服务；拒不改正的，并处一百万元以下罚款；对直接负责的主管人员和其他直接责任人员处一万元以上十万元以下罚款。有前款规定的违法行为，情节严重的，由省级以上履行个人信息保护职责的部门责令改正，没收违法所得，并处五千万元以下或者上一年度营业额百分之五以下罚款，并可以责令暂停相关业务或者停业整顿、通报有关主管部门吊销相关业务许可或者吊销营业执照；对直接负责的主管人员和其他直接责任人员处十万元以上一百万元以下罚款，并可以决定禁止其在一定期限内担任相关企业的董事、监事、高级管理人员和个人信息保护负责人。"第67条规定："有本法规定的违法行为的，依照有关法律、行政法规的规定记入信用档案，并予以公示。"《保守国家秘密法》第48条规定，违反法律规定邮寄、托运国家秘密载体出境，或者未经有关主管部门批准、携带、传递国家秘密载体出境的，则可能构成犯罪并依法追究刑事责任。《刑法》第111条规定："为境外的机构、组织、人员窃取、刺探、收买、非法提供国家秘密或者情报的，处五年以上十年以下有期徒刑；情节特别严重的，处十年以上有期徒刑或者无期徒刑；情节较轻的，处五年以下有期徒刑、拘役、管制或者剥夺政治权利。”

目前,未出现直接基于《数据出境安全评估办法》的行政处罚案例,笔者在此引用“滴滴”公司赴海外上市的案例进行分析。2021 年 7 月,国家网络安全审查办公室根据《国家安全法》《网络安全法》的规定,认为“滴滴出行”“运满满”“货车帮”“BOSS 直聘”应构成公共服务及交通运输领域的关键信息基础设施运营者,组织开展对其关键信息基础设施采购网络产品和服务活动的网络安全审查,以有效防范采购活动、数据处理活动以及境外上市可能带来的国家安全风险。2022 年 7 月 21 日,国家网信办依据《网络安全法》《数据安全法》《个人信息保护法》《行政处罚法》等法律法规,对滴滴全球股份有限公司处人民币 80.26 亿元罚款,对滴滴全球股份有限公司董事长兼 CEO 程某、总裁柳某分别处以人民币 100 万元的罚款。在数字经济全球化的大背景下,为在保障数据安全的同时实现数据流动的价值,以“滴滴出行”为开端,我国企业境外上市中针对涉及数据出境的网络安全强监管时代已经到来。境内企业境外直接和间接发行上市被纳入统一监管,涉及向境外提供个人信息和重要数据的,应当符合国家法律法规和有关规定,并建立健全保密制度。

第 19 条　重要数据

本办法所称重要数据,是指一旦遭到篡改、破坏、泄露或者非法获取、非法利用等,可能危害国家安全、经济运行、社会稳定、公共健康和安全等的数据。

【解读】

第 19 条明确了本法中“重要数据”的概念。

1.“重要数据”概念的沿革概述

“重要数据”一词首先出现在 2017 年的《网络安全法》,该法第 21 条①和第 37 条②

---

① 《网络安全法》第 21 条规定:“国家实行网络安全等级保护制度。网络运营者应当按照网络安全等级保护制度的要求,履行下列安全保护义务,保障网络免受干扰、破坏或者未经授权的访问,防止网络数据泄露或者被窃取、篡改:

(一)制定内部安全管理制度和操作规程,确定网络安全负责人,落实网络安全保护责任;

(二)采取防范计算机病毒和网络攻击、网络侵入等危害网络安全行为的技术措施;

(三)采取监测、记录网络运行状态、网络安全事件的技术措施,并按照规定留存相关的网络日志不少于六个月;

(四)采取数据分类、重要数据备份和加密等措施;

(五)法律、行政法规规定的其他义务。”

② 《网络安全法》第 37 条规定:“关键信息基础设施的运营者在中华人民共和国境内运营中收集和产生的个人信息和重要数据应当在境内存储。因业务需要,确需向境外提供的,应当按照国家网信部门会同国务院有关部门制定的办法进行安全评估;法律、行政法规另有规定的,依照其规定。”

出现“重要数据”这一用语。在该法第 37 条中，“重要数据”与“个人信息”两概念并列出现，该条还明确了关键信息基础设施运营者掌握的重要数据境内存储及出境应进行安全评估。该法第 76 条是用语解释条款，但是该法第 76 条没有对“重要数据”一词进行定义。

在 2021 年出台的《数据安全法》中，“重要数据”一词出现了 9 次，该法第 21 条①规定，国家建立数据分类分级保护制度。国家数据安全工作协调机制统筹协调有关部门制定重要数据目录，加强对重要数据的保护。但是，该法也没有对“重要数据”的内涵和外延进行解释。

在 2021 年发布的《网络数据安全管理条例(征求意见稿)》中，“重要数据”的概念得以明确。“重要数据”被定义为“一旦遭到篡改、破坏、泄露或者非法获取、非法利用，可能危害国家安全、公共利益的数据”，该征求意见稿列举出重要数据的 7 个种类：(1)未公开的政务数据、工作秘密、情报数据和执法司法数据；(2)出口管制数据，出口管制物项涉及的核心技术、设计方案、生产工艺等相关的数据，密码、生物、电子信息、人工智能等领域对国家安全、经济竞争实力有直接影响的科学技术成果数据；(3)国家法律、行政法规、部门规章明确规定需要保护或者控制传播的国家经济运行数据、重要行业业务数据、统计数据等；(4)工业、电信、能源、交通、水利、金融、国防科技工业、海关、税务等重点行业和领域安全生产、运行的数据，关键系统组件、设备供应链数据；(5)达到国家有关部门规定的规模或者精度的基因、地理、矿产、气象等人口与健康、自然资源与环境国家基础数据；(6)国家基础设施、关键信息基础设施建设运行及其安全数据，国防设施、军事管理区、国防科研生产单位等重要敏感区域的地理位置、安保情况等数据；(7)其他可能影响国家政治、国土、军事、经济、文化、社会、科技、生态、资源、核设施、海外利益、生物、太空、极地、深海等安全的数据。《数据出境安全评估办法》在《网络数据安全管理条例(征求意见稿)》的基础上，进行了一定的改动，将征求意见稿对“重要数据”的定义中的“公共利益”细化为“经济运行、社会稳定、公共健康和安全”。

在 2022 年发布的《信息安全技术 重要数据识别指南(征求意见稿)》中，“重要数据”被定义为“以电子方式存在的，一旦遭到篡改、破坏、泄露或者非法获取、非法利用，可能危害国家安全、公共利益的数据”。同时，该指南规定了识别重要数据的 5 个基本

---

① 《数据安全法》第 21 条规定：“国家建立数据分类分级保护制度，根据数据在经济社会发展中的重要程度，以及一旦遭到篡改、破坏、泄露或者非法获取、非法利用，对国家安全、公共利益或者个人、组织合法权益造成的危害程度，对数据实行分类分级保护。国家数据安全工作协调机制统筹协调有关部门制定重要数据目录，加强对重要数据的保护。

关系国家安全、国民经济命脉、重要民生、重大公共利益等数据属于国家核心数据，实行更加严格的管理制度。

各地区、各部门应当按照数据分类分级保护制度，确定本地区、本部门以及相关行业、领域的重要数据具体目录，对列入目录的数据进行重点保护。”

原则和14个识别因素。对于重要数据的识别，国家正在制定重要数据识别总体要求（《信息安全技术 重要数据识别规则》）；同时，各行业依据国家有关规定和标准，制定本行业重要数据管理具体规定，包括重要数据识别细则。目前，汽车领域已经发布了《汽车数据安全管理若干规定（试行）》，规定了汽车领域重要数据的5个类别；电信领域也出台了行业标准《基础电信企业重要数据识别指南》；工业和信息化部正在制定工业和电信领域的重要数据识别指南。虽然截至2023年6月《信息安全技术 重要数据识别指南》尚未出台，但指南中关于“重要数据”的相关内容值得参考和借鉴。

2. 实务中对“重要数据”的识别

虽然本条已经对“重要数据”进行了定义，但其概念仍较宽泛，未给出识别和判断的具体规则和步骤，因此，实践中可能存在对于“重要数据”识别问题的难点。笔者认为结合各项规定，可以从以下几方面对“重要数据”的界定进行把握。

第一，“重要数据”的判断标准为“是否可能危害国家安全、经济运行、社会稳定、公共健康和安全”，因此，数据处理者应注意从上述要素进行判断。以企业为例，在判断数据是否为“重要数据”时，应以外部视角对数据是否会危害国家安全、经济运行、社会稳定、公共健康和安全进行判断，而非“是否对企业的业务发展具有重要性”，在此应将“重要数据”与“商业秘密”进行区分。

第二，识别“重要数据”应结合具体场景判断。从“重要数据”在法律规范、国家标准等文件中的表述来看，《信息安全技术 数据出境安全评估指南（征求意见稿）》在附录A中列举了27个行业的重要数据类别；2021年9月初次发布、2022年1月再次公开征求意见的《信息安全技术 重要数据识别指南（征求意见稿）》放弃了对重要数据类别的分行业列举，而转为描述重要数据的识别因素。通过这一改动可知，“重要数据”可能无法通过类型列举的方式予以穷尽，而应当结合数据应用的具体产品和具体场景进行综合判断。因此，对于“重要数据”的识别还应注意具体情景具体分析。

第三，对“重要数据”的识别应当密切关注行业主管部门的具体规定。如上文所述，根据《信息安全技术 重要数据识别指南（征求意见稿）》的内容，行业依据国家有关规定和标准，制定本行业重要数据管理具体规定，包括明确重要数据识别细则。未来各地区、各部门、各行业均可能相继制定重要数据具体目录。因此，数据处理者应密切关注所涉地区、部门和行业发布的最新动态，根据细分标准对“重要数据”进行判断。①

---

① 参见王艺等：《〈数据出境申报指南〉透露的十二大信号|200问重磅发布》，载微信公众号“北京植德律师事务所”2022年9月1日，https://mp.weixin.qq.com/s/2QOKGVQfLNTmdXJ0AEv4Vw。

第 20 条　实施日期

本办法自 2022 年 9 月 1 日起施行。本办法施行前已经开展的数据出境活动，不符合本办法规定的，应当自本办法施行之日起 6 个月内完成整改。

【解读】

第 20 条规定了《数据出境安全评估办法》的施行时间，并为本办法施行前已经开展的数据出境活动设立了为期 6 个月的整改期。《数据出境安全评估办法》在征求意见稿的基础上，增加了整改期的规定，以下将着重对本条中整改期规定的理解与适用进行解读。

1. 对于“整改期”的理解

《数据出境安全评估办法》于 2022 年 9 月 1 日起正式实施，对于已经开展数据出境活动的各主体设置了 6 个月的整改期，即有关主体应当于 2023 年 3 月 1 日之前完成整改。

在整改期间内，相关主体应及时关注政策动态，并积极推进数据出境安全评估工作。对于整改期已经结束，但是审核还在进行的情况（已提交网信部门但是还未出结果），严格按照《个人信息保护法》及《数据出境安全评估办法》的规定来判断，数据出境行为可能因未通过评估而被书面通知要求终止。虽然《数据出境安全评估办法》对数据出境安全评估的流程及相关环节的完成时间进行了规定，但评估周期的具体时间仍然存在一定的不确定性①。故企业应尽早向网信部门递交相关申报材料，以尽可能避免整改期结束而评估结果尚未出的情况发生。

2. 整改期相关最新信息

2023 年 2 月 22 日，北京市网信办发布了北京属地企业数据出境安全评估申报工作的最新进展。自《数据出境安全评估办法》实施以来，北京市网信办已收到亚马逊、宝马、三星、葛兰素史克、博士伦、去哪儿网、小米、摩根大通、大众、联想等 48 家单位正式提交的申报材料，其中首都医科大学附属北京友谊医院和中国国际航空股份有限公司 2 家单位的相关数据出境场景已获国家网信办批准，成为全国前两个数据合规出境项目；现代汽车、民生银行、丰田汽车等 5 家单位的数据出境安全评估申请已被国家网信办受理；新浪微博、戴姆勒、施耐德电气、瑞士再保险等 6 家单位的申报材料，已经由北京市网信办完成审核。此外，35 家单位正在补充完善申报材料，142 家单位初步表达了申报意愿，120 余家单位咨询了申报事宜。

---

① 如省级网信部门在完成完备性查验后向国家网信部门报送材料的时间并未明确；再如，国家网信部门在进行评估时认为情况复杂需要在 45 个工作日之外延长评估时间的，该延长的时间也未明确，复评的时间目前也不得而知。

据上海市网信办2023年2月1日发布的消息,截至2023年1月31日,上海市网信办已解答咨询电话1300余通,接收正式申报材料67件,其中通过完备性查验并报送国家网信办35件,正在进行完备性查验17件,主要涉及零售、汽车、金融、医药等领域。

除此之外,各地网信办对数据出境安全评估工作给予高度重视,针对各地实践中各类问题进行了答复并给出相应的咨询通道和途径,以共同推动数据出境安全评估工作的实施与落地。

第八章 《数据出境安全评估办法》常见实务问题解答

一、关于“整改期”该如何理解

《数据出境安全评估办法》第20条是企业在开展数据出境安全评估申报之前需要重视的时间效力条款，事关对“申报”的准确认识。该条规定，“本办法自2022年9月1日起施行。本办法施行前已经开展的数据出境活动，不符合本办法规定的，应当自本办法施行之日起6个月内完成整改”。对此，实务中普遍询问的问题有：2022年9月1日之前已经出境的数据，在9月1日之前已经终止继续传输，且进行了销毁，是否还要申报？《数据出境安全评估办法》施行前数据已经出境且持续到9月1日以后，在2022年10月终止传输的，是否还要申报？6个月整改期无法完成整改的，该怎么办？

（一）“时间效力”条款：不得不重视的问题

对于《数据出境安全评估办法》该条的理解，事关企业是否应该着手开展数据出境安全评估申报工作。一些企业误认为2022年9月1日以后出境的数据且终止传输的，在“整改期”内都可以“不算数”，因此可以不开展数据出境安全评估申报工作。对于这个观点，笔者认为不妥，且存在较大法律风险。

《数据出境安全评估办法》一定程度上赋予了企业6个月“整改期”，其目的是赋予企业更长的时间，对“暂时”不符合要求的行为，按《数据出境安全评估办法》的规定进行调整、整改及依法进行申报。类似情况在很多新规中也都存在，当年P2P新规发布时也设置了6个月的整改期，还有资产管理新规也有过渡期等规定。但是，须知“整改期”只是体现了法律法规的“人性化”，不代表《数据出境安全评估办法》不生效，不等于在此期间的行为均不受《数据出境安全评估办法》规制进而可以完全“豁免评估申报”。当年欧盟 GDPR 从发布到落地实施，中间也设置了较长的过渡期，为此当年欧盟地区很多企业都在过渡期内加紧整改调整，以达到欧盟 GDPR 的要求。

为此，在数据出境的场景下，针对《数据出境安全评估办法》第 20 条，企业需要准确认识到，“整改期”不等于“豁免安全评估申报”的“自由地”。如果将二者等同，那么不但是一个需要避免的错误认识，也是对生效法律规定不尊重、不敬畏的错误态度。

（二）整改期中“发现问题”和“整改措施”是两大关键

在数据出境安全评估申报工作的开展过程中，在整改期内发现问题和提出整改措施是两大关键。在自评估报告中，企业需要完成至少 6 项重要事项的评估，每个评估事项，又需要结合不同行业领域分拆出更多义务事项。例如，数据出境的合法性基础是否充分和满足法律规定、有无完成个人信息安全影响评估等，涉及数据出境的合法性问题；再如，数据出境的必要性应如何判断和表述，如果认为不符合“必要性”，应如何采取措施整改，对原有业务的开展有无实质性影响，等等。

同时，自评估报告要求企业对发现的风险问题、采取的整改措施以及最终的整改效果均进行描述。为此，企业在填写评估表单事项之前，开展数据出境义务的对照工作是非常有必要的。对照工作有两种：一种是针对一般的数据出境义务事项，另一种是针对行业特定的数据出境义务事项。这样才可以真正全面发现数据出境过程中相关法定义务是否全部履行到位。

此外，整改措施是企业数据出境中较难把握的地方之一，因为其涉及“颗粒度”和“尺度”问题。一方面是如何整改，采取了哪些“措施”，引入了哪些“数据安全工具”；另一方面是在描述这些问题和措施的时候，是简单概括还是详细展开，展开到什么程度等。以上都是不容易拿捏的部分，需要通过实践不断总结。如同 IPO 过程中，证券公司写《招股说明书》要将相关风险披露到什么程度，律师反馈监管意见、《补充法律意见书》要写到什么程度等问题一样。

笔者的建议仍然是，颗粒度要相对细致一些，以便更好地让监管看到企业数据出境整改措施的内容和依法进行申报、整改的良好态度，解除监管的疑虑。因为从目前的申报程序来看，企业的材料被打回时可能会收到《补充申报材料通知书》，且这样的打回和补充，暂时未看到次数限制。如同省级网信办在接受材料、进行完备性查验时，打回也没有次数限制，虽然“一次性告知”，但如果企业准备的材料不完整，完备性不足，仍然可能被打回。不过后续更多的情况可能是在国家网信办的实质审查阶段，申报企业因“颗粒度不足”而需要继续补充材料的状况。

（三）数据出境人数的统计日期、整改期与申报日期的关系

除了整改期外，还有两个时间点也比较重要。一个是《数据出境安全评估办法》第 4 条第 3 项“自上年 1 月 1 日起累计向境外提供 10 万人个人信息或者 1 万人敏感个人信息的数据处理者向境外提供个人信息”中的“自上年1月1日起”；另一个是“申报日期”，即何时提交材料。

如果分别于2022年12月提交和2023年1月提交，对自上年1月1日起出境个人信息人数的计算，一个达到了《数据出境安全评估办法》的申报门槛，一个没有达到，是否可以不提交申请？笔者认为，在整改期内，自上年1月1日起的数据统计都是申报过程中一个绕不过去的“必做动作”。而如果是2023年1月申报，也建议同步统计2022年1月1日至今的数据。

至于何时提交材料。既然整改期是在2023年2月底结束，因此，2023年1月或2月提交自然也是符合《数据出境安全评估办法》要求的，只是需要考虑后续申报排队的情况及其对后续业务的影响。这里还有两个问题需要监管回应：一是2023年2月底之后，没有拿到评估通过的通知书的主体，是否可以继续进行数据出境；二是基于补充材料的“多次”可能性，极端的情况下，可能2023年3月以后，企业仍然在补充材料，按照《数据出境安全评估办法》第17条的规定，“国家网信部门发现已经通过评估的数据出境活动在实际处理过程中不再符合数据出境安全管理要求的，应当书面通知数据处理者终止数据出境活动。数据处理者需要继续开展数据出境活动的，应当按照要求整改，整改完成后重新申报评估”。那么，未通过评估、不断补充材料且存在较大风险的企业，也不排除会被通知暂停数据出境的可能性。但是，从整体的评估周期和整改期的设置来看，于2023年2月底完成全部评估工作对很多企业仍然是一个巨大挑战。为此，早日提交申请，完善不同评估结果下的“响应”措施，仍然是一个需要提前考虑的重要问题。

（四）小结

数据出境安全评估的申报工作中，整改期前、中、后的注意事项，以及申报日期、出境数据统计起算点等问题，均是实务中可能遇到的高频问题。时间维度对于数据统计、是否需要申报、后续业务是否可以继续开展等事项，均有重大影响，企业应足够重视。以上问题，体现了这项工作的“紧急程度”、“重要性”和“特殊性”，也是企业数据合规人员向上申请预算和资源支持的关键。

需要说明的是，针对上述问题，仍然应该以国家网信办的最终答复意见为准，笔者主要结合实务经验以及与监管的互动作出上述分析，以便申报企业建立“时间维度”意识，确保整体数据出境安全评估申报方案和计划安排的科学性和合理性。

二、数据出境场景如何识别

2022年9月1日，《数据出境安全评估办法》正式实施，对于涉及数据出境活动的企业而言，判断是否需要申报数据出境安全评估的第一步，就是评估自身是否涉及数据出境的场景。根据国家网信办发布的《数据出境安全评估申报指南（第一版）》，数据出境是指:(1)数据处理者将在境内运营中收集和产生的数据传输、存储至境外;(2)数据处理者收集和产生的数据存储在境内,境外的机构、组织或者个人可以查询、调取、下载、导出;(3)国家网信办规定的其他数据出境行为。该定义涉及对数据出境的场景识别,实务中是数据出境安全评估工作的重中之重。

对此,本书从对数据出境的理解、工作方法以及需要注意的问题进行分析,供企业参考。

(一)"数据出境"认定"三步走"

对于数据出境,需要从下述三个方面进行拆解(见表8-1)。

表8-1 数据出境理解一览表及相关问题

判断维度	理解	问题
"数据"	这里的数据主要是指境内数据处理者运营中收集和产生的数据,包括可能涉及开展数据出境安全评估的个人信息、敏感个人信息和重要数据,以及可能不涉及评估的企业的管理数据、业务数据等	(1)境外的数据到境内,然后原封不动出去是否受数据出境的规制? (2)境外的数据到境内,通过加工后出去,是否受数据出境的规制
"出"	对于"出"的理解,目前也在逐步明确,不仅涉及物理的方式,如U盘拷贝出境,也包括境内服务器的数据传输到境外服务器,以及境内直接把数据存储到境外服务器,境外的机构、组织或者个人线上查询、调取、下载和导出境内服务器的数据	如果员工出差,把企业境内数据放到电脑或者U盘中带出国,算不算出境?要不要统计到总体数据出境数量里
"境"	境内不含我国港澳台地区,境外含我国港澳台地区	境内的其他国家大使馆算不算境外

上述判断看似简单,但是实务中,也还是有不少疑难问题。例如,在员工出差场景中,一些企业员工出差到海外,然后通过网络访问境内公司的系统,查看相关数据,算不算数据出境?如果算,如何预估数据出境的规模、数量?再如,少量境内IT人员为海外公司提供运维支持场景,算不算企业少量员工个人信息出境,可否豁免安全评估等。实务中,就有关疑难场景是否需要进行安全评估,网信部门需结合涉及的账户权限、场景触发的频率等具体情况进行判断。建议企业在涉及疑难场景时,聘请律师协助梳理相关情况,并协助向网信办确认。

根据笔者的实务经验,在涉及如下常见数据出境场景且满足申报门槛时,通常需要申报数据出境安全评估(见表8-2)。

表 8-2 数据出境常见场景一览

序号	类别	场景
1	跨境业务活动	海淘电商业务、跨国在线诊疗、境外保险、境外酒店预定、跨境支付结算
2	境外研发活动	汽车技术研发、医学研究
3	跨国企业管理	跨国企业统一的业务/人力资源/客户管理/邮箱/网盘系统
4	境外第三方服务	境外 SaaS 软件、境外 SDK 服务
5	境外资本市场活动	境外上市过程中向境外投行、境外律师事务所披露境内收集和处理的数据,在境外会所查阅境内有关数据

(二)数据出境场景发现的相关流程

为了高效识别公司的数据出境场景,仅仅了解上文的概念是不够的,还是要回到公司的业务、产品和系统里去,特别是调动企业不同部门的积极性,找到常见和不常见的数据出境场景,确保公司不遗漏应该评估的数据出境场景。

1. 项目启动

数据出境的场景识别,并非法务、IT、业务、产品或者安全部门独自开展的事情。实务中,笔者一般建议成立项目组来负责整改安全评估工作。但是,难点在于谁牵头,谁负责。因为数据出境安全评估面临风险,很多人不太愿意牵头。特别是公司数据出境这块的业务线,如果本身不是核心,而是边缘业务线,就更加没有人愿意为此花太多心思。但是,这对于该业务线上的境外接收方或者其他供应商可能是非常重要的,因为对于他们来说,所涉业务可能是一个核心业务线。因此,项目的申报主体虽然是境内的数据处理者,但是如果其不积极不推动,而其他的供应商和境外接收方(特别是和境内数据处理者没有股权关联关系的接收方)希望积极推动,要解决这一问题也是非常困难的。

笔者建议可以由安全部门或者法务部门来牵头,组织公司内部业务、产品、运营、IT等部门,共同在数据安全委员会或者数据治理委员会下成立专项小组,尽快启动数据出境的项目工作。最好可以通过培训的方式,加强大家对这项工作的重要性和基础概念的理解。例如,什么是数据出境,什么是敏感个人信息,什么是重要数据,以及起算日期、人数、条数如何认定,等等。如果没有基础的认知,后面的访谈、填写表单等,可能会出现质量较低、信息获取量少的问题,将对申报效率和进度造成影响。

2. 系统扫描

数据出境场景与申报密切相关,假设公司有 10 个数据出境场景,且都面临申报,公司可以考虑分别申报,也可以考虑集中申报。但是,需要注意的是,数据出境场景和系统并非完全重叠,即可能多个系统涉及一个数据出境场景,如多个系统都涉及相关员工个人信息出境;也可能是多个系统涉及多个数据出境场景。为此,企业可通过对公司现有系统进行扫描,以发现哪些系统涉及境外访问,这是一条发现数据出境场景的捷径,也为后续开展自评估时梳理和填写出境数据规模、数据出境链路信息奠定基础。

实务中,笔者也是鼓励企业积极与外部供应商合作,或者在内部通过工具尽快发现数据出境的相关系统,并集中评判数据出境场景。

3. 围绕业务、产品、外部供应商情况等,填写相关信息

除了系统扫描外,通过设计合理的表单,让不同业务线、产品线、运营线、采购线等同事来填写,也能够找到很多公司数据出境的场景。此外,这一方式也能够比较快速地发现一些隐蔽的数据出境场景。例如,公司将数据委托给某国的供应商软件系统,开展反制裁的查询;又如,公司把候选人信息委托给某国供应商软件,开展性格测试;再如,一些拟 IPO 企业会把公司的相关业务数据开放给海外券商、律师事务所、会计师进行境外访问,这也会涉及大量的数据出境,等等。为此,通过表单的填写,可以比较高效地发现无法通过系统扫描获得的数据出境场景。

4. 访谈

访谈在数据出境场景的发现中,是不可或缺的。通过访谈,律师可以较好地与被访谈人了解公司的主营业务模式,了解公司目前在数据出境方面采取的相关安全措施、遇到的问题,等等。在第 3 步填写表单过程中,仍然可能存在因为不同人员的认知存在差异而无法获取更全面的信息的情形。访谈可以解决填写表单人员的困惑,找到可能被遗漏的数据出境场景。访谈中,应围绕业务、产品、系统的状况,公司过去、现在和未来的业务规划,以及数据出境是否会新增等,以排除现在达不到安全评估的门槛,但是未来数据流可能会激增导致触发安全评估的情况,为此,需要做好前瞻性的把握。目前很多企业还没有数据出境的监控工具,对于未来数据出境的场景、数量统计,都处于原始状态。

(三)小结

综上所述,数据出境场景的识别,是数据出境安全评估工作的第一步,也是至关重要的一步。这一步奠定了后续数据出境安全评估申报的方案,以及是否关闭该场景,还是继续推进。为此,企业必须高度重视。而要做好这份基础性的工作,其实离不开企业事先开展的一系列数据合规工作,如数据盘点、数据分类分级、公司组织架构的完善等。有了这些基础性工作,要把数据出境场景识别工作做好,还需要做到四步走,落实好培训、系统扫描、尽调、访谈等基础性工作,确保数据出境场景识别无死角。

实务中,还需要注意一些容易被忽视的问题。例如,一些企业基于业务本身的特点,需要把个人信息从线下提交到相关境外,如申报签证;再如,一些企业需要把学员信息大量提交到外国驻我国大使馆等,这都会涉及数据出境。此外,一些企业因为过往没有做好数据盘点工作,也没有做好日常网络日志记录,致使历史上的数据出境情况无从

统计,数据数量和出境地点、原因也不清楚,存在盲点,为此需要开展专项治理。

可见,数据出境的场景识别“牵一发而动全身”,不可因对自身业务影响不大而忽视了开展的节奏,避免后续无法及时提交安全评估材料。

三、数据处理者存在多个出境场景,申报时应如何处理

实务中,这种情况比较复杂,可能存在下列多个情形:

情形 1:集团内部,不同公司分别有不同以及类似数据出境场景;

情形 2:集团内部,不同公司共同处理数据,涉及相同数据出境场景;

情形 3:集团内部,一家公司面临多个数据出境场景。

针对上述情形,如何确定申报主体、申报方式(合并申报或分开申报)及申报地点,是比较疑难的问题。

实务中,一般律师会建议客户先申报简单、低风险的数据出境场景,如果涉及多个,可以合并申报。这和浙江省发布的数据出境安全评估申报工作问答“如果数据处理者存在多个出境场景需要申报评估,原则上应合并申报,并在申报材料中对出境场景分别予以说明”是一致的。但是,如果客户有一些高风险数据出境场景,对于数据出境的字段必要性把握不准,或者被否定的可能性较高,如果和低风险的数据出境场景一起申报,则可能导致全部被否定。为此,一些客户会分开申报。

此外,针对不同地区的关联公司的数据出境场景,建议和当地的网信部门联系确定。但是,如果涉及同一数据出境场景,涉及多个关联公司共同处理,建议以母公司或者主要处理数据的公司所在地网信部门作为提交材料的对象。当然,最终以和网信部门沟通的意见为准。

四、数据法角色对申报主体的确定有何影响

2022 年 9 月 1 日,《数据出境安全评估办法》正式实施,其中第 4 条规定:“数据处理者向境外提供数据,有下列情形之一的,应当通过所在地省级网信部门向国家网信部门申报数据出境安全评估……”此处已经非常清楚表明数据处理者是申报主体。为此,准确认定数据处理者,是确定申报主体的关键。

实务中,因为数据链路复杂,涉及多个主体参与,企业容易进入误区,无法准确识别申报主体,甚至把“受托人”纳入申报主体范围,可能导致安全评估无法通过,对本应开展数据申报的主体也是一种风险。为此,除做好数据出境认定工作外,下一步是进行法律分析,梳理数据出境过程中各参与方的数据法角色。

对此,本书从数据法角色认定的参考因素、申报主体确定以及“抽屉协议”带来的风险等角度进行分析。

(一)数据法角色认定参考因素

我国《个人信息保护法》第 73 条中明确定义:"个人信息处理者,是指在个人信息处理活动中自主决定处理目的、处理方式的组织、个人。"而《网络数据安全管理条例(征求意见稿)》第 73 条也明确了数据处理者的定义,即"数据处理者是指在数据处理活动中自主决定处理目的和处理方式的个人和组织"。两个定义基本一样,其类似欧盟 GDPR 中的"数据控制者"的概念。而与数据处理者对应的概念,则是受托人。这个概念在我国《个人信息保护法》没有专门的定义,其类似欧盟 GDPR 中的"数据处理者"的概念,本质特征是受托人听从数据处理者的指令,完成相关受托事项。

欧盟《GDPR 下数据控制者与数据处理者概念的指南(07/2020)》认为数据控制者应由五大要件构成,分别是"自然人、法人、公共机关、代理机构或其他主体""决定""单独或者与他人合作""目的和方式""个人数据处理"。五大构成要件中,"决定"是判断数据法角色的关键。

实务中,结合业务模式,企业通常会把数据存储到第三方供应商的系统,包括 SaaS 公司也会为 B 端客户提供云存储服务。在该类型的数据处理模式中,B 端客户往往是数据控制者,而 SaaS 公司或者云服务商是受托人。在整个业务模式中,受托人无法直接查看 B 端客户数据,也无权决定处理该数据的目的。对于 B 端客户来说,其自身的 C 端客户数据,也是其基于前端页面,通过 C 端客户授权取得的,其是第一手的数据收集者、处理者。其基于其所提供的基本功能或者扩展功能的服务范围获得 C 端客户授权,决定具体的数据处理的目的和方式,而受托人并不直接面向 C 端客户,其仅仅是 B 端客户的服务提供者,按照 B 端客户的要求,完成数据的处理,受托人无法决定数据处理的目的和方式。

为此,建议在分析数据出境场景时,一定要回到数据链路中,追溯数据收集的起点,根据具体的业务逻辑去判断数据处理者、受托人以及境外的数据接收者角色。切忌脱离商业实践想当然切断数据链路上的不同环节,人为构造所谓的数据法关系,否则易产生认定错误,导致后续申报被否定的风险。

(二)申报主体的确定

1. 数据处理者才是申报主体,受托人不得作为申报主体

首先,《数据出境安全评估办法》第 4 条将申报数据出境安全评估的主体限定为数据处理者,结合上述数据处理者的定义,只有数据处理者才能作为我国数据出境安全评估的申报主体是显而易见的。而受托人由于不可以独立决定数据处理的目的和方式,无法成为数据法意义上的数据处理者,从而不得作为申报主体申报安全评估。

其次,只有数据处理者才能作为申报主体,本身也符合我国《数据出境安全评估办法》中对整体数据出境安全评估风险控制的理念。从《个人信息出境标准合同规定(征求意见稿)》中也可以看出,我国个人信息出境标准仅采取"C-C"和"C-P"两种模型,没

有参考欧盟设置四个模型,即没有使用"P-P"或者"P-C"模型。同时,该规定也明确了境内的个人信息处理者的先行赔付责任。数据处理者作为我国境内数据出境的责任主体,有助于第三方受益人(个人信息主体)主张权利,也有助于监管部门对其开展检查、监督。如果允许境内的受托人作为申报主体,由于其本身在商业模式中需要听从数据处理者的指令,我国监管机构就难以通过其对数据出境活动予以监管,控制数据出境风险。

最后,受托人作为申报主体,难以落实对数据处理者的义务要求。例如,按照我国《个人信息保护法》的要求,一般个人信息出境需要完成个人信息安全影响评估,需要获得个人信息主体的单独同意。如果受托人作为申报主体,那么监管机构取得数据处理者的评估报告,督促数据处理者取得个人信息主体单独同意均属于通过"间接方式"予以监管,不利于我国数据出境风险的整体把控。如果受托人可以成为申报主体,则大量数据处理者都可以通过委托处理的方式由他人"代为申报",我国数据出境安全评估工作就会出现以监管"受托人"的方式来间接监管数据处理者的模式。这种间接监管模式不符合当前基本的监管逻辑,无法切实要求数据处理者落实数据安全保护义务,也不能有效保障个人信息主体权益。

2. 多个数据处理者,谁才是申报主体

实务中,数据出境的场景较为复杂,涉及多个数据处理者时,如何确定申报主体是一大难点(具体情形见表8-3)。

表8-3 涉及多个数据处理者时申报主体的确定

涉及多个数据处理者的情形	描述	申报主体
集团与下属子公司之间	例如,集团与下属子公司使用统一系统,但是集团内下属子公司也有自己独立的数据出境场景或者采购的相关系统	建议集团统一系统以集团名义申报;下属子公司自身业务场景、特殊系统涉及出境,自行评估申报
公司与非关联公司之间	例如,公司基于与外部非关联公司的合作,签署了《数据共同处理协议》,双方共同处理数据,并将数据传输到境外	应根据重要性原则,确定一个申报主体
多个数据处理者注册地点不一致	例如,集团内部涉及共同处理数据的多个子公司分别在不同省市,如广东省、浙江省、江苏省等	可以向所在地省级网信办咨询,确定一个可以接收材料的申报地点,进行完备性审核即可

续表

涉及多个数据处理者的情形	描述	申报主体
公司内多个业务线之间	例如,保险公司内部基于理赔,存在精算、再保险等多个涉及数据出境的业务线	描述清楚数据出境场景,内部不同业务线需要结合数据收集场景,确保授权合法合规,符合正当性和必要性原则。但如保险公司分保给外资再保险公司,可能涉及再保险公司在境内分公司进行数据出境,境内保险公司与再保险公司分公司是否需要共同作为申报主体,还需具体分析场景

3. 境外直接收集境内个人信息的数据处理者如何进行申报

根据我国《个人信息保护法》的相关规定,在中华人民共和国境外处理中华人民共和国境内自然人个人信息的活动满足相应情形时,同样适用《个人信息保护法》。这意味着在境外直接收集境内个人信息达到《个人信息保护法》规定相应数量的,也需要依照《个人信息保护法》第40条规定通过数据出境安全评估。

境外的个人信息处理者申报安全评估目前存在两个问题:第一,《个人信息保护法》规定的“国家网信部门规定数量”具体是多少;第二,境外的数据处理者如何在境内申报,向谁申报。

对于第一个问题,日前浙江省网信部门对于相关申报问答的答复,明确了国家网信部门尚未公布《个人信息保护法》第40条所要求的规定数量。但结合《数据出境安全评估办法》第4条第2项规定的“关键信息基础设施运营者和处理100万人以上个人信息的数据处理者向境外提供个人信息”申报情形,可推定《个人信息保护法》中规定的数量也可能为100万人。因此,已经收集100万人以上个人信息的境外个人信息处理者应着手准备安全评估申报工作。

对于第二个问题,境外的个人信息处理者如何在境内办理安全评估申报,向谁申报,《个人信息保护法》第53条已要求境外的个人信息处理者在境内设立专门机构或者指定代表,负责处理个人信息保护相关事务。结合笔者就相关问题咨询网信部门的答复,境外个人信息处理者应由该专门机构或者指定代表办理安全评估申报,并确定专门机构或者指定代表所在地的省级网信部门为申报机关。

此外,还需要注意,《数据出境风险自评估报告(模板)》(以下简称自评估报告模板)可能不适用于该情形,需要结合实际情况填写。该问题有待网信部门进一步回复。

(三)小结

1. 由于数据处理者的身份认定事关申报主体的确定,为此,需要小心求证,核心是回到商业逻辑和场景中,而非简单以协议来判断数据法角色。

2. 实务中,企业通过“抽屉协议”规避数据法角色,将面临协议无效风险,且存在因为提供材料虚假，而直接在数据出境安全申报中被否定的风险。

3. 建议企业重视数据法角色的认定工作，把握区分数据处理者和受托人的核心特征，涉及多个数据处理者或者境内没有代表处或者专门机构的境外数据处理者的，在确定申报主体时也需要结合网信办的咨询、官方问答、商业模式以及重要性原则等，准确判断申报主体的身份。

五、数据处理者如何判断数据出境的“必要性”

《数据出境安全评估办法》中明确，企业数据出境自评估以及网信办的评估均要评估数据出境的必要性。什么是数据出境的必要性？企业如何开展数据出境必要性的论证？如果没有评估到位，可能存在被要求补正材料甚至是被否定、不支持数据出境的风险。一旦数据出境不被支持，企业会面临业务无法开展、境外数据需要销毁的一系列难题，可见该问题的重要性。本书就数据出境必要性评估的范围、判断维度以及常见数据出境场景的必要性进行分析，以期为企业开展数据出境申报提供参考。

（一）问题的提出：数据出境何以必要

按照《个人信息保护法》的规定，必要性原则贯穿个人信息处理生命周期的始终。个人信息收集的必要性，是我国监管部门重点关注的对象。

在实务中，很多企业希望了解清楚，过往我们习以为常的数据出境安排，在面临安全评估的场景下，基于“必要性”的判断维度，是否会面临被否定的风险？有无可以判断的工具、流程、参考指南？

首先，我们应该注意到数据出境的必要性，和个人信息收集的必要性相比，是第二次强调“必要性”。这个必要性的判断，并不以收集必要性的判断作为终点。即不是因为个人信息收集具有了必要性，所以出境就当然具有必要性。这是一个需要防范的误区。数据出境必要性的法律法规出处见表 8－4。

表 8－4　数据出境必要性法律依据对比

《数据出境安全评估办法》相关规定	《个人信息保护法》相关规定
第 5 条　数据处理者在申报数据出境安全评估前，应当开展数据出境风险自评估，**重点评估**以下事项： （一）数据出境和境外接收方处理数据的目的、范围、方式等的合法性、正当性、**必要性**…… 第 8 条　数据出境安全评估重点评估数据出境活动可能对**国家安全**、**公共利益**、**个人或者组织合法权益**带来的风险，主要包括以下事项： （一）数据出境的**目的**、范围、方式等的合法性、正当性、必要性……	第 38 条　个人信息处理者**因业务等需要**，确需向中华人民共和国境外提供个人信息的，应当具备下列条件之一： （一）依照本法第四十条的规定通过国家网信部门组织的安全评估； ……

其次,从表8-4中我们不难看出,数据出境必要性的客体并不限于个人信息,还包括了重要数据等。这也是一个需要注意规避的误区。因为我国《数据安全法》并未强调必要性原则。对于除个人信息以外的很多数据,在处理时原则上是没有必要性要求的,但是个人信息处理中,必要性是基本原则。因此,在数据出境的场景下,一旦落入《数据出境安全评估办法》的评估客体之中,必要性原则就对其当然适用了,如重要数据以及“国家网信部门规定的其他需要申报数据出境安全评估的情形”。

再次,在确定数据出境必要性时,基于数据出境这一高风险场景,需要对多方利益予以考量。从表8-4以及目前公布的申报指南中都可以看出,数据出境的必要性判断均需要围绕“数据出境活动是否可能对国家安全、公共利益、个人或者组织合法权益带来风险”展开论述。

最后,在进行数据出境必要性判断时,应该重点吸收我国个人信息收集治理工作的经验,同时参考现有的国标予以考虑。

2021年3月12日,国家网信办、工业和信息化部、公安部、国家市场监督管理总局4部门联合发布《常见类型移动互联网应用程序必要个人信息范围规定》,该规定第5条明确了39种常见类型App的基本功能服务和必要个人信息范围。

2021年6月1日实施的《信息安全技术 个人信息安全影响评估指南》在第5.1条特别提到评估必要性分析,并分为合规差距评估、尽责性风险评估。其中,合规差距评估重点关注安全控制措施与法律法规、标准的要求差距这一维度;而尽责性风险评估,则是在高风险的个人信息处理活动中开展该类评估工作,目的是尽可能降低对个人信息主体合法权益的不利影响。

《信息安全技术 个人信息安全影响评估指南》(GB/T 39335-2020)附录中的表对个人信息安全评估作了规定,见表8-5、表8-6。

表8-5 基于处理活动/场景/特性或组件的个人信息映射

个人信息处理活动/场景/特性或组件	个人信息类型	个人信息主体	个人信息收集、处理的目的	个人信息处理的合法事由	个人信息控制者	个人信息处理者	是否涉及跨境转移	是否涉及第三方共享
处理活动A								
处理活动B								
处理活动C								

表 8－6　安全风险评估及整改措施

个人信息处理活动/场景/特性或组件	风险源维度	产生风险的原因/存在的问题	安全事件发生可能性等级	对个人权益产生的影响维度	影响程度	风险描述及等级	相关责任方与风险处置建议	整改效果验证及归档情况
处理活动A	网络环境和技术措施			限制个人自主决定权				
				引发差别性待遇				
				个人名誉受损或遭受精神压力				
				人身财产受损				
	个人信息处理流程							
	参与人员与第三方							
	业务特点和规模及安全态势							

于2022年11月1日实施的《信息安全技术　移动互联网应用程序（App）收集个人信息基本要求》，对于个人信息收集的必要性进行了进一步细化，是对过往执法经验和相关立法活动的经验汇总，值得参考。

（二）判断数据出境必要性的参考维度及常见场景分析

1. 数据出境必要性的参考维度

如上文所述，国家对数据出境的必要性提出了更严格的要求。结合实务经验，企业可以参考《信息安全技术　个人信息安全影响评估指南》提供的“评估必要性框架”（合规差距评估、尽责性风险评估），结合下述6个维度，向监管部门论述数据出境的必要性（见表8－7）。

表 8-7 数据出境必要性判断维度一览

维度	说明
法律法规	参考表 8-4,同时结合相关行业的法律法规,进一步判断出境的必要性。其中,"出境数据的范围、目的等最小化是判断必要性的重要考量"。例如,数据出境是为了履行国家已签订的国际司法协助条约,向境外提供证据
国家标准/行业标准	**《信息安全技术 移动互联网应用程序(App)收集个人信息基本要求》** 该要求区分了必要个人信息、非必要但有关联个人信息。其中,对必要个人信息的判断与基本业务功能、扩展业务功能的判断相结合。 **《信息安全技术 数据出境安全评估指南(草案)》** 5.2.2.3 范围 应评估出境个人信息范围是否符合最小化原则: 向境外传输的个人信息应与出境目的相关的业务功能有直接关联。**直接关联是指没有该信息的参与,相应功能无法实现;** 向境外自动传输的个人信息频率应是与数据出境目的相关的业务功能所必需的**最低频率**; 向境外传输的个人信息数量应是与数据出境目的相关的业务功能所必需的**最低数量**。 5.2.3.3 范围 重要数据范围应符合最小化原则: 向境外传输的数据应与出境目的相关的业务功能有直接关联。即没有该信息的参与,相应功能无法实现; 向境外自动传输的数据频率应是与数据出境目的相关的业务功能所必需的最低频率; 向境外传输的数据数量应是与数据出境目的相关的业务功能所必需的最低数量
业务等所必需	《个人信息保护法》第 38 条提到了"业务等需要"。为此,如何让监管部门充分认识到数据出境是业务所必需,即如果不出境,这个业务就无法开展,是需要充分论证的。而对于"等"字的理解,需要结合实际情况予以说明。例如,不是基于开展业务,而是基于慈善公益等目的开展数据出境活动的道德必要性就需要论证。再如,跨境电商需要将境内客户信息传送至海外商家和海外物流商,是该业务模式成功运作的前提,也是必要性的体现
行业实践/惯例	如果一个行业中,较多企业都涉及同一数据出境场景和同一类数据出境,说明在该行业内数据出境是较为通行的惯例。这种情况下,可能数据出境通过的概率相对更高。但如果个别企业的出境数量很多、类型很特别,不是行业主流,则也会引起监管的关注
替代性分析	从成本、业务功能等维度,综合分析替代的不可行之处。例如,跨国公司使用某云服务产品,虽然国内有其他类产品可替代,但考虑到更换 IT 架构等成本,使用境外产品对跨国公司运营仍具备一定的必要性。但是,该维度具有较大局限性
常识	常识也是数据出境必要性可以考虑的维度

综上 6 个维度中,笔者认为对于数据出境必要性的判断,第 1~3 个维度是关键,第

4~6个维度是对上述论述的进一步补充。

2. 常见数据出境场景的必要性探讨

实务中，在不同数据出境场景下，该场景是否有出境必要性，以及该场景下数据出境的数量、类型、频率是否满足必要性要求，均需要逐一分析探讨（见表8-8）。

表8-8 不同行业、数据出境场景、必要性判断一览

行业	数据出境场景	数据出境是否必要（仅供参考，以监管部门意见为准）
跨境电商	海外商家收集境内消费者的收货地址	是
跨国员工	跨国公司境内子公司员工所有个人信息传至海外总部	有争议，需要结合处理目的分析数据出境必要性
汽车	将境内汽车内音视频资料，一律传至海外总部服务器存储	否
酒店	客户预定境外酒店	是

（三）小结

数据出境的必要性分析是数据出境安全评估工作中的重中之重，目前，还没有类似个人信息收集必要性范围的详细指南或者指引，这也是目前实务中的难点。

企业在实务中应注意，个人信息收集的必要性与数据出境的必要性涉及两个不同的场景，虽然二者在内在逻辑上具有一定的交叉，但是在各自判断维度上，仍然有所差异。在数据出境场景下，不管是基本功能，还是扩展功能下的数据出境，个人信息收集的合法性固然是判断前提，但是对出境的必要性判断，则可以参考前面六大维度予以论述，特别是从"目的、范围、方式"的必要性，"业务等需要"的必要性，"对国家安全、公共利益、个人或者组织合法权益的影响"是否最低、可控（如基于特定目的之下的传输频率最小化、数量最小化）等方面开展重点评估。如评估后，发现存在一系列问题，需要完全披露并开展进一步整改工作，则应采取相关整改措施，确保满足上述数据出境必要性的要求，解除监管的顾虑，特别是就如何进一步降低数据出境高风险场景下的各类风险，避免对个人信息主体权益、国家安全等造成威胁展开详细论述，提高数据出境安全评估的成功率。

同时，企业应做好数据出境安全评估无法通过的预案，避免因为数据出境安全评估未通过而影响业务的正常开展。而对于拟IPO企业来说，一方面，其IPO律师需要注意数据出境安全评估的数据法问题可能成为一个新的高频数据法问题；另一方面，其需要做好"核查验证方案设计"、"尽调资料收集"以及"问题反馈思路整理以及补充法律意见书制作"的准备工作，并就拟IPO企业是否涉及数据出境场景、是否需要开展数据出境安全评估申报工作以及申报被否定后对自身主营业务的影响、相关是否配置应急预案等予以充分说明，最大限度消除证券监管部门在企业 IPO 过程中的顾虑。

六、《个人信息出境标准合同》中第三方受益人机制对安全评估工作有何影响

《数据出境安全评估办法》第 6 条规定申报数据出境安全评估，应当提交数据处理者与境外接收方拟订立的法律文件。对于该文件，行业内普遍推荐使用《个人信息出境标准合同》。虽然该标准合同仍在修订中，但是在递交安全评估的申请文件时，使用《个人信息出境标准合同》已经成为主要的做法之一。而监管也对该文件非常重视，要求"对数据出境相关约定条款作高亮、线框等显著标识。法律文件以中文版本为准，若仅有非中文版本，须同步提交准确的中文译本"。这有利于监管高效审核，也避免申报主体调整《个人信息出境标准合同》。

值得重点关注的是，《个人信息出境标准合同》中第三方受益人机制的建立，该机制事关第三方受益人（个人信息主体）个人信息权益的实现，也事关境外接收方对该机制的理解和认同。此外，一旦数据处理者使用《个人信息出境标准合同》，对数据出境安全评估有哪些影响呢？这也是需要在安全评估工作中思考的。

（一）《个人信息出境标准合同》中的第三方受益人机制

《个人信息出境标准合同》第 2 条中明确：个人信息处理者应向个人信息主体告知其与境外接收方通过本合同约定个人信息主体为第三方受益人，如果个人信息主体未在 30 日内明确拒绝，则可以依据该合同享有第三方受益人的权利。

该条款明确了个人信息主体可以行使第三方受益人的权利，也限制了第三方受益人的范围为标准合同中的个人信息主体（而欧盟 SCCs 第 9 条明确，当数据输入方与次级委托处理者签订合同场景下，如数据输入方停止运营或破产，数据输出方可以作为第三方受益人解除数据输入方与次级处理者的合同，并要求其销毁或退还个人数据。相比之下我国第三方受益人的范围更广）。

实际上，我国《民法典》中已经有第三人利益合同条款。《民法典》第 522 条规定："当事人约定由债务人向第三人履行债务，债务人未向第三人履行债务或者履行债务不符合约定的，应当向债权人承担违约责任。法律规定或者当事人约定第三人可以直接请求债务人向其履行债务，第三人未在合理期限内明确拒绝，债务人未向第三人履行债务或者履行债务不符合约定的，第三人可以请求债务人承担违约责任；债务人对债权人的抗辩，可以向第三人主张。"

显然，第三方受益人并不是《个人信息出境标准合同》中的合同双方，该机制本身即突破了合同相对性机制，在这种情形下，合同所能赋予第三方受益人的限于权利而非义务。对于第三方受益人而言，标准合同中该条款的主要意义是扩张了当个人信息权益受到侵害时的请求权，原本个人信息主体只能依据《个人信息保护法》主张侵权责

任，现第三方受益人也可以直接向合同双方主张违约责任。

（二）第三方受益人机制对数据出境安全评估的影响

1. 是否在数据出境安全评估工作提交材料时，签署《个人信息出境标准合同》

按照《数据出境安全评估办法》，申报时提交的法律文件，即“数据处理者与境外接收方拟订立的法律文件”是拟签署的版本。这主要是考虑到安全评估机制是一个事前评估机制。只有评估通过后，才可以出境。评估未通过，是不可以出境的。

但是，整改期比较特殊。在整改期内，如果数据已经持续出境，提交法律文件应提交签署版还是拟签署版呢？笔者认为，从《个人信息出境标准合同》文本来看，其本身是为加强对各方的安全保障义务的实现，对个人信息保护是有利的。如果整改期数据仍然在出境，签署《个人信息出境标准合同》对数据出境活动是有利的。但是严格从所提交的材料清单来看，是可以不签署的。

不管是否签署《个人信息出境标准合同》，只要网信部门认为《个人信息出境标准合同》的内容需要进行修订，则未来需要重新签署合同。

2. 隐私政策的更新与告知

《个人信息出境标准合同》第 2 条规定，个人信息处理者应“向个人信息主体告知其与境外接收方通过本合同约定个人信息主体为第三方受益人，如果个人信息主体未在 30 日内明确拒绝，则可以依据本合同享有第三方受益人的权利”。

数据出境安全评估工作中，一般会经过内部评估将隐私政策予以完善，并弹窗告知用户。如未来安全评估通过，或者《个人信息出境标准合同》已经签署生效，则需要在隐私政策中增加第三方受益人告知条款，同时为其设置拒绝按钮或者机制，确保其可以向数据处理者提出拒绝成为《个人信息出境标准合同》第三方受益人的请求。

3. 单独同意机制与其他合法性基础的关系及适用

在个人信息出境过程中，合法性基础的选择是整改措施中的重点。对于个人信息出境是否必须经个人单独同意，还是可以有其他合法性基础，实践中存在争议。

从目前《个人信息出境标准合同》第 2 条来看，其规定个人信息处理者应向个人信息主体告知境外接收方的名称或姓名、联系方式、附录一“个人信息出境说明”中的相关情况，以及行使个人信息主体权利的方式和程序等事项，并就个人敏感信息取得个人单独同意，但相关法律法规规定不需要取得个人单独同意的除外。从该条款来看，似乎也允许选择其他合法性基础。

笔者认为，单独同意相比其他合法性基础，更容易打扰用户，且比较难获得不习惯使用线上 App 的用户群的授权，但是较为容易佐证自己完成了合规动作，证明力强。而对于其他合法性基础，尤其是“基于合同订立、履行所必需”，只要其数据出境场景适合，确实可以佐证“必需”，则相比单独同意，选择该合法性基础是较为合适的。

为此，在数据出境安全评估过程中，可以结合《个人信息出境标准合同》的规定、

《个人信息保护法》的立法目的、相关专家学者的解读,以及个人信息出境的场景,进一步谨慎选择适合的合法性基础开展数据出境活动。

4. 第三方受益人要求行使个人信息权益的范围予以扩张,但也有相关限制

《数据出境安全评估办法》第 8 条明确,"数据出境安全评估重点评估数据出境活动可能对国家安全、公共利益、个人或者组织合法权益带来的风险,主要包括以下事项:……(四)数据安全和个人信息权益是否能够得到充分有效保障"。按照我国《个人信息保护法》的规定,个人信息主体享有一系列个人信息权益,如复制权、知情权、决定权、撤回同意权等。

而《个人信息出境标准合同》相比《个人信息保护法》所规定的个人信息权益内容,则有扩张的趋势。如《个人信息出境标准合同》第 2 条第 9 项规定:"根据个人信息主体的要求向个人信息主体提供本合同的副本。如涉及商业秘密或者保密商务信息,在不影响个人信息主体理解的前提下,可对本合同副本相关内容进行适当处理。"

实务中,一旦签署《个人信息出境标准合同》,数据处理者应同步做好更新《个人信息权利响应指引》,尤其是境外接收方如果是集团内部成员单位,应考虑同步适用,确保个人信息主体权益得到充分保障。

除了上述内容外,《个人信息出境标准合同》对于数据出境安全评估在境外接收方尽职调查以及个人信息处理者(数据出口商)与境外接收方、二次传输的接收者等的义务上,都有相关影响,且涉及连带责任。此处考虑篇幅,不再展开。一旦数据处理者完全使用《个人信息出境标准合同》,则需要了解这些高标准、高要求、重责任的条款是否可以承受,以及是否要做适当调整。严格来说,数据出境安全评估所要求的合同,并非当然指《个人信息出境标准合同》,应结合场景和双方的具体情况做适当调整。《个人信息出境标准合同》附录 1、2 中有更多的义务履行的细化条款,如境外接收方的范围(附录一中明确)、C-C 模型下境外接收方是否可以二次传输等。

(三)合规建议

基于笔者对《个人信息出境标准合同》,以及其他境外标准合同的研究,结合笔者在数据出境安全评估的实务经验,笔者建议,数据处理者如在申报时使用《个人信息出境标准合同》,则需要注意:

1. 确保境外接收方理解《个人信息出境标准合同》第三方受益人条款,并可以在安全评估后签署该合同。如相关业务已经在整改期存续开展,也可以先行签署。但如对《个人信息出境标准合同》有重大变更,建议安全评估通过后再行签署,避免因网信部门出台新的指导意见,导致需要重新签署合同。

2. 及时更新隐私政策并告知用户,给予用户拒绝成为第三方受益人的选项。

3. 准确选择合法性基础,确保个人信息出境合法合规。

4. 完善个人信息权益响应机制,补充境外接收方拒绝用户请求或者向其收取合理

费用的机制。

5. 完善个人信息安全影响评估机制(较多企业并未专门就数据出境设置个人信息安全影响评估的标准)。

6. 完善境外接收方的尽调机制。

7. 确保所提交的数据出境安全评估材料与《个人信息出境标准合同》的内容不发生冲突。

七、数据处理者如何落实数据出境风险自评估工作

根据《数据出境安全评估办法》,数据处理者在申报数据出境安全评估前,需开展数据出境风险评估工作。此外,《个人信息保护法》第55条规定,个人信息处理者在向境外提供个人信息前应当进行个人信息保护影响评估。因此,如企业符合《数据出境安全评估办法》第4条所规定的条件,则其面临的评估义务可能包括风险自评估以及个人信息保护影响评估。由于企业在数据出境方面承担了关键的自评估工作,出于对企业涉及数据出境相关业务开展效率以及企业资源投入的考虑,需要明确企业在数据出境活动中应承担怎样的自评估工作、如何完成自评估工作。

对此,本书将从《数据出境安全评估办法》所要求的风险自评估与个人信息保护影响评估的区别与联系入手,讨论两者的关系,再分析风险自评估的主要维度,以期帮助企业准确把握数据出境安全自评估的义务履行路径与方法,从而提升企业数据出境相关业务的运行效率以及帮助企业在评估工作中投入合理的资源。

(一)数据出境风险自评估与个人信息保护影响评估的区别

《个人信息保护法》作为上位法,规定了企业"向境外提供个人信息"时需完成个人信息保护影响评估的义务,笔者认为企业但凡涉及数据出境,无论是通过数据出境安全评估、签署个人信息出境标准合同还是个人信息出境安全认证,都需要完成个人信息保护影响评估。而对于满足了《数据出境安全评估办法》要求的企业,在进行申报数据出境安全评估前,需完成风险自评估。针对风险自评估与个人信息保护影响评估的区别与联系问题,笔者将从执行力度、适用条件、评估目标、评估内容四个维度进行分析(见表8-9)。

表8-9 风险自评估与个人信息保护影响评估对比

比较维度	风险自评估	个人信息保护影响评估
执行力度	《数据出境安全评估办法》要求符合条件的企业在**申报数据出境安全评估前**应进行风险自评估,**并在申报阶段提交风险自评估报告**	《个人信息保护法》要求企业在向境外提供数据之前需进行个人信息保护影响评估,**其评估报告和处理记录应至少保存3年**

续表

比较维度	风险自评估	个人信息保护影响评估
适用条件	满足《数据出境安全评估办法》中要求的需向网信部门等相关部门申报数据出境安全评估的情形	(1)处理敏感个人信息;(2)利用个人信息进行自动化决策;(3)委托处理个人信息、向其他个人信息处理者提供个人信息、公开个人信息;(4)向境外提供个人信息;(5)其他对个人权益有重大影响的个人信息处理活动
评估目标	评估数据出境过程中可能出现的风险(包括数据传输方式、境外接收方的情况等),保证数据出境过程中对国家利益、公共利益、个人或组织的安全	通过对个人信息处理的措施以及对个人权益的影响评估,确保企业相关的产品、服务充分考虑个人信息的保护,确保个人信息主体了解其个人信息被如何处理、如何保护
评估内容	(1)合法性基础、正当性、必要性;(2)出境数据对**国家安全、公共利益、个人或组织**可能带来的风险;(3)境外接收方的安全保障能力;(4)数据传输(过程中或传输后)风险及安全保障(包括个人信息权益维护);(5)法律文件中约定的数据安全保护责任义务	(1)合法性基础、正当性、必要性;(2)**对个人权益**的影响及安全风险;(3)所采取的保护措施是否合法、有效并与风险程度相适应

通过表8-9可以看出,个人信息保护影响评估与风险自评估的主要区别有如下几点:

1. 侧重点不同:个人信息保护影响评估评估内容的关注重点是以个人信息权益保护为入口,如果将个人信息保护影响评估放在数据出境这个场景下,笔者认为,对于企业来说,数据出境场景下的个人信息保护影响评估重点评估的是企业自身对于个人信息处理的风险以及对个人权益的保护。而《数据出境安全评估办法》所规定的风险自评估,则是以数据出境这个活动本身为切入点,所评估的风险维度更加广泛,包含了国家安全、公共利益等内容;整个评估链条也更加完整,包含了对数据接收方的安全保障能力的评价以及对数据传输的安全评估。

2. 风险评估维度不同:个人信息保护影响评估的风险主要是对个人权益的影响及风险;而风险自评估还包含了国家安全、公共利益等内容。

3. 安全角度不同:风险自评估从数据传输、境外接收方的角度进行评价,以保证数据出境整个活动的安全性;个人信息保护影响评估关注的是所采取的保护措施是否合法、有效并与风险程度的相适应性。

个人信息保护影响评估与风险自评估虽然有一定区别,但是两者仍具有紧密的联系。首先,两者在评估目标上基本是一致的,即通过对数据处理活动的梳理,发现潜在的风险点,判断当前的管理措施和技术措施是否能够提供充足的保护。其次,在评估内容上，两者有一定的重合性，企业可以考虑在实施相关评估工作时，将个人信息保护影响评估及数据安全风险自评估一并纳入评估计划。

（二）数据出境风险自评估的主要维度

前文说明了个人信息保护影响评估与风险自评估的区别与联系，个人信息保护影响评估重点评估的是对个人信息的影响，而数据出境安全评估还重点评估了数据传输过程中、传输后的风险，以及境外接收方的安全保障能力。如何进行数据出境风险自评估，《数据出境安全评估办法》给出了较为宏观的评估维度，《数据出境安全评估申报指南（第一版）》对风险自评估的内容进行了细化，参考自评估报告模板中的主要内容，我们可以看到自评估报告模板将《数据出境安全评估办法》中的几项维度予以明确。数据出境风险自评估是要基于对企业数据出境的业务、信息系统、数据资产等情况的了解，评估维度包含了数据处理者的情况、境外接收方的情况，在数据传输风险的评估上，主要是通过对信息系统、数据链路、接收后的数据安全等情况进行评价。

此外，我们还参考了欧盟和英国的数据传输风险评估的主要内容。英国的传输风险评估（Transfer Risk Assessment，TRA）的作用主要在于在企业开展数据出境活动前，评估其国际数据转移协议（International Data Transfer Agreement，IDTA）是否能够为有限的数据出境活动提供充分保护；欧盟的传输影响评估（Transfer Impact Assessment，TIA）的主要目的是核实目的地第三国的法律是否对根据标准合同条款转移的个人数据提供充分保护。

虽然欧盟TIA和英国TRA的适用条件与我国的风险自评估存在差异，但欧盟TIA和英国TRA中所涉及的评估维度与我国数据出境的风险自评估维度存在相似性。本书重点对比出境数据风险评估及境外法律政策评估这两个维度（见表8－10）。

表8－10　风险自评估、TRA、TIA对比

评估维度	风险自评估	TRA	TIA
出境数据风险情况	出境数据的规模、范围、种类、敏感程度，数据出境可能对国家安全、公共利益、个人或者组织合法权益带来的风险	（1）数据输出方/数据接收方/后续处理者的身份、所在地；（2）数据的数量、类别、处理方式、范围、目的、传输方式、主体类别；（3）数据接收方在法律之外受到的专业或其他规则的约束；（4）数据接收方的技术或组织等安全措施；（5）传输数据的格式；（6）数据接收方/其他接受者访问数据的时限；（7）数据转移的频率；（8）传输频率	（1）对处理活动的描述：数据主体的类别、个人数据的类别、处理目的、类别等信息，确保数据传输的合法性、正当性、必要性；（2）了解详细且完整的数据链：所有可能的目的地及继续转移的情况

续表

评估维度	风险自评估	TRA	TIA
境外法律政策评估	评估境外数据接收方所在国家或地区数据安全保护政策法规和网络安全环境情况	(1)安全原则:数据接收方所在国是否对数据有特别的危险;(2)目的国法律保护数据输出方和数据主体的行权,确保IDTA中的合同保障条款可以落实;(3)目的国法律是否对第三方获取数据有保护和监管	(1)分析数据接收方所在国数据法,接收方是否需要依据法律向公共当局披露数据;(2)是否有法律、实践、报道先例说明第三国公众当局可以接触到传输的数据;(3)第三国公共当局是否可以通过任何电信提供商或通信渠道获取数据

(三)小结

综合前述内容可以看出,我国风险自评估的内容既包括了PIA的要求,也涵盖了欧盟TIA和英国TRA的主要评估维度,风险自评估的范围相对完整。笔者建议企业尽早准备落实数据出境风险自评估工作,落实风险自评估可以包含准备工作阶段和落地实施阶段。

1. 准备工作阶段

(1)制度建设:尽快建立数据分类分级、个人信息与重要数据识别等制度;建立档案管理、数据合作伙伴管理、数据清单管理等制度,便于后续梳理企业整体数据情况、业务情况。

(2)组织建设:设立数据安全负责人或组织机构,统筹个人信息保护、数据安全相关工作。

(3)方法建设:企业可结合自身业务情况以及信息系统的使用情况,整理固有风险、剩余风险的识别方法论或检查清单,帮助评估者从企业的实际情况出发识别数据出境相关风险。

2. 落地实施阶段

该阶段包括组建评估团队、制订评估计划、确定评估对象和范围、风险分析、风险处置与整改、提交报告、记录保存等。

另外,考虑到数据出境相关风险评估工作的多维性和专业性,为调和企业履行数据出境相关义务和开展日常业务工作的冲突,企业可考虑适时聘用第三方机构承担部分评估工作,并对评估过程中发现的问题及时采取补救措施并形成处理报告存档备查。

八、数据处理者申报安全评估,哪三类通知书必拿

(一)各地数据出境安全申报通道观察

1. 截至2022年11月3日,全国至少有15个省级网信办发布数据出境安全评估的咨询通道,其中至少8个省级网信办明确了申报通道已开启。

2. 截至2022年11月3日,江苏、海南两地率先推出了数据出境安全评估申报指引,对

重要数据定义、具体数据出境安全评估申报的注意事项作了更明确的指引,值得学习。笔者会在后文将国家网信办的申报指南与江苏、海南的申报指引进行对比,方便企业操作。

3. 截至 2022 年 11 月 3 日,上海市网信办率先发布了《数据出境安全评估申报工作实务问答(一)》。这一做法将为后续数据处理者申报带来更多确定性,有助于数据处理者提高申报质量。建议国家网信办也汇总各地实务问题,出台更统一的系列实务观点问答。

(二)以广东省数据出境申报通道为例

1. 对于数据出境安全评估的适用范围、数据出境的定义,广东省基本沿用了《数据出境安全评估申报指南(第一版)》的规定。

2. 广东省采用的申报方式和流程中,数据处理者(申报主体)最重要的通知书有三类,分别是《已经报送国家网信办之通知书》《国家网信办受理通知书》《评估结果通知书》。其他特殊的通知书至少有四类,分别是《未通过完备性查验通知书》《补充/更正申报材料通知书》《终止审理通知书》《延长处理通知书》。具体内容见表 8 – 11。

表 8 – 11　广东省网信办对于数据出境安全评估申报流程的规定及分析一览

事项/环节	广东省网信部门关于申报的要求	对比上海市网信办《数据出境安全评估申报工作实务问答(一)》	影响及建议
申报方式	送达书面申报材料并附带材料电子版	有明确的报送方式、地址、电话、收件人,建议报送前提前电话联系。同时,建议申报主体自己缴纳快递费用。 书面材料和电子版文件,要保持完全一致。如有特殊情况,需要说明	(1)千万不要选择到付;(2)书面材料和电子版材料文件的序号和对应材料,一定要完全一致
完备性查验	广东省网信办负责查验申报材料完备性,通过完备性查验的,将申报材料上报国家网信办;未通过完备性查验的,退回申报	上海市网信办进行完备性查验的期限为自接受申报材料第 2 天计算 5 个工作日。若材料被退回,再次提交重新计算 5 个工作日。 退回可以无限制,重新提交也可以无次数限制。 报送国家网信办,会通知数据处理者(申报主体)	(1)完备性非常重要,否则会被打回。(2)虽然监管会一次性告知需要的材料,但是因为准备错误或者不完整,仍然存在无限次打回的可能。(3)通过完备性查验后会拿到第一个重要的书面通知(已经报送国家网信办的通知)

续表

事项/环节	广东省网信部门关于申报的要求	对比上海市网信办《数据出境安全评估申报工作实务问答(一)》	影响及建议
受理	国家网信办收到广东省网信办上报的申报材料后,确定是否受理并书面通知数据处理者	略	第二个重要的书面通知:国家网信办已经受理的通知
补充或更正申报材料	数据处理者如被告知补充或者更正申报材料,应当及时按照要求补充或者更正材料。无正当理由不补充或者更正申报材料的,安全评估将会终止	略	申报主体可能会拿到《补充申报材料通知书》《更正申报材料通知书》。建议充分重视,避免拿到《终止审理通知书》
延期通知	情况复杂的,数据处理者将被告知评估预计延长的时间	略	申报主体可能会拿到《延长处理通知书》。这里的情况复杂,可能是涉及数据出境场景复杂,可能是涉及的境外接收方、国家地区较多,也可能是数据出境体量很大等情况。为此,申报主体应该结合重要性,考虑是否重要场景先申报
评估完成	评估完成后,数据处理者将收到评估结果通知书。对评估结果无异议的,数据处理者须按照数据出境安全管理相关法律法规和评估结果通知书的有关要求,规范相关数据出境活动	略	评估完成后,申报者将拿到最重要的通知书:《评估结果通知书》

续表

事项/环节	广东省网信部门关于申报的要求	对比上海市网信办《数据出境安全评估申报工作实务问答(一)》	影响及建议
申请复评	对评估结果有异议的,数据处理者可以在收到评估结果通知书15个工作日内向国家网信办申请复评,复评结果为最终结论	略	略

广东省网信办的申报基本参考了《数据出境安全评估申报指南(第一版)》附件1“数据出境安全评估申报材料要求”的相关规定,具体见表8-12。

表8-12 广东省网信办对数据出境安全评估申报材料的规定及分析一览

<table>
<tr><th>序号</th><th colspan="2">材料名称</th><th>报送要求</th><th>上海官方问答(一)</th><th>影响及建议</th></tr>
<tr><td>1</td><td colspan="2">统一社会信用代码证件</td><td>影印件加盖公章</td><td>略</td><td>略</td></tr>
<tr><td>2</td><td colspan="2">法定代表人身份证件</td><td>影印件加盖公章</td><td>略</td><td>略</td></tr>
<tr><td>3</td><td colspan="2">经办人身份证件</td><td>影印件加盖公章</td><td>经办人必须为数据处理者正式员工,并提供准确有效的联系方式</td><td>兼职或者外部第三方机构人员均不可,为此需要注意提前准备好劳动合同或者其他证明其员工身份的材料,附在授权委托书后面</td></tr>
<tr><td>4</td><td colspan="2">经办人授权委托书</td><td>原件</td><td>略</td><td>兼职或者外部第三方机构人员均不可,为此需要注意提前准备好劳动合同或者其他证明其员工身份的材料,附在授权委托书后面</td></tr>
<tr><td rowspan="2">5</td><td rowspan="2">数据出境安全评估申报书</td><td>承诺书</td><td>原件</td><td>略</td><td>略</td></tr>
<tr><td>数据出境安全评估申报表</td><td>原件</td><td>略</td><td>略</td></tr>
</table>

续表

序号	材料名称	报送要求	上海官方问答（一）	影响及建议
6	与境外接收方拟订立的数据出境相关合同或者其他具有法律效力的文件	影印件加盖公章	略	核心的文件之一；有待个人信息出境标准合同的正式发布
7	数据出境风险自评估报告	原件	略	核心的文件之一
8	其他相关证明材料	原件或影印件加盖公章	略	略

（三）疑难问题与若干建议

实务中，数据出境安全评估的问题较多，疑难问题也不少。笔者认为大部分核心问题均围绕以下九个方面，分别是：

1. 申报主体的确定；
2. 数据出境场景的认定；
3. 数据出境安全评估条件的适用；
4. 数据出境安全评估时间效力的适用；
5. 整体申报的规划；
6. 内部组织及申报材料的填写；
7. 数据出境自评估后风险问题的识别及整改措施的选择、落地；
8. 申报时间的确定；
9. 与境外接收方签署文件的问题等。

数据出境事关国家安全、公共利益和个人信息主体权益，从严理解、从严实施整改措施，仍然应该是企业应该持有的主流态度。

九、整改期数据处理者应该注意什么

《数据出境安全评估办法》于 2022 年 9 月 1 日正式生效实施，规定数据处理者在申报数据出境安全评估前，需开展数据出境风险评估工作（以下简称自评估）。整改期已于 2023 年 2 月 28 日届满。但是目前讨论整改期的法律意义仍然有参考价值，因为截至 2023 年 8 月，个人信息处理者仍然可能面临 2023 年 11 月 30 日之前，如触发个人信息出境标准合同备案的要求则需要提前完成备案工作的问题。不管是数据出境安全评估的整改期，还是个人信息出境标准合同备案的整改期，具有同质性。

（一）数据处理者应注意避免在稳定期和评估期发生“重大变化”

1. 申报日与3个月的关系：稳定期

《数据出境安全评估申报指南（第一版）》中明确了数据处理者要签署《承诺书》。《承诺书》第4条明确要求“自评估工作为申报之日前3个月内完成，且至申报之日未发生重大变化”。这里提到的“3个月”是正式向网信办提交材料的申报日之前的3个月，而非从自评估报告盖章出具之日或其他任意选择的日期起算。自评估工作需要在此期间完成，且不能发生重大变化，以下将这一期间称为稳定期。虽然《承诺书》中主要强调稳定期，但是笔者认为在申报日至获得安全评估结果期间（以下简称评估期），最好也不要发生重大变化。

那么，这里的重大变化，需要关注哪些事宜呢？笔者认为至少有以下六大类，分别是：统计数据不发生重大变化；股权结构、实际控制人不发生重大变化；数据出境涉及的业务不发生重大变化；数据处理者不应在稳定期或者评估期出现重大行政处罚或者数据重大数据安全事件；境外接收方不发生重大变化；数据出境的目的、方式、范围、种类、境外保存期限等相关具体内容不发生重大变化。

2. “数据”的准确统计，以及不发生重大变化

稳定期内统计数据不发生重大变化，笔者认为是指在提交申报材料（申报日）时，需要确保所统计的数据的截止日期落入之前的稳定期内。否则，提交的数据统计结果可能不符合监管要求。例如，如果于2022年12月1日提交申报材料，那么诸如是否向境外提供重要数据、处理个人信息的总人数、自上年1月1日起累计向境外提供的个人信息/敏感个人信息的总人数等《数据出境安全评估办法》第4条规定的统计结果，就不可只统计到2022年8月或更早，而是要至少统计到2022年9月1日。同时，上述数据在统计出来之后的剩余稳定期内，原则上也不要发生重大变化，如数据激增或者急剧下滑等。

3. 股权结构、实际控制人不发生重大变化

自评估报告模板，第二部分就载明了需要填写股权结构和实际控制人信息。在稳定期内以及申报日当日，公司股权结构（含穿透后的结构）以及实际控制人，原则上不应发生变化。如果发生变化，不但可能会引起责任承担主体、境内外投资情况等变化，同时原有集团、母公司层面统一实施的数据隔离等数据安全技术措施和统一适用的管理措施，也可能因为股权结构和实际控制人的变化，面临执行上的问题。为此，数据处理者的股权结构、实际控制人在稳定期内不发生重大变化，应该是安全评估申报要求的应有之义。如果公司在申报日前后有重大交易或者收并购安排，应注意提前或者延缓进行。同样，笔者认为在提交申报后的评估期内，上述项也不应发生重大变化。

另外，需要注意的是，根据《数据出境安全评估办法》第14条的规定，境外接收方的实际控制权变化，若可能影响出境数据安全，则会成为需要重新评估的事项。因此，笔

者认为,境外接收方的股权结构和实际控制权的情况,在稳定期、评估期和评估结果有效期(2 年)内,也同样需要保持一致。

4. 数据出境涉及的业务不发生重大变化

数据出境安全评估申报的目的,就是针对不同数据出境场景,分别开展数据出境安全评估,确保不违反相关法律法规。如果在稳定期内,数据出境涉及的业务发生重大变化,如业务模式根本变化、合作方大幅增减,以及可能随之产生的数据出境方式或者链路调整、境外接收方发生重大区域调整,都不利于网信办开展安全评估工作,最后结果即使通过,也可能和企业后续实际业务存在很大差异,导致企业无法按照原有方式开展"数据出境涉及的业务"。

5. 数据处理者不应在稳定期或者评估期出现重大行政处罚或者重大数据安全事件

在自评估报告模板中,数据处理者需要就遵守中国数据和网络安全相关法律、行政法规、部门规章的情况进行说明,主要是近 2 年在业务经营活动中受到行政处罚和有关主管监管部门调查及整改情况。如果在稳定期,数据处理者因为违反法律受到数据安全相关的处罚或者发生重大数据泄露,可能触碰《数据出境安全评估办法》第 8 条安全评估事项里面的红线,即数据出境安全评估重点评估数据出境活动可能对国家安全、公共利益、个人或者组织合法权益带来的风险,包括出境中和出境后遭到篡改、破坏、泄露、丢失、转移或者被非法获取、非法利用等的风险,以及数据安全和个人信息权益是否能够得到充分有效保障。为此,在申报期间,数据处理者应该尤其避免发生数据泄露等数据安全事件,以免自身数据安全能力受到质疑。

6. 境外接收方不发生重大变化

《数据出境安全评估办法》第 9 条规定:"数据处理者应当在与境外接收方订立的法律文件中明确约定数据安全保护责任义务,至少包括以下内容:……(四)境外接收方在实际控制权或者经营范围发生实质性变化,或者所在国家、地区数据安全保护政策法规和网络安全环境发生变化以及发生其他不可抗力情形导致难以保障数据安全时,应当采取的安全措施……"为此,在稳定期和评估期,数据处理者都应注意境外接收方是否会发生实际控制权或者经营范围的实质性变化,或者其所在国家的数据法及网络安全环境发生重大变化。如果境外接收方是数据处理者的关联方,当然更好掌握。但其如果是非关联方,则可能不太好掌握,需要在双方拟签署的法律文件中,对此进行特别强调。

这一要求也是安全评估申报的应有之义。因为在稳定期,一方面,数据处理者就已经对境外接收方的相关情况进行了评估,甚至尽调;另一方面,境外接收方也对其数据安全能力和处理行为作出了相关承诺。如果在评估期内发生重大变化,可能不利于后续数据出境活动的安全开展。

7. 数据出境相关具体内容不发生重大变化

《数据出境安全评估办法》第 14 条规定："通过数据出境安全评估的结果有效期为 2 年，自评估结果出具之日起计算。在有效期内出现以下情形之一的，数据处理者应当重新申报评估：(一)向境外提供数据的目的、方式、范围、种类和境外接收方处理数据的用途、方式发生变化影响出境数据安全的，或者延长个人信息和重要数据境外保存期限的……"这一条虽然是重新申报评估的触发事由之一，但是，首次申报的数据处理者同样应关注。因为数据出境场景在申报时已经确定，相关数据出境的目的、方式、范围、种类、存储期限等都已经明确，如果在评估期内发生变化，相当于中途撤材料、变更材料。例如，涉及个人信息处理的情况发生变化时，势必会产生隐私政策更新、重新获得同意等合法性基础等整改需要。为此，笔者建议不要在评估期内调整数据出境场景中的相关具体内容，避免启动重新评估机制。

(二)提交材料的准确性与有序性

1. 经办人的确定

结合上海市、浙江省网信办的规定，以及《数据出境安全申报指南(第一版)》，经办人应该是数据处理者的全职人员。因此，需要提前准备好经办人的劳动合同(原则上应和数据处理者直接签署)及缴纳社保证明，以备查验。同时，该经办人员应尽量避免和法定代表人是同一人。经办人的签字应该是其本人签字，不可以代签或者用签章代替，避免未来在其他材料签字时，出现字迹不一致的问题。实务中，建议经办人对整个数据出境安全评估工作作深入了解，在申报期间不要离职，尽可能不要出国，电话等联系方式保持畅通，不排除监管部门会约谈经办人或者要求到监管单位进行了解。经办人也不应该是外部专业机构的人员。

2. 法定代表人的签字

实务中，很多数据处理者的法定代表人可能不在境内，无法及时签字，希望用签章代替。从目前申报材料的要求来看，必须要法定代表人签字，因此应避免使用签章。另外，建议不要委托代签，避免出现和上面经办人一样的问题。

3. 材料提交的一致性(光盘与纸质材料)

提交的材料应该是纸质材料和承载电子版材料的光盘。注意这里是光盘，而不是 U 盘。光盘内的材料顺序、序号应该与纸质材料一致，避免出现前后不一致的情况而被省级网信办退回。光盘建议要提前测试，避免无法读取；同时准备好备用光盘，如遇问题可以及时替换。

(三)特殊主体应注意相关其他程序的联动机制

1. 其他行业审批机制

对于一些特殊行业，如医疗行业，一些数据处理者的数据出境活动可能同时触发行业主管部门的审批机制。如《人类遗传资源管理条例》中要求科技部审批的事宜，在目前网信部门和科技部还没有就这项审批合并之前,建议分别开展申请,不要延误或者忽视其他数据出境路径申报的要求。

2. 拟 IPO 企业申报期间的披露

对于拟 IPO 企业,在申报材料提交给证券监管部门期间,应在法律意见书或者招股书中如实披露目前数据出境的安全评估进展情况,并就无法通过评估可能对业务造成的影响予以提前揭示。

(四)小结

数据出境安全评估工作是一个非常细致的工程,涉及方方面面,需要申报小组的成员有整体观、全局观以及动态思维。在稳定期和评估期,不可随意调整数据出境的内容或者合作方,避免触发重大变化,导致评估申报工作失败。同时,在未来也要动态监控自身数据出境的情况,特别是未来战略落地、创新业务发展等可能导致自身触发重新评估机制等。

2022 年 12 月 2 日,中共中央、国务院发布的《数据二十条》17 处提到"数据跨境",这意味着我国数据出境的规范化、国际化,前景广阔。《数据二十条》的出台,"意味着在国家层面多层次多举措加速推动数据要素跨境流通已然是立足新发展阶段、贯彻新发展理念,构建新发展格局的必然选项。在经济社会全面进入高质量发展新阶段的时代背景下,为了实现数据安全合规有序跨境流通机制的有效构建,《数据二十条》深刻认识我国产业经济的发展现状和数字化转型的客观规律,全面检视域外有关数据跨境流动治理的理念举措及其成败得失,着力从四个方面系统地勾勒了一幅多方主体有序共建、共治、共享的多维生态图景"。① 相信随着数据出境安全评估工作的有序开展、国内数据要素市场的培育壮大、与境外不同国家和地区开展数据跨境流动的国际经验的积累,我国数据出境的体系会越来越完善,我国也会有更多市场主体融入全球化的发展浪潮中。

十、如何前瞻性考虑数据处理者未来的出境路径,避免对业务造成不利影响

建议企业从以下四个维度考虑:

1. 紧迫性维度

紧迫性体现在两方面:一方面是在整改期内,需要按时完成数据出境安全评估申报或者个人信息出境标准合同备案申请工作。另一方面是即使不在整改期内,如果触发数据出境安全评估,则需要先申请安全评估,通过后才可以出境;而对于个人信息出境

① 参见吴沈括:《构筑面向数字化和全球化的数据跨境流通生态——读〈中共中央 国务院关于构建数据基础制度更好发挥数据要素作用的意见〉》,载微信公众号"国际商事法务"2022 年 12 月 23 日,https://mp.weixin.qq.com/s/Hti6cZJPSleQLl5cHY7Ztw。

标准合同备案,则在出境后按时完成备案工作。如果未按时申请安全评估或者备案,则面临较大的法律风险,包括罚款、责令停止传输数据,甚至涉及刑事责任风险。

2. 战略维度

数据处理者的法务人员需要从企业战略角度,对公司短期、中期和长期的业务范围,以及不同业务对公司数据出境策略的影响作出影响分析,在此基础上进一步确定未来的数据出境路径选择。

3. 经济成本维度

结合目前实务和监管的做法,数据处理者的法务人员和 IT 人员,需要对是否借助外部力量、是否在内部专门成立数据出境小组,以及如何避免未来重复启动评估机制作出路径选择并设计具体落地方案,最大限度降低公司的经济成本。

4. 谨慎维度

实务中,一些数据处理者的法务或者领导,片面地理解数据出境的范畴,缺乏对公司数据出境场景的准确识别,对于哪些数据可能构成重要数据不是很关心。对于匿名化、去标识化、脱敏的关系,也不是很清楚。有时仅对一些关联公司采取简单的剥离措施,但是实质上还是进行了数据共享,等等。这些对数据出境路径选择有重大影响的决策或者措施应谨慎作出,避免后续监管不认可导致被处罚的结果。

此外,不管是走安全评估路径,还是走标准合同备案路径,都应对公司的数据出境情况实施实时监测,对过去、现在和未来的数据出境的类型、数量、目的等做到心中有数,为此,数据资产盘点和数据分类分级是公司做好数据合规工作的基石。

十一、《数据出境申报指南》透露了哪些信号

2022 年 9 月 1 日,是《数据安全法》实施一周年的日子,也是《数据出境安全评估办法》正式实施的日子。这两部重要的数据法规则在同一日再次交汇,具有重大意义,凸显了数据安全的重要性。

我国数据出境“三件套”之一的《数据出境安全评估办法》,是对我国《个人信息保护法》第 38 条的落实,《数据出境安全评估办法》共计 20 条,但是内容丰富,且数据出境场景复杂,涉及多国法域,值得重点研究,以回应市场企业需求。

2022 年 8 月,国家网信办发布《数据出境安全评估申报指南(第一版)》,与《数据出境安全评估办法》相比,其有 12 个要点值得关注:

1. 列举的数据出境方式增多。数据出境的“出”,在原有的境外访问、调用境内数据外,增加了境外查询、调取、下载、导出数据。

2. 申报主体面临穿透要求,需要准确确定申报主体。申报主体的股权结构、实际控制人以及境内外投资情况受关注,且需要进行阐述,因此,申报主体的确定是一大难点。特别是对于集团公司,下属多个子公司可能涉及多个业务目的和范围,因此需要关注联

合申报、核心实体申报等话题。此外,SaaS、云服务商等是否需要作为申报主体,还有待明确。

3. 数据出境场景筛查,可结合《数据出境安全评估申报指南(第一版)》考虑。该指南明确了数据出境业务和信息系统情况,其逻辑是“业务—数据资产—系统—存储地点—出境链路”,为此,企业可以结合自身业务,按照这个逻辑确定数据出境场景。

4. 申报日确定的三大法律意义需谨记。第一,确定上一年度的范围;第二,确定数据出境数量和业务模式,需与未来 2 年内的战略发展匹配,避免频繁触发评估;第三,结合《承诺书》,监管明确关注申报日前 3 个月的自评估情况,且不得存在重大变化,因此,要谨慎确定申报日。

5. 申报材料更为具体且有模板,经办人不可转委托。申报材料增加了 4 份,分别是统一社会信用代码证件、法定代表人身份证件、经办人身份证件及经办人授权委托书。上述指南还提供了申报书模板(含承诺书)和自评估报告模板,方便后续统一格式。此外,经办人授权委托书明确了不可以转委托,因此,未来只能特殊情况下撤销原委托,重新委托。

6. 关注企业数据安全能力,如存在处罚记录时则有无法通过评估的风险。监管看重过往数据安全能力,因此,频繁被曝光、下架、受处罚将面临无法通过数据出境评估的风险,“打铁还需自身硬”,需要不断夯实自身数据安全能力。

7. 关注企业数据出境的具体内容、形式,不可“一简了之”。评估申报书模板就出境方式、出境链路、出境数据情况(数据规模等)作出了详细要求,如重要数据的规模、出境链路(如链路提供商、链路数量与带宽、境内外落地数据中心名称及机房物理位置、IP 地址)、数据出境目的需要具体阐述,不可“一简了之”。

8. 风险评估情况需详细说明,整改措施和效果是重点。企业需重点说明发现的问题、存在的风险隐患,及对应采取的整改措施、整改效果,这需要全部展现在监管面前,消除监管顾虑。这一点值得重视,也是实务中的难点。整改措施是否得到监管认可、监管尺度如何,值得长期跟踪了解。

9. 第三方机构参与自评估需盖章,数据出境专家支持企业高效完成数据出境评估工作。这里的第三方机构包括律师事务所、会计师事务所或者数据安全公司等。企业在数据出境过程中可适时聘请专业的数据出境专家为其提供专业咨询服务,提高审批通过效率,增加说服力。

10. 评估结果、记载结果和规范出境活动内容。评估结果的名称是《评估结果通知书》,里面不仅会记载是否通过评估,还可能会明确或者补充规范数据出境活动的内容。

11. 法律文本中的六大条款受重点关注,以中文为准。申报材料明确要求申报主体就六大条款作高亮、线框等显著标识,提高整体审核效率。六大条款分别涉及“数据出境目的、用途等(必要性)”“数据境外存储情况(安全性)”“数据二次转移的约束条款(安全性)”“境外接收方发生变化的救济机制(安全性)”“违约责任和争议解决(安全性)”“发生数据泄露等以及个人信息主体权益实现的措施(安全性)”。

12. 指南中对答疑渠道作了公示,有问题可以向网信办进行电话、邮箱咨询,建议提前做足功课,不要“徒增监管压力”。

第九章 《个人信息出境标准合同办法》及标准合同条文、条款解读

一、《个人信息出境标准合同办法》条文解读

第1条 立法目的

第1条 为了保护个人信息权益，规范个人信息出境活动，根据《中华人民共和国个人信息保护法》等法律法规，制定本办法。

【解读】

1. 立法说明

相比《个人信息出境标准合同规定（征求意见稿）》，本条删除了一个立法目的，即“促进个人信息跨境安全、自由流动”。

2. 法律分析

《个人信息出境标准合同办法》第3条中有“保障个人信息跨境安全、自由流动”的表述，为了避免重复，删除了第1条的“促进个人信息跨境安全、自由流动”的内容。

第2条 适用范围

第2条 个人信息处理者通过与境外接收方订立个人信息出境标准合同（以下简称标准合同）的方式向中华人民共和国境外提供个人信息，适用本办法。

【解读】

1. 立法说明

《个人信息出境标准合同规定（征求意见稿）》第2条中的“不得与标准合同相冲突”放到了《个人信息出境标准合同办法》第6条。

2. 法律分析

该条简化了表述,条款内容虽然简单,但是对于实务中何为个人信息出境、什么情况下需要签署标准合同这一问题,该条作出明确规定,且未采纳欧盟不同数据处理角色下,采用不同模型构建标准合同的复杂做法。本条应注意以下几点:

第一,主体是个人信息处理者。

第二,境外接收方身份未要求是个人信息处理者,意味着其也可以是受托人。

第三,"向境外提供"这一定义有待解释。具体可以结合数据出境安全评估的相关问答理解。

第四,客体是个人信息,并不包括重要数据或者其他数据。这就意味着如果是重要数据出境,所签署的合同内容与《标准合同》应有所不同,需要专门做调整。

第 3 条　数据跨境原则

第 3 条　通过订立标准合同的方式开展个人信息出境活动,应当坚持自主缔约与备案管理相结合、保护权益与防范风险相结合,保障个人信息跨境安全、自由流动。

【解读】

1. 立法说明

相比《个人信息出境标准合同规定(征求意见稿)》,本条删除了"防范个人信息出境安全风险",增加了"保护权益与防范风险相结合"。

2. 法律分析

"两个结合"突出了我国个人信息出境标准合同的重要功能与管理结构,以及安全与自由流动这两个服务目的。

第 4 条　适用条件

第 4 条　个人信息处理者通过订立标准合同的方式向境外提供个人信息的,应当同时符合下列情形:

(一)非关键信息基础设施运营者;

(二)处理个人信息不满 100 万人的;

(三)自上年 1 月 1 日起累计向境外提供个人信息不满 10 万人的;

(四)自上年 1 月 1 日起累计向境外提供敏感个人信息不满 1 万人的。

法律、行政法规或者国家网信部门另有规定的,从其规定。

个人信息处理者不得采取数量拆分等手段,将依法应当通过出境安全评估的个人信息通过订立标准合同的方式向境外提供。

【解读】

1. 立法说明

相比《个人信息出境标准合同规定(征求意见稿)》,本条第2款和第3款为新增。

2. 法律分析

这一条是高频适用条款。相比第2条适用范围,这一条是实质性的判断条款,是与《数据出境安全评估办法》的门槛相衔接的条款,凸显了我国数据出境不同路径的门槛差异性。

该条第2款与《数据出境安全评估办法》类似,二者都规定了"法律、行政法规另有规定的,依照其规定"。为了解决法律冲突问题,一些特别法或者更高位阶的法律法规,应该得到优先适用。例如,医疗行业、金融行业等的法律法规。

该条第3款是重点条款,体现了监管注意到实务中可能存在规避安全评估适用的做法,且《个人信息出境标准合同办法》在《数据出境安全评估办法》整改期届满前发布,也为一些企业敲响了警钟。正确理解该条款,需要注意以下三点:

第一,"数量拆分"作为一种规避手段,主要是指拆分100万人、10万人和1万人这三组关键数据,拆分的形式包括人为把数据放到不同的公司,或者把一些场景人为割裂放到其他关联公司或者非关联公司等。

第二,"数量拆分"以外的手段仍然可以涵盖在这一条款下,因为使用了"等手段"。这一立法技术是为了防止实务中出现新的规避手段,给予了监管自由裁量的空间。其他手段如通过签署"抽屉协议"予以规避 。

第三,从该条可以看出,合法避免触发安全评估机制、继续走《个人信息出境标准合同》备案机制的做法,需要更加谨慎。例如,实务中采取数据销毁、相关技术隔离、存储方案隔离等,均需要充分论证,得到监管理解,否则容易被扣上"规避监管"的帽子。

第5条 个人信息保护影响评估内容

第5条 个人信息处理者向境外提供个人信息前,应当开展个人信息保护影响评估,重点评估以下内容:

(一)个人信息处理者和境外接收方处理个人信息的目的、范围、方式等的合法性、正当性、必要性;

(二)出境个人信息的规模、范围、种类、敏感程度,个人信息出境可能对个人信息权益带来的风险;

(三)境外接收方承诺承担的义务,以及履行义务的管理和技术措施、能力等能否保障出境个人信息的安全;

(四)个人信息出境后遭到篡改、破坏、泄露、丢失、非法利用等的风险,个人信息权益维护的渠道是否通畅等;

（五）境外接收方所在国家或者地区的个人信息保护政策和法规对标准合同履行的影响；

（六）其他可能影响个人信息出境安全的事项。

【解读】

1. 立法说明

相比《个人信息出境标准合同规定（征求意见稿）》，该条将第 2 项中的数量和类型，改为规模和种类；将第 4 项中的“泄露、损毁、篡改、滥用”改为“篡改、破坏、泄露、丢失、非法利用”。

2. 法律分析

完成个人信息保护影响评估报告是《个人信息保护法》的法定要求，在安全评估过程中，法律并未要求向监管部门提供。但在标准合同备案过程中，是要求提供的。这要求企业需要重视该报告在备案前的重要性。

实务中，评估报告并无标准的模板，但是，我国有相关国标可以参考，即《信息安全技术　个人信息安全影响评估指南》（GB/T 39335－2020），但该指南并未突出个人信息出境的场景。

第 6 条　不得冲突条款

第 6 条　标准合同应当严格按照本办法附件订立。国家网信部门可以根据实际情况对附件进行调整。

个人信息处理者可以与境外接收方约定其他条款，但不得与标准合同相冲突。

标准合同生效后方可开展个人信息出境活动。

【解读】

1. 立法说明

本条真正增加的是第 1 款“标准合同应当严格按照本办法附件订立。国家网信部门可以根据实际情况对附件进行调整”，另外两款是《个人信息出境标准合同规定（征求意见稿）》第 2 条、第 7 条部分条款的整合。

2. 法律分析

“标准合同应当严格按照本办法附件订立。国家网信部门可以根据实际情况对附件进行调整”这一条款，与目前数据出境安全评估实务中，监管部门对《个人信息出境标准合同》调整的要求吻合。实务中，数据出境的结构纷繁复杂。从欧盟四种不同数据出境的模型即可窥见，加上欧盟正在就境外数据处理者直接在海外向欧盟境内收集个人信息的结构专门开展模型设计，我国现有《个人信息出境标准合同》只能解决大部分问题，但仍然无法覆盖所有的数据出境结构。因此，不排除实务中国家网信部门会对《个人信息出境标准合同》进行修订。

该条第2款，在实务中主要是指双方可对《个人信息出境标准合同》进行额外约定。如何理解这里的冲突，需要具体结合不同场景予以判定。

该条第3款规定"标准合同生效后方可开展个人信息出境活动"，这里需要注意三点：

第一，需要判断生效的方式是否成就。实务中，一般是签署合同即生效。《个人信息出境标准合同》中并未就生效时间或者条件作出规定。实务中不排除签约方会在正文中进行特别约定。

第二，如果出现标准合同生效后又中止《个人信息出境标准合同》的履行或者终止《个人信息出境标准合同》的情形，可能要停止个人信息出境活动，或者重新签署《个人信息出境标准合同》，完成新的备案工作。这一做法在实务中可能存在诸多难点，不一定可以实现"无缝衔接"，具体还有待进一步论证和观察。

第三，是否完成备案不构成个人信息出境的前提，这也是标准合同方式区别于安全评估的重大差异点。2023年3月1日以后，一旦数据处理者即将达到安全评估的门槛，需要提前启动安全评估申请机制，避免被认定为未完成安全评估流程，而擅自进行数据出境活动。

第7条 标准合同的备案要求

第7条 个人信息处理者应当在标准合同生效之日起10个工作日内向所在地省级网信部门备案。备案应当提交以下材料：

（一）标准合同；

（二）个人信息保护影响评估报告。

个人信息处理者应当对所备案材料的真实性负责。

【解读】

1. 立法说明

《个人信息出境标准合同办法》将《个人信息出境标准合同规定（征求意见稿）》第7条的最后一句放到了第6条，表述相应修改为"标准合同生效后方可开展个人信息出境活动"。

2. 法律分析

这一条涉及实务中的五个问题，值得进一步关注：

第一，10个工作日的起算时间是何时？

第二，备案是提交（投递）即备案成功，还是要拿到相关备案成功的凭证？备案成功的时间如何判断？

第三，后续是否有专门的备案系统，方便个人信息处理者线上操作？是否必须要把签署后的合同寄送到省网信办？

第四,应提交签署版合同的复印件还是原件?

第五,对于个人信息保护影响评估报告,后续网信办是否会针对数据出境提供模板?

结合目前数据出境安全评估的实务,笔者认为,现在备案主要通过快递或者上门提交监管材料。除了纸质材料,还要提交光盘。因此,短期内可能暂时不存在线上提交的可能性。如没有系统,建议选择 EMS 快递,尽量留足时间提交,关注成功投递时间。如果时间紧急,建议亲自上门送交网信部门。

《个人信息出境标准合同》最后一条并未规定提交份数,故应预留一份给网信部门。不排除可以提交复印件,但是复印件上应该需要盖章,并注明与原件一致。这一细节有待网信部门的进一步解释。在具体签署《个人信息出境标准合同》的过程中,这一点需要特别注意,因为境外接收方在境外,如涉及复印件盖章,可能会增加签署的时间成本。

第 8 条　个人信息处理者需重新签订合同并备案的情形

第 8 条　在标准合同有效期内出现下列情形之一的,个人信息处理者应当重新开展个人信息保护影响评估,补充或者重新订立标准合同,并履行相应备案手续:

(一)向境外提供个人信息的目的、范围、种类、敏感程度、方式、保存地点或者境外接收方处理个人信息的用途、方式发生变化,或者延长个人信息境外保存期限的;

(二)境外接收方所在国家或者地区的个人信息保护政策和法规发生变化等可能影响个人信息权益的;

(三)可能影响个人信息权益的其他情形。

【解读】

1. 立法说明

相比《个人信息出境标准合同规定(征求意见稿)》第 8 条,该条有三处重大修订,一是增加了"重新开展个人信息保护影响评估",二是"补充"或者"重新订立"标准合同,三是把第 1 项中的类型改为种类,删除了数量,将保存期限改为保存地点。

2. 法律分析

该条要求个人信息处理者对《个人信息出境标准合同》开展动态管理,针对下列三类情形做好监测,是一种事后管理机制。

该条将"数量"变化予以删除,也就是避免重新备案频率过高。因为一旦触发安全评估,有对应的新的评估机制予以衔接。且《个人信息出境标准合同》备案的流程机制本身就是便利中小企业开展个人信息出境活动,有助于实现自由流动的目的。另外将保存期限改为保存地点,可见监管对于保存地点更为关注,保存期限长短不是监管的重点。

该条特别强调需要重新"开展个人信息安全影响评估"。这一规定其实影响较大,提高了合规成本。相比《个人信息保护法》第55条,该条的触发机制更为细致。未来,监管部门是否会针对其他几种情形,采取类似的立法技术进行扩大解释,从而频繁要求个人信息处理者开展个人信息保护影响评估,值得关注。

《个人信息保护法》第55条 有下列情形之一的,个人信息处理者应当事前进行个人信息保护影响评估,并对处理情况进行记录:

(一)处理敏感个人信息;

(二)利用个人信息进行自动化决策;

(三)委托处理个人信息、向其他个人信息处理者提供个人信息、公开个人信息;

(四)向境外提供个人信息;

(五)其他对个人权益有重大影响的个人信息处理活动。

最后,该条允许双方不重新订立《个人信息出境标准合同》,而是对原合同进行补充。这一做法更为灵活,避免了合同订立时间过长而不利于《个人信息出境标准合同》及时备案的情形。

第9条 保密义务

第9条 网信部门及其工作人员对在履行职责中知悉的个人隐私、个人信息、商业秘密、保密商务信息等应当依法予以保密,不得泄露或者非法向他人提供、非法使用。

【解读】

1. 立法说明

《个人信息出境标准合同办法》将《个人信息出境标准合同规定(征求意见稿)》中的"参与标准合同备案的机构和人员"改为"网信部门及其工作人员"。

2. 法律分析

该条主要针对监管部门及其人员,对象范围更为集中。且这里的工作人员的表述可能还包括了监管部门临时外聘的人员。因为在数据出境过程中,需要开展安全评估、备案的事宜较多,监管部门往往需要外部人员支持,这一修改是为保证参与该工作的人员均符合本条款。

该条值得关注的一个客体信息是"保密商务信息",这一用语在过去的监管规则中较为少见。与《数据出境安全评估办法》第15条"参与安全评估工作的相关机构和人员对在履行职责中知悉的国家秘密、个人隐私、个人信息、商业秘密、保密商务信息等数据应当依法予以保密,不得泄露或者非法向他人提供、非法使用"的表述是一致的。

第10条 救济途径

第10条 任何组织和个人发现个人信息处理者违反本办法向境外提供个人信息

的,可以向省级以上网信部门举报。

【解读】

1. 立法说明

相比《个人信息出境标准合同规定(征求意见稿)》第10条,该条补充了“向境外提供个人信息”的表述,更为完整。

2. 法律分析

该条与《数据出境安全评估办法》第16条“任何组织和个人发现数据处理者违反本办法向境外提供数据的,可以向省级以上网信部门举报”的规定一致,因为《个人信息出境标准合同办法》突出了个人信息出境,因此,这里的客体主要是个人信息,而不包括重要数据等。

第11条　需要整改、消除隐患的情形

第11条　省级以上网信部门发现个人信息出境活动存在较大风险或者发生个人信息安全事件的,可以依法对个人信息处理者进行约谈。个人信息处理者应当按照要求整改,消除隐患。

【解读】

1. 立法说明

该条存在重大修订,《个人信息出境标准合同规定(征求意见稿)》中的表述为“省级以上网信部门发现通过签订标准合同的个人信息出境活动在实际处理过程中不再符合个人信息出境安全管理要求的,应当书面通知个人信息处理者终止个人信息出境活动。个人信息处理者应当在收到通知后立即终止个人信息出境活动”。

2. 法律分析

该条在三个层面进行了修订,目的是使监管措施更好落地,真正实现可操作性。

第一个层面,触发条件更为宽泛,“发现个人信息出境活动存在较大风险或者发生个人信息安全事件”中的“较大风险”“安全事件”都比较宽泛,且缺乏明确定义,自由裁量空间较大。

第二个层面,是监管措施主要是“约谈”“整改”,相比《个人信息出境标准合同规定(征求意见稿)》更加具有弹性,而不是通知终止个人信息出境活动,如个人信息处理者不立即终止,就会出现监管措施无法落地、个人信息处理者业务受到重大影响等不利后果,影响监管的威慑力。对于这一点,笔者在以往办理P2P风险处置业务时也深有体会。如要求P2P公司马上断网、停止业务可能造成投资人挤兑,不利于社会稳定。因此,该条的修订为后续个人信息出境的执法奠定了很好的基础。

第三个层面,是规定个人信息处理者“应当”整改,且要达到“消除隐患”的效果。在高风险出境场景中,因为《个人信息出境标准合同》采取的是事后备案机制,为了不

影响出境活动的正常开展，个人信息处理者需要尽量避免高风险出境场景，同时要注意在发生“较大风险”“安全事件”时，所采取的“消除隐患”的具体措施要能够真正打消监管疑虑。例如，实现境外个人信息的“销毁”等。

第12条 法律责任

第12条 违反本办法规定的，依据《中华人民共和国个人信息保护法》等法律法规处理；构成犯罪的，依法追究刑事责任。

【解读】

1. 立法说明

相比《个人信息出境标准合同规定（征求意见稿）》，该条进行了简化，未列举违反该办法的具体情形。

2. 法律分析

该条需结合《网信部门行政执法程序规定（征求意见稿）》以及后续《个人信息保护法》的具体处罚细则来理解，2024年可能会出现这方面的较多执法案例，企业应予注意。

在刑事责任方面，我国涉及数据类的犯罪多达13类，因此，企业需要注意避免“踩红线”。

第13条 施行日期

第13条 本办法自2023年6月1日起施行。本办法施行前已经开展的个人信息出境活动，不符合本办法规定的，应当自本办法施行之日起6个月内完成整改。

【解读】

1. 立法说明

相比《个人信息出境标准合同规定（征求意见稿）》，该条增加了“整改期”条款。另外，该办法的施行日期与发布日期不一致。

2. 法律分析

《个人信息出境标准合同办法》于2023年2月22日发布，但实施日期是2023年6月1日。整改宽限期至2023年11月30日截止。这一期间和安全评估的整改期一致。差别是《数据出境安全评估办法》是2022年7月7日发布，9月1日实施。《个人信息出境标准合同办法》的施行时间与发布时间之间的间隔要更长，这在一定程度上说明监管部门给予这类满足数据出境路径的企业更长的整改期。

整改期内，企业需要注意识别违反《个人信息出境标准合同办法》的行为，并制定具体的整改措施，这些行为包括但不限于：

(1)未签署《个人信息出境标准合同》；

(2)未完成个人信息保护影响评估；

(3)未进行《个人信息出境标准合同》备案等。

实务中可能存在以下问题,即:

(1)如过往签署的数据跨境合同如有效期较长(如超过了2023年年底),《个人信息出境标准合同》是否强制要求修改原有合同文本?这是否不利于合同的稳定性?

(2)后续监管部门是否会要求企业提交具体整改发现的问题和整改的措施?从目前的备案材料来看,不存在这一事项,但是不排除后续申请备案的材料中会要求企业予以说明,或者在后续现场检查中要求企业提供。因此,建议企业制作整改报告或者自查报告备查。

二、《个人信息出境标准合同》条款解读

2022年6月30日,国家网信办发布《关于〈个人信息出境标准合同规定(征求意见稿)〉公开征求意见的通知》,《个人信息出境标准合同规定(征求意见稿)》的附件《个人信息出境标准合同》,以下简称《个人信息出境标准合同(征求意见稿)》。2023年2月22日,国家网信办正式发布《个人信息出境标准合同办法》以及附件《个人信息出境标准合同》。《个人信息出境标准合同》在征求意见稿的基础上进行了调整,对于企业更好落地个人信息出境工作、理解双方的权责利非常重要。为此,笔者现就相关修订条款进行对比,并予以解读(见表9-1~9-13)①。

合同首部

表9-1 合同首部对比

《个人信息出境标准合同(征求意见稿)》	《个人信息出境标准合同》
为了确保境外接收方处理个人信息的活动达到中华人民共和国相关法律法规规定的个人信息保护标准,明确个人信息处理者和境外接收方个人信息保护的义务和责任,双方经协商一致,特签订本合同,以便共同遵守。 个人信息处理者:______ 地址:______ 电话:______ 邮箱:______ 联系人:______ 职务:______ 国籍:______	为了确保境外接收方处理个人信息的活动达到中华人民共和国相关法律法规规定的个人信息保护标准,明确个人信息处理者和境外接收方个人信息保护的权利和义务~~和责任~~,经双方协商一致,~~特签~~订立本合同~~,以便共同遵守~~。 个人信息处理者:______ 地址:______ ~~电话:~~______ 联系方式~~邮箱~~:______ 联系人:______ 职务:______ ~~国籍:~~______

① 除表9-5外,本小节其他对比表的标注以"提示《个人信息出境标准合同》对征求意见稿的调整"为处理原则。具体规则如下:(1)新增或作出修改的条款内容标注了下划线;(2)删除内容标注了删除线。

续表

《个人信息出境标准合同(征求意见稿)》	《个人信息出境标准合同》
境外接收方:______ 地址:______ 电话:______ 邮箱:______ 联系人:______ 职务:______ 国籍:______ 个人信息处理者与境外接收方依据本合同附录一"个人信息出境说明"所列约定开展与个人信息出境有关的活动,与此活动相关的商业行为,双方【已】/【约定】于____年__月__日签署关于××的商业合同,如有______。 本合同正文系根据《个人信息出境标准合同规定》的要求拟定,双方如有其他约定可在附录二中详述,附录构成本合同的组成部分。	境外接收方:______ 地址:______ 电话联系方式:______ 邮箱:______ 联系人:______ 职务:______ 国籍:______ 个人信息处理者与境外接收方依据本合同附录一"个人信息出境说明"所列约定开展与个人信息出境有关的活动,与此活动相关的商业行为,双方【已】/【约定】于____年__月__日订立签署关于XX的(商业合同,如有)______。 本合同正文系根据《个人信息出境标准合同办法规定》的要求拟定,在不与本合同正文内容相冲突的前提下,双方如有其他约定可在附录二中详述,附录构成本合同的组成部分。

【解读】

1. 相比征求意见稿,《个人信息出境标准合同》规定邮箱和电话均可以作为联系方式,不要求同时填写;

2. 不要求填写国籍,可能是出于对个人隐私的保护。

第1条 定义条款

表9-2 定义条款对比

《个人信息出境标准合同(征求意见稿)》	《个人信息出境标准合同》
第一条 定义 在本合同中,除上下文另有规定外: (一)个人信息处理者或境外接收方单称"一方",合称"双方"。 (二)"个人信息"和"敏感个人信息"与《中华人民共和国个人信息保护法》所规定的含义相同。 (三)"个人信息主体"是指个人信息所标识或者关联的自然人。 (四)"个人信息处理者"与《中华人民共和国个人信息保护法》所规定的含义相同。	第一条 定义 在本合同中,除上下文另有规定外: (一)"个人信息处理者"是指在个人信息处理活动中自主决定处理目的、处理方式的,向中华人民共和国境外提供个人信息的组织、个人。 (二)"境外接收方"是指在中华人民共和国境外自个人信息处理者处接收个人信息的组织、个人。 (三一)个人信息处理者或者境外接收方单称"一方",合称"双方"。

续表

《个人信息出境标准合同(征求意见稿)》	《个人信息出境标准合同》
(五)"境外接收方"是指位于中华人民共和国境外并自个人信息处理者处接收个人信息的组织或个人。 (六)"监管机构"是指中华人民共和国省级以上网信部门。 (七)"相关法律法规"是指《中华人民共和国民法典》《中华人民共和国网络安全法》《中华人民共和国数据安全法》《中华人民共和国个人信息保护法》《个人信息出境标准合同规定》等中华人民共和国法律法规和部门规章,以及对前述法律法规和部门规章作出修订、修改或补充的法律法规和部门规章,包括取代原法律法规和部门规章的后续法律法规和部门规章。 (八)本合同其他未定义术语的含义应与相关法律法规规定的含义保持一致。	~~(二)"个人信息"和"敏感个人信息"与《中华人民共和国个人信息保护法》所规定的含义相同~~。 (四~~三~~)"个人信息主体"是指个人信息所识别~~标识~~或者关联的自然人。 (五)"个人信息"是指以电子或者其他方式记录的与已识别或者可识别的自然人有关的各种信息,不包括匿名化处理后的信息。 (六)"敏感个人信息"是指一旦泄露或者非法使用,容易导致自然人的人格尊严受到侵害或者人身、财产安全受到危害的个人信息,包括生物识别、宗教信仰、特定身份、医疗健康、金融账户、行踪轨迹等信息,以及不满十四周岁未成年人的个人信息。 ~~(四)"个人信息处理者"与《中华人民共和国个人信息保护法》所规定的含义相同~~。 ~~(五)"境外接收方"是指位于中华人民共和国境外并自个人信息处理者处接收个人信息的组织或个人~~。 (七~~六~~)"监管机构"是指中华人民共和国省级以上网信部门。 (八~~七~~)"相关法律法规"是指~~《中华人民共和国民法典》~~《中华人民共和国网络安全法》《中华人民共和国数据安全法》《中华人民共和国个人信息保护法》《中华人民共和国民法典》《个人信息出境标准合同办法~~规定~~》等中华人民共和国法律法规~~和部门规章,以及对前述法律法规和部门规章作出修订、修改或补充的法律法规和部门规章,包括取代原法律法规和部门规章的后续法律法规和部门规章~~。 (九~~八~~)本合同其他未定义术语的含义应与相关法律法规规定的含义保持一致。

【解读】

1.《个人信息出境标准合同》整体把定义写得更完整,而不是援引法律依据,有助于从全文理解相关概念。

2. 把将《个人信息出境标准合同(征求意见稿)》对"个人信息主体"定义中的"标识"改为"识别",与《个人信息保护法》的表述一致。

3. 需要注意,实务中的境内个人信息处理者可以是个人,也可以是其他组织。而受托人不适合签署本合同。对于境外接收方的规定则未区分数据法角色。

第 2 条 个人信息处理者义务条款

表 9－3 个人信息处理者义务条款对比

《个人信息出境标准合同(征求意见稿)》	《个人信息出境标准合同》
第二条 个人信息处理者的义务 个人信息处理者在此陈述、保证、承诺如下： (一)个人信息系按照相关法律法规进行收集、使用等处理；出境个人信息范围仅限于实现处理目的所需的最小范围。 (二)已向个人信息主体告知境外接收方的名称或姓名、联系方式、附录一“个人信息出境说明”中的相关情况，以及行使个人信息主体权利的方式和程序等事项，并已取得个人单独同意，但相关法律法规规定不需要取得个人单独同意的除外。如涉及敏感个人信息，已向个人信息主体告知传输敏感个人信息的必要性及对个人的影响；涉及不满十四周岁未成年人个人信息的，已取得未成年人的父母或者其他监护人的同意；法律、行政法规规定应当取得书面同意的，已取得书面同意，相关法律法规规定无需取得书面同意的除外。 (三)已向个人信息主体告知其与境外接收方通过本合同约定个人信息主体为第三方受益人，如果个人信息主体未在三十天内明确拒绝，则可以依据该合同享有第三方受益人的权利。 (四)已尽合理的努力确保境外接收方能够履行本合同规定的义务并采取如下技术和管理措施(综合考虑个人信息的类型、数量、范围及敏感程度、传输的数量和频率、个人信息传输及境外接收方保存的期限、个人信息处理目的等可能带来的个人信息安全风险)： (如加密、匿名化、去标识化、访问控制等技术和管理措施) (五)经境外接收方要求，向境外接收方提供相关法律规定和技术标准的副本。 (六)将答复来自监管机构关于境外接收方的个人信息处理活动的询问，但双方均同意由境外接收方作出答复的除外；在此情况下，若境外接收方在要求答复的期限内未答复，个人信息处理者仍将根据其合理掌握的信息在合理期限内作出答复。	第二条 个人信息处理者的义务 个人信息处理者应当履行下列义务：~~个人信息处理者在此陈述、保证、承诺如下：~~ (一)按照相关法律法规规定处理个人信息，向境外提供的个人信息~~个人信息系按照相关法律法规进行收集、使用等处理；出境个人信息范围~~仅限于实现处理目的所需的最小范围。 (二)已向个人信息主体告知境外接收方的名称或者姓名、联系方式、附录一“个人信息出境说明”中处理目的、处理方式、个人信息的种类、保存期限~~的相关情况~~，以及行使个人信息主体权利的方式和程序等事项。~~；~~向境外提供~~并已取得个人单独同意，但相关法律法规规定不需要取得个人单独同意的除外。如涉及~~敏感个人信息的，还应当向个人信息主体告知提供敏感个人信息的必要性以及对个人权益的影响。但是法律、行政法规规定不需要告知的除外。~~已向个人信息主体告知传输敏感个人信息的必要性及对个人的影响；涉及不满十四周岁未成年人个人信息的，已取得未成年人的父母或者其他监护人的同意；法律、行政法规规定应当取得书面同意的，已取得书面同意，相关法律法规规定无需取得书面同意的除外~~。 (三)基于个人同意向境外提供个人信息的，应当取得个人信息主体的单独同意。涉及不满十四周岁未成年人个人信息的，应当取得未成年人的父母或者其他监护人的单独同意。法律、行政法规规定应当取得书面同意的，应当取得书面同意。 (四)已向个人信息主体告知其与境外接收方通过本合同约定个人信息主体为第三方受益人，如果个人信息主体未在30 日~~三十天~~内明确拒绝，则可以依据本~~该~~合同享有第三方受益人的权利。 (五~~四~~)已尽合理地努力确保境外接收方~~能够履行本合同规定的义务并~~采取如下技术和管理措施(综合考虑个人信息处理目的、个人信息的种类~~类型~~、规模~~数量~~、范围及敏感程度、传输的数量和频率、个人信息传输及境外接收方的保存~~的~~期限~~、个人信息处理目的~~等可能带来的个人信息安全风险)，以履行本合同约定的义务：

续表

《个人信息出境标准合同（征求意见稿）》	《个人信息出境标准合同》
（七）已经按照相关法律法规对拟向境外接收方提供个人信息的活动开展了个人信息保护影响评估。评估已考虑： 1. 个人信息处理者和境外接收方处理个人信息的目的、范围、方式等的合法性、正当性、必要性； 2. 出境个人信息的数量、范围、类型、敏感程度，个人信息出境可能对个人信息权益带来的风险； 3. 境外接收方承诺承担的责任义务，以及履行责任义务的管理和技术措施、能力等能否保障出境个人信息的安全； 4. 个人信息出境后泄露、损毁、篡改、滥用等的风险，个人维护个人信息权益的渠道是否通畅等； 5. 按本合同第四条评估当地个人信息保护政策法规对遵守本合同条款可能造成的影响； 6. 其他可能影响个人信息出境安全的事项。 保存个人信息保护影响评估报告至少 3 年。 （八）根据个人信息主体要求向个人信息主体提供本合同的副本。在为保护商业秘密或其他机密信息（例如受保护的知识产权内容等）所必需的范围内，可以在提供副本之前对本合同相关内容进行适当遮蔽，但承诺向个人信息主体提供有效摘要以助其理解合同内容。 （九）承担证明本合同义务已履行的举证责任。 （十）根据相关法律法规要求向监管机构提供第三条第（十）款所述的信息，包括所有审计结果。	（如加密、匿名化、去标识化、访问控制等技术和管理措施） （六~~五~~）根据经境外接收方的要求~~，~~向境外接收方提供相关法律规定和技术标准的副本。 （七~~六~~）将答复~~来自~~监管机构关于境外接收方的个人信息处理活动的询问~~，但双方均同意由境外接收方作出答复的除外；在此情况下，若境外接收方在要求答复的期限内未答复，个人信息处理者仍将根据其合理掌握的信息在合理期限内作出答复~~。 （八~~七~~）~~已经~~按照相关法律法规对拟向境外接收方提供个人信息的活动开展个人信息保护影响评估。重点评估以下内容：~~评估已考虑：~~ 1. 个人信息处理者和境外接收方处理个人信息的目的、范围、方式等的合法性、正当性、必要性。~~；~~ 2. 出境个人信息的规模~~数量~~、范围、种类~~类型~~、敏感程度，个人信息出境可能对个人信息权益带来的风险。~~；~~ 3. 境外接收方承诺承担的~~责任~~义务，以及履行~~责任~~义务的管理和技术措施、能力等能否保障出境个人信息的安全。~~；~~ 4. 个人信息出境后遭篡改、破坏、泄露、丢失、非法利用~~泄露、损毁、篡改、滥用~~等的风险，~~个人维~~护个人信息权益维护的渠道是否通畅等~~；~~。 5. 按照本合同第四条评估当地个人信息保护政策和法规对合同履行的影响。~~按本合同第四条评估当地个人信息保护政策法规对遵守本合同条款可能造成的影响；~~ 6. 其他可能影响个人信息出境安全的事项。 保存个人信息保护影响评估报告至少 3 年。 （九~~六~~）根据个人信息主体的要求向个人信息主体提供本合同的副本。如涉及商业秘密或者保密商务信息，在不影响个人信息主体理解的前提下，~~在为保护商业秘密或其他机密信息（例如受保护的知识产权内容等）所必需的范围内，~~可对本合同副本相关内容进行~~以在提供副本之前对本合同相关内容进行~~适当遮蔽处理~~，但承诺向个人信息主体提供有效摘要以助其理解合同内容~~。 （十~~九~~）~~承担证明~~对对本合同义务已的履行承担的举证责任。 （十一）根据相关法律法规要求，向监管机构提供本合同第三条第~~（~~十一~~）~~项款所述的信息，包括所有合规审计结果。 ~~所述的信息，包括所有审计结果~~。

【解读】

1. 个人信息处理者的义务条款实质上未增加，但是数量上有了增加。境内个人信息处理者的合同义务从 10 个增加到 11 个。其中，涉及单独同意的场景作为一个单独义务条款，与征求意见稿中的条款作了拆分。可见监管对这一义务的重视。

2. 单独同意不构成个人信息出境唯一的合法性基础。单独同意的前提是以同意作为合法性基础。如果其他合法性基础可以替代同意，那么可以不将单独同意作为出境合法性基础。

3. 第三方受益人机制是本合同的特色，需要准确理解，确保合规动作到位。我国《民法典》对该机制已有相关规定，未来需完善。但是将该机制放入《个人信息出境标准合同》，意味着实际上有数据出境场景的企业，在隐私政策和相关告知文件中，要赋予境内个人信息主体“是否履行拒绝享有本合同权利的通知义务”的选择权。这一做法对个人信息处理者履行本合同提出了新的合规要求。

4. 义务履行的证据与数据出境监测平台应该相互映射，确保自证清白。本条要求个人信息处理者在境内所搭建的出境平台，最好在所有义务的履行中都构建对应的证据体系，确保未来可以自证清白。

5. 如合同有敏感条款，可以进行处理，方式包括不限于遮蔽这一处理方式。

6. 个人信息处理者向监管提交信息的义务。第 11 项义务是境外接收方最关心的条款之一，即在什么情况下，境外的数据会被传输到境内监管。这里提到的“相关法律法规要求”，是境外接收方的 DPO 最关心的意见。

第 3 条　境外接收方义务条款

表 9－4　境外接收方义务条款对比

《个人信息出境标准合同（征求意见稿）》	《个人信息出境标准合同》
第三条　境外接收方的义务 境外接收方在此陈述、保证、承诺如下： （一）按照附录一“个人信息出境说明”所列约定处理个人信息，除非取得个人信息主体的事先同意。 （二）根据个人信息主体要求向个人信息主体提供本合同的副本。在为保护商业秘密或其他机密信息（例如受保护的知识产权内容等）所必需的范围内，可以在提供副本之前对本合同相关内容进行适当遮蔽，但承诺向个人信息主体提供有效摘要以助其理解合同内容。	第三条　境外接收方的义务 境外接收方~~在此陈述、保证、承诺如下~~应当履行下列义务： （一）按照附录一“个人信息出境说明”所列约定处理个人信息。~~，~~如超出约定的处理目的、处理方式和处理的个人信息种类，基于个人同意处理个人信息的，应当事先取得个人信息主体的单独同意；涉及不满十四周岁未成年人个人信息的，应当取得未成年人的父母或者其他监护人的单独同意。

续表

《个人信息出境标准合同(征求意见稿)》	《个人信息出境标准合同》
(三)出境个人信息范围仅限于实现处理目的所需的最小范围。 (四)存储个人信息的期限为实现处理目的的所必要的最短时间；超出上述存储期限后，对个人信息(包括所有备份)进行删除或匿名化处理，除非取得个人信息主体关于存储期限的单独同意。受个人信息处理者委托处理个人信息时，在删除或匿名化后，向个人信息处理者提供相关审计报告。 (五)按以下方式保障个人信息处理安全： 1.采取有效的技术和管理措施，以确保个人信息的安全，包括防止个人信息遭到意外或非法破坏、丢失、篡改、未经授权提供或访问(以下简称“数据泄露”)。为了履行这一义务，采取第二条第(四)款中规定的技术和管理措施。进行定期检查，以确保这些措施持续维持适当的安全水平； 2.确保授权处理个人信息的人员履行保密义务，并建立最小授权的访问控制策略，使前述人员只能访问职责所需的最小必要的个人信息，且仅具备完成职责所需的最少的数据操作权限。 (六)如果处理的个人信息发生了数据泄露，将： 1.及时采取适当补救措施，以减轻对个人信息主体造成的不利影响； 2.立即通知个人信息处理者，并根据相关法律法规要求报告中华人民共和国监管机构。通知包含以下内容： (1)个人信息泄露的原因； (2)泄露的个人信息种类和可能造成的危害； (3)已采取的补救措施； (4)个人可以采取的减轻危害的措施； (5)负责处理数据泄露的负责人或负责团队的联系方式。 3.相关法律法规要求通知个人信息主体的，通知的内容包含前述第2项的内容； 4.记录并留存所有与数据泄露有关的事实及其影响，包括采取的所有补救措施；	(二)受个人信息处理者委托处理个人信息的，应当按照与个人信息处理者的约定处理个人信息，不得超出与个人信息处理者约定的处理目的、处理方式等处理个人信息。 (三)根据个人信息主体的要求向个人信息主体提供本合同的副本。如涉及商业秘密或者保密商务信息，在不影响个人信息主体理解的前提下，可对本合同副本相关内容进行适当处理。~~在为保护商业秘密或其他机密信息(例如受保护的知识产权内容等)所必需的范围内，可以在提供副本之前对本合同相关内容进行适当遮蔽，但承诺向个人信息主体提供有效摘要以助其理解合同内容。~~ (四~~三~~)采取对个人权益影响最小的方式处理个人信息。 ~~出境个人信息范围仅限于实现处理目的的所需的最小范围。~~ (五~~四~~)个人信息的保存期限为实现处理目的的所必要的最短时间，保存期限届满的，应当删除个人信息(包括所有备份)。受个人信息处理者委托处理个人信息，委托合同未生效、无效、被撤销或者终止的，应当将个人信息返还个人信息处理者或者予以删除，并向个人信息处理者提供书面说明。删除个人信息从技术上难以实现的，应当停止除存储和采取必要的安全保护措施之外的处理。~~存储个人信息的期限为实现处理目的的所必要的最短时间；超出上述存储期限后，对个人信息(包括所有备份)进行删除或匿名化处理，除非取得个人信息主体关于存储期限的单独同意。受个人信息处理者委托处理个人信息时，在删除或匿名化后，向个人信息处理者提供相关审计报告。~~ (六~~五~~)按以下方式保障个人信息处理安全： 1.采取包括但不限于本合同第二条第五项~~有效的技术和管理措施，以确保个人信息的安全，包括防止个人信息遭到意外或非法破坏、丢失、篡改、未经授权提供或访问(以下简称“数据泄露”)。为了履行这一义务，采取第二条第(四)款中规定~~的技术和管理措施，并~~。进行~~定期进行检查，以确保~~这些措施持续维持适当的安全水平；~~个人信息安全。

续表

《个人信息出境标准合同(征求意见稿)》	《个人信息出境标准合同》
5. 受个人信息处理者委托处理个人信息时，由个人信息处理者承担前述第3项所规定的向个人信息主体通知的义务。 (七)不将个人信息提供给位于中华人民共和国境外的第三方，除非同时符合以下要求： 1. 确有业务需要提供个人信息； 2. 已告知个人信息主体该第三方身份、联系方式、处理目的、处理方式、个人信息种类以及行使个人信息主体权利的方式和程序等事项，并已取得个人单独同意，相关法律法规规定无需取得个人单独同意的除外；涉及敏感个人信息的，向个人信息主体告知传输敏感个人信息的必要性及对个人的影响；涉及不满十四周岁未成年人个人信息的，取得未成年人的父母或者其他监护人的同意；法律、行政法规规定应当取得书面同意的，取得书面同意，相关法律法规规定无需取得书面同意的除外。在难以告知或者难以取得个人信息主体单独同意时，及时告知个人信息处理者，并请求个人信息处理者协助其告知个人信息主体或者取得个人信息主体单独同意； 3. 与第三方达成书面协议，以保障第三方对个人信息的保护水平不低于中华人民共和国相关法律法规规定的个人信息保护标准，并承担因再提供而可能导致对个人信息主体造成损害的连带责任； 4. 向个人信息处理者提供该协议副本。 (八)受个人信息处理者委托处理个人信息，转委托第三方处理时，事先征得个人信息处理者同意；确保转委托的第三方不超出本合同附录一“个人信息出境说明”中约定的处理目的、处理方式等处理个人信息，并对该第三方的个人信息处理活动进行监督。 (九)利用个人信息进行自动化决策，保证决策的透明度和结果公平、公正，不对个人在交易价格等交易条件上实行不合理的差别待遇。通过自动化决策方式向个人进行信息推送、商业营销，同时提供不针对其个人特征的选项，或者提供便捷的拒绝方式。	2. 确保授权处理个人信息的人员履行保密义务，并建立最小授权的访问控制策略，使前述人员只能访问职责所需的最小必要的个人信息，且仅具备完成职责所需的最少的数据操作权限。 (七)如处理的个人信息发生或者可能发生篡改、破坏、泄露、丢失、非法利用、未经授权提供或者访问，应当开展下列工作：如果处理的个人信息发生了数据泄露，将： 1. 及时采取适当补救措施，以减轻对个人信息主体造成的不利影响；。 2. 立即通知个人信息处理者，并根据相关法律法规要求报告中华人民共和国监管机构。通知应当包含以下内容下列事项： (1)发生或者可能发生篡改、破坏、泄露、丢失、非法利用、未经授权提供或者访问的个人信息种类、原因和可能造成的危害。个人信息泄露的原因； (2)泄露的个人信息种类和可能造成的危害； (23)已采取的补救措施。； (34)个人信息主体可以采取的减轻危害的措施。； (45)负责处理数据泄露相关情况的负责人或负责团队的联系方式。 3. 相关法律法规要求通知个人信息主体的，通知的内容包含前述本项第2目的事项。受个人信息处理者委托处理个人信息的，由个人信息处理者通知个人信息主体。项的内容； 4. 记录并留存所有与发生或者可能发生篡改、破坏、泄露、丢失、非法利用、未经授权提供或者访问有关的情况，数据泄露有关的事实及其影响，包括采取的所有补救措施。； 5. 受个人信息处理者委托处理个人信息时，由个人信息处理者承担前述第3项所规定的向个人信息主体通知的义务。 (八七)同时符合下列条件的，方可向中华人民共和国境外的第三方提供个人信息：不将个人信息提供给位于中华人民共和国境外的第三方，除非同时符合以下要求： 1. 确有业务需要提供个人信息。； 2. 已告知个人信息主体该第三方名称或者姓名

续表

《个人信息出境标准合同(征求意见稿)》	《个人信息出境标准合同》
(十)承诺向个人信息处理者提供所有必要的信息,用以证明遵守本合同中规定的义务,允许个人信息处理者对数据文件和文档进行查阅,或对本合同涵盖的处理活动进行审计。在决定进行查阅或审计时,为个人信息处理者自行开展或者委托第三方开展的审计提供便利,并按个人信息处理者的要求向其提供所持有的个人信息保护方面的资质认证情况。 (十一)对开展的个人信息处理活动进行客观记录,保存记录至少3年;按相关法律法规要求直接或通过个人信息处理者向监管机构提供相关记录文件。 (十二)同意在监督本合同实施的相关程序中接受监管机构的监督管理,包括但不限于答复监管机构询问,配合监管机构检查,服从监管机构采取的措施或作出的决定,并提供已采取必要行动的书面证明。	~~身份~~、联系方式、处理目的、处理方式、个人信息种类、保存期限以及行使个人信息主体权利的方式和程序等事项~~;~~。向第三方提供敏感个人信息的,还应当向个人信息主体告知提供敏感个人信息的必要性以及对个人权益的影响。但是法律、行政法规规定不需要告知的除外。 ~~2.~~3. 基于个人同意处理个人信息的,应当取得个人信息主体的单独同意。~~并已取得个人单独同意,相关法律法规规定无需取得个人单独同意的除外;涉及敏感个人信息的,向个人信息主体告知传输敏感个人信息的必要性及对个人的影响;~~涉及不满十四周岁未成年人个人信息的,应当取得未成年人的父母或者其他监护人的单独同意。法律、行政法规规定应当取得书面同意的,应当取得书面同意~~,相关法律法规规定无需取得书面同意的除外。在难以告知或者难以取得个人信息主体单独同意时,及时告知个人信息处理者,并请求个人信息处理者协助其告知个人信息主体或者取得个人信息主体单独同意;~~。 ~~3.~~4. 与第三方达成书面协议,~~以保障~~确保第三方的个人信息处理活动达到~~的保护水平不低于~~中华人民共和国相关法律法规规定的个人信息保护标准,并承担因再向中华人民共和国境外的第三方提供个人信息而侵害个人信息主体享有权利的法律责任~~提供而可能导致对个人信息主体造成损害的连带责任~~。 ~~向个人信息处理者提供该协议副本~~。 ~~4.~~5. 根据个人信息主体的要求向个人信息主体提供该书面协议的副本。如涉及商业秘密或者保密商务信息,在不影响个人信息主体理解的前提下,可对该书面协议相关内容进行适当处理。 (~~九~~六)~~受个人信息处理者委托处理个人信息,转委托第三方处理时,事先征得个人信息处理者同意;确保转委托的第三方不超出本合同附录一"个人信息出境说明"中约定的处理目的、处理方式等处理个人信息,并对该第三方的个人信息处理活动进行监督~~。 受个人信息处理者委托处理个人信息,转委托第三方处理的,**应当事**先征得个人信息处理者同意,**要求**该第三方不得超出本合同附录一"个人信息出境说明"中约定的处理目的、处理方式等处理个人信息,并对该第三方的个人信息处理活动进行监督。

续表

《个人信息出境标准合同(征求意见稿)》	《个人信息出境标准合同》
	(十~~九~~)利用个人信息进行自动化决策的，应当保证决策的透明度和结果公平、公正，不得对个人信息主体在交易价格等交易条件上实行不合理的差别待遇。通过自动化决策方式向个人信息主体进行信息推送、商业营销的，应当同时提供不针对其个人特征的选项，或者向个人信息主体提供便捷的拒绝方式。 (十一)承诺向个人信息处理者提供已遵守本合同义务所需的必要信息，~~所有必要的信息，用以证明遵守本合同中规定的义务，~~允许个人信息处理者对必要数据文件和文档进行查阅，或者对本合同涵盖的处理活动进行合规审计~~。~~，~~在决定进行查阅或审计时，~~并为个人信息处理者~~自行开展或者委托第三方~~开展合规的审计提供便利~~，并按个人信息处理者的要求向其提供所持有的个人信息保护方面的资质认证情况~~。 (十二~~一~~)对开展的个人信息处理活动进行客观记录，保存记录至少3年~~；~~，并按相关法律法规要求直接或者通过个人信息处理者向监管机构提供相关记录文件。 (十三~~二~~)同意在监督本合同实施的相关程序中接受监管机构的监督管理，包括但不限于答复监管机构询问、配合监管机构检查、服从监管机构采取的措施或者作出的决定、~~并~~提供已采取必要行动的书面证明等。

【解读】

1. 境外接收方对本条较关心，尤其是当在个人信息出境过程中，境外接收方是境内出境个人信息处理者的非关联方时，如何理解相关义务条款。

2. 本条义务条款合计13项，相比征求意见稿增加了1项。而个人信息处理者的义务条款数量有11项，境外接收方比其多了2项。从数量上，《个人信息出境标准合同》赋予了境外接收方更多的义务。

3. 理解本条时，需要注意境外接收方的数据法角色，其大部分角色是个人信息处理者，但当境外接收方是受托人时，其义务可能会有变化，具体体现为第5、7、9三项义务，其中第5、9两项特别要求受托人要提供删除的说明，以及征得个人信息处理者的同意，这是委托处理关系的要求，而第7项义务规定在发生数据泄露事件时，境外接收方作为受托人可以不通知个人信息主体。我们通过表9－5对比如下。

表9－5 《个人信息出境标准合同》对不同境外接收方的义务要求

《个人信息出境标准合同》的义务要求	作为境外接收方的个人信息处理者	作为境外接收方的受托人
超出一定范围或者涉及敏感个人信息处理的合法性基础遵守义务	有	有
在授权范围内处理个人信息的义务	无	有
履行特殊复制权的义务(复制范围主要是本合同副本)	有	有(特殊且重)
最小化处理义务	有	有
保存期限最小化义务	有	有(且要求提供删除的书面说明)
安全保障义务	有	有
应急事件响应和处理义务	有(含通知个人信息主体)	有(含报告监管机构)；无须通知个人信息主体，但是要通知个人信息处理者
二次传输的义务	有	有
转委托的义务	无	有(征得个人信息处理者同意的义务＋对第三方的监督义务)
自动化决策合规义务	有	有
配合提供资料、查阅文档和配合开展合规审计的义务(义务做了适当的限缩)	有	有
保存记录与直接或间接向监管提供记录文件的义务	有	有
接受监管机构监督管理的义务	有	有

4.满足第三方受益人对于合同副本的复制要求，是个人信息处理者一项新的合规

义务,需要在隐私政策中体现。

5. 数据二次传输的条件是重点。二次传输是实务中比较复杂的问题,可能还存在多次传输的情况。《个人信息出境标准合同》是否要一直监督到最后一个处理者,还是到二次传输的境外接收方就停止了?从严理解,笔者认为会一直约束下去。而确有业务需要这一条在安全评估流程中,可能会存在较大挑战,即要求调整字段或者不允许出境。那么,在备案过程中,是否会出现因为不满足业务必要而无法备案呢?此外,二次传输因为可能触发《个人信息出境标准合同办法》第 8 条而面临重新备案的情形,也值得关注。

6. 境外接收方配合境内个人信息处理者开展一系列查阅、配合合规审计以及提供遵守本合同义务的必要信息是一大难点,特别是在境外接收方是非关联方的情况下,因此,应在合同附录或者其他补充合同中对此进行细化,避免发生纠纷。

7. 表 9－5 中的最后两项义务,尤其是第 13 项义务,实践中可能存在谈判难度大,境外接收方不愿意签署或者要求个人信息处理者进一步明确相关法律依据和进行释明等具体情形。

8.《个人信息出境标准合同》中的“连带责任”,从征求意见稿中的 3 处减少 1 处,并以法定连带责任为主,不再以约定连带责任为主,以避免影响个人信息的自由流动,降低《个人信息出境标准合同》的签署难度。

第 4 条 境外接收方所在国或者地区个人信息保护政策和法规对合同履行的影响条款

表 9－6 境外接收方所在国或者地区个人信息保护政策和法规对合同履行的影响条款对比

《个人信息出境标准合同(征求意见稿)》	《个人信息出境标准合同》
第四条 当地个人信息保护政策法规对遵守本合同条款的影响 (一)双方在此保证,经过合理努力仍不知晓境外接收方所在国家或者地区的个人信息保护政策法规(包括任何提供个人信息的要求或授权公共机关访问个人信息的规定),会阻止境外接收方履行本合同规定的义务。 (二)双方在此声明,在提供第四条第(一)款中的保证时,已经考虑了以下要素: 1. 出境的具体情况,包括涉及传输的个人信息的类型、数量、范围及敏感程度、传输的规模和频率、个人信息传输及境外接收方保存的期限、个人信息处理目的、境外接收方此前类似的个人信息跨境传输和处理相关经验、	第四条 境外接收方所在国家或者地区个人信息保护政策和法规对合同履行的影响 (一)双方应当~~在此~~保证在本合同订立时已**尽到合理注意义务**,未发现~~,经过合理努力仍不知晓~~境外接收方所在国家或者地区的个人信息保护政策和法规(包括任何提供个人信息的要求或者授权公共机关访问个人信息的规定)影响~~,~~~~会阻止~~境外接收方履行本合同规定的义务。 (二)双方声明,在作出本条第一项的保证时,已经结合下列情形进行评估:~~提供第四条第(一)款中的保证时,已经考虑了以下要素~~: 1. 出境的具体情况,包括~~涉及传输的~~个人信息处理目的、传输个人信息的种类~~类型~~、规模数量、范围及敏感程度、传输的规模和频率、个人信息传输及境外接收方的保存的期限、~~个人信~~

《个人信息出境标准合同(征求意见稿)》	《个人信息出境标准合同》
境外接收方是否曾发生数据安全相关事件及是否进行了及时有效地处置、境外接收方是否曾收到其所在国家或者地区公共机关要求其提供个人信息请求及境外接收方应对的情况; 2. 境外接收方所在国家或者地区的个人信息保护政策法规,包括以下要素: (1)该国家或地区现行的个人信息保护法律法规及普遍适用的标准情况; (2)该国家或地区加入的区域或全球性的个人信息保护方面的组织,以及所做出的具有约束力的国际承诺; (3)该国家或地区落实个人信息保护的机制,如是否具备个人信息保护的监督执法机构和相关司法机构等。 3. 境外接收方安全管理制度和技术手段保障能力。 (三)境外接收方保证,在根据第四条第(二)款进行评估时,已尽最大努力为个人信息处理者提供了必要的相关信息。 (四)双方应记录根据第四条第(二)款进行的评估过程和结果。 (五)因境外接收方所在国家或地区的个人信息保护政策法规发生变化(包括境外接收方所在国家或地区更改法律,或者采取强制性措施)导致境外接收方无法履行本合同的,境外接收方应在知道前述变化后立即通知个人信息处理者。	息处理目的、境外接收方此前类似的个人信息跨境传输和处理相关经验、境外接收方是否曾发生个人信息安全相关事件及是否进行了及时有效地处置、境外接收方是否曾收到其所在国家或者地区公共机关要求其提供个人信息的请求及境外接收方应对的情况; 2. 境外接收方所在国家或者地区的个人信息保护政策和法规,包括下列以下要素: (1)该国家或地区现行的个人信息保护法律法规及普遍适用的标准情况;。 (2)该国家或者地区加入的区域性或全球性的个人信息保护方面的组织,以及所作出的具有约束力的国际承诺。; (3)该国家或者地区落实个人信息保护的机制,如是否具备个人信息保护的监督执法机构和相关司法机构等。 3. 境外接收方安全管理制度和技术手段保障能力。 (三)境外接收方保证,在根据本第四条第二项进行评估时,已尽最大努力为个人信息处理者提供了必要的相关信息。 (四)双方应当记录根据第四本条第二项(二)款进行的评估的过程和结果。 (五)因境外接收方所在国家或者地区的个人信息保护政策和法规发生变化(包括境外接收方所在国家或者地区更改法律,或者采取强制性措施)导致境外接收方无法履行本合同的,境外接收方应当在知道前述变化后立即通知个人信息处理者。 (六)境外接收方接到所在国家或者地区的政府部门、司法机构关于提供本合同项下的个人信息要求的,应当立即通知个人信息处理者。

【解读】

1. 该条对有大量境外接收方且分布在不同国家的个人信息处理者影响较大,需要全面梳理全球相关个人信息保护政策和法规,且做好持续的监督监测工作。

2. 该条同时为数据出境安全评估工作中,境外接收方所在国个人信息保护政策和法规的评估维度,提供了依据。

3. 该条中的尽合理注意义务与尽最大努力有所不同。《个人信息出境标准合同》规定“双方应当保证在本合同订立时已尽到合理注意义务”,“境外接收方保证在根据本条第二项进行评估时,已尽最大努力……”可见监管对评估境外接收方所在国的个人信息保护政策以及境外接收方的相关情形，对境外接收方提出的要求更高。这也在一定程度反映了境内个人信息处理者尽到合理注意义务即可，这一规定有助于个人信息的自由流动。

第5条 个人信息主体的权利条款

表9-7 个人信息主体权利条款对比

《个人信息出境标准合同(征求意见稿)》	《个人信息出境标准合同》
第五条 个人信息主体的权利 双方承认，按照相关法律法规赋予个人信息主体作为第三方受益人执行本合同中双方关于个人信息保护义务的权利。 (一)个人信息主体依据相关法律法规，拥有知情权、决定权、限制或拒绝他人对其个人信息进行处理的权利、查阅权、复制权、更正与补充的权利、删除权，以及要求对其个人信息处理规则进行解释说明的权利。 (二)当个人信息主体要求对已经出境的个人信息行使上述权利时，个人信息主体可以请求个人信息处理者采取适当措施实现，或直接向境外接收方提出请求。个人信息处理者无法实现的，应当通知并要求境外接收方协助实现。 (三)境外接收方应当按照个人信息处理者的通知，或根据个人信息主体的请求，在合理时限内实现个人信息主体依照相关法律法规行使的权利。 境外接收方应当以显著方式、清晰易懂的语言真实、准确、完整地告知个人信息主体相关信息。 (四)如个人信息主体提出过多或不合理要求，尤其是具有重复性的要求，境外接收方可在考虑到要求获准的执行和操作成本后，可以收取合理的费用，或拒绝按其要求行事。 (五)如境外接收方拟拒绝个人信息主体的请求，应告知个人信息主体其拒绝的原因，以及个人信息主体向相关监管机构提出投诉、寻求司法救济的途径。 (六)个人信息主体作为本合同第三方受益人有权向个人信息处理者和境外接收方任何一方主张并要求履行本合同项下与个人信息主体权利相关的下列条款：	第五条 个人信息主体的权利 双方约定个人信息主体作为本合同第三方受益人享有以下权利：~~承认，按照相关法律法规赋予个人信息主体作为第三方受益人执行本合同中双方关于个人信息保护义务的权利~~ (一)个人信息主体依据相关法律法规，对其个人信息的处理享~~拥~~有知情权、决定权，有权限制或者拒绝他人对其个人信息进行处理，有权要求~~的权利、~~查阅~~权~~、复制~~权~~、更正、~~与~~补充~~的权利~~、删除~~权~~其个人信息，~~以及~~有权要求对其个人信息处理规则进行解释说明~~的权利~~。 (二)当个人信息主体要求对已经出境的个人信息行使上述权利时，个人信息主体可以请求个人信息处理者采取适当措施实现，或者直接向境外接收方提出请求。个人信息处理者无法实现的，应当通知并要求境外接收方协助实现。 (三)境外接收方应当按照个人信息处理者的通知，或者根据个人信息主体的请求，在合理~~时限~~期限内实现个人信息主体依照相关法律法规所享有~~行使~~的权利。 境外接收方应当以显著的方式、清晰易懂的语言真实、准确、完整地告知个人信息主体相关信息。 ~~(四)如个人信息主体提出过多或不合理要求，尤其是具有重复性的要求，境外接收方可在考虑到要求获准的执行和操作成本后，可以收取合理的费用，或拒绝按其要求行事。~~ (四~~五~~)如境外接收方拟拒绝个人信息主体的请求的，应当告知个人信息主体其拒绝的原因，以及个人信息主体向相关监管机构提出投诉~~、~~和寻求司法救济的途径。 (五~~六~~)个人信息主体作为本合同第三方受益人有权根据本合同条款向个人信息处理者和境外接收方的~~任何~~一方或者双方主张并要求履行本合同项下与个人信息主体权利相关的下列条款：

续表

《个人信息出境标准合同(征求意见稿)》	《个人信息出境标准合同》
1. 第二条,但第二条第(四)款、第(五)款、第(六)款、第(十)款除外; 2. 第三条,但第三条第(六)款第2项和第4项、第(八)款、第(十)款、第(十一)款、第(十二)款除外; 3. 第四条; 4. 第六条; 5. 第七条; 6. 第八条第(三)款、第(四)款、第(六)款; 7. 第九条第(四)款、第(六)款。	1. 第二条,但第二条第<u>五项、第六项、第七项、第十一项</u>~~(四)款、第(五)款、第(六)款、第(十)~~款除外<u>。</u>~~;~~ 2. 第三条,但第三条<u>第七项第2目和第4目、第九项、第十一项、第十二项、第十三项</u>~~第(六)款第2项和第4项、第(八)款、第(十)款、第(十一)款、第(十二)~~款除外<u>。</u>~~;~~ 3. 第四条<u>,但第四条第五项、第六项除外。</u>~~;~~ 4. 第<u>五</u>~~六~~条; 5. 第<u>六</u>~~七~~条; 6. 第八条<u>第二项、第三项</u>~~第(三)款、第(四)款、第(六)款~~; 7. 第九条第~~(四)款、第(六)款~~<u>五项</u>。 <u>上述约定不影响个人信息主体依据《中华人民共和国个人信息保护法》享有的权益。</u>

【解读】

1.《个人信息出境标准合同》删除了征求意见稿中的收费条款。因《个人信息保护法》并未赋予个人信息处理者在个人信息主体行权时额外收费的权利,故《个人信息出境标准合同》予以删除。值得关注的是后续《网络数据安全管理条例(征求意见稿)》第24条,基于可携带权所开的口子,即"请求转移个人信息次数明显超出合理范围的,数据处理者可以收取合理费用"。因此,在实务中,隐私政策中应尽量避免类似条款的出现。

2. 行权机制的设计。个人信息主体可以向个人信息处理者或/且境外接收方主张合同第三方受益人权利,但是也有例外(主要是指个人信息处理者和境外接收方之间的义务履行或者面向监管的义务履行的情形)。该条将对个人信息处理者和境外接收方的个人信息主体权利响应机制产生影响。

3. 第三方受益人权利的范畴。合同中的第三方受益人权利和《个人信息保护法》项下的个人信息主体的权利是合并关系,而非前者排除后者。

第 6 条 救济条款

表 9－8 救济条款对比

《个人信息出境标准合同(征求意见稿)》	《个人信息出境标准合同》
第六条 救济 (一)境外接收方应在组织内部确定一个联系人,授权其答复有关个人信息处理的询问或投诉,并应及时处理个人信息主体的任何询问或投诉。境外接收方应将联系人信息告知个人信息处理者,并以简单易懂的方式,通过单独通知或在其网站公告,告知个人信息主体该联系人信息,具体为: 联系人及联系方式(办公电话或电子邮箱) (二)双方同意,如个人信息主体与其中一方在遵守本合同方面发生争议,应互相通知对方有关情况,并合作以及时解决争议。 (三)如争议未能友好解决,而个人信息主体根据第六条第(二)款规定行使第三方受益人的权利,境外接收方接受个人信息主体的下列维权主张: 向监管机构提出投诉; 向第九条第(四)款中规定的法院提起诉讼。 (四)境外接收方同意有关个人信息主体就本合同争议的解决依据为中华人民共和国相关法律法规。 (五)境外接收方同意个人信息主体所作的维权选择不会减损个人信息主体根据其他法律法规寻求救济的实体性或程序性权利。	第六条 救济 (一)境外接收方应~~在组织内部~~当确定一个联系人,授权其答复有关个人信息处理的询问或者投诉,并应及时处理个人信息主体的~~任何~~询问或者投诉。境外接收方应当将联系人信息告知个人信息处理者,并以简洁单易懂的方式,通过单独通知或者在其网站公告,告知个人信息主体该联系人信息,具体为: 联系人及联系方式(办公电话或电子邮箱) (二)~~双方同意,如个人信息主体与其中~~一方因履行本合同与个人信息主体~~在遵守本合同方面~~发生争议的,应当通知另一方,双方应当合作解决争议。~~互相通知对方有关情况,并合作以及时解决争议。~~ (三)如争议未能友好解决,而个人信息主体根据第五~~六~~条~~第(二)款规定~~行使第三方受益人的权利的,境外接收方接受个人信息主体通过的下列形式维护权利~~维权主张~~: 1.向监管机构提出投诉~~;~~。 2.向本条第五项约定~~第九条第(四)款中规定~~的法院提起诉讼。 (四)双方同意个人信息主体~~境外接收方同意有关个人信息主体~~就本合同争议行使第三方受益人权利,个人信息主体选择适用~~的解决依据为~~中华人民共和国相关法律法规的,从其选择。 (五)~~境外接收方~~双方同意个人信息主体就本合同争议行使第三方受益人权利的,个人信息主体可以依据《中华人民共和国民事诉讼法》向有管辖权的人民法院提起诉讼。 (六)双方同意个人信息主体所作的维权选择不会减损个人信息主体根据其他法律法规寻求救济的~~实体性或程序性~~权利。

【解读】

1.境外接收方的联系方式如何告知。境外接收方(尤其是在境外接收方属于个人信息处理者关联方的情形下)应做好通过单独通知或者网站公告,向个人信息主体履行告知义务的合规动作。可以在通知个人信息主体是否拒绝本合同第三方受益人权利的通知中,由境外接收方一并告知其联系人信息,也可以直接在境外接收方的网站进行公告。

2. 个人信息主体的身份核实机制。为了更好核实身份,建议将个人信息主体的身份核实与个人信息处理者的行权机制作一体化处理。

3. 该条将个人信息主体行权救济机制即诉讼机制予以明确。个人信息主体在行使第三方受益人权利时,只能通过诉讼方式解决,而不能通过仲裁解决。本条为避免出现对该事项可仲裁性的争议问题,规定如《个人信息出境标准合同》选择了仲裁,该仲裁条款对第三方受益人是没有约束力的。

第7条　合同解除条款

表9-9　合同解除条款对比

《个人信息出境标准合同(征求意见稿)》	《个人信息出境标准合同》
第七条　合同解除 (一)如果境外接收方违反本合同规定的义务,则个人信息处理者可以暂停向境外接收方传输个人信息,直到违约行为被更正或合同被解除。 (二)出现下列情形之一的,个人信息处理者有权解除本合同,并在必要时通知监管机构: 1. 个人信息处理者根据第七条第(一)款的规定暂停向境外接收方传输个人信息的时间超过一个月; 2. 境外接收方遵守本合同将违反其所在国家的法律规定; 3. 境外接收方严重或者持续违反本合同规定的义务; 4. 根据境外接收方的主管法院或监管机构作出的不能上诉的终局性决定,境外接收方或者个人信息处理者违反了本合同的规定; 5. 境外接收方破产、解散或清算:无论是以个人还是组织名义提出的有关境外接收方依法解散的请求未在法定期限内被驳回;境外接收方作出解散决定;境外接收方被指定破产管理人;境外接收方自行开展破产、解散或清算程序;境外接收方在其国家或地区出现类似情况; 在前述第1、2或4项的情况下,境外接收方也可以解除本合同。 (三)如果监管机构按照相关法律法规作出个人信息出境相关的决定,例如个人信息出境安全评估等导致本合同无法执行的,则任何一方均可解除本合同。	第七条　合同解除 (一)~~如果~~境外接收方违反本合同规定的义务,或者境外接收方所在国家或者地区的个人信息保护政策和法规发生变化(包括境外接收方所在国家或者地区更改法律,或者采取强制性措施)导致境外接收方无法履行本合同的,~~则~~个人信息处理者可以暂停向境外接收方提供~~传输~~个人信息,直到违约行为被改正~~更正~~或者合同被解除。 (二)有~~出现~~下列情形之一的,个人信息处理者有权解除本合同,并在必要时通知监管机构: 1. 个人信息处理者根据~~第七~~本条第~~(一~~项~~)款~~的规定暂停向境外接收方提供~~传输~~个人信息的时间超过1~~一~~个月。~~;~~ 2. 境外接收方遵守本合同将违反其所在国家或者地区的法律规定。~~;~~ 3. 境外接收方严重或者持续违反本合同约定~~规定~~的义务~~;~~。 4. 根据境外接收方的主管法院或者监管机构作出的~~不能上诉的~~终局性决定,境外接收方或者个人信息处理者违反了本合同约定的~~规定~~义务~~;~~。 ~~5. 境外接收方破产、解散或清算:无论是以个人还是组织名义提出的有关境外接收方依法解散的请求未在法定期限内被驳回;境外接收方作出解散决定;境外接收方被指定破产管理人;境外接收方自行开展破产、解散或清算程序;境外接收方在其国家或地区出现类似情况;~~ 在本项第1目、第2目、第4目的情况下,~~在前述第1、2或4项的情况下,~~境外接收方也可以解除本合同。

续表

《个人信息出境标准合同(征求意见稿)》	《个人信息出境标准合同》
(四)经双方当事人同意解除合同,但本合同的解除并不免除其在个人信息处理过程中的个人信息保护义务。 (五)合同解除时,境外接收方应当及时返还、销毁或匿名化处理其根据本合同所接收到的个人信息,并提供已经销毁或者匿名化处理的审计报告。	(三)如果监管机构按照相关法律法规作出个人信息出境相关的决定,例如个人信息出境安全评估等导致本合同无法执行的,则任何一方均可解除本合同。 (三四)经双方当事人同意解除本合同的,但本合同的解除并不免除其在个人信息处理过程中的个人信息保护义务。 (四五)合同解除时,境外接收方应当及时返还、或者删除其根据销毁或匿名化处理其根据本合同所接收到的个人信息(包括所有备份),并向个人信息处理者提供书面说明。删除个人信息从技术上难以实现的,应当停止除存储和采取必要的安全保护措施之外的处理。提供已经销毁或者匿名化处理的审计报告。

【解读】

1. 根据该条规定,境内个人信息处理者的"单方解除权"主要有4项,境外接收方的"单方解除权"主要有3项。

2. 个人信息处理者和境外接收方共同享有三项合同解除权,一是"暂停期限过长"(暂停原因也是基于境外接收方所在地的个人信息保护政策和法规变化),二是标准合同的义务履行与境外接收方所在国家或地区法律规定冲突,三是境外接收方所在国家或地区监管或者法院的终局决定导致双方违反标准合同约定的义务。

3. 赋予境内个人信息处理者一项独立的单方解除权,是基于境外接收方严重或者持续违反合同义务,实务中,对于何为严重以及持续违反合同的次数或者长度,可以在合同附件中进一步约定。

4.《个人信息出境标准合同》在征求意见稿的基础上,增加了合同解除后,境外接收方的删除义务(包括所有备份)和提供书面说明的义务。

第 8 条　违约责任条款

表 9－10　违约责任条款对比

《个人信息出境标准合同(征求意见稿)》	《个人信息出境标准合同》
第八条　违约责任 (一)双方应就其因违反本合同而给对方造成的任何损害向另一方承担责任。 (二)双方之间的责任限于非违约方所遭受的损失。 (三)每一方因违反本合同而侵害个人信息主体作为第三方受益人而享有的权利，应当对个人信息主体承担责任；个人信息主体有权获得赔偿。这不影响个人信息处理者在相关法律法规项下应承担的责任。 (四)个人信息处理者和境外接收方对因违反本合同而共同对个人信息主体造成的任何物质或非物质损害负责的，个人信息处理者和境外接收方应对个人信息主体承担连带责任。 (五)双方同意，如果一方(“赔偿方”)因另一方(“被追偿方”)对违反本合同的行为对个人信息主体承担连带责任且赔偿方承担的连带责任超过其应承担的责任份额，则赔偿方有权向被追偿方追偿。 (六)尽管有第八条第(三)款和第八条第(四)款的规定，个人信息处理者应就境外接收方因违反本合同而对个人信息主体造成的任何物质和非物质损失向个人信息主体负责，个人信息主体有权向其主张损害赔偿责任。 (七)双方同意，个人信息处理者根据第八条第(六)款因境外接收方造成的损害承担责任的，有权向境外接收方追偿。	第八条　违约责任 (一)双方应就其因违反本合同而给对方造成的~~任何损害向另一方~~损失承担责任。 (二)任何一方因违反本合同而侵害个人信息主体享有的权利，应当对个人信息主体承担民事法律责任，且不影响相关法律法规规定个人信息处理者应当承担的行政、刑事等法律责任。~~双方之间的责任限于非违约方所遭受的损失。~~ ~~(三)每一方因违反本合同而侵害个人信息主体作为第三方受益人而享有的权利，应当对个人信息主体承担责任；个人信息主体有权获得赔偿。这不影响个人信息处理者在相关法律法规项下应承担的责任。~~ ~~(四)个人信息处理者和境外接收方对因违反本合同而共同对个人信息主体造成的任何物质或非物质损害负责的，个人信息处理者和境外接收方应对个人信息主体承担连带责任。~~ (三~~五~~)双方依法承担连带责任的，个人信息主体有权请求任何一方或者双方承担责任。一方承担的责任超过其应当承担的责任份额时，有权向另一方追偿。~~双方同意，如果一方(“赔偿方”)因另一方(“被追偿方”)对违反本合同的行为对个人信息主体承担连带责任且赔偿方承担的连带责任超过其应承担的责任份额，则赔偿方有权向被追偿方追偿。~~ ~~(六)尽管有第八条第(三)款和第八条第(四)款的规定，个人信息处理者应就境外接收方因违反本合同而对个人信息主体造成的任何物质和非物质损失向个人信息主体负责，个人信息主体有权向其主张损害赔偿责任。~~ ~~(七)双方同意，个人信息处理者根据第八条第(六)款因境外接收方造成的损害承担责任的，有权向境外接收方追偿。~~

【解读】

1. 该条再次彰显避免责任过重、影响合同签署、更好实现个人信息自由流动的目标。

2. 该条改动较大，修订后合理施加了个人信息处理者以及境外接收方的法律责任，而非过于强调“连带责任”以及强调境内个人信息处理者是最终的法律责任的兜底方，这有助于境内个人信息处理者与境外接收方开展跨境合作。

第9条 其他条款

表9-11 其他条款对比

《个人信息出境标准合同(征求意见稿)》	《个人信息出境标准合同》
第九条 其他 (一)如果本合同在达成或签订时与合同双方已存在的任何其他协议发生冲突,本合同的条款优先适用。 (二)本合同适用于中华人民共和国相关法律法规。 (三)由一方向其它方发出的所有通知以电子邮件、电报、电传、传真(以航空信件寄送确认副本)或航空挂号信迅速发往或寄往(具体地址)______或书面通知取代该地址的其它地址。如用航空挂号信寄出本合同项下的通知或通讯,则应在邮戳日期后的______天视为收讫,如用电子邮件、电报、电传或传真发出,则应在发出以后的____个工作日视为收讫。 (四)个人信息主体作为第三方受益人向个人信息处理者或境外接收方提起诉讼的,应当根据《中华人民共和国民事诉讼法》的规定确定管辖。 (五)个人信息处理者和境外接收方对于双方因合同产生的纠纷以及任何一方因先行赔偿个人信息主体损害赔偿责任而向另一方的追偿,应由双方协商解决;协商解决不成的,任何一方可以采取下列第____种方式加以解决(如选择仲裁,请勾选仲裁机构): 1. 仲裁。将该争议提交 □中国国际经济贸易仲裁委员会 □中国海事仲裁委员会 □北京仲裁委员会(北京国际仲裁中心) □其他《承认及执行外国仲裁裁决公约》成员的仲裁机构______按其届时有效的仲裁规则在________(仲裁地点)进行仲裁; 2. 诉讼。依法向中国有管辖权的人民法院提起诉讼。 (六)本合同应按照相关法律法规的规定进行解释,不得以与相关法律法规规定的权利、义务相抵触的方式解释本合同。 (七)本合同正本一式____份,个人信息处理者和境外接收方各执____份,其法律效力相同。	第九条 其他 (一)如果本合同~~在达成或签订时~~与~~合同~~双方订立的任何其他法律文件~~已存在的任何其他协~~议发生冲突,本合同的条款优先适用。 (二)本合同的成立、效力、履行、解释、因本合同引起的双方间的任何争议,适用于中华人民共和国相关法律法规。 (三)~~由一方向其它方~~发出的~~所有~~通知应当以电子邮件、电报、电传、传真(以航空信件寄送确认副本)或者航空挂号信迅速发往~~或寄往~~(具体地址)或者书面通知取代该地址的其它地址。如用航空挂号信寄出本合同项下的通知~~或通讯~~,~~则应~~在邮戳日期后的____天应当视为收讫;~~,~~如以~~用~~电子邮件、电报、电传或传真发出,~~则应~~在发出以后的____个工作日应当视为收讫。 ~~(四)个人信息主体作为第三方受益人向个人信息处理者或境外接收方提起诉讼的,应当根据《中华人民共和国民事诉讼法》的规定确定管辖。~~ (四~~五~~)双方因本合同产生的争议~~个人信息处理者和境外接收方对于双方因合同产生的纠纷~~以及任何一方因先行赔偿个人信息主体损害赔偿责任而向另一方的追偿,~~应由~~双方应当协商解决;协商解决不成的,任何一方可以采取下列第____种方式加以解决(如选择仲裁,请勾选仲裁机构): 1. 仲裁。将该争议提交 □中国国际经济贸易仲裁委员会 □中国海事仲裁委员会 □北京仲裁委员会(北京国际仲裁中心) □其他《承认及执行外国仲裁裁决公约》成员的仲裁机构______ 按其届时有效的仲裁规则在________(仲裁地点)进行仲裁; 2. 诉讼。依法向中华人民共和国~~中国~~有管辖权的人民法院提起诉讼。 (五~~六~~)本合同应当按照相关法律法规的规定进行解释,不得以与相关法律法规规定的权利、义务相抵触的方式解释本合同。

续表

《个人信息出境标准合同(征求意见稿)》	《个人信息出境标准合同》
(八)本合同经双方正式签署后成立并立即生效。	(六七)本合同正本一式____份,双方各执____份,~~个人信息处理者和境外接收方各执____份,~~其法律效力相同。 ~~(八)本合同经双方正式签署后成立并立即生效~~。

【解读】

相比征求意见稿,该条有3处修改值得关注:

1. 仲裁机构的选择,不局限于列出的机构,还可以包括其他《承认及执行外国仲裁裁决公约》成员的仲裁机构,如武汉仲裁委员会。

2. 该条对合同生效条款作了调整,即允许双方另行约定生效方式,给予了双方自由协商的空间。

3. 该条规定在标准合同条款与其他法律文件的条款冲突时,优先适用标准合同条款。即标准合同签署前和签署后的其他文件,都不可以与标准合同冲突。征求意见稿则规定已经签署的文件不能和标准合同相冲突。相比征求意见稿,该条的表述更为强调标准合同条款的"不可更改性"。

签署页

表9-12 签署页条款对比

《个人信息出境标准合同(征求意见稿)》	《个人信息出境标准合同》
本合同由个人信息处理者和境外接收方在____签订。 个人信息处理者:____(盖章)____ 法定代表人/委托代理人:____(签字或盖章)____ ____年____月____日 境外接收方:____(盖章)____ 法定代表人/委托代理人:____(签字或盖章)____ ____年____月____日	~~其他:合同签订地与合同签署页~~ ~~本合同由个人信息处理者和境外接收方在____签订~~。 本合同在____(地点)____签订 个人信息处理者:____ ~~(盖章)~~____ ~~法定代表人/委托代理人:~~____ ~~(签字或盖章)~~____ ____年____月____日 境外接收方:____~~(盖章)~~____ ~~法定代表人/委托代理人:~~____ ~~(签字或盖章)~~____ ____年____月____日

【解读】

1. 考虑到个人信息处理者可能是个人，因此，《个人信息出境标准合同》将个人信息处理者处的盖章、法定代表人去掉更合适。

2. 考虑到境外接收方也可能是没有公章的，《个人信息出境标准合同》将其去掉也较合适。

附录一　个人信息出境说明

表9－13　附录一条款对比

《个人信息出境标准合同（征求意见稿）》	《个人信息出境标准合同》
个人信息出境说明 根据本合同向境外提供个人信息的详情约定如下： （一）传输的个人信息属于下列类别的个人信息主体： （二）传输是为了以下目的： （三）传输个人信息的数量： （四）出境个人信息类别（参考GB/T 35273《信息安全技术　个人信息安全规范》和相关标准）： （五）出境敏感个人信息类别（如适用，参考GB/T 35273《信息安全技术　个人信息安全规范》和相关标准）： （六）境外接收方传输的个人信息只向以下接收方提供： （七）传输方式： （八）出境后存储时间： （九）出境后存储地点： （十）其他事项（视情况填写）：	**个人信息出境说明** 根据本合同向境外提供个人信息的详情约定如下： （一）~~传输的个人信息属于下列类别的个人信息主体~~处理目的： （二）~~传输是为了以下目的~~处理方式： （三）~~传输~~出境个人信息的规模~~数量~~： （四）出境个人信息种类~~类别~~（参考GB/T 35273《信息安全技术　个人信息安全规范》和相关标准）： （五）出境敏感个人信息种类~~类别~~（如适用，参考GB/T 35273《信息安全技术　个人信息安全规范》和相关标准）： （六）境外接收方只向以下中华人民共和国境外第三方提供个人信息（如适用）：~~传输的个人信息只向以下接收方提供~~： （七）传输方式： （八）出境后~~存储时间~~保存期限： （____年____月____日至____年____月____日） （九）出境后保存~~存储~~地点： （十）其他事项（视情况填写）：

【解读】

相比征求意见稿，《个人信息出境标准合同》的相关表述更为准确，且与《个人信息出境标准合同办法》正文的表述一致。实务中，可以充分发挥该条以及附录二的补充约定的功能。

附录二　双方约定的其他条款（如需要）

在征求意见稿及正式的《个人信息出境标准合同》中，附录二的内容均为空白。

【解读】

数据处理者与境外接收方可以就标准合同条款进行细化,但是不得约定与标准合同相冲突的条款。比如,可以对具体传输的方式进行约定。又如,可以对争议解决条款进行细化。再如,可以就数据删除、销毁的具体流程进行细化等。

另需注意的是,双方约定的其他条款可能会是争议的来源,因此要慎重约定,避免出现与前面条款冲突的条款。

第十章 《个人信息出境标准合同办法》常见实务问题解答

一、如何理解标准合同的有效期？如何约定标准合同的有效期使之更为合理

《个人信息出境标准合同办法》并未就合同有效期作出规定，标准合同的本质仍然是在双方意思自治的前提下订立的合同。欧盟也并未对欧盟 SCC 的期限作出规定。笔者认为，合同期限可由个人信息主体及数据接收方自行约定。那么，如何约定更为合理的有效期呢？结合《个人信息出境标准合同办法》的要求，企业可根据不同的业务场景类型、不同地区的数据接收方，对标准合同有效期条款进行设计。因为业务场景类型涉及数据传输的目的、范围、类型、敏感程度、存储期限等内容的变化；不同地区的接收方会涉及个人信息保护相关政策法规的变化。合同双方可以依据上述两个方面的稳定性为合同设置一个合理的期限，以有效减少企业重新签署并备案标准合同的成本，提高数据出境的效率，增强对个人信息权益的保护。

另外，在企业进行数据出境安全评估申报时，《浙江省数据出境安全评估申报工作问答（二）》规定，法律文件应明确有效期，自生效起不少于一个评估周期（2 年）。因此，在浙江省申报数据出境安全评估时，如采用标准合同作为安全评估申报时的法律文件，则有效期不能少于 2 年。

二、备案意味着什么

答：合同是否备案不影响合同效力。且备案是在合同签署生效后进行的。实务中，仍然建议提前做好备案工作准备，而不是等到合同签署后才启动备案。因为大量的工作需要在个

人信息保护影响评估环节完成,备案的材料中,个人信息保护影响评估报告是一个重要且复杂的材料。实务中,还有法务会询问备案是否意味着审批。字面上不涉及,但是具体工作中是否会有备案不成功的情形,仍有待进一步观察。

三、不备案,对公司意味着什么

公司领导一是关心同行是否启动了备案,二是可能对备案没有明确的概念,不重视。此时,输出处罚案例是最具有说服力的。第一,国内高额罚款已经被激活。《个人信息保护法》第66条规定的5000万元以下罚款或者上一年度营业额5%以下罚款仍然适用,且我国已激活该条款,出现了80.26亿元的罚单。[①] 第二,国内相关数据犯罪热点案件频出。我国《刑法》规定的数据罪名已经至少有13个,其中包括侵犯公民个人信息罪、为境外非法提供情报罪、间谍罪等,也都有相关案例,不可踩红线。第三,国外已经有相关巨额处罚案例。具体见12亿欧元巨额罚单。[②] 这虽然不是境内处罚案例,但欧盟往往是风向标,会对国内的执法造成影响。

四、做了安全评估,还需要做《个人信息出境标准合同》备案吗

如果经过内部评估,认为公司选择了安全评估路径,则不需要进行SCC备案。但是,如果集团内部有不同模块,部分公司走SCC备案,部分公司走数据出境安全评估,则需要就涉及SCC备案路径的相关公司启动本次工作。

五、数量拆没拆,合理不合理,谁说了算

这次《个人信息出境标准合同办法》特别新增了禁止性条款,即"个人信息处理者不得采取数量拆分等手段,将依法应当通过出境安全评估的个人信息通过订立标准合同的方式向境外提供"。实务中,需要注意,拆分等手段是否合法合理,由监管决定。为了让监管理解拆分的合理性,或者准确地说为分开计算个人信息数量,以至于达不到1万敏感个人信息或10万个人信息或者100万个人信息这个门槛,企业应做好充分的论证。论证涉及的维度至少包括:时间维度、数据类型维度、数据共享情况、防火墙隔离措施、系统的部署情况、内部不同公司人员管理、权限维度、制度维度等。

---

① 2022年7月21日,国家网信办依据《网络安全法》《数据安全法》《个人信息保护法》《行政处罚法》等法律法规,对滴滴全球股份有限公司处80.26亿元罚款,对滴滴全球股份有限公司董事长兼CEO程某、总裁柳某各处100万元罚款。

② 2023年5月22日,欧盟隐私监管机构称脸书母公司Meta违反此前的法院裁决,将欧盟用户数据转移到美国,因此对Meta处以创纪录的12亿欧元巨额罚款。

六、标准合同里面哪几个条款最难谈

境外接收方如果是非关联公司或者比较强势，则谈判难度会提升。难度较高的条款至少有两个：一是境外接收方义务条款；二是违约责任条款。双方可以在附录二中增加新的违约责任分配条款。另外需注意，附录二以及基于 SCC 以外的其他商业合同，都属于谈判的合同范畴。因为 SCC 特别提到"本合同正文根据《个人信息出境标准合同办法》的要求拟定，在不与本合同正文内容相冲突的前提下，双方如有其他约定可在附录二中详述，附录构成本合同的组成部分"，《个人信息出境标准合同办法》第 6 条第 2 款也规定，"个人信息处理者可以与境外接收方约定其他条款，但不得与标准合同相冲突"。不过，即使是在集团内部，也存在境外总部的 DPO 与境内 DPO 之间的沟通协调，并非易事。

七、除了《个人信息出境标准合同》，还要关心什么合同

商务合同或者系统搭建合同、合作协议等。由于数据流动的核心还是业务合作，业务合同本身会就双方权利义务进行明确约定。企业应通盘审阅相关合同，其中不排除需要签署补充协议、终止协议或者在 SCC 附录二中进行明确的情形。

八、争议解决选哪个机构？应考虑哪些因素

答：选择争议解决机构时需要考虑三点：一是争议解决条款的一致性。应注意整个合同体系的争议解决条款的衔接性，以便高效解决争议，避免出现不同合同约定不同争议解决机构，甚至出现矛盾判决或者裁决的情况。二是兼顾数据争议解决的特点，考虑保密性、专业性、灵活性、国际性以及境外可执行性。因此，仲裁往往比诉讼更佳。三是考虑便利双方出庭或者兼顾专业仲裁员的数量（可选性），选择合适的诉讼或者仲裁地点。总之，争议解决无小事，应利用好 SCC 附录二对争议解决条款进行细致的约定，以便更好地在发生争议时高效解决争议。

九、和境外的控制者签署，还是处理者签署？若场景很多，是否都需要签署《个人信息出境标准合同》

如果境外的处理者[①]（Processor，P）是由境外的控制者[②]（Controller，C）控制，且境内控制者主要是和境外控制者发生业务关系，那从我国 SCC 结构来看，C-C 模式是较优的选择。

---

① 处理者是欧盟 GDPR 下的概念，对应我国个人信息处理的受托方。

② 控制者是欧盟 GDPR 下的概念，对应我国的个人信息处理者。

实务中,问题主要集中在各类小的场景,如涉及两地员工视频会议,或者境外邮件、服务器等,由于需要考虑的数据出境场景多,有时难以明确哪方主体应签署 SCC,以及是否事无巨细都要签署 SCC。

对于这一问题,首先,企业可以出台"一揽子"解决方案,如将员工个人信息全生命周期(从人才库建设、招聘、入职、在职、离职等)均考虑在一份 SCC 协议中;其次,境外的处理者可能会面临境内多个控制者签署 SCC 的要求,其自身作为处理者在境外接收大量境内个人信息出境,也会有合规的义务,企业可对其提出合规要求和建议,推动执行。

十、《个人信息出境标准合同》备案后,就万事大吉了吗

并不是。第一,随着业务发展,企业涉及的个人信息出境的数量可能增多,如达到安全评估门槛,需要提前做好准备进行安全评估申报,避免因数据无法及时出境等影响业务连续性。第二,现有个人信息出境的范围、目的可能会随着业务创新进行调整,为此,需要重新备案或者增加数据出境场景备案。建议企业明确未来 2 年的业务规划,尽量一次完成申报,避免后续不断启动新的 SCC 备案工作。

十一、标准合同场景下,中欧之间的双向数据跨境流动需要注意哪些问题

无论是在跨国公司集团内部,还是境内主体与境外业务合作方之间,数据往往是双向流动的——可能从我国境内流向境外,同时也可能从我国境外流向境内。以位于欧盟的企业为例,根据欧盟 GDPR 的要求以及当前实践,该等企业向我国境内主体传输个人信息时普遍使用欧盟委员会发布的标准合同条款 SCC。而这就可能导致在某些数据传输活动中,双方需要同时适用两部合同,当两部合同内容存在差异或冲突时,将导致潜在的协商与争议解决——无论在程序上还是实体上——均可能面临较大的不确定性与困难。因此,如果一个项目或在业务合作中同时签订了标准合同与欧盟 SCCs,应当审慎评估其中的差异,并尽可能对于其中相冲突的部分作出事先协商安排,同时也要避免该等进一步协商与补充约定同所适用的法律法规产生冲突。

十二、《个人信息出境标准合同》备案工作如何开展

1. 审慎梳理当前的个人信息出境场景及其合法性、正当性和必要性,对于不满足法律规定的场景及时采取整改措施(考虑合规路径前,建议先判断出境场景是否符合法律规定的基本原则和要求)。

2. 梳理处理和向境外提供个人信息的场景、规模、数量等情况,必要时可引入第三方技术工具辅助筛查,以准确计算和统计个人信息处理总量、累计出境的人数等关键信

息，正确选择出境合规路径。

3. 明确个人信息出境的流转路径，确认标准合同签约主体。

4. 按要求开展个人信息保护影响评估，评估报告保存至少 3 年，并在向网信部门备案时一并提供。

5. 与境外接收方完成标准合同的协商、订立、签署等手续，同时关注是否存在已签署的、仍在有效期内的，可能与标准合同存在冲突的其他协议、合同和内部制度文本。

6. 在标准合同生效之日起 10 日内向所在地省级网信部门备案，同时提供标准合同和个人信息保护影响评估报告。

7. 关注自身和境外接收方对已签署标准合同条款的履约情况，对于条款中要求的合同义务（如额外告知、安全措施、数据泄露应对、个人信息主体权利保障等），建议提前制定双方的“义务清单”并实时跟踪，确保实际落地，对违约行为按照标准合同约定处理。

8. 建立个人信息出境情况的监测和预警机制，实时关注向境外提供个人信息的目的、范围、种类、敏感程度、方式、保存地点或者境外接收方处理个人信息的用途、方式等情况，跟踪境外接收方所在国家或地区的个人信息保护政策法规，如上述情况发生变化，可能触发重新评估或需订立补充标准合同/标准合同备案要求的，及时采取相应的措施。

第十一章　数据出境安全评估案例点评

一、我国数据出境安全评估案例概述

截至2023年6月20日，国家网信部门、各地网信部门等，合计发布了11个数据出境安全评估通过的成功案例（见表11-1），国家网信部门还公布了其他正在排队等待审核的部分企业。其中涉及的行业领域包括医疗、航空、跨境电商、汽车、美妆、消费品、安防、智能物联、智能家居等。

数据出境安全评估是我国数据出境的主要路径之一，相关成功案例可激励我国企业启动申报，重视安全评估工作，提升自己的国际竞争力。

表11-1　各地公布的数据出境安全评估案例（截至2023年6月20日）

发布单位	公布的数据出境安全评估案例信息
北京市网信办〔1〕	为贯彻落实国家数据出境安全评估制度，促进北京市数据跨境安全、自由流动，北京市网信办在国家互联网信息办公室的指导下，积极开展数据出境安全评估申报受理工作，以开通咨询热线、组织政策解读、推动试点案例为抓手，指导本市企事业单位按照规范路径开展评估申报，取得数据合规出境重要突破。 自2022年9月1日《数据出境安全评估办法》实施以来，北京市网信办率先开通全国首个地方申报受理咨询专线。已组织指导我市社交媒体、医疗、金融、汽车、民航等重点领域16家单位递交正式申报，10家单位申报材料通过完备性查验，2家单位通过数据出境安全评估。其中首都医科大学附属北京友谊医院（以下简称北京友谊医院）与荷兰阿姆斯特丹大学医学中心合作研究项目成为全国首个数据合规出境案例，该项目的审批通过，标志着国家数据出境安全评估制度在

续表

发布单位	公布的数据出境安全评估案例信息
	北京市率先落地,为强化医疗健康数据出境安全管理,促进国际医疗研究合作提供了实践指引。北京市申报的中国国际航空股份有限公司项目作为全国第二例也成功获批通过,为北京市进一步指导支持更多企事业单位解决数据合规出境需求积累了经验、打通了路径,对提升北京市数据安全合规管理水平、优化营商环境具有重要意义。 后续,北京市网信办将进一步加强数据出境安全评估的申报指导,积极推动属地企事业单位及时、规范、有序开展评估申报工作。同时,依据《数据出境安全评估办法》第20条规定,提示北京市已开展数据出境活动但尚不符合规定要求的数据处理者,应尽快组织整改,严格按照《数据出境安全评估申报指南(第一版)》模板规范要求准备评估申报材料,并及时向北京市网信办报送
上海市网信办〔2〕	近日,马自达(中国)企业管理有限公司、丝芙兰(上海)化妆品销售有限公司通过数据出境安全评估。此次上海首批两家企业通过评估,对于上海市更好开展完备性查验,指导企业完善申报材料工作具有重要的参考意义。 截至2023年4月28日,上海市网信办累计解答咨询电话3300余通,接收涉及金融、零售、商务服务、汽车、医疗等重点领域的申报材料超400件,通过完备性查验并报送国家网信办申报材料近60件。此外,还通过开通咨询电话、发布实务指南、组织系列宣讲、广泛开展调研等多种形式指导我市企业有序申报数据出境安全评估,合法依规开展数据出境活动。 下一步,上海市网信办将以上海市部分重点行业为切入点,广泛开展调研,梳理解决企业在开展数据出境合规工作的难点问题,服务企业高效申报数据出境安全评估,促进数据安全合规有序跨境流通,激活数据要素潜能,支撑数字经济高质量发展,提升开放型经济能级和水平
江苏省网信办〔3〕	近日,江苏省焦点科技股份有限公司"中国制造网外贸电商平台业务"通过国家网信办数据出境安全评估,成为跨境电商领域全国首个数据合规出境案例,为促进跨境电商行业安全健康发展提供了实践指引,为加强和改进江苏省数据出境安全管理工作提供了有益参考。 自2022年9月1日以来,江苏省网信办深入贯彻落实《数据出境安全评估办法》,在国家网信办指导下,会同国家互联网应急中心江苏分中心,制定发布《江苏省数据出境安全评估申报工作指引(第一版)》,明确申报流程、内容、方式和要求,建立数据出境安全工作专班、宣讲团,建立常态化咨询服务通道,广泛开展普及宣传,指导帮助江苏省内数据处理者规范有序申报数据出境安全评估,高效开展申报材料查验。会同江苏省商务厅、南京市有关部门,支持焦点科技股份有限公司开展数据出境风险自评估试点,指导提升合规水平和安全防护能力、完善申报材料,深入探索企业安全合规跨境传输数据的方法路径

续表

发布单位	公布的数据出境安全评估案例信息
	后续,江苏省网信办将进一步加强数据出境安全评估的申报指导,积极推动属地企事业单位及时、规范、有序开展评估申报工作,落实《个人信息出境标准合同办法》有关要求,有序推进个人信息出境标准合同备案工作,促进数据安全合规有序跨境流动,充分激发数据要素作用,服务江苏省数字经济高质量发展
浙江省网信办〔4〕	近日,杭州海康威视数字技术股份有限公司、杭州萤石网络股份有限公司通过国家网信办数据出境安全评估,是浙江省首批通过评估的企业。此次通过评估将有助于提高两家企业在国际市场上的竞争力,同时为其他企业数据出境安全评估工作提供了参考经验。 自2022年9月1日《数据出境安全评估办法》颁布以来,浙江省网信办开通申报通道,制定发布《浙江省数据出境安全评估申报材料指引》、申报工作系列问答,明确申报流程、内容、方式和要求,设立咨询电话、组织专题培训、开展普及宣传,多措并举助力省内企业有序申报数据出境安全评估。截至目前,已接收正式申报材料70余份,其中通过完备性查验并报送国家网信办32件,主要涉及电商平台、金融、物流、安防、通信等领域。 下一步,浙江省网信办将针对企业在申报过程中存在的难点问题,开展广泛调研,编制索引指南,进一步帮助企业开展申报工作。同时,积极落实即将正式施行的《个人信息出境标准合同办法》有关要求,扎实推进个人信息出境标准合同备案工作,保障个人信息跨境安全自由流动
广东省网信办〔5〕	近日,广东省绿点科技(深圳)有限公司、安利(中国)日用品有限公司、捷普电子(广州)有限公司等企业通过数据出境安全评估。此次广东省首批三家企业通过评估,对于广东省数据处理者开展评估申报工作具有重要参考意义。 2022年9月1日《数据出境安全评估办法》施行以来,广东省网信办及时设立申报受理咨询专线并开通申报通道,指导我省数据处理者规范、有序申报数据出境安全评估。已受理广东省65家企业220余份数据出境安全评估申报材料(主要涉及IT、金融、零售、汽车等重点领域),22家企业44份申报材料通过完备性查验并上报国家网信办。 下一步,广东省网信办将针对数据出境安全评估申报的难点问题,广泛开展调研,细化工作指引,完善制度规范,进一步推动广东省数据出境安全评估高效开展。同时,积极落实《个人信息出境标准合同办法》,扎实开展个人信息出境标准合同备案管理工作,保障个人信息跨境安全、自由流动

续表

发布单位	公布的数据出境安全评估案例信息
CNCERT 国家工程研究中心〔6〕	近日，由 ICMA 智联出行研究院联合北京首信跨境数据科技有限公司（DGXC）共同支撑完成的北京现代汽车有限公司数据出境安全评估项目顺利通过国家互联网办公室的审批，并成为我国汽车领域首个全系统盘点、全业务申报，且全场景获批的数据出境安全评估案例，标志着我国汽车领域数据出境安全评估制度在北京率先落地，对提升我国数据安全合规管理水平具有重要意义。 为贯彻落实国家数据出境安全评估制度，《个人信息保护法》《数据安全法》《汽车数据安全管理若干规定（试行）》《数据出境安全评估办法》等法律法规相继发布。汽车领域产业链长，全球性系统占比高，出境场景复杂隐蔽。出境场景既包括企业数据的主动出境，也包括因硬件供应链或软件供应链导致的被动出境；数据边界和范围不清晰导致出境数据识别难度高；集团管理模式造成出境申报主体确定困难等问题。 经北京网信办、国家网信办双重审核，北京现代汽车有限公司包括生产采购、索赔管理、全球质量反馈等 300 多个数据项准予出境，成为我国汽车企业中第一家申报数据出境业务场景全部获批的企业。 为积极响应国家的数据出境合规要求，协助企业主动开展数据出境合规自查工作，ICMA 和 DGXC 双平台强强联合，基于已形成的数据出境安全评估方法论和体系化的解决方案，为北京现代提供数据出境自评估服务，协助企业从法律与数据双通路共同推进企业内部数据合规工作，针对出境业务、出境系统、出境场景进行了全面的数据资产盘点、合规差距分析、合规风险评估以及落地合规整改方案，并在申报过程中为企业提供了从规则解读到各项材料辅助填写的全流程专业支持。通过这些举措，两家平台助力北京现代汽车有限公司顺利通过北京市网信办和国家网信办的两级审核，实现了企业数据跨境合规机制从 0 到 1 的搭建与落地。 此次项目顺利通过，充分验证了 ICMA 和 DGXC 数据出境合规评估综合解决方案的有效性，体现了其在数据治理领域的专业实力。 作为数字经济及自动驾驶领域现代化治理与创新研究的新型智库平台，ICMA 智联出行研究院聚焦数据治理、自动驾驶、智能交通、无人配送、人工智能、智能出行、人脸识别等高新科技产业制高点，致力于新兴产业的前瞻性研究工作，旨在构建数字经济治理与行业应用的泛在网络，搭建国际化产学研交流和信息传播平台，为行业主管部门及企业客户提供定制化解决方案和全流程服务。 DGXC 是为探索推动数据治理与跨境流通的可行模式，立足于当前数据跨境流动与治理的实际情况以及国家相关法规政策，研究筹建的面向全国多行业的第三方服务机构。首信跨境在数据出境风险自评估、数据分级分类、数据安全合规治理、数据标注、数据驻留等方面，为智能网联、金融、医疗健康、互联网等各行业企业提供全流程、自动化、可跟踪、多选项的数据安全合规服务。 两家平台已为多家大型跨国企业提供专业、优质的解决方案，得到了广大客户的高度评价和认可，将继续发挥示范引领作用，为更多企业解决数据合规出境需求积累经验、打通路径，进一步提升我国数据安全合规管理水平，推动我国数据经济高质量发展

〔1〕参见《全国首个获批数据出境安全评估案例落地北京》,载微信公众号"网信北京"2023 年 1 月 18 日, https://mp.weixin.qq.com/s/mCS7dZIuqs7LCev DUnd58g。

〔2〕参见《上海首批两家企业通过数据出境安全评估》,载微信公众号"网信上海"2023 年 5 月 5 日, https://mp.weixin.qq.com/s/wsTpDrGBhwlux2fd9Zq5rw。

〔3〕参见《江苏数据出境安全评估工作取得突破性进展》,载微信公众号"网信江苏"2023 年 5 月 9 日, https://mp.weixin.qq.com/s/gQ6HcHb4d2eKcSIkITkXWg。

〔4〕参见《浙江首批两家企业通过数据出境安全评估》,载微信公众号"网信浙江"2023 年 5 月 24 日, https://mp.weixin.qq.com/s/41GorMq_MhAA9sn7MhMXEw。

〔5〕参见《广东省首批三家企业通过数据出境安全评估》,载微信公众号"网信广东"2023 年 6 月 19 日, https://mp.weixin.qq.com/s/LaF9KvMmCxj3lOKiRiED-g。

〔6〕参见《全国首例汽车企业全业务场景数据出境安全评估获批》,载微信公众号"CNCERT 国家工程研究中心"2023 年 5 月 25 日,https://mp.weixin.qq.com/s/oS36Al4UjykATuFg1Rx4FQ 。

二、医疗领域:我国首例数据出境安全评估案例

(一)案情概述

《数据出境安全评估办法》正式实施后,北京市网信办于 2023 年 1 月发文公示,北京友谊医院与荷兰阿姆斯特丹大学医学中心合作研究项目成为全国首个被北京市网信办批准的数据出境安全评估案例(编号 20220001)。

2022 年,北京友谊医院开始筹备与荷兰阿姆斯特丹医学中心共同牵头发起高质量全球结直肠领域研究的第四个研究项目:"腹腔镜右半结肠癌切除术后腹腔内吻合对比腹腔外吻合前瞻性、多中心、随机对照临床研究(COLOR IV)。"相关公开渠道信息显示,该 COLOR IV 项目未来 3 ~ 5 年内预计收集 1200 个左右病例,项目数据将涉及病患敏感信息及医疗跨境研究数据。

《数据出境安全评估办法》正式实施后,为贯彻落实国家数据出境安全评估制度,促进北京市数据跨境安全、自由流动,北京市网信办积极开展数据出境安全评估申报受理工作。北京友谊医院成为首批申报单位,北京市网信办将本项目列为北京市先行先试项目。

(二)法律点评

1. 从法律意义上看,医疗领域案例成为数据出境全国第一例具有很大的象征意义。在本案例中,数据出境主体(数据处理者)与境外接收方并非关联公司,本次数据出境场景中可能涉及科学研发等。本案例的意义在于"该项目的审批通过,标志着国家数据出境安全评估制度在北京市率先落地,为强化医疗健康数据出境安全管理,促进国际医疗研究合作提供了实践指引"①。

2. 本案例中的数据处理者身份具有一定特殊性。北京友谊医院性质为事业单位和

① 参见《全国首个获批数据出境安全评估案例落地北京》,载微信公众号"网信北京"2023 年 1 月 18 日,https://mp.weixin.qq.com/s/mCS7dZIuqs7LCevDUnd58g。

大型三甲医院。按照《数据出境安全评估办法》第 2 条的规定："数据处理者向境外提供在中华人民共和国境内运营中收集和产生的重要数据和个人信息的安全评估，适用本办法。法律、行政法规另有规定的，依照其规定。"根据《网络数据安全管理条例（征求意见稿）》第 73 条的规定，"数据处理者是指在数据处理活动中自主决定处理目的和处理方式的个人和组织"。而其中的组织包括事业单位。在理解数据处理者时，"在数据处理活动中自主决定处理目的和处理方式"这一点很关键。

3. 对于数据出境必要性的论证，是实务中的难点。对此，网信部门公布的信息仍然十分有限。对于北京友谊医院与荷兰阿姆斯特丹大学医学中心合作研究项目而言，开展的数据出境活动需要从医疗项目本身的科学意义、产出价值等，论证数据出境必要性，具有一定的典型意义。

4. 特殊行业审批。此外，还需要注意，数据出境项目除了网信部门，可能还会涉及行业主管部门的审批（见表 11－2）。实务中，对于应先到行业主管部门审批，还是先到网信部门审批存在争议。笔者建议二者同时进行，如果网信部门建议先完成行业主管部门审批，那么按照其建议执行。

表 11－2　（部分）特殊行业数据出境审批一览

法律依据	相关条文
《人类遗传资源管理条例》	第 22 条　利用我国人类遗传资源开展国际合作科学研究的，应当符合下列条件，并由合作双方共同提出申请，经国务院科学技术行政部门批准： …… 为获得相关药品和医疗器械在我国上市许可，在临床机构利用我国人类遗传资源开展国际合作临床试验、不涉及人类遗传资源材料出境的，不需要审批。但是，合作双方在开展临床试验前应当将拟使用的人类遗传资源种类、数量及其用途向国务院科学技术行政部门备案。国务院科学技术行政部门和省、自治区、直辖市人民政府科学技术行政部门加强对备案事项的监管。 第 27 条　利用我国人类遗传资源开展国际合作科学研究，或者因其他特殊情况确需将我国人类遗传资源材料运送、邮寄、携带出境的，应当符合下列条件，并取得国务院科学技术行政部门出具的人类遗传资源材料出境证明： （一）对我国公众健康、国家安全和社会公共利益没有危害； （二）具有法人资格； （三）有明确的境外合作方和合理的出境用途； （四）人类遗传资源材料采集合法或者来自合法的保藏单位； （五）通过伦理审查。 利用我国人类遗传资源开展国际合作科学研究，需要将我国人类遗传资源材料运送、邮寄、携带出境的，可以单独提出申请，也可以在开展国际合作科学研究申请中列明出境计划一并提出申请，由国务院科学技术行政部门合并审批。将我国人类遗传资源材料运送、邮寄、携带出境的，凭人类遗传资源材料出境证明办理海关手续。

续表

法律依据	相关条文
	第31条　国务院科学技术行政部门应当聘请生物技术、医药、卫生、伦理、法律等方面的专家组成专家评审委员会，对依照本条例规定提出的采集、保藏我国人类遗传资源，开展国际合作科学研究以及将我国人类遗传资源材料运送、邮寄、携带出境的申请进行技术评审。评审意见作为作出审批决定的参考依据。 第32条　国务院科学技术行政部门应当自受理依照本条例规定提出的采集、保藏我国人类遗传资源，开展国际合作科学研究以及将我国人类遗传资源材料运送、邮寄、携带出境申请之日起20个工作日内，作出批准或者不予批准的决定；不予批准的，应当说明理由。因特殊原因无法在规定期限内作出审批决定的，经国务院科学技术行政部门负责人批准，可以延长10个工作日。 第38条　违反本条例规定，未经批准将我国人类遗传资源材料运送、邮寄、携带出境的，由海关依照法律、行政法规的规定处罚。科学技术行政部门应当配合海关开展鉴定等执法协助工作。海关应当将依法没收的人类遗传资源材料移送省、自治区、直辖市人民政府科学技术行政部门进行处理。
《人类遗传资源管理条例实施细则》	第32条　为取得相关药品和医疗器械在我国上市许可，在临床医疗卫生机构利用我国人类遗传资源开展国际合作临床试验、不涉及人类遗传资源材料出境的，不需要批准，但应当符合下列情况之一，并在开展临床试验前将拟使用的人类遗传资源种类、数量及其用途向科技部备案： （一）涉及的人类遗传资源采集、检测、分析和剩余人类遗传资源材料处理等在临床医疗卫生机构内进行； （二）涉及的人类遗传资源在临床医疗卫生机构内采集，并由相关药品和医疗器械上市许可临床试验方案指定的境内单位进行检测、分析和剩余样本处理。 前款所称临床医疗卫生机构是指在我国相关部门备案，依法开展临床试验的医疗机构、疾病预防控制机构等。 为取得相关药品和医疗器械在我国上市许可的临床试验涉及的探索性研究部分，应当申请人类遗传资源国际科学研究合作行政许可。 第56条　科技部负责全国人类遗传资源监督检查，各省级科技行政部门负责本区域人类遗传资源监督检查。监督检查事项主要包括： （一）人类遗传资源采集、保藏、利用、对外提供有关单位落实主体责任，建立、完善和执行有关规章制度的情况； （二）获批人类遗传资源项目的有关单位采集、保藏、利用人类遗传资源的情况，材料或者信息出境、对外提供、开放使用以及出境后使用情况； （三）利用人类遗传资源的剩余材料处置、知识产权及利益分享等情况； （四）人类遗传资源备案事项的真实性等情况； （五）科技部或者省级科技行政部门认为需要监督检查的其他事项

（三）对企业数据出境安全评估的启示和建议

1. 医疗项目的数据出境安全评估已经破冰，后续类似项目通过的成功率可能会有所提升。

2. 境外接收方如果不是数据处理者的关联方，在论证境外接收方的安全保护能力方面时需要特别注意。

3. 医疗领域的数据出境,在论证必要性时需要结合我国宏观政策、项目特点等,充分予以论证。

4. 建议企业在设计数据出境安全评估方案时,提前规划,避免中途调整方案,影响申报进度。

5. 由于医疗领域的数据出境可能触发国家科学技术行政部门审批,需要提前做好数据出境字段的性质分析。

三、民航领域:我国第二例数据出境安全评估案例

(一)案例概述

2023 年 1 月 18 日,北京市网信办发布公告,公告内容中披露了中国国际航空股份有限公司项目作为全国第二例数据出境安全评估案例也成功获批通过。从中国国际航空股份有限公司官网公布的隐私隐私政策中,可以看到相关个人信息出境条款①:

5. 政府、监管机构或法律要求的单位

我们可能会将您的个人信息披露给政府和监管机构以及法律要求的单位,如出入境管理机关、海关边防机关、民航局及机场管理机关、争端解决机构、检察机关、执法机关。例如,有的国家或地区的法律要求我们根据法律规定披露您的旅行证件、预订详情和航班行程的个人信息[乘客姓名记录(PNR)及/或预报旅客信息(API)]。我们会将您的个人信息披露给这些机关单位,以使我们能够在满足法律和行政监管目的的前提下为您提供产品和服务。

八、您的个人信息如何在全球范围内传输

我们在中华人民共和国境内收集和产生的个人信息,将存储在中华人民共和国境内。

基于本隐私政策所载的目的,您的个人信息可能被传输至您的经常居所地以外的国家或地区进行处理。此时,我们会根据适用的法律规定来保护您的个人信息安全,并在全球范围内传输您的个人信息,包括但不限于:

1. 在基于您的同意而传输您的个人信息出境前,我们会按照适用法律的要求,向您充分告知跨境传输的情况并请求您对此的明确同意。

2. 若您的个人信息被传输至中华人民共和国境外,我们将按照法律及监管的要求,依法开展风险评估和/或个人信息保护影响评估,或签署中国网信部门颁布的标准合同

---

① 参见中国国际航空公司:《隐私条款(2022 年 9 月 13 日更新日期)》,载中国国际航空公司网,http://www.airchina.com.cn/cn/privacy_policy/privacy_policy.shtml。

条款。

3. 若您的个人信息被传输至欧盟委员会未作出充分决定的国家时，我们将签署欧盟委员会批准的标准合同条款并采取安全措施保障您的个人信息安全。

（二）法律点评

1. 航空公司的个人信息出境场景中，主要涉及旅客订座记录数据的跨国传输。具体名词的解释（见表 11 – 3）。① 其他国家或地区要求出发国传输旅客姓名记录（PNR），主要是为打击恐怖主义和严重犯罪。

表 11 – 3　航空公司数据出境核心名词解释一览

名词解释	具体内容
预报旅客资料（API）	在某人到达一个国家之前，向该国提供有关该人经历的核心资料。关键的 API 数据包括：旅行者全名、出生日期、性别、公民资格或国籍；旅行证件的类型、颁发国和号码。因此，PNR 与 API 不同，它主要是由经营人代表国家收集
计算机订座系统（CRS）	电子（计算机）存储的关于旅客旅行行程的资料，例如旅客的详细情况、行程、机票情况和地址等
离港控制系统（DCS）	用来办理旅客乘机的系统。DCS 包含办理乘机手续的资料，例如座位号和行李资料
旅客姓名记录（PNR）	对于航空运输业而言，旅客姓名记录（PNR）是航空器经营人或其授权的代理人为旅客或其代表预定的每一次旅行所建记录的总称。经营人在提供航空运输服务时，为自身的商务和运行目的使用这些数据。与创建 PNR 有关的行业标准详见国际航空运输协会的《旅客服务会议决议手册》和《旅客联程订座电报程序》（AIRIMP）
PNR 数据传输	从航空器经营人的系统向要求得到 PNR 数据的国家传输此种数据，或该国从该系统中使用此种数据

“鉴于对 PNR 数据进行分析可产生对威胁评估的价值，一些国家认为这种数据极为重要，尤其是在打击恐怖主义和严重犯罪方面。因此，他们已经立法或正在计划立法，要求航空器经营人向其政府当局提供 PNR 数据。此外，一些国家认为 PNR 数据对于预防、调查或起诉恐怖主义罪行或严重犯罪十分重要。”②“通过分析 PNR 数据而查

① 参见国际民用航空组织：《关于旅客姓名记录（PNR）数据的指导方针（第一版）》（2010 年）。

② 参见国际民用航空组织：《关于旅客姓名记录（PNR）数据的指导方针（第一版）》（2010 年）第 2.2.1 条。

明可能有高风险的旅客,可为各国和航空器经营人提供以下能力:a)改进航空保安;b)加强国家和边防保安;c)防范和打击恐怖主义行为、犯罪和跨国性的其他严重犯罪,包括有组织的犯罪,强化授权令和预防因这种犯罪而扣押航班;d)保护旅客和公众的切身利益,包括健康;e)改善机场的边防管制流程;和 f)便利和保障正当旅客旅行。"①

2. 旅客订座记录在传递给目的地时,也需要目的地相关法律法规的支撑。

"PNR 数据传输要求应由明确的法律规定予以规范。要求得到 PNR 数据的理由应在国家的有关法律或规章,或视情在法律或规章随附的解释性材料中予以明确说明。"②"各国应确保政府当局有适当的法律权利,按照遵守本指导方针的方式,处理向航空器经营人索要的 PNR 数据。请各国将这种立法的全文发给国际民航组织,以便在线散发给其他国家供其参考。对这种立法的所有疑问之处应向该国,而不是国际民航组织,提出询问。"③

3. 个人信息出境的必要性是数据出境过程中最难论证的部分。但是,在航空领域,出境国的航空经营者往往需要配合和遵守国际条约、目的地国的法律,根据我国《个人信息保护法》以及《数据出境安全评估办法》,旅客姓名记录的出境所基于的合法性基础,主要是国际条约(包括但不限于《国际民用航空公约》)和相关法律法规,而非必须选择单独同意这一合法性基础。这一点是与很多其他行业和场景不同的特殊之处。正如北京市互联网信息办公室在公告所称,本案例"为本市进一步指导支持更多企事业单位解决数据合规出境需求积累了经验、打通了路径,对提升本市数据安全合规管理水平、优化营商环境具有重要意义"④

4. 收集个人信息时仍要遵守必要性原则。根据我国《个人信息保护法》以及相关国际条约,个人信息的收集、处理应遵循必要性原则,这也是大多数国家的要求。航空领域也不例外。航空领域主要的 PNR 数据要素(见表 11-4)⑤。

---

① 参见国际民用航空组织:《关于旅客姓名记录(PNR)数据的指导方针(第一版)》(2010 年)第 2.2.2 条。

② 参见国际民用航空组织:《关于旅客姓名记录(PNR)数据的指导方针(第一版)》(2010 年)第 2.4.1 条。

③ 参见国际民用航空组织:《关于旅客姓名记录(PNR)数据的指导方针(第一版)》(2010 年)第 2.4.2 条。

④ 参见《全国首个获批数据出境安全评估案例落地北京》,载微信公众号"网信北京"2023 年 1 月 18 日,https://mp.weixin.qq.com/s/mCS7dZIuqs7LCevDUnd58g。

⑤ 参见国际民用航空组织:《关于旅客姓名记录(PNR)数据的指导方针(第一版)》(2010 年)。

表 11－4　主要的 PNR 数据要素一览

数据组或类别	数据组成要素
PNR 上的姓名详细资料	旅客姓名，包括姓、名/姓名的首字母、称谓、PNR 上的其他姓名
地址详细资料	联系地址、账单地址、紧急联系地址、电子邮件地址、邮政地址、家庭住址、意向地址（在要求传输 PNR 数据的国家内）的地址
联系电话号码	电话号码详细资料
任何收集到的预报旅客资料（API）数据	任何收集到的 API 数据，如护照上的姓名、出生日期、性别、国籍、护照号码
常客资料	常客账号和名人等级情况
其他	其他信息

企业收集个人信息时，不得随意扩大范围收集。

"PNR 不得包括航空器经营人为便利旅客旅行所不需要的任何资料，如种族或族裔、政治见解、宗教或政治信仰、工会成员资格、婚姻状况或与个人的性取向有关的数据。各缔约国不应要求航空器经营人在 PNR 中收集这样的数据。"①

"PNR 可以包含合法输入的、为便利旅客旅行的数据，比如餐食选择、健康状况、自由留言和一般性说明。有些数据可被认为属于敏感性数据，需要适当保护。承运人和各国保护这些数据尤为重要。虽然数据对于确定旅客可能带来的风险有关联，但这些数据只有当具体说明存在需要为第 2.2.2 条 a）至 d）项列出的目的使用这些数据时方应予以考虑。"②

（三）对企业数据出境安全评估的启示和建议

1. 了解企业所在行业数据出境的所有场景，并对场景发生的原因进行充分调研。

2. 基于对数据出境场景的分析，进一步判断数据出境的必要性。该必要性建议围绕业务可持续运营需要、行业惯例、常识、替代性分析等开展，有时可能需要以国际条约作为支撑。

3. 无论基于何种合法性基础出境，个人信息处理的基本原则即不得随意扩大收集，不得歧视，不得泄露他人隐私等，均为基本公理。因此，企业不得以所谓法律法规有规定为由，肆意扩大收集个人信息的范围。

---

① 参见国际民用航空组织：《关于旅客姓名记录（PNR）数据的指导方针（第一版）》（2010 年）第 2.1.9 条。

② 参见国际民用航空组织：《关于旅客姓名记录（PNR）数据的指导方针（第一版）》（2010 年）第 2.1.10 条。

四、跨境电商领域：我国第五例数据出境安全评估案例

（一）案例概述

焦点科技股份有限公司中国制造网外贸电商平台业务通过国家网信办数据出境安全评估，成为目前官方公布的第 5 例数据出境安全评估案例，也是跨境电商领域全国首个数据合规出境案例。实务中，跨境电商的业务数据出境场景，主要有两大类：

第一类：电商平台、消费者在我国境内，但是卖家、物流商、支付机构、关联公司、中介服务商都在我国境外。这是典型的需要把境内买家的个人信息（如姓名、手机号、联络地址）传输到境外卖家，用于发货、清关等的情形。

第二类：电商平台在我国境外，境内用户、商家以及电商平台的关联公司在我国境内。

（二）法律点评

1. 上述两类个人信息出境的结构触发的数据出境场景并不一样，收集的个人信息也有所不同。跨境电商平台涉及的海量数据一般容易达到数据出境安全评估门槛。

2. 跨境电商平台作为数据处理者，在上述两类不同结构下，需要考虑不同数据出境场景下的字段必要性问题、境内数据处理者（申报安全评估主体）的问题、境外接收方的安全能力问题以及选择的合法性基础等。

3. 对于第一类情形，境外供应商往往较分散，与其签署 SCC 比较烦琐，且其数据安全能力可能没有保证。因此，跨境电商平台如何通过选择合适的供应商，以及通过技术手段管控个人信息泄露风险，则显得非常重要。

4. 对于第二类情形，可能境外的跨境电商平台在开展平台治理过程中，基于对境内供应商（B 端）的资金、业务管控，要求其负责人或者联系人采取人脸识别等措施，可能会触发我国《个人信息保护法》的规定，为此要严格遵照敏感个人信息出境的必要性、单独同意等合规措施，确保符合我国法律法规。

（三）对企业数据出境安全评估的启示和建议

1. 建议梳理数据出境场景。这是所有数据出境项目的第一步，建议成立专项的数据出境安全评估小组，组织不同部门的员工参加，避免遗漏。

2. 要选择合适的数据出境路径。结合自身数据出境需求、现状以及成本考虑，判断是否剥离相关公司或者数据库。

3. 需要确定申报主体、接收材料的监管单位。申报主体一般是跨境电商平台，但境外的跨境电商平台需要考虑由境内代表处或者子公司代为申报。接收材料的监管单位一般是申报主体所在地的省级网信部门。

4. 注意《个人信息保护法》的适用范围。境外的主体如面向我国市场提供服务，无论是消费者还是供应商，可能都会落入我国《个人信息保护法》的管辖范围，因此，需要

注意及时按照我国法律要求履行义务。

五、为境外刺探、非法提供情报罪：高铁数据案

（一）案情概述

2020年年底，某信息科技公司一名员工被拉进一个微信群，群里一家境外公司表示自己有项目要委托中国公司开展。境外公司自称其客户从事铁路运输的技术支撑服务，为进入中国市场需要对中国的铁路网络进行调研，委托境内公司采集中国铁路信号数据，包括物联网、蜂窝和GSM-R等数据。

案发后，有关部门勘验相关电子设备，发现某信息科技公司一个月采集的信号数据就已经达到500GB，而这个项目已经实施了将近半年。经鉴定，某信息科技公司为境外公司收集、提供的数据涉及铁路GSM-R敏感信号，相关数据被国家保密行政管理部门鉴定为情报。某信息科技公司的行为是《数据安全法》《无线电管理条例》等法律法规严令禁止的非法行为。最终，该公司法定代表人、销售总监、销售三人，因涉嫌为境外刺探、非法提供情报罪，于2021年12月31日被上海市国家安全局逮捕。

（二）法律点评

1. 本案中境内公司的行为是《数据安全法》《无线电管理条例》等法律法规严令禁止的非法行为

根据《数据安全法》第32条的规定，任何组织、个人收集数据，应当采取合法、正当的方式，不得窃取或者以其他非法方式获取数据。法律、行政法规对收集、使用数据的目的、范围有规定的，应当在法律、行政法规规定的目的和范围内收集、使用数据。

根据《无线电管理条例》第3条、第6条的规定，无线电频谱资源属于国家所有。国家对无线电频谱资源实行统一规划、合理开发、有偿使用的原则。任何单位或者个人不得擅自使用无线电频率，不得对依法开展的无线电业务造成有害干扰，不得利用无线电台（站）进行违法犯罪活动。

某信息科技公司为境外公司大量收集、提供涉及铁路GSM-R敏感信号的数据，其行为违反了《数据安全法》和《无线电管理条例》的上述规定。

2. 相关高铁数据被国家保密行政管理部门鉴定为"情报"

根据2001年最高人民法院发布的《关于审理为境外窃取、刺探、收买、非法提供国家秘密、情报案件具体应用法律若干问题的解释》，"情报"是指关系国家安全利益、尚未公开或者依照有关规定不应公开的事项。司法实践中，此类案件需要对有关事项是否属于情报进行鉴定的，法律规定由国家保密工作部门或者省、自治区、直辖市保密工作部门鉴定。本案中，经国家保密工作部门鉴定，涉案高铁数据涉及铁路GSM-R敏感信号，属于"情报"的范畴，相关人员的行为涉嫌《刑法》第111条规定的为境外刺探、非法提供情报罪。

3.“国家核心数据”“重要数据”是初步研判是否构成“情报”的基础

《刑法》并未对情报的外延作出明确规定，但是企业可以参照《数据安全法》《网络安全法》中对“国家核心数据”及“重要数据”的规定，自行或外聘专业律师对数据是否涉嫌构成情报进行初步研判，以确定是否需要与有关部门沟通或采取进一步合规措施。

（1）国家核心数据

《数据安全法》第21条第2款明确，关系国家安全、国民经济命脉、重要民生、重大公共利益等数据属于“国家核心数据”，实行更加严格的管理制度。相关企业在业务开展中不慎向境外组织、机构或个人（无论是否具有境外官方身份）提供的国家核心数据或将构成情报，存在被追究刑事责任的法律风险。

（2）重要数据

《网络安全法》中首次提出了“重要数据”的概念，重要数据直接关系等级保护与数据跨境传输两大制度。《网络安全法》并未对重要数据作出明确定义，相关企业可参照中国信通院制定的《专项调查问题列表与答复》等相关文件予以判断。该答复对重要数据作出如下定义：重要数据是指不涉及国家秘密，但如果泄露、窃取、篡改、毁损、丢失和非法使用可能危害国家安全、国计民生、公共利益的未公开数据，包括：①地理、自然资源、重要物资储备等数据；②基因、生物特征、疾病等数据；③宏观统计等重要经济数据；④网络信息系统的缺陷、漏洞、防范措施等数据；⑤人群导航位置、大型设备目标位置和移动数据；⑥法律法规规定的其他重要数据等。

值得注意的是，我国国家市场监督管理总局、国家标准化管理委员会出台的《信息安全技术 重要数据识别指南（征求意见稿）》对于重要数据的判断，具有重大指导意义。

（三）对企业数据出境安全评估的启示和建议

1. 重要数据原则上不出境。实务中，个人信息出境较多，且涉及数据出境安全评估工作。在对重要数据的识别上，很多企业仍然存在很多困惑。对于可能属于重要数据的数据，尽量不出境。

2. 从本案可以看出，实务中对于情报的理解仍然存在一定的模糊性。但是，对于类似大量数据被境外非关联公司掌握的情形，企业应引起警惕。

3. 建议企业做好数据资产盘点，做好数据分类分级工作，确保针对不同类型、级别的数据，采取不同的保护和利用策略，做到心中有数。

4. 建议慎重审查境外合作方背景。企业在经营活动中，应当谨慎对待涉及境外组织、机构及个人的业务，应尽可能详细审查境外合作方的情况，尤其是境外合作方的资金来源、业务合作方等信息，自行或委托专业律师初步研判境外合作方要求的数据及信息是否涉嫌构成情报，如确有必要进行跨境数据合作或输出的，应当首先与相关政府部门进行沟通，依照法定程序提出申请。企业应避免通过开放端口、权限或其他方式，未经许可私自传输相应数据及信息。

5. 建议充分听取专业人士意见。目前,涉及国家数据安全的法律制度框架及原则已基本确立,但很多细节和操作尚缺乏实践指引,仍处于不断完善的过程中。这个尚不明确的领域中蕴藏着诸多的发展机遇,但同时存在巨大的法律风险。企业经营者或决策层应从严把握标准,谨慎决策,不可仅从经济利益考虑,以避免可能存在的企业及个人的巨大法律风险。企业经营者、决策层及相关项目人员在业务开展过程中,应当充分听取公司法务及外聘律师的专业意见。

6. 建议事先与有关部门沟通。企业经营者、决策层在业务开展过程中,如无法确定是否存在法律风险的,应积极与有关部门进行沟通,并保留相应沟通记录。如有关部门提出整改意见及要求,企业经营者及决策层应积极履行,采取有效的措施达到有关部门的要求,以证明企业经营者、决策层已征询有关部门意见,并非故意违反相关法律规定,以避免在后续处理中处于被动地位。

六、脸谱网公司违法数据出境被爱尔兰数据保护委员会处罚案

(一)案情概述

在 EDPB 于 2023 年 4 月 13 日作出具有约束力的争端解决决定后,爱尔兰数据保护委员会(Data Protection Commission, DPC)对脸谱网公司(Meta Platforms,以下简称 Meta)的 Facebook 服务进行调查,并对其开出了 12 亿欧元(超过 91 亿元人民币)的罚款。这笔罚款是欧盟 GDPR 有史以来最大数额的罚款,因为 Meta 公司自 2020 年 7 月 16 日起根据欧盟 SCC 向美国转移个人数据。

DPC 的决定包含三个命令:

第一,停止传输令。Meta 公司必须在收到决定通知之日起 5 个月内暂停向美国传输个人数据。

第二,合规令。EDPB 同意并指示 DPC 要求 Meta 公司在收到最终决定通知后的 6 个月内,停止在美国非法处理(包括存储)违反欧盟 GDPR 传输的欧洲经济区用户的个人数据,使处理业务符合欧盟 GDPR 第五章的规定。

第三,罚款。EDPB 指示 DPC 在规定的范围内(欧盟 GDPR 最高限额的 20% ~ 100%)对 Meta 公司处以罚款,最终 DPC 决定对 Meta 公司处以 12 亿欧元的罚款。

本次案件的缘起可以追溯到 2013 年斯诺登"棱镜门"事件。当时名为 Facebook 的 Meta 公司便受到关注。2015 年,调查专员办公室通知 Meta,开始了长达 8 年的调查。"棱镜门"显示美国已经对其一些大型科技公司进行监控,这意味着在 Meta 公司从欧盟到美国的数据传输中,大量数据极有可能被政府官方获取。

(二)法律点评

1. Meta 公司就数据传输进行的个人数据"处理"行为构成"跨境处理"

首先,本案中处理的数据主要包括一般个人数据。2018 年数据传输协议(Data

Transmission Protocol Agreement，DTPA）在其附录中确定了实际上作为数据传输主体的用户个人数据的性质和范围，即访问、使用或以其他方式与数据输出方的产品和服务进行互动的个人生产、共享和上传的个人数据。

其次，Meta公司的行为属于“跨境处理”。欧盟GDPR第4（23）条规定了“跨境处理”的概念：“（b）在欧盟内控制者或处理者的单一机构的活动背景下，进行个人数据的处理。但实质上影响或可能实质上影响不止一个成员国的数据主体。”根据b款规定，Facebook服务是由Meta公司向欧盟数据主体提供的，因此，在这一背景下进行的数据处理实质上也可能影响多个成员国的数据主体。在这一意义上，Meta公司的行为同样属于“跨境处理”。

2. Meta公司的适当保障措施没有提供“基本等同”欧盟法律的保护水平

欧盟GDPR规定，“适当保障措施”要求第三国所需的保护水平必须在欧盟GDPR条款的基础上进行评估，需要达到与欧盟内部保障基本相当的保护水平，并根据《欧盟基本权利宪章》所载的基本权利来解读。如果达不到要求的水平，“适当的保障措施”必须弥补第三国数据保护的不足，以确保符合数据保护要求和数据主体在欧盟内部的适当权利。

但是，本案中，DPC审查了Meta公司的转移影响评估和补充措施，其决定虽明确说明了Meta公司已经实施了全面的措施，包括组织措施、技术措施、法律措施等。但是，DPC认为这些措施仍不足为转移的欧盟数据提供“基本等同”的保护，因为如果美国政府基于《外国情报监视法》第702条提出合理请求，Meta公司就必须为美国披露其用户的个人数据。

3. DPC决定认为无论是美国旧版SCC，还是新版SCC，都未能弥补美国法律提供保护的不足

Meta公司此前根据2010年和2021年SCC进行了数据转移，因此，DPC同时将旧版和新版SCC都纳入了其决定的范围内。然而，DPC发现无论是根据旧版SCC还是新版SCC，Meta公司在欧盟法院的Schrems Ⅱ决定后部署的额外保障措施都不符合欧盟GDPR的基本等同标准。DPC认为，美国还没有被视为一个“合格的国家”，而且美国情报机构还没有将行政命令的要求转化为新的政策和程序，美国新版SCC也并未实施或弥补任何针对欧盟联盟法院（Court of Justice of the European Union，CJEU）在裁决中指出的美国法律提供的保护不足的新措施。

4. DPC明确了在进行数据跨境传输时，Meta公司不能适用欧盟GDPR第49（1）条规定（或任何一条）进行减损

对于监管机构的指控，Meta依据欧盟GDPR第49（1）条下一系列关于“明确同意”“合同必要性”“公共利益”的减损规则提交了抗辩意见，试图以此豁免。但DPC的决定认为，美国允许数据监视的已查明的法律并未尊重根据《欧盟基本权利宪章》第47条

获得有效司法补救的权利即数据保护权的“本质”。

(三)对企业数据出境安全评估的启示和建议

1. DPC 的决定有广泛影响,尽管 DPC 只被授权约束 Meta 公司,但是它会波及基本所有的欧盟互联网企业甚至美国同行。根据 2021 年 IAPP-EY 治理报告,94% 的将个人数据转移到欧洲以外的公司都在使用标准合同条款,因此,本案的教训适用于大多数进行数据转移的个人和企业。

2. 我们可以预期 Meta 公司会在爱尔兰高等法院对 DPC 的决定提出上诉。在此过程中,Meta 公司还可能通过中止执行 DPC 的命令来寻求禁令救济。因此,本案必然会是一场拉锯战。

但是,预计在 2023 年年内,欧盟委员会将通过充分性评估草案及欧盟—美国数据隐私框架,其可能会成为在 SCC 下启用数据转移的基础。对于经过欧盟—美国数据隐私框架认证的组织来说,届时不仅会有一个有效的数据传输机制,还会有一个对美国法律和实践有利和有约束力的欧盟法律评估。

3. 该案对于需要进行境外数据转移的企业起到警示作用,企业可以从以下方面改进企业合规建设:

(1)推进企业数据出境持续合规。数据出境持续合规需要结合管理体系、技术体系、运营体系全面开展:管理体系方面,需建立组织架构和制定数据安全管理制度;技术体系方面,需要建设持续监测和应急响应的技术手段;运营体系方面,需要建立常态化的运营体系,提升企业的自身运营能力。

(2)提高数据隐私意识和能力。相关企业和用户需要了解不同国家和地区的数据保护规则和标准及其与自己所在地区的差异和联系,从而结合相应规则和标准改进现有合规体系,如本案中制定足够的“适当保护措施”以符合欧盟的“基本等同”的保护标准。

附　件

附件1　数据出境安全评估义务清单

<table>
<tr><th>序号</th><th>义务</th><th>核心法律依据对应条款</th></tr>
<tr><td>1</td><td>识别数据出境场景的义务</td><td>《数据出境安全评估办法》第2条
数据处理者向境外提供在中华人民共和国境内运营中收集和产生的重要数据和个人信息的安全评估,适用本办法。法律、行政法规另有规定的,依照其规定。</td></tr>
<tr><td>1-1</td><td>重要数据识别及其是否向境外提供的查明义务</td><td rowspan="5">《数据出境安全评估办法》第4条
数据处理者向境外提供数据,有下列情形之一的,应当通过所在地省级网信部门向国家网信部门申报数据出境安全评估:
(一)数据处理者向境外提供重要数据;
(二)关键信息基础设施运营者和处理100万人以上个人信息的数据处理者向境外提供个人信息;
(三)自上年1月1日起累计向境外提供10万人个人信息或者1万人敏感个人信息的数据处理者向境外提供个人信息;
(四)国家网信部门规定的其他需要申报数据出境安全评估的情形。</td></tr>
<tr><td>1-2</td><td>数据处理者是否属于关键信息基础设施运营者的义务</td></tr>
<tr><td>1-3</td><td>数据处理者是否有100万人以上个人信息的识别义务</td></tr>
<tr><td>1-4</td><td>关键信息基础设施运营者或者100万人以上个人信息的数据处理者是否向境外提供个人信息的查明义务</td></tr>
<tr><td>1-5</td><td>自上年1月1日起累计向境外提供10万人个人信息或者1万人敏感个人信息的数据处理者向境外提供个人信息的查明义务</td></tr>
</table>

续表

<table>
<tr><th>序号</th><th>义务</th><th>核心法律依据对应条款</th></tr>
<tr><td>2</td><td>关键信息基础设施运营者原则上应存储境内运营中收集和产生的个人信息和重要数据的义务</td><td rowspan="4">《网络安全法》第 37 条
关键信息基础设施的运营者在中华人民共和国境内运营中收集和产生的个人信息和重要数据应当在境内存储。因业务需要，确需向境外提供的，应当按照国家网信部门会同国务院有关部门制定的办法进行安全评估；法律、行政法规另有规定的，依照其规定。
《个人信息保护法》第 40 条
关键信息基础设施运营者和处理个人信息达到国家网信部门规定数量的个人信息处理者，应当将在中华人民共和国境内收集和产生的个人信息存储在境内。确需向境外提供的，应当通过国家网信部门组织的安全评估；法律、行政法规和国家网信部门规定可以不进行安全评估的，从其规定。
《数据安全法》第 31 条
关键信息基础设施的运营者在中华人民共和国境内运营中收集和产生的重要数据的出境安全管理，适用《中华人民共和国网络安全法》的规定；其他数据处理者在中华人民共和国境内运营中收集和产生的重要数据的出境安全管理办法，由国家网信部门会同国务院有关部门制定。
《数据安全法》第 46 条
违反本法第三十一条规定，向境外提供重要数据的，由有关主管部门责令改正，给予警告，可以并处十万元以上一百万元以下罚款，对直接负责的主管人员和其他直接责任人员可以处一万元以上十万元以下罚款；情节严重的，处一百万元以上一千万元以下罚款，并可以责令暂停相关业务、停业整顿、吊销相关业务许可证或者吊销营业执照，对直接负责的主管人员和其他直接责任人员处十万元以上一百万元以下罚款。</td></tr>
<tr><td>2-1</td><td>关键信息基础设施运营者因业务需要，确需向境外提供境内运营中收集和产生的个人信息和重要数据的，应当按照国家网信部门会同国务院有关部门制定的办法进行安全评估</td></tr>
<tr><td>3</td><td>处理个人信息达到国家网信部门规定数量的个人信息处理者原则上应在境内存储个人信息的义务</td></tr>
<tr><td>3-1</td><td>处理个人信息达到国家网信部门规定数量的个人信息处理者，确需向境外提供境内运营中收集和产生的个人信息的，应当通过国家网信部门组织的安全评估</td></tr>
</table>

续表

序号	义务	核心法律依据对应条款
4	数据处理者的自评估义务	《数据出境安全评估办法》第 5 条 数据处理者在申报数据出境安全评估前,应当开展数据出境风险自评估,重点评估以下事项: (一)数据出境和境外接收方处理数据的目的、范围、方式等的合法性、正当性、必要性; (二)出境数据的规模、范围、种类、敏感程度,数据出境可能对国家安全、公共利益、个人或者组织合法权益带来的风险; (三)境外接收方承诺承担的责任义务,以及履行责任义务的管理和技术措施、能力等能否保障出境数据的安全; (四)数据出境中和出境后遭到篡改、破坏、泄露、丢失、转移或者被非法获取、非法利用等的风险,个人信息权益维护的渠道是否通畅等; (五)与境外接收方拟订立的数据出境相关合同或者其他具有法律效力的文件等(以下统称法律文件)是否充分约定了数据安全保护责任义务; (六)其他可能影响数据出境安全的事项。
5	个人信息处理者的告知义务	《个人信息保护法》第 39 条 个人信息处理者向中华人民共和国境外提供个人信息的,应当向个人告知境外接收方的名称或者姓名、联系方式、处理目的、处理方式、个人信息的种类以及个人向境外接收方行使本法规定权利的方式和程序等事项,并取得个人的单独同意。
6	个人信息处理者取得个人单独同意的义务	《个人信息保护法》第 39 条 个人信息处理者向中华人民共和国境外提供个人信息的,应当向个人告知境外接收方的名称或者姓名、联系方式、处理目的、处理方式、个人信息的种类以及个人向境外接收方行使本法规定权利的方式和程序等事项,并取得个人的单独同意。
7	个人信息安全影响评估义务及不得超出报送范围的义务	《个人信息保护法》第 55 条 有下列情形之一的,个人信息处理者应当事前进行个人信息保护影响评估,并对处理情况进行记录: (一)处理敏感个人信息; (二)利用个人信息进行自动化决策; (三)委托处理个人信息、向其他个人信息处理者提供个人信息、公开个人信息; (四)向境外提供个人信息; (五)其他对个人权益有重大影响的个人信息处理活动。

续表

序号	义务	核心法律依据对应条款
8	个人信息处理者采取必要措施的义务	《个人信息保护法》第38条第3款 个人信息处理者应当采取必要措施,保障境外接收方处理个人信息的活动达到本法规定的个人信息保护标准。
9	数据处理者存留相关日志记录和数据出境审批记录的义务	《网络安全法》第21条 国家实行网络安全等级保护制度。网络运营者应当按照网络安全等级保护制度的要求,履行下列安全保护义务,保障网络免受干扰、破坏或者未经授权的访问,防止网络数据泄露或者被窃取、篡改: …… (三)采取监测、记录网络运行状态、网络安全事件的技术措施,并按照规定留存相关的网络日志不少于六个月……
10	申报数据出境安全评估提交材料以及不得超出评估时明确的出境相关事项范围的义务	《数据出境安全评估办法》第6条 申报数据出境安全评估,应当提交以下材料: (一)申报书; (二)数据出境风险自评估报告; (三)数据处理者与境外接收方拟订立的法律文件; (四)安全评估工作需要的其他材料。
11	数据处理者与境外接收方订立法律文件以及通过合同等有效措施监督数据接收方履行数据安全保护的义务	《数据出境安全评估办法》第9条 数据处理者应当在与境外接收方订立的法律文件中明确约定数据安全保护责任义务,至少包括以下内容: (一)数据出境的目的、方式和数据范围,境外接收方处理数据的用途、方式等; (二)数据在境外保存地点、期限,以及达到保存期限、完成约定目的或者法律文件终止后出境数据的处理措施; (三)对于境外接收方将出境数据再转移给其他组织、个人的约束性要求; (四)境外接收方在实际控制权或者经营范围发生实质性变化,或者所在国家、地区数据安全保护政策法规和网络安全环境发生变化以及发生其他不可抗力情形导致难以保障数据安全时,应当采取的安全措施; (五)违反法律文件约定的数据安全保护义务的补救措施、违约责任和争议解决方式; (六)出境数据遭到篡改、破坏、泄露、丢失、转移或者被非法获取、非法利用等风险时,妥善开展应急处置的要求和保障个人维护其个人信息权益的途径和方式。

续表

序号	义务	核心法律依据对应条款
12	数据处理者对所提交材料真实性负责的义务	《数据出境安全评估办法》第11条第2款 数据处理者对所提交材料的真实性负责,故意提交虚假材料的,按照评估不通过处理,并依法追究相应法律责任
13	数据处理者以明文、可读方式展示给监管部门核验的义务	《网络数据安全管理条例(征求意见稿)》第39条 数据处理者向境外提供数据应当履行以下义务: …… (七)国家网信部门会同国务院有关部门核验向境外提供个人信息和重要数据的类型、范围时,数据处理者应当以明文、可读方式予以展示……
14	数据处理者监测自身是否触发重新申报评估的义务	《数据出境安全评估办法》第14条 通过数据出境安全评估的结果有效期为2年,自评估结果出具之日起计算。在有效期内出现以下情形之一的,数据处理者应当重新申报评估: (一)向境外提供数据的目的、方式、范围、种类和境外接收方处理数据的用途、方式发生变化影响出境数据安全的,或者延长个人信息和重要数据境外保存期限的; (二)境外接收方所在国家或者地区数据安全保护政策法规和网络安全环境发生变化以及发生其他不可抗力情形、数据处理者或者境外接收方实际控制权发生变化、数据处理者与境外接收方法律文件变更等影响出境数据安全的; (三)出现影响出境数据安全的其他情形。 有效期届满,需要继续开展数据出境活动的,数据处理者应当在有效期届满60个工作日前重新申报评估。
15	数据处理者的整改义务	《数据出境安全评估办法》第20条 本办法自2022年9月1日起施行。本办法施行前已经开展的数据出境活动,不符合本办法规定的,应当自本办法施行之日起6个月内完成整改。

续表

序号	义务	核心法律依据对应条款
16	个人信息处理者、数据处理者、网络运营者履行安全保障措施防范个人信息、泄露、篡改、丢失，保障数据安全的义务	《网络安全法》第42条 网络运营者不得泄露、篡改、毁损其收集的个人信息；未经被收集者同意，不得向他人提供个人信息。但是，经过处理无法识别特定个人且不能复原的除外。 网络运营者应当采取技术措施和其他必要措施，确保其收集的个人信息安全，防止信息泄露、毁损、丢失。在发生或者可能发生个人信息泄露、毁损、丢失的情况时，应当立即采取补救措施，按照规定及时告知用户并向有关主管部门报告。 《个人信息保护法》第51条 个人信息处理者应当根据个人信息的处理目的、处理方式、个人信息的种类以及对个人权益的影响、可能存在的安全风险等，采取下列措施确保个人信息处理活动符合法律、行政法规的规定，并防止未经授权的访问以及个人信息泄露、篡改、丢失： （一）制定内部管理制度和操作规程； （二）对个人信息实行分类管理； （三）采取相应的加密、去标识化等安全技术措施； （四）合理确定个人信息处理的操作权限，并定期对从业人员进行安全教育和培训； （五）制定并组织实施个人信息安全事件应急预案； （六）法律、行政法规规定的其他措施。 《数据安全法》第27条 开展数据处理活动应当依照法律、法规的规定，建立健全全流程数据安全管理制度，组织开展数据安全教育培训，采取相应的技术措施和其他必要措施，保障数据安全。利用互联网等信息网络开展数据处理活动，应当在网络安全等级保护制度的基础上，履行上述数据安全保护义务。 重要数据的处理者应当明确数据安全负责人和管理机构，落实数据安全保护责任。

续表

序号	义务	核心法律依据对应条款
17	个人信息处理者及其境外接收方对个人信息主体的响应义务	《个人信息保护法》第50条 个人信息处理者应当建立便捷的个人行使权利的申请受理和处理机制。拒绝个人行使权利的请求的,应当说明理由。 个人信息处理者拒绝个人行使权利的请求的,个人可以依法向人民法院提起诉讼。
18	个人信息处理者及其境外接收方保障个人信息主体个人信息权益实现的义务	《个人信息保护法》第四章 个人在个人信息处理活动中的权利 第44~50条
19	数据处理者对数据泄露的报告、补救义务	《个人信息保护法》第57条 发生或者可能发生个人信息泄露、篡改、丢失的,个人信息处理者应当立即采取补救措施,并通知履行个人信息保护职责的部门和个人。通知应当包括下列事项: (一)发生或者可能发生个人信息泄露、篡改、丢失的信息种类、原因和可能造成的危害; (二)个人信息处理者采取的补救措施和个人可以采取的减轻危害的措施; (三)个人信息处理者的联系方式。 个人信息处理者采取措施能够有效避免信息泄露、篡改、丢失造成危害的,个人信息处理者可以不通知个人;履行个人信息保护职责的部门认为可能造成危害的,有权要求个人信息处理者通知个人。

附件 2　个人信息出境标准合同义务清单(适用于境内个人信息处理者)

序号	义务	核心法律依据对应条款
1	识别个人信息出境场景以及是否走标准合同备案的义务	《个人信息出境标准合同办法》第 4 条 个人信息处理者通过订立标准合同的方式向境外提供个人信息的,应当同时符合下列情形: (一)非关键信息基础设施运营者; (二)处理个人信息不满 100 万人的; (三)自上年 1 月 1 日起累计向境外提供个人信息不满 10 万人的; (四)自上年 1 月 1 日起累计向境外提供敏感个人信息不满 1 万人的。 法律、行政法规或者国家网信部门另有规定的,从其规定。 个人信息处理者不得采取数量拆分等手段,将依法应当通过出境安全评估的个人信息通过订立标准合同的方式向境外提供。
2	个人信息处理者的告知义务及加强告知义务的履行	《个人信息出境标准合同》第 2 条 个人信息处理者应当履行下列义务: …… (二)向个人信息主体告知境外接收方的名称或者姓名、联系方式、附录一“个人信息出境说明”中处理目的、处理方式、个人信息的种类、保存期限,以及行使个人信息主体权利的方式和程序等事项。向境外提供敏感个人信息的,还应当向个人信息主体告知提供敏感个人信息的必要性以及对个人权益的影响。但是法律、行政法规规定不需要告知的除外。 ……
3	个人信息处理者取得个人单独同意的义务	《个人信息出境标准合同》第 2 条 个人信息处理者应当履行下列义务: …… (三)基于个人同意向境外提供个人信息的,应当取得个人信息主体的单独同意。涉及不满十四周岁未成年人个人信息的,应当取得未成年人的父母或者其他监护人的单独同意。法律、行政法规规定应当取得书面同意的,应当取得书面同意。 ……

续表

序号	义务	核心法律依据对应条款
4	个人信息处理者履行个人信息保护安全影响评估的义务	《个人信息出境标准合同》第2条 个人信息处理者应当履行下列义务： …… (八)按照相关法律法规对拟向境外接收方提供个人信息的活动开展个人信息保护影响评估。重点评估以下内容： 1. 个人信息处理者和境外接收方处理个人信息的目的、范围、方式等的合法性、正当性、必要性。 2. 出境个人信息的规模、范围、种类、敏感程度，个人信息出境可能对个人信息权益带来的风险。 3. 境外接收方承诺承担的义务，以及履行义务的管理和技术措施、能力等能否保障出境个人信息的安全。 4. 个人信息出境后遭到篡改、破坏、泄露、丢失、非法利用等的风险，个人信息权益维护的渠道是否通畅等。 5. 按照本合同第四条评估当地个人信息保护政策和法规对合同履行的影响。 6. 其他可能影响个人信息出境安全的事项。 保存个人信息保护影响评估报告至少3年。 …… 《个人信息出境标准合同办法》第5条 个人信息处理者向境外提供个人信息前，应当开展个人信息保护影响评估，重点评估以下内容： (一)个人信息处理者和境外接收方处理个人信息的目的、范围、方式等的合法性、正当性、必要性； (二)出境个人信息的规模、范围、种类、敏感程度，个人信息出境可能对个人信息权益带来的风险； (三)境外接收方承诺承担的义务，以及履行义务的管理和技术措施、能力等能否保障出境个人信息的安全； (四)个人信息出境后遭到篡改、破坏、泄露、丢失、非法利用等的风险，个人信息权益维护的渠道是否通畅等； (五)境外接收方所在国家或者地区的个人信息保护政策和法规对标准合同履行的影响； (六)其他可能影响个人信息出境安全的事项。
5	个人信息处理者对必要性原则的遵守义务	《个人信息出境标准合同》第2条 个人信息处理者应当履行下列义务： (一)按照相关法律法规规定处理个人信息，向境外提供的个人信息仅限于实现处理目的所需的最小范围。 ……

续表

序号	义务	核心法律依据对应条款
6	向个人信息主体告知其作为第三方受益人享受标准合同权利的义务	《个人信息出境标准合同》第2条 个人信息处理者应当履行下列义务： …… (四)向个人信息主体告知其与境外接收方通过本合同约定个人信息主体为第三方受益人,如个人信息主体未在30日内明确拒绝,则可以依据本合同享有第三方受益人的权利。 ……
7	个人信息处理者对境外接收方的尽调、合同约束义务	《个人信息出境标准合同》第2条 个人信息处理者应当履行下列义务： …… (五)尽合理的努力确保境外接收方采取如下技术和管理措施(综合考虑个人信息处理目的、个人信息的种类、规模、范围及敏感程度、传输的数量和频率、个人信息传输及境外接收方的保存期限等可能带来的个人信息安全风险),以履行本合同约定的义务： (如加密、匿名化、去标识化、访问控制等技术和管理措施) ……
8	个人信息处理者向境外提供相关法律规定和技术标准副本的义务	《个人信息出境标准合同》第2条 个人信息处理者应当履行下列义务： …… (六)根据境外接收方要求向境外接收方提供相关法律规定和技术标准的副本。 ……
9	个人信息处理者答复监管的义务	《个人信息出境标准合同》第2条 个人信息处理者应当履行下列义务： …… (七)答复监管机构关于境外接收方的个人信息处理活动的询问。 ……
10	个人信息处理者提供合同副本的义务	《个人信息出境标准合同》第2条 个人信息处理者应当履行下列义务： …… (九)根据个人信息主体的要求向个人信息主体提供本合同的副本。如涉及商业秘密或者保密商务信息,在不影响个人信息主体理解的前提下,可对本合同副本相关内容进行适当处理。 ……

续表

序号	义务	核心法律依据对应条款
11	个人信息处理者的举证责任义务	《个人信息出境标准合同》第 2 条 个人信息处理者应当履行下列义务: …… (十)对本合同义务的履行承担举证责任。 ……
12	个人信息处理者向监管机构提供合规审计结果的义务	《个人信息出境标准合同》第 2 条 个人信息处理者应当履行下列义务: …… (十一)根据相关法律法规要求,向监管机构提供本合同第三条第十一项所述的信息,包括所有合规审计结果。
13	境外接收方个人信息保护政策变化对合同影响的处理义务	《个人信息出境标准合同》第 4 条 (一)双方应当保证在本合同订立时已尽到合理注意义务,未发现境外接收方所在国家或者地区的个人信息保护政策和法规(包括任何提供个人信息的要求或授权公共机关访问个人信息的规定)影响境外接收方履行本合同规定的义务。 (二)双方在此声明,在作出本条第一项的保证时,已经结合下列情形进行评估: 1. 出境的具体情况,包括个人信息处理目的、传输个人信息的种类、规模、范围及敏感程度、传输的规模和频率、个人信息传输及境外接收方的保存期限、境外接收方此前类似的个人信息跨境传输和处理相关经验、境外接收方是否曾发生个人信息安全相关事件及是否进行了及时有效地处置、境外接收方是否曾收到其所在国家或者地区公共机关要求其提供个人信息的请求及境外接收方应对的情况。 2. 境外接收方所在国家或者地区的个人信息保护政策和法规,包括下列要素: (1)该国家或者地区现行的个人信息保护法律法规及普遍适用的标准。 (2)该国家或者地区加入的区域性或者全球性的个人信息保护方面的组织,以及所作出的具有约束力的国际承诺。 (3)该国家或者地区落实个人信息保护的机制,如是否具备个人信息保护的监督执法机构和相关司法机构等。 3. 境外接收方安全管理制度和技术手段保障能力。 ……
14	记录义务	《个人信息出境标准合同》第 4 条 …… (四)双方应当记录根据本条第二项进行评估的过程和结果。 ……

续表

序号	义务	核心法律依据对应条款
15	个人信息处理者和境外接收方保障个人信息主体第三方受益人权利实现的义务	《个人信息出境标准合同》第5条 双方约定个人信息主体作为本合同第三方受益人享有以下权利: (一)个人信息主体依据相关法律法规,对其个人信息的处理享有知情权、决定权,有权限制或者拒绝他人对其个人信息进行处理,有权要求查阅、复制、更正、补充、删除其个人信息,有权要求对其个人信息处理规则进行解释说明。 (二)当个人信息主体要求对已经出境的个人信息行使上述权利时,个人信息主体可以请求个人信息处理者采取适当措施实现,或者直接向境外接收方提出请求。个人信息处理者无法实现的,应当通知并要求境外接收方协助实现。 …… (五)个人信息主体作为本合同第三方受益人有权根据本合同条款向个人信息处理者和境外接收方的一方或者双方主张并要求履行本合同项下与个人信息主体权利相关的下列条款: 1. 第二条,但第二条第五项、第六项、第七项、第十一项除外。 2. 第三条,但第三条第七项第2目和第4目、第九项、第十一项、第十二项、第十三项除外。 3. 第四条,但第四条第五项、第六项除外。 4. 第五条。 5. 第六条。 6. 第八条第二项、第三项。 7. 第九条第五项。 上述约定不影响个人信息主体依据《中华人民共和国个人信息保护法》享有的权益。 《个人信息出境标准合同》第6条 …… (二)一方因履行本合同与个人信息主体发生争议的,应当通知另一方,双方应当合作解决争议。 (三)争议未能友好解决,个人信息主体根据第五条行使第三方受益人的权利的,境外接收方接受个人信息主体通过下列形式维护权利: 1. 向监管机构投诉。 2. 向本条第五项约定的法院提起诉讼。 (四)双方同意个人信息主体就本合同争议行使第三方受益人权利,个人信息主体选择适用中华人民共和国相关法律法规的,从其选择。 (五)双方同意个人信息主体就本合同争议行使第三方受益人权利的,个人信息主体可以依据《中华人民共和国民事诉讼法》向有管辖权的人民法院提起诉讼。 (六)双方同意个人信息主体所作的维权选择不会减损个人信息主体根据其他法律法规寻求救济的权利。

续表

序号	义务	核心法律依据对应条款
16	境内个人信息处理者暂停传输、通知监管部门的义务	《个人信息出境标准合同》第7条 （一）境外接收方违反本合同约定的义务，或者境外接收方所在国家或者地区的个人信息保护政策和法规发生变化（包括境外接收方所在国家或者地区更改法律，或者采取强制性措施）导致境外接收方无法履行本合同的，个人信息处理者可以暂停向境外接收方提供个人信息，直到违约行为被改正或者合同被解除。 （二）有下列情形之一的，个人信息处理者有权解除本合同，并在必要时通知监管机构： 1. 个人信息处理者根据第七条第（一）款的规定暂停向境外接收方传输个人信息的时间超过1个月。 2. 境外接收方遵守本合同将违反其所在国家或者地区的法律规定。 3. 境外接收方严重或者持续违反本合同规定的义务。 4. 根据境外接收方的主管法院或者监管机构作出的终局性决定，境外接收方或者个人信息处理者违反了本合同约定的义务。 境外接收方作出解散决定；境外接收方被指定破产管理人；境外接收方自行开展破产、解散或清算程序；境外接收方在其国家或地区出现类似情况。 在本项第1目、第2目、第4目的情况下，境外接收方可以解除本合同。
17	个人信息处理者按时备案的义务	《个人信息出境标准合同办法》第7条 个人信息处理者应当在标准合同生效之日起10个工作日内向所在地省级网信部门备案。备案应当提交以下材料： （一）标准合同； （二）个人信息保护影响评估报告。 个人信息处理者应当对所备案材料的真实性负责。

续表

序号	义务	核心法律依据对应条款
18	个人信息处理者重新备案的义务	《个人信息出境标准合同办法》第 8 条 在标准合同有效期内出现下列情形之一的,个人信息处理者应当重新开展个人信息保护影响评估,补充或者重新订立标准合同,并履行相应备案手续: (一)向境外提供个人信息的目的、范围、种类、敏感程度、方式、保存地点或者境外接收方处理个人信息的用途、方式发生变化,或者延长个人信息境外保存期限的; (二)境外接收方所在国家或者地区的个人信息保护政策和法规发生变化等可能影响个人信息权益的; (三)可能影响个人信息权益的其他情形。
19	个人信息处理者配合约谈、进行整改、消除隐患的义务	《个人信息出境标准合同办法》第 11 条 省级以上网信部门发现个人信息出境活动存在较大风险或者发生个人信息安全事件的,可以依法对个人信息处理者进行约谈。个人信息处理者应当按照要求整改,消除隐患。
20	严格按照《个人信息出境标准合同办法》订立《信息出境合同》的义务	《个人信息出境标准合同办法》第 6 条 标准合同应当严格按照本办法附件订立。国家网信部门可以根据实际情况对附件进行调整。 个人信息处理者可以与境外接收方约定其他条款,但不得与标准合同相冲突。 标准合同生效后方可开展个人信息出境活动。
21	按时完成整改的义务	《个人信息出境标准合同办法》第 13 条 本办法自 2023 年 6 月 1 日起施行。本办法施行前已经开展的个人信息出境活动,不符合本办法规定的,应当自本办法施行之日起 6 个月内完成整改。

附件3　个人信息出境标准合同义务清单(适用于境外接收方)

序号	义务	核心法律依据对应条款
1	境外接收方按照合同约定处理个人信息的义务	《个人信息出境标准合同》第3条 (一)按照附录一“个人信息出境说明”所列约定处理个人信息。如超出约定的处理目的、处理方式和处理的个人信息种类,基于个人同意处理个人信息的,应当事先取得个人信息主体的单独同意;涉及不满十四周岁未成年人个人信息的,应当取得未成年人的父母或者其他监护人的单独同意。 (二)受个人信息处理者委托处理个人信息的,应当按照与个人信息处理者的约定处理个人信息,不得超出与个人信息处理者约定的处理目的、处理方式等处理个人信息。
2	境外接收方提供合同副本的义务	《个人信息出境标准合同》第3条 (三)根据个人信息主体的要求向个人信息主体提供本合同的副本。如涉及商业秘密或者保密商务信息,在不影响个人信息主体理解的前提下,可对本合同副本相关内容进行适当处理。
3	境外接收方处理个人信息的必要性原则	《个人信息出境标准合同》第3条 (四)采取对个人权益影响最小的方式处理个人信息。 (五)个人信息的保存期限为实现处理目的所必要的最短时间,保存期限届满的,应当删除个人信息(包括所有备份)。受个人信息处理者委托处理个人信息,委托合同未生效、无效、被撤销或者终止的,应当将个人信息返还个人信息处理者或者予以删除,并向个人信息处理者提供书面说明。删除个人信息从技术上难以实现的,应当停止除存储和采取必要的安全保护措施之外的处理。
4	境外接收方保障个人信息安全的义务	《个人信息出境标准合同》第3条 (六)按以下方式保障个人信息处理安全: 1. 采取包括但不限于本合同第二条第五项的技术和管理措施,并定期进行检查,确保个人信息安全。 2. 确保授权处理个人信息的人员履行保密义务,并建立最小授权的访问控制权限。

续表

序号	义务	核心法律依据对应条款
5	境外接收方对数据泄露的补救措施、通知、记录和留存等义务	《个人信息出境标准合同》第3条 （七）如处理的个人信息发生或者可能发生篡改、破坏、泄露、丢失、非法利用、未经授权提供或者访问，应当开展下列工作： 1.及时采取适当补救措施，减轻对个人信息主体造成的不利影响。 2.立即通知个人信息处理者，并根据相关法律法规要求报告监管机构。通知应当包含下列事项： （1）发生或者可能发生篡改、破坏、泄露、丢失、非法利用、未经授权提供或者访问的个人信息种类、原因和可能造成的危害。 （2）已采取的补救措施。 （3）个人信息主体可以采取的减轻危害的措施。 （4）负责处理相关情况的负责人或者负责团队的联系方式。 3.相关法律法规要求通知个人信息主体的，通知的内容包含本项第2目的事项。受个人信息处理者委托处理个人信息的，由个人信息处理者通知个人信息主体。 4.记录并留存所有与发生或者可能发生篡改、破坏、泄露、丢失、非法利用、未经授权提供或者访问有关的情况，包括采取的所有补救措施。
6	境外接收方二次传输个人信息的特殊义务	《个人信息出境标准合同》第3条 （八）同时符合下列条件的，方可向中华人民共和国境外的第三方提供个人信息： 1.确有业务需要。 2.已告知个人信息主体该第三方名称或者姓名、联系方式、处理目的、处理方式、个人信息种类、保存期限以及行使个人信息主体权利的方式和程序等事项。向第三方提供敏感个人信息的，还应当向个人信息主体告知提供敏感个人信息的必要性以及对个人权益的影响。但是法律、行政法规规定不需要告知的除外。 3.基于个人同意处理个人信息的，应当取得个人信息主体的单独同意。涉及不满十四周岁未成年人个人信息的，应当取得未成年人的父母或者其他监护人的单独同意。法律、行政法规规定应当取得书面同意的，应当取得书面同意。 4.与第三方达成书面协议，确保第三方的个人信息处理活动达到中华人民共和国相关法律法规规定的个人信息保护标准，并承担因向中华人民共和国境外的第三方提供个人信息而侵害个人信息主体享有权利的法律责任。 5.根据个人信息主体的要求向个人信息主体提供该书面协议的副本。如涉及商业秘密或者保密商务信息，在不影响个人信息主体理解的前提下，可对该书面协议相关内容进行适当处理。

续表

序号	义务	核心法律依据对应条款
7	境外接收方作为受托人再次转委托时需要履行的特殊义务	《个人信息出境标准合同》第 3 条 (九)受个人信息处理者委托处理个人信息,转委托第三方处理的,应当事先征得个人信息处理者同意,要求该第三方不得超出本合同附录一"个人信息出境说明"中约定的处理目的、处理方式等处理个人信息,并对该第三方的个人信息处理活动进行监督。
8	境外接收方履行自动化决策的合规义务	《个人信息出境标准合同》第 3 条 (十)利用个人信息进行自动化决策的,应当保证决策的透明度和结果公平、公正,不得对个人信息主体在交易价格等交易条件上实行不合理的差别待遇。通过自动化决策方式向个人信息主体进行信息推送、商业营销的,应当同时提供不针对其个人特征的选项,或者向个人信息主体提供便捷的拒绝方式。
9	境外接收方履行提供证明个人信息处理活动合规的佐证材料的义务	《个人信息出境标准合同》第 3 条 (十一)承诺向个人信息处理者提供已遵守本合同义务所需的必要信息,允许个人信息处理者对必要数据文件和文档进行查阅,或者对本合同涵盖的处理活动进行合规审计,并为个人信息处理者开展合规审计提供便利。
10	境外接收方进行客观记录和保存记录的义务	《个人信息出境标准合同》第 3 条 (十二)对开展的个人信息处理活动进行客观记录,保存记录至少 3 年,并按照相关法律法规要求直接或者通过个人信息处理者向监管机构提供相关记录文件。 《个人信息出境标准合同》第 4 条 (四)双方应当记录根据本条第二项进行评估的过程和结果。
11	境外接收方同意接受监督、询问和配合检查的义务	《个人信息出境标准合同》第 3 条 (十三)同意在监督本合同实施的相关程序中接受监管机构的监督管理,包括但不限于答复监管机构询问、配合监管机构检查、服从监管机构采取的措施或者作出的决定、提供已采取必要行动的书面证明等。

续表

序号	义务	核心法律依据对应条款
12	境外接收方个人信息保护政策变化对合同影响的处理义务	《个人信息出境标准合同》第4条 (一)双方应当保证在本合同订立时已尽到合理注意义务,未发现境外接收方所在国家或者地区的个人信息保护政策和法规(包括任何提供个人信息的要求或者授权公共机关访问个人信息的规定)影响境外接收方履行本合同约定的义务。 (二)双方在此声明,在作出本条第一项的保证时,已经结合下列情形进行评估: 1. 出境的具体情况,包括个人信息处理目的、传输个人信息的种类、规模、范围及敏感程度、传输的规模和频率、个人信息传输及境外接收方的保存期限、境外接收方此前类似的个人信息跨境传输和处理相关经验、境外接收方是否曾发生个人信息安全相关事件及是否进行了及时有效地处置、境外接收方是否曾收到其所在国家或者地区公共机关要求其提供个人信息的请求及境外接收方应对的情况。 2. 境外接收方所在国家或者地区的个人信息保护政策和法规,包括下列要素: (1)该国家或者地区现行的个人信息保护法律法规及普遍适用的标准。 (2)该国家或者地区加入的区域性或者全球性的个人信息保护方面的组织,以及所作出的具有约束力的国际承诺。 (3)该国家或者地区落实个人信息保护的机制,如是否具备个人信息保护的监督执法机构和相关司法机构等。 3. 境外接收方安全管理制度和技术手段保障能力。
13	境外接收方最大努力提供必要信息的义务	《个人信息出境标准合同》第4条 (三)境外接收方保证,在根据本条第(二)项进行评估时,已尽最大努力为个人信息处理者提供了必要的相关信息。
14	通知个人信息处理者的义务	《个人信息出境标准合同》第4条 (五)因境外接收方所在国家或者地区的个人信息保护政策和法规发生变化(包括境外接收方所在国家或者地区更改法律,或者采取强制性措施)导致境外接收方无法履行本合同的,境外接收方应当在知道该变化后立即通知个人信息处理者。 (六)境外接收方接到所在国家或者地区的政府部门、司法机构关于提供本合同项下的个人信息要求的,应当立即通知个人信息处理者。
15	个人信息处理者和境外接收方保障个人信息主体第三方受益人权利实现的义务	《个人信息出境标准合同》第5条 双方约定个人信息主体作为本合同第三方受益人享有以下权利: (一)个人信息主体依据相关法律法规,对其个人信息的处理享有知情权、决定权,有权限制或者拒绝他人对其个人信息进行处理,有权要求查阅、复制、更正、补充、删除其个人信息,有权要求对其个人信息处理规则进行解释说明。

续表

序号	义务	核心法律依据对应条款
		(二)当个人信息主体要求对已经出境的个人信息行使上述权利时,个人信息主体可以请求个人信息处理者采取适当措施实现,或者直接向境外接收方提出请求。个人信息处理者无法实现的,应当通知并要求境外接收方协助实现。 (三)境外接收方应当按照个人信息处理者的通知,或者根据个人信息主体的请求,在合理期限内实现个人信息主体依照相关法律法规所享有的权利。 境外接收方应当以显著的方式、清晰易懂的语言真实、准确、完整地告知个人信息主体相关信息。 (四)境外接收方拒绝个人信息主体的请求的,应当告知个人信息主体其拒绝的原因,以及个人信息主体向相关监管机构提出投诉和寻求司法救济的途径。 (五)个人信息主体作为本合同第三方受益人有权根据本合同条款向个人信息处理者和境外接收方的一方或者双方主张并要求履行本合同项下与个人信息主体权利相关的下列条款: 1. 第二条,但第二条第五项、第六项、第七项、第十一项除外。 2. 第三条,但第三条第七项第 2 目和第 4 目、第九项、第十一项、第十二项、第十三项除外。 3. 第四条,但第四条第五项、第六项除外。 4. 第五条。 5. 第六条。 6. 第八条第二项、第三项。 7. 第九条第五项。 上述约定不影响个人信息主体依据《中华人民共和国个人信息保护法》享有的权益。 《个人信息出境标准合同》第 6 条 (一)境外接收方应当确定一个联系人,授权其答复有关个人信息处理的询问或者投诉,并应当及时处理个人信息主体的询问或者投诉。 境外接收方应当将联系人信息告知个人信息处理者,并以简洁易懂的方式,通过单独通知或者在其网站公告,告知个人信息主体该联系人信息,具体为: 联系人及联系方式(办公电话或电子邮箱) (二)一方因履行本合同与个人信息主体发生争议的,应当通知另一方,双方应当合作解决争议。 (三)争议未能友好解决,个人信息主体根据第五条行使第三方受益人的权利的,境外接收方接受个人信息主体通过下列形式维护权利: 1. 向监管机构提出投诉。 2. 向本条第五项约定的法院提起诉讼。 (四)双方同意个人信息主体就本合同争议行使第三方受益人权利,个人信息主体选择适用中华人民共和国相关法律法规的,从其选择。 (五)双方同意个人信息主体就本合同争议行使第三方受益人权利的,个人信息主体可以依据《中华人民共和国民事诉讼法》向有管辖权的人民法院提起诉讼。 (六)双方同意个人信息主体所作的维权选择不会减损个人信息主体根据其他法律法规寻求救济的权利。

续表

序号	义务	核心法律依据对应条款
16	改正义务	《个人信息出境标准合同》第 7 条 (一)境外接收方违反本合同规定的义务,或者境外接收方所在国家或者地区的个人信息保护政策和法规发生变化(包括境外接收方所在国家或者地区更改法律,或者采取强制性措施)导致境外接收方无法履行本合同的,个人信息处理者可以暂停向境外接收方提供个人信息,直到违约行为被改正或者合同被解除。 (二)有下列情形之一的,个人信息处理者有权解除本合同,并在必要时通知监管机构: 1. 个人信息处理者根据本条第一项的规定暂停向境外接收方提供个人信息的时间超过 1 个月。 2. 境外接收方遵守本合同将违反其所在国家或者地区的法律规定。 3. 境外接收方严重或者持续违反本合同约定的义务。 4. 根据境外接收方的主管法院或者监管机构作出的终局决定,境外接收方或者个人信息处理者违反了本合同约定的义务。 在本项第 1 目、第 2 目、第 4 目的情况下,境外接收方可以解除本合同。
17	境外接收方返还、销毁、匿名化个人信息的义务	《个人信息出境标准合同》第 7 条 (四)合同解除时,境外接收方应当及时返还或者删除其根据本合同所接收到的个人信息(包括所有备份),并向个人信息处理者提供书面说明。删除个人信息从技术上难以实现的,应当停止除存储和采取必要的安全保护措施之外的处理。
18	严格按照《个人信息出境标准合同办法》订立《个人信息出境合同》的义务	《个人信息出境标准合同办法》第 6 条 标准合同应当严格按照本办法附件订立。国家网信部门可以根据实际情况对附件进行调整。 个人信息处理者可以与境外接收方约定其他条款,但不得与标准合同相冲突。 标准合同生效后方可开展个人信息出境活动。
19	按时完成整改的义务	《个人信息出境标准合同办法》第 13 条 本办法自 2023 年 6 月 1 日起施行。本办法施行前已经开展的个人信息出境活动,不符合本办法规定的,应当自本办法施行之日起 6 个月内完成整改。

参考文献

一、中文文献

（一）著作类

1. 申卫星主编:《数字经济与网络法治研究》,中国人民大学出版社2018年版。

2. 齐爱民:《数据法原理》,高等教育出版社2022年版。

3. 李永军主编:《民法学教程》,中国政法大学出版社2021年版。

4. 舒国滢主编:《法理学导论》,北京大学出版社2019年版。

5. 何渊主编:《数据法学》,北京大学出版社2020年版。

6. 中国信息通信研究院互联网法律研究中心、京东法律研究院编:《欧盟数据保护法法规汇编》,中国法制出版社2019年版。

7. 万国华主编:《经济法学》,清华大学出版社2012年版。

8. 余晖等:《行业协会及其在中国的发展:理论与案例》,经济管理出版社2002年版。

9. 郭薇:《政府监管与行业自律——论行业协会在市场治理中的功能与实现条件》,中国社会科学出版社2011年版。

10. 国际民用航空组织:《关于旅客姓名记录(PNR)数据的指导方针(第1版)》,国际民用航空组织2010年版。

（二）论文类

1. 韩旭至:《信息权利范畴的模糊性使用及其后果——基于对信息、数据混用的分析》,载《华东政法大学学报》2020年第1期。

2. 韩旭至:《敏感个人信息的界定及其处理前提——以〈个

人信息保护法〉第28条为中心》,载《求是学刊》2022年第5期。

3. 梅夏英:《信息和数据概念区分的法律意义》,载《比较法研究》2020年第6期。

4. 梅夏英:《数据的法律属性及其民法定位》,载《中国社会科学》2016年第9期。

5. 梅夏英:《在分享和控制之间 数据保护的私法局限和公共秩序构建》,载《中外法学》2019年第4期。

6. 魏远山:《论跨境数据流动的内涵与原理》,载《政法学刊》2021年第1期。

7. 姜程潇:《论数据双层结构的私权定位》,载《法学论坛》2022年第4期。

8. 李爱君:《数据权利属性与法律特征》,载《东方法学》2018年第3期。

9. 史宇航:《主权的网络边界——以规制数据跨境传输的视角》,载《情报杂志》2018年第9期。

10. 魏远山:《论跨境数据流动的内涵与原理》,载《政法学刊》2021年第1期。

11. 程啸:《论我国个人信息保护法中的个人信息处理规则》,载《清华法学》2021年第3期。

12. 程啸:《论〈民法典〉与〈个人信息保护法〉的关系》,载《法律科学(西北政法大学学报)》2022年第3期。

13. 程啸:《论数据安全保护义务》,载《比较法研究》2023年第2期。

14. 周亚超、左晓栋:《美国受控非密信息分类与安全控制解析》,载《网络空间安全》2020年第3期。

15. 王利明:《敏感个人信息保护的基本问题——以〈民法典〉和〈个人信息保护法〉的解释为背景》,载《当代法学》2022年第1期。

16. 金晶:《作为个人信息跨境传输监管工具的标准合同条款》,载《法学研究》2022年第5期。

17. 严蓉:《数据安全保护的基本思路与重要条款解读》,载《佳木斯职业学院学报》2021年第12期。

18. 薛悟娟、刘晓:《基于国家安全的数据法治建设——以〈数据安全法〉为视角》,载《保密科学技术》2021年第8期。

19. 李晓楠、宋阳:《国家安全视域下数据出境审查规则研究》,载《情报杂志》2021年第10期。

20. 徐辰烨:《从个人数据到国家数据:互联网平台数据安全问题的升级》,载《新闻论坛》2021年第5期。

21. 马其家、刘飞虎:《数据出境中的国家安全治理探讨》,载《理论探索》2022年第2期。

22. 吴恙:《跨境数据流通中个人信息保护法律规制研究》,中南财经政法大学2021年硕士学位论文。

23. 吴泽勇:《群体性纠纷解决机制的建构原理》,载《法学家》2010 年第 5 期。

24. 李丹:《个人数据跨境流动中的隐私权保护之国际冲突与中国方案》,外交学院 2022 年硕士学位论文。

25. 高敏涵:《个人数据跨境流动的法律规制问题研究》,外交学院 2022 年硕士学位论文。

26. 王裕彤:《大数据时代企业数据权利保护的现状与对策》,载《产业创新研究》2023 年第 4 期。

27. 蒋颖、陈晓雷:《大数据时代企业数据权益保护现状及路径选择》,载《宁夏大学学报(人文社会科学版)》2023 年第 1 期。

28. 冯晓青:《大数据时代企业数据的财产权保护与制度构建》,载《当代法学》2022 年第 6 期。

29. 惠志斌:《数据经济时代互联网企业跨境数据流动风险管理研究》,南京大学 2018 年博士学位论文。

30. 张新宝:《从隐私到个人信息:利益再衡量的理论与制度安排》,载许多奇主编:《互联网金融法律评论》总第 2 辑,法律出版社 2015 年版。

31. 张新宝、赖成宇:《个人信息保护公益诉讼制度的理解与适用》,载《国家检察官学院学报》2021 年第 5 期。

32. 郭春镇、侯天赐:《个人信息跨境流动的界定困境及其判定框架》,载《中国法律评论》2022 年第 6 期。

33. 王燕:《跨境数据流动治理的国别模式及其反思》,载《国际经贸探索》2022 年第 1 期。

34. 张舵:《刍议跨境数据流动的公共利益保护》,载《河北法学》2018 年第 5 期。

35. 许多奇:《论跨境数据流动规制企业双向合规的法治保障》,载《东方法学》2020 年第 2 期。

36. 梅傲、李淮俊:《数字贸易中数据跨境流动规则的新发展——基于〈数据出境安全评估办法〉与 DEPA 的比较》,载《企业经济》2023 年第 4 期。

37. 薛天涵:《个人信息保护公益诉讼制度的法理展开》,载《法律适用》2021 年第 8 期。

38. 吴碧林、眭鸿明:《行业协会的功能及其法治价值》,载《江海学刊》2007 年第 6 期。

39. 李烨:《RCEP 协定下我国数据跨境流动规则的检视与完善》,载《科技与法律(中英文)》2023 年第 1 期。

40. 易继明、钱子瑜:《数据权利界定的路径》,载《学习与实践》2023 年第 3 期。

（三）其他类

1. 王春晖：《数据安全出境评估规则与适用——〈数据出境安全评估办法〉解读》，载中国政法大学法治政府研究院 2022 年 9 月 8 日，http://fzzfyjy. cupl. edu. cn/info/1035/14513. htm。

2. 辛勇飞：《专家解读|中国为规范数据安全出境作出重要制度安排》，载国家互联网信息办公室网 2022 年 7 月 8 日，http://www. cac. gov. cn/2022 - 07/08/c_1658903427020322. htm。

3. 李爱君：《如何平衡数据安全与发展？解读〈数据安全法〉》，载未央网 2020 年 7 月 14 日，https://www. weiyangx. com/365612. html。

4. 刘耀华：《如何准确理解〈网络安全法〉第 37 条对据跨境流动的管理要求》，载微信公众号"CAICT 互联网法律研究中心"2022 年 4 月 11 日，https://mp. weixin. qq. com/s? __biz = MzA4MjAyNzk0NQ = = &mid = 2649471965&idx = 1&sn = 168b028a7b9f4ef0ee38f7e5b10d2bdb&chksm = 8794ef1bb0e3660d01f17b699e723d8ce7163b2e0bd1647bd2f0656a6452ac0a924c910842b3&scene = 27。

5. 王艺等：《〈数据出境申报指南〉透露的十二大信号|200 问重磅发布》，载微信公众号"北京植德律师事务所"2022 年 9 月 1 日，https://mp. weixin. qq. com/s/2QOKGVQfLNTmdXJ0AEv4Vw。

6. 张金平：《专家解读|数据出境安全制度的新探索》，载中华人民共和国国家互联网信息办公室，http://www. cac. gov. cn/2022 - 07/08/c_1658903426715377. htm。

7.《全国首个获批数据出境安全评估案例落地北京》，载微信公众号"网信北京"2023 年 1 月 18 日，https://mp. weixin. qq. com/s/mCS7dZIuqs7LCevDUnd58g。

8.《上海首批两家企业通过数据出境安全评估》，载微信公众号"网信上海"2023 年 5 月 5 日，https://mp. weixin. qq. com/s/wsTpDrGBhwlux2fd9Zq5rw。

9.《江苏数据出境安全评估工作取得突破性进展》，载微信公众号"网信江苏"2023 年 5 月 9 日，https://mp. weixin. qq. com/s/gQ6HcHb4d2eKcSIkITkXWg。

10.《浙江首批两家企业通过数据出境安全评估》，载微信公众号"网信浙江"2023 年 5 月 24 日，https://mp. weixin. qq. com/s/41GorMq_MhAA9sn7MhMXEw。

11.《广东省首批三家企业通过数据出境安全评估》，载微信公众号"网信广东"2023 年 6 月 19 日，https://mp. weixin. qq. com/s/LaF9KvMmCxj3lOKiRiED-g。

12.《全国首例汽车企业全业务场景数据出境安全评估获批》，载微信公众号"CNCERT 国家工程研究中心"2023 年 5 月 25 日，https://mp. weixin. qq. com/s/oS36Al4UjykATuFg1Rx4FQ。

13.《中共中央 国务院印发党和国家机构改革方案》，载中华人民共和国中央人民政府网，http://www. gov. cn/zhengce/2023 - 03/16/content_5747072. htm。

14. 李爱君:《李爱君评成立国家数据局:数字经济发展迎新机遇》,载中国财经网 2023 年 3 月 7 日,http://finance. china. com. cn/news/special/lianghui2023/20230307/5951941. shtml。

二、外文文献

1. Aven T. , *On the Meaning of A Precautionary Principle*, 82 Safety Science 189 (2016).

2. Executive Order 13556 of November 4,2010: Controlled Unclassified Information.

后　记

数据出境是数字经济时代跨境贸易的重要内容，也是数据流通、开放和共享的一种方式，更是释放数据要素价值的关键。根据联合国贸易和发展会议发布的《2021 年数字经济报告》(Digital Economy Report 2021)，跨境数据流动是数字技术的核心，全球数据流动量增长迅速，数据跨境流动对数字经济发展的重要性日益凸显。当前全球跨境数据流动的统一规则尚未形成，数据出境可能给国家安全、公共利益、个人或者组织合法权益带来风险，因此，各国均十分关注数据出境安全治理问题。

本书理论部分是以防范数据出境活动可能对国家安全、公共利益、个人或者组织合法权益带来的风险为目的进行的研究；实务部分则根据《中华人民共和国网络安全法》《中华人民共和国数据安全法》《中华人民共和国个人信息保护法》《数据出境安全评估办法》《个人信息出境标准合同办法》《关于实施个人信息保护认证的公告》等法律法规及规范性文件，对企业在数据出境过程中可能遇到的一系列法律问题开展专题研究。

本书是中国政法大学互联网金融法律研究院和植德律师事务所在此领域长期研究和实践的成果，更是业内各方面专家和领导长期无私给予中国政法大学互联网金融法律研究院研究工作指导、帮助和支持的成果，在此向他们表示衷心感谢！

本书的出版，还要感谢直接参加数据出境法学原理与实务相关课题研究的夏菲、姜程潇、郭佳琪、孔旎、欧菲荷、刘涵渝、马兰、陈映彤、张亚菲、李维伊、安芊芊在资料收集、整理、翻译和编辑等工作上的付出。感谢植德律师事务所管委会(金有元、龙海涛、李童云、姜涛、钟凯文)对植德数据合规业务发展的重视和大力支持。感谢植德数据合规组陈文昊、时萧楠、刁圣衍律师,植德武汉办公室张萍律师对植德数据合规组的精力投入与贡献。感谢植德数据合规组成员赵艳明、余灏、戴佳兵、孙杨、李诗、原舒仪、周谢军、王以玮以及前同事莫愁、刘逸甫、张凯殷等在数据出境合规业务研发、承办过程中的辛勤付出。此外,特别感谢法律出版社法治与经济出版分社沈小英社长的鼎力支持与王鸿编辑的辛勤付出,使本书顺利与读者见面。

中国政法大学互联网金融法律研究院和植德律师事务所在数据出境法学原理与实务方面的研究将在本书的基础上,与数字社会发展开展同步、深入、系统的研究,不断进行完善,以期为我国参与实现数据战略资源竞争提供理论依据和实践参考。

李爱君　王　艺

2023 年 8 月 16 日